# 古代歷史文化研究輯刊

## 六 編

王明蓀 主編

## 第 4 冊

# 晉史蠡探
## ——以兵制與人事為重心

李隆獻 著

國家圖書館出版品預行編目資料

晉史蠡探——以兵制與人事為重心／李隆獻 著－初版－新
北市：花木蘭文化出版社，2011〔民 100〕
目 2+308 面；19×26 公分
（古代歷史文化研究輯刊 六編：第 4 冊）
ISBN：978-986-254-598-0（精裝）
1. 晉史　2. 兵制　3. 人事制度
618　　　　　　　　　　　　　　　　　100015454

ISBN- 978-986-254-598-0

9 789862 545980

古代歷史文化研究輯刊
六 編 第 四 冊　　　　　　ISBN：978-986-254-598-0

## 晉史蠡探——以兵制與人事爲重心

作　　者　李隆獻
主　　編　王明蓀
總 編 輯　杜潔祥
出　　版　花木蘭文化出版社
發 行 所　花木蘭文化出版社
發 行 人　高小娟
聯絡地址　新北市永和區中正路五九五號七樓
　　　　　電話：02-2923-1455／傳真：02-2923-1452
網　　址　http://www.huamulan.tw 信箱 sut81518@gmail.com
印　　刷　普羅文化出版廣告事業
初　　版　2011 年 9 月
定　　價　六編 25 冊（精裝）新台幣 40,000 元

# 晉史蠡探
## ——以兵制與人事爲重心

李隆獻　著

## 作者簡介

李隆獻：國立臺灣大學中國文學系學士、碩士、博士；指導教授為張以仁先生。現任國立臺灣大學中國文學系教授兼系主任；曾任臺大中文系助教、講師、副教授。研究專長為經學、史學、敘事學、禮俗、文化與現代小說。著有《晉文公復國定霸考》、《晉史蠡探——以兵制與人事為重心》、《經學通論（修訂本）》（合著）、《群經概說》（合著）、《漢族成年禮及其相關問題研究》（合著）等，及學術論文數十篇。近年研究論題聚焦於兩方面：一為「傳統復仇觀的省察與詮釋」，撰有論文十餘篇；一為「先秦歷史敘事的省察與詮釋」，撰有論文數篇。

## 提　要

　　本論文以探究春秋時代晉國之興盛衰亡為目標，而以「兵制」與「人事」為重心。除〈緒言〉與〈結論〉外，分上、下二編，每編各三章，共計六章，另有〈附錄〉一篇，都三十萬言。

　　〈緒言〉：就研究主題、材料運用、研究方法等作概略性敘述。

　　上編第一章〈兵制述略〉：先述論晉兵制八次變革之情況及其原因與影響，以窺晉國國勢盛衰之轉變；次考晉國各軍間地位之高低，以知其階級層屬。

　　上編第二章〈州兵蠡探〉：先論作「州兵」之背景，繼考「州」、「兵」在春秋時代之意涵；並推考「作州兵」為：將服兵役者之身分由「國中」之「士人」階層降而至於「州民」之兵制改革，乃晉國兵源擴增之關鍵。

　　上編第三章〈三行蠡探〉：探討「三行」與左右行、三軍之關係，以及「三行」之性質、地位、存廢；推定「三行」蓋晉國因長期與戎狄爭戰，為因應實際需要而建置之步兵部隊。

　　下編第一章〈任官與賞罰述論〉：晉國國勢之強，除其強大之軍力有以致之外，亦與其人才任用之適當與賞罰之公允息息相關。本章先歸納晉國之任官與賞罰原則，次舉其不當之任用與賞罰，而並以史實為證，述論任用與賞罰得當與否與其國勢強弱之緊密關聯，以明晉國興衰之機。

　　下編第二章〈將佐考述〉：先綜述將、佐將兵之利弊；次考將、佐所須具備之條件與任命之禮；三考各軍將、佐地位之高低，並述論其陞遷情況；末考各軍將、佐之更替，並論其彼此爭鬥與晉國國勢盛衰之關係。

　　下編第三章〈國政述論〉：先述究「國政」之意涵與異稱；次考國政之身分與職掌；三論國政之更替及其執政期間之行事與國勢之關係，以探究晉國興衰之內在因素。

　　〈結論〉：略言兵之可恃而不可恃，以明晉因兵威而強盛，亦因窮兵黷武而覆亡；並貫串各章研究所得，略加綜述。

　　〈附錄：晉史繫年〉：臚列自晉之始封至覆滅之晉國史事，附以列國大事，以利對晉國歷史實況、制度演變、國勢盛衰、人事更替及春秋局勢之了解。

目次

# 緒　言

## 壹、研究緣起

　　民國六十二年，余有幸進入臺大中文系，受教於諸師長，獲益良多，欣欣然而樂，遂有志入研究所深造；並發憤以先秦學術思想、文化制度為研究之職志。然資材駑鈍，事倍而功半；苦讀勤修，幸而又得如願入所。於是作為學術園丁之決心益發堅決。民國六十八年，蒙　以仁師慨允，許列門牆，並訓以「晉文公」為研究主題。論文撰寫期間，　師雖時加督促指引；唯因學殖未富，故遲至民國七十三年，始完成碩士論文《晉文公復國定霸考》。同年，僥倖通過考試，繼續修習博士學位。

　　十餘年求學之過程，除致力於晉國之研究外，時或旁涉先秦史事，亦曾嘗試探索於先秦之外。唯恆念初衷；且晉之研究既為　師所垂囑，而春秋時代對中國文化更有舉足輕重之地位，故於擬定博士論文方向時，仍以晉為重心，而旁及秦、楚、戎狄，計擬出：

　　一、晉六卿之興衰與封建解體之關聯
　　二、晉、楚軍事制度與其霸業之關係
　　三、晉、楚人事制度與其國力之關係
　　四、晉、楚軍事、人事制度之異同
　　五、晉、楚、秦職官叢考
　　六、晉、楚交兵及其對春秋局勢發展之影響
　　七、晉、秦交兵及其對春秋局勢發展之影響
　　八、晉與戎狄關係及其戰、和與對文化發展之影響

等相關主題，作為探究之目標，期能對晉之所以興、所以霸、所以衰、所以

亡，及春秋時代各國之相互關聯、制度之異同、文化之差異與融和景況，有較全面性之了解與掌握，以略通古今之變。

數年以降，涉獵漸多，益覺諸多問題皆線索紛繁，董理匪易。驀然憶起就讀大學期間，修習　林師文月《陶謝詩》，某次讀書報告，　文月師曾以「好大喜功」作評；彼時猶似懂非懂，此時乃恍然知其深意。但既已博涉，欲罷不能；唯仍思作較全盤之探討，終以心餘力絀、學殖粗淺，未能達成夙願。限於能力、時間，本稿討論者僅及於上述主題二、三、五、六、七、八之部分而已。爰取「管窺蠡測」之意，姑名之曰《晉史蠡探》，而別之為上、下二編，上編為〈兵制篇〉，下編為〈人事篇〉。

以下簡略說明本稿之研究取向與材料依據。

## 貳、研究主題述略

周自東遷後，王綱解紐，國勢日微，每下愈況，兵力亦衰歇不振，政由方伯，無復宗主之實。《史記・周本紀》載平王之東遷云：

> 平王立，東遷于雒邑辟戎寇。平王之時，周室衰微，諸侯彊并弱，齊、楚、秦、晉始大，政由方伯。

〈十二諸侯年表〉又云：

> 齊、晉、秦、楚，其在成周，微甚：封，或百里、或五十里。晉阻三河，齊負東海，楚介江、淮，秦因雍州之固；四國迭興，更為伯主。文、武所襃大封，皆威而服焉。

春秋時代，周天子雖名為天下共主，然已形同傀儡；春秋之政治舞臺，實際上乃由史公所稱之齊、楚、秦、晉四國各擅勝場。

齊為周初分封大國，因呂尚之特殊關係，享有「征伐」之權；其地理、經濟條件又優於他國。入春秋後，晉國內亂未靖，荊楚圖興南陲，嬴秦僻處西戎；齊桓入國後，用管仲、鮑叔等賢臣，改革內政、軍政，數年間，國富兵強〔註1〕，繼鄭莊公，崛起中原，南征北討，併國闢地〔註2〕，建立霸權，

---

〔註1〕《史記・齊太公世家》：「太公至國，脩政，因其俗，簡其禮，通商工之業，便漁鹽之利，而人民多歸齊：齊為大國。及周成王少時，管、蔡作亂，淮夷叛周，乃使召康公命太公曰：『東至海，西至河，南至穆陵，北至無隸，五侯九伯，實得征之。』齊由此得征伐，為大國。」關於齊國強盛之條件與原因，參考：《管子》，《史記》〈齊世家〉、〈管晏〉、〈貨殖〉列傳，顧棟高《春秋大事表》卷四「齊疆域論」及楊筠如〈春秋初年齊國首稱大國的原因〉。

〔註2〕《荀子・仲尼篇》謂齊桓公「併國三十五」，《韓非子・有度篇》謂「齊桓

成為五霸之首。惜桓公卒後，諸子爭立，霸權中衰；春秋末，雖因齊景之任用晏嬰，力圖振作，有中興之象，然已屬強弩之末，雄風難振矣。

楚之始立，僻居南陲，位卑勢弱，遠於中夏，不與中國通。自熊渠興，奄有江上楚蠻之地，得江、漢間民，頭角漸露。數傳而至武王，斯時中國諸侯相侵伐，楚偏處一隅，遂以坐大。楚武再用兵於隨，且自封王號。至文王而三用兵於中夏。傳至楚成，布德施惠，結交諸侯，使人獻天子，天子賜胙，命鎮南疆。於時楚地千里，竟可與中原霸主齊桓公分庭抗禮，結盟請退；恰值宋襄欲爲霸盟，楚成先則執而辱之，繼則大敗宋軍於泓，使宋襄含恨以終；又使鄭文公南嚮朝楚，鋒頭嶄露，勢逼中夏。斯時五霸之晉文猶且如喪家之犬，流離各國，蒙楚成饗以諸侯之禮，送之入秦。其後楚雖屢屢受制於晉，至戰國又受制於秦；然中原逐鹿，楚恆不爲後，東周舞臺，楚亦爲數一數二之要角。

嬴秦本爲西方小國，與戎狄雜處，中原各國向以戎狄視之，不得參與中國盟會；唯秦亦在與戎狄之爭戰中，國勢逐漸壯大。犬戎攻幽王，西周覆滅；平王東遷，秦襄護衛有功，平王封之爲諸侯〔註3〕，自此秦漸與中國通。然眞正奠基秦之霸業者，當推秦穆公。穆公用百里奚、蹇叔等賢臣，又用戎臣由余，大力闢地，伐滅戎狄十餘國，稱霸西戎。更欲伸其勢力於中原，於是東出崤、函，觀兵周疆；然晉臨黃河之險，扼崤函之固，秦雖屢屢出兵，亦迭有勝負，唯晉究爲中原強國，終春秋之世，秦之東出，恆爲晉所扼阻。

晉爲周初封建之同姓諸侯，雖地處山西汾河流域一帶〔註4〕，環河據山，地勢險要；因與戎狄雜處，備受干擾，又因大宗、小宗兼併，內亂長達六十七年之久〔註5〕，直至曲沃武公併晉後，始奮力猛進，企圖超越鄭、齊諸強，時已在魯莊十六年（678 B. C.）矣〔註6〕。武公併晉後致力於富國強兵。

公並國三十，啓地三千里」：其詳今雖不得而知，但齊桓之併國啓地當不爲少，其詳可參拙撰《晉文公復國定霸考》第八章第二節壹之一「齊桓公的霸業」。

〔註3〕太史公於《史記》本紀、世家、年表中屢云「周東徙，秦始列爲諸侯」。蓋一以記其實：秦遲至春秋始列爲諸侯；一則以述周之終於秦也。

〔註4〕晉始封之地，歷來異說極多，可參拙作《晉文公復國定霸考》第一章註3、註4，茲不贅論。

〔註5〕關於曲沃併晉始末，可參拙作《晉文公復國定霸考》第一章第一節之貳。

〔註6〕此從《左傳》，〈晉世家〉繫於上年；唯二說未必齟齬，說參本稿上編第一章第一節之貳。

獻公繼立，內則剷除公族，集權中央，外則伐敗戎狄，兼併鄰邦，計：五年（672 B. C.）伐滅驪戎；十一年（666 B. C.）伐滅翟柤；十六年（661 B. C.）作二軍，一舉伐滅霍、耿、魏三國；十七年（660 B. C.）使申生伐東山皋落氏之狄；十九年（658 B. C.）假道於虞，滅虢之下陽；同年，命重耳、夷吾居蒲、屈，以利拓疆〔註7〕；二十二年（655 B. C.）伐滅北虢，還師時並襲滅虞〔註8〕：歷經二十餘年之努力，晉已國力強盛，幅員遼闊。至齊桓公會諸侯於葵丘時（魯僖公九年，齊桓公三十五年，晉獻公二十六年，651 B. C.），晉之疆域已擁有：

◎ 西有河西，與秦接境，北邊狄，田至河內。（《史記・晉世家》）

◎ 景、霍以爲城，而河、汾、涑、澮以爲渠。（《國語・晉語二》）

至此崤、函之固，黃河之險，終入晉手，秦東出之門戶，盡在晉肘腋之中。雖然獻公是年即辭世，晉又發生里克、丕鄭之亂，並出乎里克等意願之外，由夷吾回國出任晉君，延緩晉國強大腳步，但獻公已爲晉之稱霸奠立穩固之礎石。

　　夷吾入國後，內則用人以私，專任心腹，誅殺助其入國之里克、丕鄭及申生之舊黨七輿大夫等；外則背棄秦賂，閉糴幸災。內深民怨，外致秦仇，終有韓原之敗〔註9〕。晉國壯大之腳步，一時挫阻；但晉於此時，爲謀安內攘外，而「作爰田」、「作州兵」，又間接促成晉國之盛強。

　　重耳於惠公主晉十四年後，藉南楚、西秦之力返國，時在魯僖公二十四年（636 B. C.）。入國後，修政、明法、任賢、舉才，政平民阜，財用不匱〔註10〕。此時齊桓已歿（卒於魯僖十七年，643 B. C.），齊五公子爭立，國亂霸衰；宋襄圖繼桓霸，傷股於泓，飲恨而終；楚成屬兵秣馬，虎視眈眈，駸駸然欲北上問鼎；晉文奮然崛起，抑之於城濮，晉國正式走上春秋霸壇，此後晉國地位雖則或起或落，而終春秋之世，晉恆維持霸主之勢。晉之所以能

〔註7〕重耳、夷吾之居蒲、屈，《史記》〈十二諸侯年表〉、〈晉世家〉並繫於獻公十一年，誤。僖五年（晉獻公二十二年）《左傳》追述士蒍之築蒲、屈事，有「三年將尋師」之言，可證重耳、夷吾之居蒲、屈在獻公十九年。

〔註8〕關於晉獻公所行之強幹弱枝政策與拓殖疆域之舉，可參拙撰《晉文公復國定霸考》第一章第一節。

〔註9〕有關里、丕之亂與惠公夷吾之入國與主晉事，可參拙作《晉文公復國定霸考》第二章第一、二兩節。

〔註10〕文公入國後之施政見《國語・晉語四》，並可參拙作《晉文公復國定霸考》第五章第二節及本稿下編第一章。

如此，其間因素，絕非偶然。此正爲本論文所欲探究之主題。

　　齊、楚、秦、晉四國，晉國國勢最強、兵威最盛，維持霸權亦最久。其所以如此，原因當然非止一端，如晉長期與戎狄爭戰，導致其戰術之亦車亦步，兩者兼長，對其軍力之增強與運用均有莫大幫助；又如晉居秦、楚二強之間，西則須拒秦之東出，南則須抑楚之北上。《孟子・告子下》所謂「出則無敵國外患者，國恆亡」，晉在強敵大患虎視之下，君臣上下，兢兢業業，謀國修政，故能終春秋之世，維持霸權於不墜。然此數事皆爲其外在因素；晉之強盛亦有其內在因素焉：晉因與秦、楚及戎狄之連續爭戰，故須經常維持強大之軍力；唯強大之軍力，若無良好之制度維繫，非但難以竟其功，且易弄巧成拙，譬如養虎，反以自噬。是故晉之強盛，其良好之人事制度與正常之陞遷管道，要爲不可忽視之因素。

　　本論文即以晉之所以興盛、強大、衰落，乃至於滅亡爲探討之重點，其內在與外在因素並有涉及，唯以內在因素爲多。然內、外在因素，常相關聯，互爲影響，時亦不宜強分。爲便於分辨釐清，姑且名之耳。

　　以下對各章之研究重點作一概略性敘述：

　　晉之強大軍力，恃其軍事制度——兵制——之變革以完成、維持。春秋各國中，軍數之多，兵制變化之大，無出晉右者：自初立之一軍，而二軍、三軍、五軍，至最盛時之六軍，其後又損爲四軍、三軍，其間變化與其國勢及卿大夫勢力之消長恆相關聯，本稿上編第一章第一節針對此一問題加以論述。又其各軍間地位之高低，乃維持其軍事階級、命令執行、陞罰臧否等不可或缺之制度，故第二節就各軍地位高低作考述。

　　晉之得以擁有強大軍力，兵制變化乃其顯露於外、明白可見之因素；至其何以能擁有如此鉅大之兵源與兵力，則素來難以論定。鄙意以爲晉惠公時爲應付兵敗於秦而作之「州兵」，乃晉國兵源擴增之轉捩點；而「州兵」之制則黯爾未明：上編第二章即對「州兵」之相關問題作探究：先釐探「州」、「兵」二字之意涵，其次檢討「州兵」舊說，而殿以「州兵」制度之隅見。

　　「爰田」與「州兵」同時創制，相互關聯，本當與「州兵」同加探究；唯「爰田」自魏、晉以下，即異說叢出，或以爲「賞田」，或以爲乃「田制」之變革，或以爲乃「軍賦」制度。有關「爰田」性質之討論，方興未艾，猶未成定論。鄙者數年前亦曾草有〈晉作「爰田」、「州兵」蠡論〉〔註11〕，略

〔註11〕文載《臺大中文學報》第三期（1989 年 12 月）。

作探討；唯整理舊說為多，對「爰田」之說解仍嫌粗糙。以本稿之結構言，上編言「兵制」，下編論「人事」，若羼入「爰田」之討論，於論文之結構亦非所宜，故暫置不論。

車戰乃春秋戰爭之主力，與戰國之以步兵為作戰主力大異其趣；春秋時代，戎狄之勢極為強盛，而戎狄之作戰方式實大異於華夏──步戰而不車戰。春秋各國之中，晉與戎狄關係最深，晉在與作戰方式大為不同的戎狄之長期爭戰中，勢必針對戎狄之長，提出迎擊之道。職是之故，晉自獻公之初，即已逐漸發展異於車戰系統之「行」──步兵；至文公時乃將獻公之「左行」、「右行」擴編為「三行」，獨立成一支專門對付戎狄的作戰部隊。上編第三章即就資料尠少之「三行」試作釐探：考論「三行」形成之過程、「三行」得名之由、「三行」與「三軍」之關係及其地位之高低、「三行」之所為作及其性質，並試圖推考「三行」之存廢。

晉國人才鼎盛，尤其難能可貴者為彼等能先義後利、相推相讓、諧和并力、一心為國，使能者居官、賢者在位，此乃晉之得以長期掌握春秋霸權之重要因素；然人亦不可能無爭，況賢才並非世世可得。故及其爭也，植黨樹權、報怨營私、勾心鬥角、彼此傾軋，終使春秋霸主成為春秋列強中最早覆亡者。此雖與晉之窮兵黷武，連年爭戰有相當關聯；唯卿大夫之專政，君權之旁落，亦為不容忽視之要因。下編第一章透過對晉國用人與賞罰原則之探討，試圖呈現晉國盛衰轉變與其人事陞遷、陟罰臧否之是否得當二者之間的關聯。

晉之得以馳騁春秋舞臺，縱橫國際，難逢敵手，主要依倚其強大之軍力；而其壯盛軍容之維持，除來自其充足之兵源外，其完備之軍事人事制度與公平之陟罰臧否，亦為不可或缺之因素。晉之軍事制度有頗異於當時各國者，如晉之各軍又分上、下，有將、有佐，於是三軍而有六卿，六軍則有十二卿，斯皆春秋各國，甚至周天子所未嘗有者。而其各軍將、佐之任用、更替亦與其國勢、軍力，甚至作戰之能否得勝息息相關。下編第二章即就將、佐等相關問題進行考論：先述將、佐之條件，次述命帥之禮，三考各軍將、佐之更替，並藉此窺見晉國盛衰之機。

春秋各國皆設有執政之官，如周之「卿士」，楚之「令尹」，鄭之「當國」、「為政」，宋之「左師」、「右師」；晉則名曰「國政」。晉之「國政」由中軍元帥擔任，權勢極大，舉凡置君、征戰，乃至制度之訂定、賞罰之施行皆決於其手，故「國政」對晉之國勢有舉足輕重之地位。下編第三章即針對「國政」

作探討：先述國政之意涵與異稱，次考國政之身分與職權，三則論述國政之更替與晉國國勢之關係，偶亦論及「國政」之評價。

　　人類不止歇地製造戰爭，相對地，戰爭亦必然地改造人類及其文化。人類之歷史於是在戰爭及其改造中循環演進，此乃號稱「萬物之靈」之人類所難以避免之宿命。〈結論〉部分由軍事之相關問題論「兵可恃而不可恃」，並就各章所論作一總結。

　　本稿另有〈附錄〉一篇，臚列自晉之始封至三家滅晉史事，其與晉國相關之各國史事及列國大事亦附及焉，以利對晉國歷史實況、制度演變、國勢盛衰、人事更替及春秋局勢之了解。

　　回首初時擬定之研究主題，本稿所論者竟未及原計劃三之一，愧憾實深；所幸仍一本初衷，以晉之所以興、所以霸、所以衰、所以亡爲重心進行探討；其未暇論及者，則期諸來日。

## 參、材料運用與研究方式述略

　　本稿之取材，主要依據《左傳》、《國語》、《史記》，亦旁及先秦、兩漢經傳、史籍、諸子，並參考先秦以下學者有關之研究及晚近出土之甲骨、金文與考古文物。

　　研究春秋史事與制度，自不能不參酌《春秋》。《春秋》一書，無論其作者問題，或其文字是否寓含褒貶微言，皆爲經學史上爭議不休之公案。鄙意以爲：《春秋》乃孔子取《魯春秋》，依憑其是非、善惡觀念修訂而成，用之以崇善抑惡，褒是貶非；唯仲尼之褒貶何在、《春秋》之義例爲何，前賢論之雖多，卻難以盡愜人意。生當二千餘年後之今日，欲以己意逆探之，要非流於臆度妄測，恐將失之泥鑿杜撰。爲免上述偏蔽，本稿於《春秋經》所載，止取其史料性質，較少論及其褒貶深意。

　　《左傳》一書，秦漢以降，素來以爲乃《春秋》之《傳》，「疾虛妄」之漢儒王充且以爲《三傳》中「獨《左氏傳》爲近得實」〔註12〕；宋代以後，或以爲本名《左氏春秋》，係一獨立史書，非解經之作〔註13〕；今文家則以爲出劉歆僞造〔註14〕：眾說駁異，紛然雜出。今文家之說，歷經劉師培、錢賓

---

〔註12〕文見《論衡·佚文篇》。
〔註13〕主此說者，如：宋·黃震《黃氏日鈔》卷三十一〈讀春秋左氏傳〉、元·趙汸《春秋師說》、清·劉逢祿《左氏春秋考證》、皮錫瑞《經學通論·春秋通論》。
〔註14〕主此說者，如：劉逢祿《左氏春秋考證》、康有爲《新學僞經考》、崔適《史

四、高本漢、楊向奎、孫次舟諸先生及張師以仁等由多方面提出論據，加以申辨、證明，其說之謬誤，已屬顯然；《左傳》非出劉歆偽造，且為先秦古書，與《國語》非出一人之手，亦已漸成共識〔註15〕。《左傳》是否為傳《經》之作，姑置不論〔註16〕，而其內容以載事為主，重在史實之記述，實先秦典籍中最具史料價值之書，則無可疑。其於載述史事之外，於春秋軍事、禮制變化情況之載錄亦堪稱完備；且因其所記屬「動態」之「歷史」，故於歷史發展、制度演變亦較他書有脈絡可尋。

《國語》一書，舊以為與《左傳》同為左丘明所作，且互為表裡，故世稱《春秋外傳》；唯《國語》，旨在明德，所載以「語」為主，史實居於陪襯地位，更非傳《經》之書〔註17〕。唯正因其為明德勸善之書，故於制度之得失、施政之當否，乃至於為人行事之是否正當、陟罰臧否之是否得宜皆有詳盡之記載、評論，斯正可據為探究春秋戰國制度演變、政局變化及人事更替、賞罰陟黜之寶貴資料。

基於上述原因，本稿於《左》、《國》二書取材最多；唯二書或互有詳略、或彼此齟齬、或並有闕略。而太史公博覽群書，所載或可補《左》、《國》之不足、或可據以定二書之是非、或另有他出之異說，要皆可為取資；唯《史記》取材廣泛，喜存異說，故援引之時，常須別擇。幸其書，前賢之研究成果極為豐碩：清·梁玉繩《史記志疑》已頗詳贍，　王師叔岷《史記斠證》更博大閎肆，深覈精闢，故《史記》資料之運用，大致不成問題。本稿援用亦多。

《竹書紀年》，雖早散佚；但今世所傳之《古本竹書紀年》，則為前賢之

---

記探源》。

〔註15〕劉師培說見《劉申叔先生遺書·讀左劄記》、錢賓四說見〈劉向歆父子年譜〉、高本漢說見〈左傳真偽考〉、楊向奎說見〈論左傳之性質及其與國語之關係〉、孫次舟說見〈左傳國語原非一書證〉、張師以仁說見〈從文法、語彙的差異證國語、左傳非一人所作〉、〈論國語與左傳的關係〉；同學張素卿教授更由《左傳》一書之賦《詩》、稱《詩》之情況證明《左傳》非晚出之書，說見《左傳稱詩研究》。

〔註16〕鄙意以為《左傳》當係解《經》之書：唯因《左氏》成書較早，「經」、「傳」觀念不似後日之嚴密；且其解「經」方式亦與《公》、《穀》二傳之由字義以推求「經」義者有所不同，姑稱之為「以史解經」。

〔註17〕有關《國語》一書之得名、異名，　張師以仁〈《國語》辨名〉（收於《國語左傳論集》）論之極詳。又關於《國語》之性質，　張師以仁〈從國語與左傳的差異試論後人對國語的批評〉一文有極為詳悉之討論，文見《春秋史論集》。

心血，或錄自古注、或鈔自類書，雖非完帙，其史料價值仍高。《今本紀年》雖出僞造，究係雜鈔古書而成，故亦可爲佐證之資，並非全無可取；學長洪國樑先生〈朱右曾汲冢紀年存眞與王國維古本竹書紀年輯校之比較〉曾有專節論及此意。〔註18〕

先秦子書，或經改竄、或部分出於後代增益、或因其學派思想之需要而對史實加以潤飾或變改；然其中仍不乏可供取資之素材。兩漢諸子則多綜合先秦史料而成，駁雜不純，或所難免，然亦不無可據之處。本稿並愼取以爲佐證、比照焉。

《詩》、《書》多存東周以前史料，於探討春秋制度，頗有參照、比對之用。《禮記》一書，成於眾手，時代難定，且屬雜秦、漢儒者之言，駁雜不純，本稿之所援引，多用爲與其他史料之參證，或比較其異同、或作爲討論之資材，未敢逕自援以爲據。

言先秦制度，則不能不涉及《周禮》。本稿對《周禮》所載制度，採存疑態度，故不得不對《周禮》之性質略作釐清。

《周禮》一書，王莽時劉歆奏以爲《禮經》，置博士，取得正統地位〔註19〕；然歆欲立《周禮》於學官時，即引發極大爭議〔註20〕。此後《周禮》之眞僞即纏訟不休，自古及今，猶未有定論。世人論《周禮》一書之作者，大抵可分三派：古文家以爲乃周公所作；今文家則以爲出自劉歆僞造；第三派則以爲成於戰國之際。主張《周禮》爲周公所作者，如西漢末之劉歆、東漢末之鄭玄，清末之孫詒讓信之尤篤。鄭玄《周禮注》云：

> 周公居攝而作六典之職，謂之《周禮》。營邑於土中，七年致政成王，以此禮授之，使居雒邑，治天下。（《周禮注疏》卷一，頁1下）

《後漢書・鄭玄傳》云：

> 鄭玄從東郡張恭祖受《周官》、《禮記》，……著有〈答臨孝存周禮難〉。（《後漢書》卷三十五，頁1207～1212）

《詩經》「棫樸」孔穎達《疏》亦云：

> 臨碩（獻案：孝存名）並引三處六師之文，以難《周禮》，鄭釋之。

---

〔註18〕文見中山大學《第二屆清代學術研討會論文集》。

〔註19〕參《漢書・藝文志》、荀悅《漢紀・成帝紀》、《隋書・經籍志》。

〔註20〕詳見《漢書・楚元王傳》附〈劉歆傳〉、〈王莽傳〉，賈公彥《周禮廢興》引馬融《傳》（馬氏《周官傳》久佚，孫詒讓《周禮正義》以爲賈氏所引即《周禮傳・序》之佚文），並參見錢賓四〈劉向歆父子年譜〉。

（《詩經正義》卷十六之三，頁 4 下）

唯早在漢朝即已有人對《周禮》提出質疑。賈公彥〈周禮正義序〉云：

> 《周禮》起于成帝、劉歆，而成于鄭玄，附離之者大半。故林孝存
> 以爲武帝知《周官》末世瀆亂不驗之書，故作〈十論〉、〈七難〉以
> 排棄之；何休亦以爲六國陰謀之書；唯有鄭玄徧覽群經，知《周禮》
> 者，乃周公致太平之迹，故能荅林碩之論難，使《周禮》義得條通。
> （〈周禮正義序〉，頁 13）

由賈公彥之言可見與鄭玄同時之臨碩（或作林碩）、何休皆不認同《周禮》出
周公之手。此後以爲《周禮》出周公手著者雖不乏其人，然疑之者亦夥。如
宋・蘇轍於〈歷代論〉中即不以爲《周禮》乃周公手成，其言曰：

> 言周公之所以治周者，莫詳於《周禮》；然以吾觀之，秦、漢諸儒以
> 意損益之者眾矣，非周公之完書也。（《欒城後集》卷七，頁 3 下）

小蘇並舉《周禮》所載有關封邑之大小、田制、兵制等三事以證其不可信；
又或以爲出於劉歆之手，如邵博〔註 21〕、洪邁〔註 22〕者是。今文家尤力主此
說，如廖平、康有爲〔註 23〕等；徐復觀更詳爲舉證，以申明《周禮》乃王莽、
劉歆等人僞造以表達渠等政治理想之書。〔註 24〕

　　或以爲其意則周公所訂，其文則出於後人之手，如朱熹〔註 25〕。其他異
說仍多，張心澂《僞書通考》引載甚詳，此不贅錄。

　　又，或以爲《周禮》雖非周公手著，亦非出自劉歆杜撰，實成於戰國時
人之手；此派說法又有戰國前期、中期、末期之不同：張心澂以爲成於戰國
初期齊人之手〔註 26〕；楊向奎以爲成於戰國中葉齊人之手〔註 27〕；錢賓四以
爲成於戰國末、《呂氏春秋》以前〔註 28〕，史景成以天文曆法推測，謂成書在
《呂氏春秋》之後〔註 29〕，郭沫若以爲成於荀卿弟子之手〔註 30〕，學長黃沛

---

〔註 21〕說見《聞見後錄》。
〔註 22〕說見《容齋續筆》卷十六，「《周禮》非周公書」條。
〔註 23〕廖平說見《今古學考》卷下；康有爲說見《新學僞經考》。
〔註 24〕詳見《周官成立之時代及其思想性格》一書。
〔註 25〕說見《朱子語類》卷八十六，「《周禮》總論」。
〔註 26〕說見《僞書通考》〈經部〉「禮類」。
〔註 27〕說見〈《周禮》內容的分析及其製作時代〉。
〔註 28〕說見〈《周官》著作時代考〉。
〔註 29〕說見〈《周禮》成書年代考〉。
〔註 30〕說見《奴隸制時代》。

榮先生則由「職方氏」推定《周禮》成於戰國末葉。〔註31〕

　　鄙意以爲：《周禮》之書，蓋成於戰國，乃斯時學者以西周、春秋及戰國制度爲藍本，益以個人理想撰寫而成，寓有託古改制之意。因作者心中自有一套理想官制，故古制之合於己意者採之，其不合己意者則變改之，缺者補之，不密者增之。是故與古制或若合符節，或相隔懸遠。〔註32〕

　　《周禮》既出戰國，又雜有後代竄亂、羼入成分，故頗爲駁雜〔註33〕。本稿於《周禮》所載制度大抵採保留態度；唯其合於《左》、《國》者，則取資以爲印證／佐證。

　　以上乃本稿對文獻資料之運用態度；至於商、周甲骨、金文及近年大陸出土之歷史文物，既有實物可資證明，且未經改竄，乃極可貴之史料，凡其相關者，概皆援引以爲佐證；唯「發掘報告」，時或雜以主觀判斷，未必全然可信，本稿審愼取資。

　　至於前賢之相關議論，本稿或援以爲證、或引以爲討論問題之據點、或作爲進一步探究之起點；對不同之意見，則一本「實事求是」之態度，辨析論難，期能有助於問題之釐清，非敢有成見也。

　　三〇年代，中國史學界曾掀起古代社會性質之論爭；五〇年代以後，中共史學界慣以馬克思學說體系爲中國史分期，於是奴隸社會之終始年代遂喧騰吵嚷，無休無止。馬克思之學說自有其精當眞切處；然若一味盲從，逐之以解釋中國歷史與制度，則除服務於其政治目的之外，常易枘鑿不合，突兀莫名，令人有風馬牛不相及之感。於是因之而衍申之推論，其妄臆浮說者固無論矣；其雖有嚴密之邏輯推論，且論證亦頗爲精詳者，亦常因時空、文化之差異，竟似閉門造車之文字遊戲，與中國之歷史、文化、制度多爲不相干。民國二十五年，瞿同祖《中國封建社會・自序》即云：

　　　　研究社會史者，因對於封建社會含義及內容有不同的看法，中國封建社會的時代問題便成了論戰的中心。我從開始動筆以至於寫成付印，始終持著不強我同於人，也不強人同於我的態度。我認爲社會

---

〔註31〕說見〈論《周禮》「職方氏」之著成時代〉。

〔註32〕參考：梁啓超《古書眞僞及其年代》卷二，第四章「《周禮》」部分；郭沫若《奴隸制時代》；范文瀾《中國通史簡編》第一編第四章第十節「儒家學派與儒經」；張心澂《僞書通考》〈經部〉「禮類」；楊向奎〈《周禮》內容的分析及其製作時代〉。唯於諸家之說並略有取捨，兹不一一註明。

〔註33〕參同上註；並參考顧頡剛〈周公制禮的傳說和《周官》一書的出現〉。

> 科學家對於一種社會制度的研究，最要緊的是制度本身的了解，次
> 要的纔是時代的問題。

本稿所持即爲瞿先生所云「不強我同於人」，亦「不強人同於我」之態度，以
制度、事件本身之了解爲探索之目標，不涉及社會性質之討論。德國史學家
蘭克（Leopold von Ranke）曾謂：

> 歷史學者除了去描寫事情「一如其發生之情況」之外，再沒有別的
> 目標了。（轉引自布洛克《史家的技藝》第四章〈歷史分析〉，頁
> 129）

歷史學者之任務，當然不止於蘭克所云者；然若謂其爲最基本之任務，則或
不爲過當。法國史家布洛克（Bloch）曾謂：

> 在歷史研究裡，一如在其他地方，原因是不能事先設定的。我們得
> 去尋找……。（《史家的技藝》第五章〈因果關係〉，頁 182）

布洛克並不排斥理論與方法，但以爲理論與方法猶如「旅行指南」。無之，旅
者須冒誤入歧途之險；唯若徒有理論與方法，而缺乏實際、眞切之研究過程，
則問題之討論，即便不流於空泛，亦無多大意義。

　　基於上述理由，本稿尠少引用歷史哲學理論，亦避免意識形態之爭辯，
而以下述兩方面爲討論要點：

　　一、**述眞相**：以描述事件、制度之實際情況爲基本目標，儘量於事實之
　　　　前抽離自己，致力於重建歷史實況，分析其產生之可能原因。
　　二、**究流變**：探究事件、制度演變之軌迹，推究其變化之原委。《論語·
　　　　爲政》載孔子之言云：

> 殷因於夏禮，所損益可知也；周因於殷禮，所損益可知也。（《論語
> 注疏》卷二，頁 8 上）

時移事異，古制推移，今古必有不同；唯今古亦必有其相通之處，要在如何
探討耳。故本稿對於史實與制度不擬作「靜態」之研究，而企圖析論制度與
現象之濫觴、形成、演變等過程，並與相關之問題作關聯性之討論，以期通
其變化之迹。

　　古史資料，或散見各處、或彼此枘鑿，董理不易；然若僅止於蒐集條列，
不加貫串解說，勢必流於餖飣獺祭；故主觀之串聯與解釋勢不可少，既如此，
則偏見謬誤自亦不免焉。余但時時以「實事求是」自勉而已。

　　韶光如夢，流年似水。細數浸淫臺大文學殿堂之歲月，忽忽屆滿一十九

載。在將近二十年之歲月中，困躓勉行，艱辛備嘗；所幸系、所師長，不以不可雕之朽木視之，多所關愛、勸勉，不吝教言，惠予啓迪，時加鞭策；諸學長、友人亦不以損友待之，多所關照、常加提攜，或惠示卓見、或時加論難、或痛施針砭，使拙劣粗材得以稍有進益。然古籍浩如煙海，時賢大作亦汗牛充棟；固陋如我，未及寓目者所在多有，蒐討自欠周備。所幸　張師以仁時加督促，示以南鍼；草稿初成，　王師叔岷、　梁師榮茂、　學長周鳳五教授，並不辭勞苦，詳閱一過，於觀念之釐清、資料之補充、文辭之修飾等皆多所垂正，謹誌最高之謝忱與敬意。然淺學薄識，構思雖久，而成文倉促，錯謬必多，謹盼先進君子不我遐棄，惠予批評、指正，則不勝感荷焉。

民國八十一年三月於臺灣大學中國文學系

上編：兵制篇

# 第一章　兵制述略

## 弁　言

　　春秋戰國於社會性質、戰爭形態上容或有相當程度之差異，唯群雄競逐，互爲征伐，則並無多大不同。欲行征伐，則無軍隊不足以成事。且其霸業益盛者，其兵威必益爲顯赫。兵威雖非霸業之充分條件，然若謂兵威爲霸業之必要條件，似不爲過。

　　春秋五霸，晉霸維持最久，兵威亦最顯赫；而其兵威又與其兵制之變化息息相關。春秋時代，晉之兵制變化極大，時或增置、時或創制；唯無論其爲增置抑創制，皆與晉之國勢有密不可分之關聯，此爲晉兵制變化之外在因素。至其變化之內在因素則爲卿大夫之左右政局與彼此間之爭權、傾軋。晉國兵制之變，外與爭霸國際常相關聯：其國勢盛強，霸權在握時，其軍數亦多；反之，則軍數減少。晉襄公之後，則內在因素逐漸增強。內、外在因素結合，晉之兵制於是有其極爲複雜之演變過程。

　　本章第一節即欲探究晉兵制變革之概況，並論其變革之動機、原因、目的與影響；第二節述論晉兵制中各軍地位之高低，對晉之上軍與下軍，左師與右師及三軍之高低問題作一探究。

## 第一節　晉兵制之演變

### 壹、引論：《周禮》之言兵制

　　《周禮・夏官・敍官》云：

　　　　凡制軍：萬有二千五百人爲軍：王六軍，大國三軍，次國二軍，小

國一軍。(《周禮注疏》卷二十八，頁 2 上)

古書言天子皆六軍，唯於侯國軍數，則文多錯互：魯於襄公十一年作三軍，是年《穀梁傳》云：

> 古者天子六師，諸侯一軍。作三軍，非正也。(《穀梁注疏》卷十五，頁 11 上)

柯劭忞《春秋穀梁傳注》云：

> 《白虎通》引《穀梁傳》曰：「天子有六軍：諸侯上國三軍，次國二軍，小國一軍。」此經師之說，援《周禮》以證異同。今本作「諸侯一軍」，不誤也。《白虎通》又云：「諸侯所以一軍者何？諸侯藩屏之臣也，行兵革之重，距一方之難，故得有一軍。」正是釋《穀梁》之意。(卷十一，頁 10)

隱公五年《公羊傳》何休《解詁》云：

> 禮：天子六師，方伯二師，諸侯一師。(《公羊注疏》卷三，頁 2 上)

此謂諸侯一軍者也；《三略兵法・中略》則云：

> 諸侯二師，方伯三師，天子六師。(《三略兵法》，頁 65)〔註1〕

此謂諸侯二師者也；《春秋繁露・爵國》則云：

> 諸侯大國四軍，古之制也：其一軍以奉公家也。(卷八，頁 9 下)

此謂諸侯大國當有四軍者也：凡此並與《周禮・夏官》之言不合。鄭玄《周禮注》引先鄭云：

> 鄭司農云：王六軍，大國三軍，次國二軍，小國一軍，故《春秋傳》有大國、次國、小國。【《左・襄十四年傳》】〔註2〕又曰：「成國不過半天子之軍。周為六軍，諸侯之大者，三軍可也。」《詩・大雅・常武》曰：「赫赫明明，王命卿士：南仲大祖，大師皇父，整我六師，以修我戎：既儆既戒，惠此南國」；〈大雅・文王〉曰：「周王于邁，六師及之」：此周為六軍之見于《經》也。《春秋【莊十六年左】傳》曰：「王使虢公命曲沃伯以一軍為晉侯」：此小國一軍之見于《傳》也。(《周禮注疏》卷二十八，頁 2)

賈公彥疏之云：

---

〔註1〕唐・趙蕤《長短經・論士篇》云：「臣聞黃石公曰：昔太平之時，諸侯二師，方伯三師，天子六師。」(卷一，頁 25)所謂「黃石公」蓋即指《三略》。

〔註2〕本書凡有【　】者，皆為筆者所補／加，特此說明。

此大國、次國、小國者，皆以命數，同者軍數則同，則上公爲大國，侯、伯爲次國，子、男爲小國也。魯是侯爵，而〈魯頌【閟宮】〉云：「公徒三萬」，《注》云：「萬二千五百人爲軍。大國三軍，合三萬七千五百人。言三萬者，舉成數也。」然當公之時，其實二軍；故襄公十一年作三軍，則前無三軍矣。若僖公時有三軍，則中間應有合（獻案：阮元《校勘記》云：「當爲『舍』之譌」）文。《注》詩爲三軍者，作詩之人舉魯盛時而言。若然，魯公伯禽之時則三軍矣。〈魯語【下】〉：季武子爲三軍，叔孫昭子（獻案：阮元《校勘記》：「浦鏜云：『穆』誤『昭』」）曰：「不可」；又云：「今我小侯也」：明大侯之時有三軍矣。（仝上，頁2下）

鄭、賈所言並持之有故；然質諸前引資料，則其說又未必確鑿無疑矣。即鄭玄《詩箋》謂「大國三軍」之說，後世亦多不以爲然者，如宋・黃仲炎、元・程端學即是〔註3〕，而以清儒金鶚論之最詳，其〈軍制車乘士卒考〉云：

〈魯頌・閟宮〉云：「公車千乘，公徒三萬。」……鄭《箋》云：「大國三軍，合三萬七千五百人。言三萬者，舉成數也。」不知以三軍言，每乘七十五人，止須五百乘，與「公車千乘」不合。且凡舉大數，皆舉所近者：若是三萬七千五百人，當言四萬，不應退減其數而言三萬也。……《春秋》襄十一年「作三軍」，明以前無三軍。〈閟宮〉詩言「公徒三萬」，僖公時止二軍也。二萬五千人言三萬，舉大數也；抑或兼將重車者言之：每乘二十五人，則千乘適二萬五千人，是爲二軍（原注：春秋軍制、官制皆不必如古。魯大國，本當三軍，其初止二軍；晉亦當三軍，而其初止一軍、二軍，後乃有六軍。他國可知）；併將重車者計之，適三萬也。（《求古錄禮說》卷十五，頁8下～10上）

金氏之舉證、推論並精闢深邃：則《周禮》所謂「大國三軍，次國二軍，小國一軍」者，未必可靠。實則《周禮》有關侯國軍數之記載，宋人已不以爲然：如劉敞以爲魯於周室封最廣，而至襄公十一年始作三軍，明襄以前未有三軍，故《周禮》之說乃「似是而實不然」；葉夢得則以爲〈夏官〉之文乃後人所加〔註4〕。其中關鍵厥在《周禮》一書之性質。

---

〔註3〕黃仲炎《春秋通說》卷十，頁8下；程端學《春秋或問》卷八，頁15上。
〔註4〕劉敞說見《春秋意林》卷下，頁11下；葉夢得說見《春秋左傳讞》卷六，頁30上。

《周禮》之性質，〈緒言〉已論及，謂其蓋戰國時人據當代及前代職官，益以個人理想，撰寫而成者，其中包含託古改制之思，故與古制並非全然相符。故西周時是否真如《周禮》所言為「天子六軍，諸侯大國三軍，次國二軍，小國一軍」，恐亦非必然無可疑之事。如由發生於魯桓五年之周、鄭繻葛之戰觀之，春秋時周天子蓋亦僅三軍而已，並無六軍。是年《左傳》云：

> 王為中軍，虢公林父將右軍，蔡人、衛人屬焉；周公黑肩將左軍，
> 陳人屬焉。

當然，周出三軍之兵，未必無六軍之師；且竹添光鴻以為此處之「上中下」乃指戰陣之佈局，非指上、中、下三軍而言（其說本章第二節將有較詳細之討論）；然無論其究為三軍，抑為作戰之三支部隊，由此役之結果為周敗鄭勝觀之，天子恐未必真有六軍。或者西周時天子真有六軍，陵夷至於東周，無力養軍，故僅止於與諸侯大國相等之三軍之數而已。

諸侯國之大者，春秋時代確有三軍：晉固不待言；齊之有三軍，見於《國語》。〈齊語〉載管仲相齊，作內政，並制軍，有云：

> 三軍：故有中軍之鼓，有國子之鼓，有高子之鼓。（《國語》卷六，
> 頁5下）

又見《管子·小匡》；且見載於彝銘，〈叔夷鐘〉記載齊靈公命叔夷云：

> 余弘猒乃心，余命女政于朕三軍。……三軍徒……。（《兩周金文辭
> 大系·叔夷鐘》，頁244上～245上）

是齊有三軍也。鄭亦有三軍，見隱五年《左傳》：

> 鄭人侵衛牧，以報東門之役。衛人以燕師伐鄭。鄭祭足、原繁、洩
> 駕以三軍軍其前，使曼伯與子元潛軍軍其後。燕人畏鄭三軍而不虞
> 制人。六月，鄭二公子以制人敗燕師于北制。

是鄭有三軍，每軍以一大夫帥之。宋亦有三軍，此可由魯僖公二十一年楚、宋泓之戰，宋襄公以「君子不重傷，不禽二毛」、「不鼓不成列」之原則作戰，終致軍敗傷股，子魚勸襄公時之「三軍以利用也」之言得知。楚亦有三軍，桓六年《左傳》載楚武王伐隨，鬥伯比諫攻隨云：

> 張吾三軍而被吾甲兵。

是早在楚武王三十五年（706 B. C.）時楚已有三軍矣；又僖二十八年《左傳》述城濮之戰之楚軍云：

> 子玉以若敖之六卒將中軍，……子西將左，子上將右。

宣十二年《傳》載邲之戰之楚軍云：

> 沈尹將中軍，子重將左，子反將右。

成十六年《傳》載楚救鄭之事云：

> 司馬將中軍，令尹將左，右尹子辛將右。

凡此三役，楚皆有左、右、中三軍，則楚之有三軍可見。魯則本止二軍，襄公十一年一度作三軍，昭公五年又廢中軍，止二軍，見《左傳》與〈魯世家〉。吳、越亦有三軍，見《左傳》及《國語》〈吳語〉、〈越語〉，唯其時已晚，茲不詳及。蓋各國軍數之多寡，各依其實際需要而增減，非有必然之定制也。此乃國勢之實際問題，並非「理想」之制，故非一成不變，此其所以與《周禮》所載有所齟齬歟！

古籍載周之軍數，始於《詩》、《書》，凡四見，皆稱「六師」：

> ◎周王于邁，六師及之。（《詩・大雅・棫樸》）
>
> ◎赫赫明明，王命卿士：南仲大祖，大師皇父，整我六師，以脩我戎。（《詩・大雅・常武》）
>
> ◎君子至止，福祿如茨。韠韐有奭，以作六師。（《詩・小雅・瞻彼洛矣》）
>
> ◎張皇六師，無壞我高祖寡命。（《書・顧命》）

亦見《國語》，〈周語下〉載周景王欲鑄無射，問律於伶州鳩，州鳩之答有云：

> 【武】王以黃鍾之下宮，布戎于牧之野，故謂之屬，所以屬六師。
>
> （《國語》卷三，頁18上）

皆稱「師」而不稱「軍」。實則殷商與西周皆如此，甲骨、金文資料可證：卜辭如：

> 丁酉貞：王乍三𠂤，右、中、左。（《粹》597）

金文則屢見不一見：

> ◎伯懋父以殷八𠂤征東尸。（〈小臣𧻗毀〉）
>
> ◎王乎尹氏冊令𠩺曰：更乃且考乍冢嗣土于成周八𠂤。（〈𠩺壺〉）
>
> ◎王命善克夫，舍令于成周，遹正八𠂤之年。（〈小克鼎〉）
>
> ◎王乎乍冊尹冊命柳嗣六𠂤。（〈南宮柳鼎〉）
>
> ◎王迺命西六𠂤、殷八𠂤，曰：□伐靈侯馭方……叀西六𠂤、殷八𠂤，伐靈侯馭方。（〈禹鼎〉）

◎ 王冊命尹錫盠……用嗣六自、王行、參有嗣：嗣土、嗣馬、嗣工。

王命盠曰：甹嗣六自、眔八自。（〈盠方彞〉）

甲骨、金文之「自」字自羅振玉釋爲「師」字，已成定說。是則周非僅六師，又有八師。顧頡剛〈西六自與殷八自〉云：

> 軍之編制完全是春秋以來諸侯列國間發展起來的編制。……大國三軍，就是春秋時代齊、晉霸業最盛時期的現象。當時大國既有三軍，因而推想西周時代天子必有六軍，所以《左傳》襄公十四年載「成國不過半天子之軍，周爲六軍，諸侯之大國三軍可也」，這完全是用後來的事實加以虛構的典制。我們根據金文和《詩》的記載，知道西周時代是沒有軍這一級編制的。此一考證，足以說明「周王六軍」爲戰國時人不了解周代制軍史實後之主觀假想。而《詩》中「六師」實即金文中之「西六自」，此外尚有鎮撫南夷之「成周八自」，周固不止六師也。……一師人數幾何，亦不可曉也。（《顧頡剛讀書筆記・壬寅秋日雜鈔》，頁 6080～6081）

案：由「師」至「軍」，於歷經漫漫數百年之演變後，其編制是否依然相等，實不無疑問。竊疑「師」與「軍」蓋不同時代之不同軍隊編制，其間未必直接關聯，故西周之有六師，未必至東周即因循成爲六軍。《史記・周本紀》載武王將伐紂，「載文王木主居中軍」，《帝王世紀》同。然此一記載僅能證明周可能有三軍，未必有六軍也。何況〈周本紀〉謂武王伐紂以「戎車三百乘，虎賁三千人，甲士四萬五千人」，〈蘇秦列傳〉作「卒三千人，戎車三百乘」，《孟子・盡心下》亦謂「武王之伐殷也，戎車三百兩，虎賁三千人」，《呂氏春秋・簡選》亦云：「武王虎賁三千人，簡車三百乘，以要甲子之事於牧野而紂爲禽」，《淮南子・本經》亦謂：「武王甲卒三千，破紂牧野」；《尙書・牧誓・序》則作「戎車三百兩，虎賁三百人」；《逸周書・克殷》則作：「周車三百五十乘陣于牧野，帝辛從」。姑不論何者爲是，其人數並不多，則諸書所載並無太大差異。此役關係周之能否勝殷，周師雖未必傾巢而出，唯大舉出征，應無疑問；而戰時其車竟僅三百乘。若其時擁有六軍，則每軍僅出五十乘；若爲三軍，每軍亦僅百乘；即以《逸周書》之三百五十乘，其車數亦不多：周初軍隊編制之大小，從可知也。唯古制茫昧，難以稽實。故言春秋軍制，當依《左》、《國》所載實際情況定之，不宜拘泥於所謂「禮制」而削足適屨，徒增困擾。前引金鶚曾謂「春秋軍制、官制皆不必如古」，若由此一觀點來思

考，或許可以另有啓發。而宋・趙鵬飛爲彌縫諸說齟齬而倡議之「所謂大國三軍、次國二軍、小國一軍者，舉成數以限之，示無以踰斯限耳，非實制也」〔註5〕，乍看似乎頗爲通達，實則仍拘限於《周禮》之樊籬而立論者也。

　　晉爲周初分封之姬姓大國，位居侯爵〔註6〕。若依賈公彥《疏》，則晉屬次國，當有二軍；唯史文無徵。曲沃以支子奪大宗，重獲周王命封，其始僅有一軍，蓋以其爲旁支，故視之爲小國；而其時已入春秋矣。故言晉之兵制，當始自春秋。春秋時代晉國兵制，先後凡八變。茲略加考述，並論其變化之緣由與影響。

## 貳、一軍而二軍

　　故晉兵制，因史料欠缺，無法詳論；曲沃之晉則始於一軍。《水經・河水注》引《汲冢竹書紀年》云：

　　晉武公元年，尚一軍。（王國維《古本竹書紀年輯校》，頁9下）

雷學淇《竹書紀年義證》釋之云：

　　《傳》云「尚一軍」者，《周禮》：「大國三軍，次國二軍，小國一軍」：言曲沃雖盛強，猶止一軍也。（卷二十九，頁447）

其時曲沃猶未併晉，晉武公當稱曲沃武公。曲沃武公元年即晉哀侯三年，魯隱公八年，周桓王五年（715 B. C.），時距周平王之東遷（770 B.C.）已踰五十五載矣。

　　曲沃併晉之初，亦僅一軍。莊十六年《左傳》云：

　　王使虢公命曲沃伯以一軍爲晉侯。

《左傳》所述乃曲沃併晉後，重獲周天子命封之事無疑，唯不云曲沃併晉年數，且文字頗爲簡略；此事亦見載於《史記》。唯《史記》並未言及曲沃晉建國時軍數；而其載釐王命曲沃武公爲晉侯事又較《左傳》早一年。《史記・十二諸侯年表》「晉表」云：

　　【晉侯緡】二十八〔註7〕（679 B. C.）：曲沃武公滅晉侯緡，以寶獻

---

〔註5〕見《春秋經筌》卷十一。
〔註6〕晉之封，古書多有記載，而以《左傳》、〈晉世家〉較詳。可參拙作《晉文公復國定霸考》第一章。
〔註7〕梁玉繩謂晉侯緡在位僅二十六年，「八」當作「六」，說詳《史記志疑》卷八，頁40下。據〈楚世家〉，齊桓公始霸在魯莊公十五年，即晉侯緡二十六年。「八」殆「六」之壞字歟？

周。周命武公為晉君，并其地。

又〈晉世家〉云：

> 晉侯【緡】二十八年（679 B.C.），齊桓公始霸。曲沃武公伐晉侯緡，
> 滅之，盡以其寶器賂獻于周釐王。釐王命曲沃武公為晉君，列為諸
> 侯，於是併晉地而有之。曲沃武公已即位三十七年矣，更號曰晉武
> 公。晉武公始都晉國。前即位曲沃，通年三十八年。

《左傳》、《史記》記載之齟齬，學者多有論辨，如梁玉繩再三辨《史記》之
非〔註8〕，雷學淇則疑此年《左傳》有脫簡〔註9〕，竹添光鴻則有「文獻不
足」之疑〔註10〕：唯皆出於推測，缺乏明確佐證，未成定說〔註11〕。宋・司
馬光《稽古錄》、元・金履祥《通鑑前編》於王命曲沃伯事雖皆有載錄，唯二
書文字皆極為簡略，蓋即援引自《左傳》、〈晉世家〉〔註12〕。《今本紀年》載
此事云：

> 【釐王】三年（679 B.C.）：曲沃武公滅晉侯緡，以寶獻王；王命武
> 公以一軍為晉侯。（王國維《今本竹書紀年疏證》卷下，頁16上）

《今本竹書紀年》乃糾合《左傳》與《史記》而成：其併書曲沃滅緡與受命
為晉侯於一年，乃本《史記》〈年表〉及〈世家〉；其「為晉侯」上有「一軍」
二字則本莊十六年《左傳》〔註13〕。故有關曲沃滅晉之原始資料仍僅止於《左
傳》與《史記》二書，實不宜根據其中一書之記載以否定另一書。竊疑曲沃
武公以三十七年（679 B.C.）伐滅故晉，遂以寶器賂周王；周王於翌年（晉武
公三十八年，678 B.C.）始命之以一軍為晉侯也。《史記》述其事之始末而併
書於一年；《左傳》則僅述周王之命封，二者之年數雖差一年，實則無異也。

賈公彥《周禮・夏官》《疏》言周王命晉為一軍云：

> 以其新并晉國，雖為侯爵，以小國軍法命之，故一軍也。（《周禮注
> 疏》卷二十八，頁4上）

---

〔註8〕 說見《史記志疑》卷八、卷二十一。

〔註9〕 說見《竹書紀年義證》卷二十九。

〔註10〕 說見《左氏會箋》卷二、卷三。

〔註11〕 其詳可參拙作《晉文公復國定霸考》第一章註35。

〔註12〕 《稽古錄》云：「【僖王】四年（678 B.C.）：曲沃伯滅晉。冬，王命曲沃伯一
軍，為晉侯。」（《稽古錄》卷十，頁27下）《通鑑前編》云：「【僖王】四年……
王使號公命曲沃伯以一軍為晉侯。」（卷十一，頁3下）

〔註13〕 參考王國維《今本竹書紀年疏證》、王師叔岷《史記斠證・十二諸侯年表斠
證》。

賈《疏》依《周禮》立論，雖未必得其實情，唯春秋晉國之始於一軍，則無可疑：此乃春秋晉國兵制之始。

　　晉獻公十六年（661 B. C.）始作二軍，乃晉國兵制之首次變革。閔元年《左傳》云：

> 晉侯作二軍，公將上軍，太子申生將下軍，趙夙御戎，畢萬爲右，
> 以滅耿、滅霍、滅魏。

〈晉世家〉所載同《左傳》；〈晉語一〉亦云：

> 【獻公】十六年，公作二軍。公將上軍，太子申生將下軍，以伐霍。
> （《國語》卷七，頁 8 上）

韋昭《解》云：

> 魯莊十六年，王命晉武公以一軍爲晉侯。至此初作二軍，軍之有上、
> 下也。（《國語》卷七，頁 8 上）

周初封建，公侯百里，伯七十里，子、男五十里〔註14〕。晉爲侯爵，始封時，疆域不過百里〔註15〕，文侯雖有功於王室，蒙平王賜以岐東之地〔註16〕；然地處深山之中，須與戎狄相爭，國土不大，國勢亦不甚強。即使旁支之曲沃伯，國勢雖較故晉強盛，但直至併晉前亦僅擁有一軍之兵力耳。說已詳上。武公併晉後，遂開始拓疆之舉；獻公繼位，秉承武公遺志，致力於兼併鄰國，拓殖疆土。於是原有之一軍兵力已不敷使用，遂於十八年後擴一軍爲二軍；且一舉而滅耿、霍、魏三國，其國勢之盛，顯然可見矣。其後又伐滅虞、虢二國，扼控崤、函之險；並將拓疆之矛頭指向戎狄：五年（672 B. C.）敗驪戎，十一年（666 B. C.）伐滅翟柤，十七年（660 B. C.）使太子申生伐東山皋落氏〔註17〕：凡此，並可見國勢與兵威之相互依倚也。〈晉世家〉載獻公二十五年（652 B. C.）時，晉之疆域云：

〔註14〕　說見《孟子・萬章下》、《禮記・王制》。案：此乃五等爵說。「五等爵」之有無及其實況，歷來異說仍多：茲姑依舊說，以晉屬侯爵。

〔註15〕　見〈晉世家〉；並可參拙作《晉文公復國定霸考》第一章第一節之壹。

〔註16〕　《呂氏春秋・疑似篇》云：「平王所以東徙也，秦襄、晉文之所以勞王而賜地也。」《今本竹書紀年》周平王二年下亦有「賜秦、晉以邠、岐之田」之載。雷學淇以爲：「《史記》載此事詳秦而略晉，……蓋王以岐西之地賜秦，以岐東之地賜晉也。後晉未助秦敗戎，雖【戎】來歸地，晉止取西河之外列城，洛西之地皆秦有之。」（《竹書紀年義證》卷二十八，頁 212 上、下）隱六年《左傳》載周桓公之言，有云：「我周之東遷，晉、鄭焉依」：是則周之東遷，晉之出力必多，其獲周王賜土，亦合情理。雷氏之言可從。

〔註17〕　晉獻公拓疆之詳情，可參拙作《晉文公復國定霸考》第一章第二節之貳。

西有河西，與秦接境，北邊翟，東至河內。

〈晉語二〉載周之宰孔言獻公二十六年（651 B. C.）時之晉疆云：

> 景、霍以爲城，而汾、河、涑、澮以爲渠，戎狄之民實環之。（《國
> 語》卷九，頁 6 下）

此時晉國已奄有今日山西省之大部分，並兼跨陝西、河南、河北三省之小部分，既扼崤函之固，又臨黃河之險，表裡山河，幅員遼闊。故齊桓會諸侯於葵丘時（魯僖公九年，晉獻公二十六年，651 B. C.）晉獻便擬參與會盟，已頗有爭霸逐鹿之意。唯此時仍維持二軍，於軍制並無變革。

另有一事值得注意：晉獻公時在以車戰爲主之「軍」制系統外，已逐漸另行發展一種稱爲「行」的步戰系統。當時已有所謂「左行」與「右行」，唯蓋仍附屬於以車戰爲主之兵制中；至晉文公時遂發展爲脫離「軍」──車戰系統──而獨立之「三行」。此種純以步兵爲作戰主力之兵制，與傳統以戰車爲主力之兵制，有根本上之差異；降及戰國，此種以步兵作戰之方式，遂全面取代車戰，於是戰爭形態大幅改變，其影響既深且鉅，本稿上編第二章將專就此一問題探討之。

惠公承亂繼位，忙於安內，既無閒暇，亦乏餘力擴充軍備。由惠公六年（魯僖公十五年，645 B. C.），秦、晉韓之戰觀之，當時晉亦二軍。僖十五年《左傳》云：

> 卜右，慶鄭吉：弗使。步揚御戎，家僕徒爲右。……梁由靡御韓簡，
> 虢射爲右。

〈晉語三〉云：

> 【惠公】六年，秦歲定，【秦穆公】帥師侵晉，至於韓。……【惠公】
> 以家僕徒爲右，步揚御戎。梁由靡御韓簡，虢射爲右，以承公。（《國
> 語》卷九，頁 4）

可見韓之戰時晉有二軍，惠公自將上軍，韓簡將下軍。

晉惠公被俘後，晉大夫呂甥等假託惠公之命，召集國人，加以賞賜，並示慚悔，以訴諸憐憫的方式，博得國人同情與敵愾之心，作「爰田」、作「州兵」，增強國力，共同輔佐太子圉守國，喪君而有君，斷絕西秦覬覦之心〔註18〕。其中作爰田屬田制之改易，作州兵屬兵制之變革，此二事影響晉國

─────────────────

〔註18〕 參僖十五年《左傳》、《國語・晉語三》、《史記・晉世家》；並參拙作《晉文公
　　　　復國定霸考》第二章第二節之貳。

日後之發展至為鉅大，本稿上編第二章將就「州兵」問題加以探究。唯惠公雖因韓原之敗，藉機作「州兵」，改易兵制，擴大徵兵範圍，然終其世仍維持二軍之制。

## 參、二軍而三軍

文公入國之初，兵制猶秉惠、懷之舊，唯有上、下二軍。僖公二十五年《左傳》載晉文公勤王事云：

> 秦伯師于河上，將納王。狐偃言於晉侯曰：「求諸侯，莫如勤王：諸侯信之，且大義也。繼文之業，而信宣於諸侯，今為可矣。」……晉侯辭秦師而下。三月甲辰，次于陽樊，右師圍溫，左師逆王。

〈晉語四〉亦云：

> 【文公】二年春，公以二軍下，次於陽樊：左師取昭叔于溫，殺之于隰城：右師迎王于鄭。王入于成周，遂定之于郟。（《國語》卷十，頁14下）

右師、左師蓋即上軍、下軍，其詳見本章第二節。可見晉文公二年（635 B. C.）時晉仍止二軍。

晉文公四年（魯僖公二十七年，633 B. C.），晉始作三軍，成為《周禮》所謂「大國之制」，此乃晉兵制之第二次變革。《左傳》僖公二十七年述其事云：

> 冬，楚子及諸侯圍宋，宋公孫固如晉告急。先軫曰：「報施救患，取威定霸，於是乎在矣。」狐偃曰：「楚始得曹而新婚於衛，若伐曹、衛，楚必救之，則齊、宋免矣。」於是乎蒐于被廬，作三軍，謀元帥。

〈晉世家〉亦載晉作三軍事，其文曰：

> 【文公】四年，楚成王及諸侯圍宋，宋公孫固如晉告急。先軫曰：「報施定霸，於今在矣。」狐偃曰：「楚新得曹而初婚於衛，若伐曹、衛，楚必救之，則宋免矣。」於是晉作三軍。

司馬溫公《稽古錄》述晉之作三軍，則云：

> 【襄王】十九年冬，楚子及諸侯圍宋，宋告急于晉。晉侯將救宋，乃蒐于被廬，作三軍。（卷十，頁29上）

諸文並可見晉之有三軍乃始自文公，時在文公四年（633 B. C.）。而晉之作三

軍，則爲伐曹、衛，救齊、宋，拒荊楚也。

齊桓既逝（桓公卒於魯僖十七年，643 B. C.），中原無主。宋襄圖繼桓霸，飲恨於泓；晉文初立，霸權未定；斯時楚氛盛熾，勢傾天下，楚成正擬揮軍北上，問鼎中原，奪取霸權；故先軫謂「取威定霸，於是乎在」，勸晉文把握時機，定霸取威。唯晉亦無必勝之把握，故特爲之作三軍，以較強大之軍力拒敵；並運用各種謀略，終於敗楚軍於城濮，抑楚北上，晉霸遂成〔註 19〕。晉自此掌握春秋霸權數十年；且終春秋之世霸權常在晉。究其因，三軍之作實不爲無功：於此，益可見霸權與兵制之輔成關係。

文公朝之兵制，爲晉歷朝變革之最大、最多者，除由二軍益爲三軍外，又有三行及五軍之作。此又與其霸權之盛、兵威之強息息相關。

## 肆、三行與五軍

晉文公五年（632 B. C.），作三行，爲晉兵制之第三次變革。僖二十八年《左傳》云：

> 晉侯作三行以禦狄。荀林父將中行，屠擊將右行，先蔑將左行。

〈晉世家〉亦云：

> 【文公】五年冬……晉始作三行。

是三行之作始於文公五年，而其目的則爲禦狄也。有關「三行」之問題，另詳本稿上編第三章，茲暫不述。

晉文公八年（629 B. C.）秋，蒐於清原，作五軍；於原有之三軍外，增上、下新軍，是晉兵制之第四次變革。《左傳》僖公三十一年述其事云：

> 秋，晉蒐于清原，作五軍以禦狄。趙衰爲卿。

據《左傳》，五軍係爲禦狄而作；據《國語》，則五軍係因趙衰之賢，文公必欲致之爲將而作者。〈晉語四〉云：

> 公使趙衰爲卿，辭曰：「欒枝貞慎，先軫有謀，胥臣多聞，皆可以爲輔佐，臣弗若也。」乃使欒枝將下軍，先軫佐之。取五鹿，先軫之謀也。郤縠卒，使先軫代之；胥臣佐下軍。公使原季爲卿，辭曰：「夫三德者，偃之出也。以德紀民，其章大矣，不可廢也。」使狐偃爲卿，辭曰：「毛之智賢於臣，其齒又長。毛也不在位，不敢聞命。」

〔註 19〕有關城濮之戰，晉無必勝把握及晉之終得致勝，可參拙作《晉文公復國定霸考》第六章第二節。

乃使狐毛將上軍，狐偃佐之。狐毛卒，使趙衰代之，辭曰：「城濮之役，先且居之佐軍也善。軍伐有賞，善君有賞，能其官有賞。且居有三賞，不可廢也。且臣之倫，箕鄭、胥嬰、先都在。」乃使先且居將上軍。公曰：「趙衰三讓，其所讓，皆社稷之衛也。廢讓，是廢德也。」以趙衰之故，蒐于清原，作五軍。使趙衰將新上軍，箕鄭佐之。胥嬰將新下軍，先都佐之。（《國語》卷十，頁 17 下～18 上）

鄙意以爲《內》、《外》傳所言，其實並無衝突：《左傳》係由軍事上之實際需要言，《國語》則由晉文公用人之重賢言，二說實可並存而不悖；且正可顯示晉兵制之變革實爲內、外在因素相互結合之結果，其因非止於一端而已。唯此次之內在因素乃發自文公本身，而非出自於卿大夫之手。因文公朝臣皆有賢德，故並能推賢讓能；唯其如此，文公乃必欲致之卿位，以爲獎賞，故於軍事一有實際需要時，即以趙衰爲卿，任以要職也。

杜預以爲作五軍時即罷三行，僖三十一年《左傳》《集解》云：

【魯僖】二十八年晉作三行，今罷之，更爲上、下新軍。

然增上、下新軍，未必即廢三行，說另詳本稿上編第三章第五節。

終文公之世，晉維持五軍之制。值得注意者爲：晉文公朝無論作三軍、三行、五軍，皆爲應付實際需要——爭取、維持霸權與對敵作戰——而設；與卿大夫間之爭權傾軋殊無關聯：故可謂外在因素大於內在因素。此意另詳本稿下編，茲不贅論。

## 伍、五軍而三軍

晉襄公七年（621 B. C.）廢上、下新軍，恢復三軍之制，是晉兵制之第五次變革。《左傳》文公五年（622 B. C.）云：

晉趙成子、欒貞子、霍伯、臼季皆卒。

文六年（621 B. C.）《傳》又云：

春，晉蒐于夷，舍二軍。

案：趙成子，趙衰，中軍佐；欒貞子，欒枝，下軍帥；霍伯，先且居，中軍帥；臼季，胥臣，下軍佐。四人皆卒，五軍將佐，十去其四；襄公遂於七年行蒐禮於夷，舍二軍，復三軍。是襄公之復三軍之制，乃緣於將佐之凋零，此則出於內在因素也。竹添光鴻《會箋》云：

云「皆卒」，見老成彫謝，朝局一更，遂廢二軍，權歸趙氏，晉自此

多事矣。(卷八，頁 35)

趙盾掌權後引發一連串之爭權傾軋，如是年襄公卒，晉卿爭立新君而產生內亂，最後趙盾立靈公，而使人殺公子樂於途，賈季又使人殺趙盾之黨陽處父；趙盾廢賈季，又殺其黨，賈季遂於是年奔狄；且進而演變成趙穿弒靈公之事。故晉悼之恢復三軍之制，實爲晉國盛衰之大轉捩點。悼公以後之六卿專權，其機實伏於此時。關於此點，下文之「捌」將作較詳細之論述；而關於趙盾之專晉政，則另詳本稿下編第三章第三節。

自襄公七年（621 B. C.）恢復三軍之制，至景公十二年（588 B. C.）三十四年之間，晉始終維持三軍之制。晉景公三年（597 B. C.）楚圍鄭，晉出兵救鄭，遂引發邲之戰，《左傳》宣公十二年述此時之晉軍云：

> 夏六月，晉師救鄭。荀林父將中軍，先縠佐之；士會將上軍，郤克佐之；趙朔將下軍，欒書佐之。

〈晉世家〉亦云：

> 【景公】三年，楚莊王圍鄭，鄭告急晉，晉使荀林父將中軍，隨會將上軍，趙朔將下軍，郤克、欒書、先縠、韓厥、鞏朔佐之。〔註20〕

晉景公十一年（589 B. C.）齊侵魯，晉救之，遂有鞌之戰，此時晉亦三軍。成二年《左傳》云：

> 郤克將中軍，士燮佐上軍〔註21〕，欒書將下軍，韓厥爲司馬，以救魯、衛。

〈齊世家〉亦載此事，文云：

> 【頃公】十年春（589 B. C.）齊伐魯、衛。魯、衛大夫如晉請師，皆因郤克。晉使郤克以車八百乘爲中軍將，士燮將上軍，欒書將下軍以救魯、衛伐齊。

〈齊世家〉除誤書上軍佐之士燮爲上軍將外〔註22〕，餘同《左傳》。可見晉至

---

〔註20〕《史記》所載軍佐與《左傳》略異，梁玉繩〈晉世家〉《志疑》有說；並參本稿下編第二章第四節之貳。

〔註21〕《十三經注疏本》作「士燮將上軍」，阮元《校勘記》云：「《石經》、《宋本》、《淳熙本》、《足利本》『將』作『佐』，是也。案四年《傳》尚云士燮佐上軍，至十三年《傳》始云士燮將上軍，此時不得爲將明矣。」（《左傳正義》卷二十五《校勘記》，頁 4 下）並參本稿下編第二章第四節之貳。

〔註22〕梁玉繩〈齊世家〉《志疑》云：「案《左傳》，士燮是佐上軍：將上軍者荀庚也，時庚不出。」梁說是也。成四年（578 B. C.）《左傳》載晉爲許伐鄭時之軍將云：「欒書將下軍，荀首佐之，士燮佐上軍以救許」：是晉景公十三年（587 B.

景公十一年猶止於三軍。及至景公十二年晉、齊鞌之戰後晉之兵制始又爲之一變。

## 陸、三軍而六軍

宋・呂祖謙論晉之軍制有云：

> 邲之戰，……晉出師時爲三軍：荀林父將中軍，士會將上軍，趙朔將下軍；到後來賞鞌之功方分爲六軍。然以邲之戰考之，當此時晉雖未分六軍之名，已有六軍部分了。何故？當晉師臨河，自隨武子以下皆不欲進，惟彘子以中軍佐先濟；當時若止是三軍，時中軍將自是荀林父，彘子安能分軍先濟？以此知當時雖未有六軍之名，已有六軍部分。何故？荀林父是中軍帥，彘子是中軍佐；士會是上軍帥，郤克是上軍佐；趙朔是下軍帥，欒書是下軍佐：以此知當時六軍已自分了，所以彘子獨能以中軍佐濟。若當時六軍部分未分，彘子雖剛狠；然區區一夫，安能獨濟？所以韓獻子謂荀林父曰：「彘子以偏師陷」：是則六軍部分已分了。（《通志堂經解》，《左氏傳說》卷六，「邲之戰晉楚軍制」條，頁5）

案：東萊之說非也。〈晉語六〉云：

> 鄢之役，晉伐鄭，荊救之。欒武子將上軍，范文子將下軍。（《國語》卷十二，頁4上）

此時（晉景公三年，597 B. C.）欒書爲中軍將，士燮爲佐；而〈晉語〉云欒書將上軍，士燮佐下軍，韋昭《解》云：

> 上、下，中軍之上、下也。《傳》曰：「欒書將中軍，士燮佐之。」
> 又曰：「欒、范以其族夾公行。」（仝上）

韋說是也。晉之三軍，每軍又分上、下，故有將有佐，三軍而六卿；將、佐各率一隊，故《傳》云「彘子以偏師陷」。各軍之佐受命於其將，中軍佐以下復受命於中軍元帥（說詳本稿下編第二章第三節）。此種情況由城濮之戰晉之戰陣部署清楚可見[註23]。邲之役正因將帥不和，政出多門而致敗。若如東

---

C.）士燮猶爲上軍之佐；士燮之爲上軍將，在晉厲公三年（578 B. C.），見載於成十三年《左傳》：則晉景公十一年（589 B. C.）其不得將下軍明矣。唯據註20，是《左傳》亦有作「士燮將上軍」者，或《左傳》原本偶誤，史公一時失察，遂承其誤，亦不無可能。

[註23] 可參拙撰《晉文公復國定霸考》第六章第二節。

萊之說,則晉早在文公作三軍時已有六軍之實矣,無須遲至邲之戰時始然;而鞌之戰後作六軍時則更有十二軍矣。若必謂晉此時已有「六軍」之實,則已牽涉「定義」問題,而晉卻仍名其爲「三軍」,此正晉兵制之特殊實況,東萊呂氏對晉之兵制實有未明也。

晉之作六軍,在景公十二年(588 B. C.),是晉兵制之第六次變革。成三年《左傳》載晉之作六軍云:

> 十二月甲戌,晉作六軍,韓厥、趙括、鞏朔、韓穿、荀騅、趙旃皆爲卿:賞鞌之功也。

〈晉世家〉除誤韓穿爲趙穿〔註24〕外,餘並同《左傳》。杜預《注》云:

> 韓厥爲新中軍,趙括佐之;鞏朔爲新上軍,韓穿佐之;荀騅爲新下軍,趙旃佐之。晉舊自有三軍,今增此,故爲六軍。

晉本有三軍,至此增爲六軍,且有十二卿。雖爲賞功而作,然亦顯示其目中已無天子,可謂張狂驕縱,周王之地位再受重擊,岌岌危矣。無怪乎前人於此事多所咎責,茲僅舉竹添光鴻之說以概之:

> 是時郤克、士燮、欒書、荀首、荀庚、趙同久爲卿;今則有十二卿矣。六卿將六軍,僭天子;一正一佐十二卿將六軍,雖天子未之有也。晉此時南吞北噬,地已不止千里。增地必增人,增人必增軍,呂祖謙所謂「野曠則風勁,川漲則舟高,國大則兵眾」也。……以晉推之,如楚、如吳、如齊、如秦,皆可知矣。此春秋將爲戰國之勢也;而戰國之皆歸于秦,封建之變爲郡縣,皆始于此也已!(《左氏會箋》卷十二,頁39)

竹添氏謂晉以十二卿統六軍,爲古來所未有,正反映此時晉之兵力與國勢之情況:晉景公三年(魯宣十二年,597 B. C.)晉雖有邲之敗;然景公九年(魯宣十八年,591 B. C.)楚莊王卒,霸權復入晉手;景公十一年(魯成二年,589 B. C.)晉敗齊於鞌,故《史記》云:

> ◎【齊頃】十一:頃公如晉,欲王晉,晉不敢受。(〈十二諸侯年表〉)

> ◎【晉景公】十二年冬,齊頃公如晉,欲上尊晉景公爲王,景公讓

---

〔註24〕《史記‧晉世家》作「趙穿」。梁玉繩《志疑》云:「此乃韓穿之誤,《左》成三年可據。」 王師叔岷《斠證》以爲《史》蓋本作韓穿,涉下文之「趙括、趙旃」而誤。

－32－

不敢。晉始作六卿。（〈晉世家〉）〔註25〕

◎【齊頃公】十一年，晉初置六卿，賞鞌之功。齊頃公朝晉，欲尊
　　王晉景公，晉景公不敢受，乃歸。（〈齊世家〉）

成三年《左傳》無「尊王」事，而謂「齊侯朝于晉，將授玉」。司馬貞〈齊世
家〉《索隱》引王劭說，以張衡之言證諸侯朝天子執玉，諸侯自相朝則不授玉，
肯定史公齊頃欲尊晉景爲王之說；惠棟則謂春秋時諸侯相朝亦執玉，不以史
遷之說爲然〔註26〕。史公尊王之載，歷來非之者頗多，如孔穎達《正義》、梁
玉繩《志疑》、瀧川資言《考證》等是。孔穎達謂史公誤讀「玉」爲「王」，
遂致斯誤，其言云：

　　玉謂所執之圭也。凡諸侯相朝，升堂授玉於兩楹之間。……〈齊世
　　家〉曰……〈晉世家〉云……。然此時天子雖微，諸侯並盛，晉文
　　不敢請隧，楚莊不敢問鼎；又齊弱於晉，所較不多，豈爲一戰而勝，
　　便即以王相許？準時度勢，理必不然。竊原馬遷之意，所以有此說
　　者，當讀此《傳》「將授玉」，以爲「將授王」，遂節（阮元《校勘記》
　　云：「各本『節』作『飾』。」）成爲此謬辭耳。（《左傳正義》卷二十
　　六，頁5下）

案：當時晉文請隧、楚莊問鼎，唯皆未成，姑置之無論。《正義》謂史公不辨
玉、王，俞樾大不以爲然，其〈齊侯朝晉將授玉申太史公說〉云：

　　夫謂太史公玉、王不辨，是不識字也；玉可言授，王不可言授，是
　　又不通文理也：其誣太史公甚矣！《史記索隱》引張衡之說則又曲
　　說，於古無徵。然則太史公之意如何？曰：是宜先明朝字之義。《禮
　　記‧曲禮》曰：「天子當宁而立，諸公東面，諸侯西面曰朝」；〈王制
　　篇〉曰：「天子無事與諸侯相見曰朝」：此朝之本義也。……《穀梁‧

---

〔註25〕〈年表〉「晉表」、〈齊世家〉亦並作「卿」；《左傳》作「軍」。裴駰〈晉世家〉
　　　　《集解》引賈逵云：「初作六軍，僭王也。」梁玉繩以爲六卿乃六軍之誤。〈年
　　　　表〉《志疑》云：「案晉是作六軍，而此與〈齊〉、〈晉〉二世家俱誤稱六卿。
　　　　夫晉之將佐皆卿也，六軍未作以前曾作五軍，卿有十人：三軍既復以後尚號
　　　　爲六卿，豈在斯時卿位反僅止于六乎！」（《史記志疑》卷八）〈齊世家〉《志
　　　　疑》又云：「考成三年《左傳疏》引〈世家〉作『六軍』，則唐初《史記》本
　　　　元是『軍』字。」（《史記志疑》卷十七）案：梁氏論證精核；又據《集解》
　　　　所引賈逵《注》，是裴駰所見〈晉世家〉必本作「六軍」，否則無引賈《注》
　　　　之理。蓋《史記》本作六軍，其作六卿者，蓋後世傳寫之譌。

〔註26〕說見惠氏《春秋左傳補註》卷三，頁3下。

桓九年傳》曰:「諸侯相見曰朝」;《周禮》「大行人」職曰:「凡諸侯
之邦交,歲相問也,殷相聘也,世相朝也」:此乃後世之事,疑出於
文、襄霸制。蓋欲使諸侯朝己,而又欲避諸侯朝天子之嫌,故設爲
諸侯相朝之制。然觀春秋之世,有小國朝大國,無大國朝小國。……
文、襄之霸興,因而創爲諸侯相朝之制以受諸侯之朝,寖失其初意
矣。齊、晉敵國,本不相朝;至是頃公因師敗之故,如晉而行朝禮,
以王禮事晉也。故太史公云「欲尊王晉景公」,此自是當時之實,豈
史公不識字,誤玉爲王而云爾哉!(《經課續編》卷一,頁 17 上～
19 上)

俞曲園之言不爲無理。齊頃有無尊晉爲王之念,非本文所欲探究者,茲不詳
論;唯晉景公雖未僭王號,而其作六軍,乃春秋時代諸侯軍數之最多者則
無可疑也,故史有「晉景復霸」之稱。此又外在因素之顯現於晉軍制之變化
者也。

## 柒、六軍而四軍

晉景公之作六軍,究其因,實非完全緣於軍事上之需要,乃爲賞奪之功
而作,甚且極有可能出自卿大夫之威逼。故其內在因素實大於外在因素,因
此景公雖作六軍,卻極少用之於戰事上。六軍作後之次年(晉景十三年,魯
成四年,587 B. C.)晉爲許而伐鄭時,僅用三軍之半之兵力而已。成四年《左
傳》述其事云:

冬十一月,鄭公孫申帥師疆許田,許人敗諸展陂。鄭伯伐許……晉
欒書將中軍,荀首佐之,士燮佐上軍以救許伐鄭。

雖則如此,六軍仍維持相當時日。成六年(585 B. C.)《左傳》載晉人謀去故
絳,景公問之於「將新中軍且爲僕大夫」之韓獻子。以《左傳》慣用語法推
之,若此時新軍僅止於一軍,則《傳》必止稱「新軍」;《傳》既稱「新中軍」,
於「新」軍中冠以「中」字,則新軍猶有上、中、下也。同年《左傳》載楚
子重伐鄭,晉欒書帥師救鄭之事云:

楚子重伐鄭,鄭從晉故也。……晉欒書救鄭,與楚師遇於繞角。楚
師還,晉師遂侵蔡。楚公子申、公子成以申、息之師救蔡,禦諸桑
隧。趙同、趙括欲戰,請於武子。武子將許之;知莊子、范文子、
韓獻子諫曰:「不可。……」乃遂還。於是軍帥之欲戰者衆;或謂欒

> 武子曰：「聖人與眾同欲，是以濟事。子盍從眾？子為大政，將酌於
> 民者也。子之佐十一人，其不欲戰者三人而已，欲戰者可謂眾
> 矣。……」

欒書時為中軍將，而諫者云「子之佐十一人」，合武子正十二人，故杜預《注》「大政」云：「中軍元帥」；《注》「佐十一人」云：「六軍之卿佐」；孔穎達更引服虔之說云：

> 是時欒書將中軍，荀首佐之；荀庚將上軍，士燮佐之；郤錡將下軍，
> 趙同佐之；韓厥將新中軍，趙括佐之；鞏朔將新上軍，韓穿佐之；
> 荀騅將新下軍，趙旃佐之。（《左傳正義》卷二十六，頁 14 下）

是則晉景公十五年（585 B. C.）時晉猶有六軍十二卿無疑；唯此役雖六軍並出，卻不敢用兵於楚。及二年後（晉景十七年，魯成八年，583 B. C.）下軍佐趙同、新中軍佐趙括同時被殺〔註27〕，十二卿去其二。而成十三年《左傳》載秦背令狐之盟，意圖聯合狄、楚以伐晉，晉使呂相絕秦後，率諸侯伐秦，戰於麻隧，晉之將佐為：

> 欒書將中軍，荀庚佐之；士燮將上軍，郤錡佐之；韓厥將下軍，荀
> 罃佐之；趙旃將新軍，郤至佐之。

時為晉厲公三年（578 B. C.）。景公時六軍將佐已見前，此時中軍佐荀首蓋已告老或亡故，故代之以上軍將荀庚；士燮由上軍佐升任上軍將，下軍將郤錡升任上軍佐，新中軍將韓厥升任下軍將；原本之新上軍將、佐鞏朔、韓穿及新下軍將荀騅三人並已不見，蓋皆已致仕或辭世；遂以原本十二卿中位居最下之新下軍佐趙旃將新軍，而別出新人郤至佐新軍。三年後晉、楚戰於鄢陵，成十六年《左傳》述晉軍將佐云：

> 欒書將中軍，士燮佐之；郤錡將上軍，荀偃佐之；韓厥將下軍，郤
> 至佐新軍；荀罃居守。

杜預《集解》云：

> 於是郤犨代趙旃將新軍；新上、下軍罷矣。

竹添光鴻《會箋》云：

> 【魯成】三年作六軍，其新三軍將佐六人皆賞鞌之功；死亡不復
> 補，至此惟韓厥在耳。郤至佐新軍，不言上、下，是新軍唯一，餘
> 皆罷。（卷十三，頁 35）

---

〔註27〕成八年《春秋經》云：「晉殺其大夫趙同、趙括。」事詳成五、八年《左傳》。

杜預、竹添氏並以爲晉之廢六軍爲四軍在此年（晉厲六年，魯成十六年，575 B. C.）。唯據成十三年《左傳》「趙旃將新軍，郤至佐之」之文觀之，既僅稱「新軍」，而不言上、中、下，蓋早在麻隧之戰時新三軍已罷爲一軍，故僅言新軍，且言其將、佐各一耳。齊召南亦曾疑晉罷新上、下軍不始於鄢陵之戰時，其《注疏考證》於成十六年杜預《注》「新上、下軍罷矣」下云：

> 按十三年，晉及秦戰於麻隧，將佐八人：欒書、荀庚、士燮、郤錡、韓厥、荀罃爲三軍將佐；趙旃將新軍，郤至佐之。似上、下二軍已罷，不始於是年鄢陵之戰也。（《左傳注疏考證》，《清經解》卷三一二，頁 23 下）

是則晉之罷六軍爲四軍，乃在晉厲公三年（魯成十三年，578 B. C.）：是爲晉兵制之第七次變革。

此次變革與晉國國勢之漸衰，霸權之中落有相當之關係：晉景公十一年（589 B. C.）雖勝楚於鞌，且因之而作六軍（景公十二年）；唯鞌之戰，晉之致勝，多少出於僥倖；且楚於同年冬既伐魯、又伐衛；次年晉會諸侯，以討鄭之附楚，楚亦救鄭；景公十五年（585 B. C.），楚伐鄭，晉救之，其初，楚雖撤兵，但晉進軍侵蔡後，楚與申、息之師救蔡，與晉遇於桑隧，趙同、趙括雖欲一戰，最後中軍元帥欒書仍撤軍而還，不敢與楚交鋒；至景公十八年（582 B. C.），更因晉之屢屢失信，諸侯遂多有離心，晉以爲患，遂會諸侯而盟於蒲，然吳不至而晉竟無如之何：皆可見晉霸已漸中衰〔註 28〕：此乃晉此次兵制變革之外在因素。唯晉軍制之由六軍損爲四軍，又有其內在誘因：《左傳》詳載趙同、趙括、趙嬰齊之亂及欒、郤對趙氏之不滿，遂聯合而滅趙氏：此則其內在因素也。此一現象正透露晉六卿專權之勢已隱然成形；至悼公之廢四軍爲三軍而其勢尤顯。

## 捌、四軍復三軍

晉之廢四軍爲三軍，在晉悼公十五年（魯襄十四年，559 B. C.），是爲晉兵制之第八次變革，亦爲最後一次變革，自此終春秋之季，晉維持三軍之制。不過晉恢復三軍舊制前，仍維持四軍之制二十年左右。成十六年《左傳》載晉、楚鄢陵之戰時晉之軍帥云：

> 欒書將中軍，士燮佐之；郤錡將上軍，荀偃佐之；韓厥將下軍，郤

---

〔註 28〕 參成二、三、六、九年《左傳》。

> 至佐新軍；荀罃居守。

又云：

> 郤犨將新軍，且爲公族大夫，以主東諸侯。

上、中、下、新四軍皆具，其爲四軍無疑，時在晉厲公六年（575 B.C.）。晉
厲公七年（魯成十七年，574 B.C.）中軍佐士燮卒；上軍將郤錡、新軍將郤犨、
新軍佐郤至等三郤又同時被殺，是年八卿去其四；唯次年悼公即位（魯成十
八年，573 B.C.）即補魏相、士魴、魏頡、趙武四卿，且〈晉語七〉又屢有使
某人「佐新軍」之記載〔註29〕：是悼公元年（573 B.C.）猶四軍八卿也。襄
三年《左傳》、《國語・晉語七》並載晉悼公四年（570 B.C.）與諸侯盟於雞澤
後，以魏絳佐新軍：是此時新軍猶在也。襄八年《左傳》載楚伐鄭，鄭大夫
子駟、子國、子耳等欲從楚，子孔、子蟜、子展等欲從晉。子展論欲從晉之
由，有如此之言：

> 晉君方明，四軍無闕，八卿和睦，必不棄鄭。

「四軍無闕」、「八卿和睦」之語可見晉當時猶四軍，且八卿各稱其職，時在
晉悼公九年（565 B.C.）。襄九年《左傳》載晉悼公十年（564 B.C.）秦乞楚
師共伐晉，楚共王許秦，令尹子囊以爲晉不可與爭，其論晉之軍政有云：

> 韓厥老矣，知罃稟焉以爲政；范匄少於中行偃而上之，使佐中軍：
> 韓起少於欒黶，而欒黶、范鮅上之，使佐上軍：魏絳多功，以趙武
> 爲賢，而爲之佐。

亦謂晉四軍之卿皆能讓賢。同年《左傳》又載是年十月晉率諸侯伐鄭，其佈
陣情況爲：

> 季武子、齊崔杼、宋皇鄖從荀罃、士匄門于鄟門；衛北宮括、曹人、
> 邾人從荀偃、韓起門于師之梁；滕人、薛人從欒黶、士魴門于北門；
> 杞人、郳人從趙武、魏絳斬行栗。

而當鄭人求成時，知武子又謂「吾三分四軍，與諸侯之銳者以逆來者」：擬分
四軍爲三部以迎戰救鄭之楚軍。是晉之四軍並出也。然於中軍將荀罃、下軍
佐士魴卒後，便難以爲繼矣。襄十三年（560 B.C.）《左傳》云：

> 荀罃、士魴卒。晉侯蒐于緜上以治兵，使士匄將中軍，辭曰：「伯游
> 長。昔臣習于知伯，是以佐之，非能賢也。請從伯游。」荀偃將中
> 軍，士匄佐之。使韓起將上軍，辭以趙武；又使欒黶，辭曰：「臣不

〔註29〕參成十七、十八年《左傳》、《國語・晉語七》、《史記・趙世家》。

> 如韓起。韓起願上趙武，君其聽之！」使趙武將上軍，韓起佐之。
> 欒黶將下軍，魏絳佐之。新軍無帥，晉侯難其人，使其什吏率其卒
> 乘官屬以從於下軍。

云「新軍無帥」、云「晉侯難其人」；無論其何以難其人，此年晉之新軍已因無帥而從屬於下軍矣。故次年（晉悼十五年，魯襄十四年，559 B. C.）伐秦時晉便僅能以「六卿率諸侯之師以進」矣〔註30〕。及至還師自秦，迫於情勢，終究不得不將無將佐之新軍廢棄，恢復所謂「諸侯大國三軍」之制。襄十四年《左傳》述其事云：

> 師歸自伐秦；晉侯舍新軍，禮也。成國不過半天子之軍；周為六軍，
> 諸侯之大者三軍可也。於是知朔生盈而死，盈生六年而武子卒，彘
> 裘亦幼，皆未可立也。新軍無帥，故舍之。

《傳》雖云「晉侯舍新軍，禮也」；而上年及此年再次言及「新軍無帥」，又備載晉知罃、士魴二卿之亡與知罃之子知盈、士魴之子彘裘皆年幼未可立，故舍新軍：是悼公之廢新軍實出於不得已。則《傳》所謂「禮也」並非指晉悼公知禮，乃謂「諸侯三軍」，其制為合於「禮」也。此點清人何焯早已指出：

> 晉侯之舍新軍，以二子之弱也，非知其僭而革之也。蓋其入國之初，
> 修舉廢墜，政令雖若可觀；而權之下移者，不能復收之以歸于上，
> 故限于世及之例，寧廢新軍，而不敢選于大夫之中，舉其賢者，以
> 使為卿。至此則六卿之勢，一定而不可變矣。觀其嘉魏莊子之功，
> 賞以金石之樂；而縣上之蒐，僅從新軍以次佐下軍而已，亦不能如
> 文公之用原軫也。夫撥亂反治，苟無非常之才，其力固難以及遠也。
> （《義門讀書記》卷十，〈左氏春秋下〉，頁 171）

何義門之說極為有見，晉自此權歸六卿；唯悼公雖不及文公，蓋亦非無才之君，實乃迫於情勢，無可如何也。可見悼公之恢復三軍之制，乃緣於卿大夫掌握政權之內在因素，而與國際爭霸之外在因素關係較少。及悼公死（悼公翌年即卒，588 B. C.），晉政即為大夫所專，晉君之地位猶如周王，止於傀儡而已。說另詳本稿下編第二章第四節。此後晉之兵力已成六卿之間競逐勢力之工具與目標，故晉昭公三年（魯昭十三年，529 B. C.）晉治兵於邾南，甲車四千乘〔註31〕；晉定公十一年（魯定九年，501 B. C.）齊伐晉夷儀，晉車千乘

〔註30〕參襄十四年《左傳》、《史記·晉世家》。
〔註31〕見昭十三年《左傳》。

在中牟〔註 32〕：並顯示春秋末期晉之兵力猶盛；唯晉兵力盛則盛矣，晉之國祚則岌岌可危、搖搖欲墜，如馬行峭壁、燭在風中。魯襄二十九年（晉平公十四年，544 B. C.）《左傳》載吳季札如晉，當時季札即已預言晉國將歸於韓、趙、魏三家矣；而魯昭三年（晉平公十九年，539 B. C.）《左傳》載齊晏嬰、晉叔向論齊、晉政事，叔向即對晏子發出如此感歎：

> 雖吾公室，今亦季世也。戎馬不駕，卿無軍行；公乘無人，卒列無
> 長；庶民罷敝，而宮室滋侈；道殣相望，而女富溢尤。民聞公命，
> 如逃寇讎；欒、郤、胥、原、狐、續、慶、伯，降在皁隸；政在家
> 門，民無所依。君日不悛，以樂慆憂。公室之卑，其何日之有！

「政在家門」、「民無所依」：老臣哀國痛時之情溢於言表；而晉國一片末代蕭颯景象，亦自然呈現矣。故昭十六年（晉昭公六年，526 B. C.）魯子服昭伯即對季平子告以晉室將卑，其言云：

> 晉之公室，其將遂卑矣。君幼弱，六卿彊而奢傲，將因是以習。習
> 實爲常，能無卑乎！（昭十六年《左傳》）

史公尤屢屢言之，如晉昭公卒時（魯昭十六年，526 B. C.）《史記》〈晉世家〉、〈鄭世家〉、〈魏世家〉並謂晉：

> 六卿彊，公室卑。

〈晉世家〉於晉頃公十二年（魯昭二十八年，514 B. C.）時云：

> 晉之宗室祁傒孫、叔嚮子相惡於君。六卿欲弱公室，乃遂以法盡滅
> 其族，而分其邑爲十縣，各令其子爲大夫；晉益弱，六卿皆大。

此事又分別見載於〈魏〉、〈趙〉二世家。可見此時六卿目中早無晉君矣。〈晉世家〉載晉出公之死及此後之晉事云：

> 出公十七年（458 B. C.）知伯與趙、韓、魏共分范、中行地以爲邑。
> 出公怒，告齊、魯，欲以伐四卿；四卿恐，遂反攻出公，出公奔齊，
> 道死。故知伯乃立昭公曾孫驕爲晉君，是爲哀公。……當是時，晉
> 國政皆決於知伯，晉哀公不得有所制。知伯遂有范、中行地，最彊。
> 哀公四年，趙襄子、韓康子、魏桓子共殺知伯，盡并其地。

《淮南子‧道應》云：

> 昔趙文子問於叔向曰：「晉六將軍其孰先亡乎？」對曰：「中行、知
> 氏。」《淮南鴻烈集解》卷十二，頁 416）

---

〔註 32〕見定九年《左傳》。

許慎《注》云：

> 六將軍，韓、趙、魏、范、中行、智伯也。（仝上）

又見《新序・雜事一》，高誘《注》同。中行與范氏亡後，知氏又為三家所滅，於是晉政歸於三家。史公於幽公元年（440 B. C.）時又云：

> 幽公之時，晉畏，反朝韓、趙、魏之君，獨有絳、曲沃，餘皆入三晉。

至此，晉君已無存在地位矣；故韓、趙、魏三家終於晉烈公十九年（周威烈王二十三年，403 B. C.）分晉，春秋霸主之晉國於焉滅亡。此豈雄鷙之晉獻、英明之晉文所能預見者邪？而此種情況於晉悼公廢四軍為三軍時已見釁端；其禍則源自以卿大夫統兵〔註33〕。是則晉之兵力雖則促成晉之得以稱霸春秋，且以之維持霸權百年以上；然亦因兵力之擴張，遂致權移六卿，國祚不保。

# 第二節　各軍地位之高低

晉之兵制，二軍則上軍為尊，三軍則中軍為尚，新三軍亦以中軍為尊，三行則以中行為高。各軍地位之高低為：中軍為全軍首腦，其位最尊；上、下軍次之；新軍又次之；三行位又在下軍之下。茲試為引證闡明。有關三行之地位，另詳本稿上編第三章第四節。

## 壹、二軍地位之高低

晉立國之初止一軍，無所謂高低；獻公作二軍後，則軍有上、下之分：上軍之高於下軍，以上、下二字觀之，已可了然；茲更舉數事以為佐證：《左傳》閔公元年云：

> 晉侯作二軍，公將上軍，太子申生將下軍。

《國語・晉語一》、《史記・晉世家》所載並同。晉獻公有二軍，而自將上軍，以太子申生將下軍，是上軍尊於下軍矣，故僖二十七年《左傳》《正義》云：

> 二軍則上軍為尊，故《閔元年》：「晉侯作二軍，公將上軍。」（《左傳正義》卷十六，頁 11 下）

---

〔註33〕其詳可參本稿下編第二章第一節。

關乎此，〈晉語一〉所載尤爲顯明：

> 十六年，公作二軍，公將上軍，太子申生將下軍以伐霍。師未出，
> 士蔿言於諸大夫曰：「夫太子，君之貳也。恭以俟嗣，何官之有？今
> 君分之土而官之，是左之也。吾將諫以觀之。」乃言於公曰：「夫
> 太子，君之貳也，而帥下軍，無乃不可乎？」公曰：「下軍，上軍之
> 貳也。寡人在上，申生在下，不亦可乎？」士蔿對曰：「下不可以貳
> 上。」（《國語》卷七，頁8上）

既云「下軍，上軍之貳」，又云「寡人在上，申生在下」，則上軍之高於下軍
明矣。

又〈晉語三〉載晉惠公六年，秦穆公帥師攻晉，晉禦秦，惠公「以家僕
徒爲右，步揚御戎；梁由靡御韓簡，虢射爲右，以承公」：晉惠公自將上軍，
而以韓簡將下軍，亦可證上軍高於下軍。

古籍中除以「上下」稱軍外，亦有以「左右」稱軍者，唯稱「左右」，則
大抵與「師」字連用，稱「上下」，則多與「軍」字連用。茲舉《左》、《國》
二書所載以證：周桓王十三年帥諸侯之師伐鄭，桓五年《左傳》載其軍事情
況爲：

> 王爲中軍，虢公林父將右軍……周公黑肩將左軍。

《僖二十五年》載晉文公勤王事云：

> 右師圍溫，左師逆王。

《僖二十八年》載城濮之戰楚軍情況云：

> 子玉以若敖六卒將中軍。……子西將左，子上將右。

《宣十二年》載晉、楚邲之戰之楚軍云：

> 楚子北，師次於郔。沈尹將中軍，子重將左，子反將右。

《成十六年》載晉伐鄭，鄭求救於楚，有云：

> 楚子救鄭，司馬將中軍，令尹將左，右尹子辛將右。

《襄十八年》載楚公子午帥師侵鄭云：

> 楚師伐鄭，次于魚陵。右師城上棘，遂涉潁，次于旃然。

《襄二十五年》載舒鳩叛楚，楚伐之之事云：

> 令尹子木伐之，及離城。吳人救之，子木遽以右師先，子彊、息桓、
> 子捷、子騈、子盂帥左師以退。

《昭二十三年》載吳人伐州來，楚薳越帥師救州來，吳人禦之，云：

吳爲三軍以繫於後，中軍從王，光帥右，掩餘帥左。

《哀四年》楚謀北方，使左司馬等圍蠻氏，蠻子赤奔晉陰地，司馬起豐、析與狄戎以臨上雒：

左師軍于菟和，右師軍于倉野。

《哀十一年》載齊國書、高無丕帥師伐魯，魯軍禦敵之情況云：

孟孺子洩帥右師，顏羽御，邴洩爲右；冉求帥左師，管周父御，樊遲爲右。

此見於《左傳》者也；《國語‧晉語四》載晉文公勤王事云：

【文公】二年春，公以二軍下，次於陽樊；左師取昭叔于溫，殺之于隰城；右師迎王于鄭，王入于成周，遂定之于郟。（《國語》卷十，頁 14 下）

〈吳語〉載晉楚爭盟於黃池，云：

吳王昏乃戒，令秣馬食士。……王親秉鉞，載白旗以中陣而立；左軍亦如之……；右軍亦如之……。（《國語》卷十九，頁 6 下～7 上）

〈吳語〉又載楚申包胥如越請師伐吳，吳、越對陣於長江南北，越之佈陣及二國戰況云：

越王乃中分其師爲左右軍，以其私卒六千人爲中軍。明日將舟戰於江，及昏，乃令左軍銜枚泝江五里以須，亦令右軍銜枚踰江五里以須。夜中，乃令左軍、右軍涉江鳴鼓中水以須。吳師聞之，大駭，曰：「越人分爲二師，將爲夾攻我師。」乃不待旦，亦中分其師，將以禦越。越王乃令其中軍銜枚潛涉，不鼓不譟以襲攻之，吳師大北。越之左軍、右軍乃遂涉而從之，又大敗之於沒，又郊敗之，三戰三北，乃至于吳。（《國語》卷十九，頁 13 下）

此見於《國語》者也。呂思勉以古籍所載證「軍」、「師」義實無別 [註34]；金師祥恆則由出土金文證古稱「師」，東周後始有稱「軍」者。金師〈從甲骨卜辭研究殷商軍旅中之王族三行三師〉云：

甲骨文無軍字，……金文軍字始見於庚壺（原註：《商周金文錄遺》二三二拓本，《兩周金文大系》二○頁摹本。《西清續鑑》甲集十六、九題爲周齊侯鐘）云「齊三軍圍□」，郭氏【沫若】以爲齊靈公以後之器，屬東周末簡王之世。兵器陰晉左軍戈，屚侯左軍戈，十八年

[註34] 說見《讀史札記》「軍與師」條，頁 324～327。

雍左軍戈，卅三年左軍戈，鸞左軍戈等，亦多屬春秋末年之物。由
是言之，軍之起甚晚。……〈小雅・瞻彼洛矣〉：「韎韐有奭，以作
六師」。此頌美周王之詩，亦周言師而不言軍也。（《中國文字》第五
十二本，頁 14）

蓋殷商稱「師」，西周後始有「軍」稱。其義雖皆爲軍隊，然其實質編制則有
異也。金師祥恆又以爲「左軍」即「上軍」，「右軍」即「下軍」。其〈從甲骨
卜辭研究殷商軍旅中之王族三行三師〉又云：

卜辭之「中行」、「屮（右）行」，或「上行」、「中行」，或「東行」
之行，爲行伍行卒之列也，猶軍之左軍、右軍、中軍。國語楚語下
（獻案：見於〈吳語〉，文詳上引，金師偶誤），吳越笠澤之戰：「越
王乃中分其師以爲左右軍，以其私卒君子六千人爲中軍」。師分左師
右師如國語晉語四：晉秦陽樊之戰：「公以二軍下次於陽樊，右師取
昭叔于溫，殺之於隰城；左師迎王於鄭」。此左師右師即左軍右軍
也。……左軍右軍又稱上軍下軍，如國語晉語四，晉侯城濮之戰，
晉作三軍，文公問元帥於趙衰：「使欒枝將下軍，使狐毛將上軍」。
足證上軍爲左軍，下軍爲右軍也。（仝上，頁 9）

竹添光鴻則以爲軍之稱「左右」與稱「上下」有別：

此（獻案：指桓五年《傳》，文詳下引）中軍配左、右而言，則左、
右、中之中，而非上、中、下之中。鄢陵之戰，楚有中軍，亦同。（《左
氏會箋》卷二，頁 35）

竹添氏蓋謂「上中下」乃軍之編制，而「左右中」則爲戰陣之佈局。竹添之
說不爲無見，如周、鄭繻葛之戰，《左傳》於述畢周軍情況後，續述鄭軍情
事云：

鄭子元請爲左拒，以當蔡人、衛人；爲右拒，以當陳人。……曼伯
爲右拒，祭仲足爲左拒，原繁、高渠彌以中軍奉公。（《桓五年》）

《左傳》所稱之左拒、右拒，即竹添氏所謂「左右中」之左、右也。若由此
一觀點言之，則左、右未必代表地位之高低。因用兵以奇爲尙，或以實擊虛，
或以弱誘強，要在使對方不知己方之強弱虛實，以克敵致勝，初無固定之
制。如以城濮之戰爲例：晉以下軍佐胥臣蒙馬以虎皮，攻楚右師；上軍則設
二斾僞退，示上軍將、佐皆敗；下軍將欒枝亦使人駕車曳柴僞遁以誘敵；上
軍將、佐狐毛、狐偃則俱留原地待敵；中軍將、佐先軫、郤溱亦列陣待敵。

待楚軍中計奔近，晉乃以中軍公族從旁橫擊楚之左師與中軍；上軍將、佐狐毛、狐偃則帥師夾攻楚左師，楚左師三面受敵，遂潰敗；晉之中軍與下軍則合力夾攻楚中軍〔註35〕。可見疆場上戰陣變化多端之一斑；而戰陣之非以位階高低爲固定陣式，亦因而可知。若由此一觀點檢視上引資料，其中部分屬行軍或戰陣之位置，與階級之高低未必有關。唯由《內》、《外》傳所載左、右師次序之井然——凡中原則先右，凡楚軍則先左——觀之，似則即令出兵行軍時亦有高低之意在內。蓋《傳》所述者止爲行軍行列之左、右，至於眞正作戰時，則未必拘泥於左、右師必列爲左、右拒也。唯資料不足，未敢遽定。

古籍中之稱左師、右師似又非僅止於左拒、右拒之義而已。僖二十五年《左傳》「右師圍溫，左師逆王」，清·齊召南云：

> 按：晉武公初滅翼，王命以一軍爲晉侯；至獻公始作上、下二軍；惠公因之，與秦戰韓時，公與韓簡分將其一；至文公初，猶是兩軍，此左師、右師是也。（《左傳注疏考證》，《清經解》卷三一二，頁13下）

齊氏雖未指明左師、右師與上軍、下軍之對等關係，然其以爲左、右師即上、下軍則意旨甚明。上引〈晉語一〉，士蒍諫晉獻公曾謂「古之爲軍也，軍有左右」。依上下文意觀之，士蒍乃勸獻公不宜以太子申生將下軍，則其所稱之「左右」，即指「上下」之階級關係，非指行軍佈陣之陣勢似可確定；且證諸〈晉語四〉，其於上文稱「以二軍下」，其下又稱「左師」、「右師」，同段落而「軍」、「師」互用，則左、右師之爲上、下軍當無疑義。斯則與鄙意謂《內》、《外》傳所述者或亦爲階級之高低，未必爲實際戰爭之位置之意相合。

根據上文討論，上、下軍又可稱左、右師，蓋無可疑。唯左、右二師究以何者爲尊，則仍待考索。　金師祥恆以爲左軍即上軍，是以左軍爲尚也。上文所引資料，若不以行軍佈陣之觀點，而以階級高低之觀點視之，且單就楚軍而言，似　金師之言是矣；其中唯一不合者爲襄二十五年《左傳》所載者。然襄二十五年《左傳》所載乃楚師退兵情況，與楚國軍階高低無涉，不能據此論定楚左、右師究以何者爲尊。瞿同祖根據襄二十五年《傳》文遂謂右師爲統帥，統領左師〔註36〕，恐未必然。　金師則忽略地域問題，未暇深

---

〔註35〕參僖二十八年《左傳》及拙撰《晉文公復國定霸考》第六章第二節貳之三。
〔註36〕見《中國封建社會》第七章，頁343。

論中原與荊楚左、右師地位高低之可能差異。

　　桓八年《左傳》載楚伐隨，隨之季梁曾言及楚左、右軍之高低問題，其言云：

　　　　楚人上左，君必左，無與王遇；且攻其右，右無良焉，必敗。

楚之尚左，徵諸楚官可證：楚有左尹、右尹，有左司馬、右司馬，有左史、右史，有左領、右領，而並以左為上。其左、右二廣亦自邲之戰起以左為先。唯《傳》既言「楚以左為上」、楚「君必左」，則必楚與他國異制，否則不煩特加標舉。據此，則中原未必以左為尚，可以推知。周禮，吉事以左為尚，如乘車以左為尊，其例繁多，不煩枚舉；作揖、拱手亦以左為尊。《禮記・檀弓上》云：

　　　　孔子與門人立，拱而尚右；二三子亦皆尚右。孔子曰：「二三子之嗜
　　　　學也，我則有姊之喪故也。」二三子皆尚左。（《禮記正義》卷七，
　　　　頁 12 上）

鄭玄《注》云：

　　　　喪尚右，右，陰也；吉尚左，左，陽也。（仝上）

孔穎達《正義》云：

　　　　凶事尚右，吉事尚左。（仝上）

孫希旦云：

　　　　愚謂：凡拜，男尚左手，左，陽也；其拱亦然。凶事則尚右手，反
　　　　吉也。（《禮記集解》卷八，頁 195）

吉、凶之禮，有左、右之異，蓋周之通禮，故《老子》三十一章亦謂「吉事尚左，凶事尚右」。唯其於軍事則尚右，《老子》三十一章云：

　　　　君子居則貴左，用兵則貴右。

關乎此，前賢言及者已多〔註37〕，茲僅以上引資料論之：上文所引桓五年《左傳》載桓王出兵攻鄭時，將右軍者為虢公林父，將左軍者為周公黑肩。若此處之左、右軍非指戰陣之左、右拒，而指軍事階級之高低，則據帥軍者觀之，亦以右軍為尊：是役帥右者為虢公，而虢公為王之卿士，亦見於《傳》文：

　　　　◎鄭武公、莊公為王卿士；王貳于虢，鄭伯怨王。……王崩，周人
　　　　將畀虢公政。（《隱三年》）

────────────

〔註37〕崔述《豐鎬考信別錄》卷三說之甚詳。

◎夏，虢公始作卿士于周。（《隱八年》）

◎王奪鄭伯政；鄭伯不朝。秋，王以諸侯伐鄭，鄭伯禦之。（《桓五年》）

周本以鄭莊公爲執政之卿士，平王、桓王奪之以畀虢公，則此時虢公之位極尊寵，故次於桓王而將右軍：據此，則右軍高於左軍。晉、魯同爲周之諸侯，當同周制。哀十一年《左傳》載魯軍以右師先左師；僖二十五年《左傳》、〈晉語四〉載晉文勤王事左、右二師互易，未知孰是；且二者皆在戰陣之中，未足據以論定高低；然上文所引〈晉語一〉士蔿謂晉獻公以申生將下軍，「是左之也」，韋昭解「左」爲「外」。案：左猶云「左遷」，是則晉以右爲尚也。〈晉世家〉載城濮戰後，文公行賞事，亦可爲右軍居上之旁證：

> 晉侯度河，北歸國。行賞，狐偃爲首。或曰：「城濮之事，先軫之謀。」文公曰：「城濮之事，偃說我毋失信；先軫曰：『軍事，勝爲右。』吾用之以勝。……。」

軍事既以右爲勝，則左、右軍必以右軍爲尚無疑。

據上所論，是則左、右師地位之高低，須視情況而定，若在戰陣之上，則其左、右師或止於左、右拒之義，未必有地位高低之意；若就編制而言，則又須視其在何國、何地而定：在楚則以左師當上軍，在晉則以右師當上軍，故晉右師之地位高於左師。

## 貳、三軍地位之高低

二軍以上軍爲尊；作三軍後，軍分上、中、下，則以中軍爲尚。僖二十七年《左傳》「作三軍，謀元帥」，孔穎達釋之云：

> 元，長也，謂將帥之長。軍行則重者居中，故晉以中軍爲尊，而上軍次之。（《左傳正義》卷十六，頁 11 下）

中軍將亦稱元帥，掌國政，其餘各軍將佐皆受命於中軍將而爲之佐。即便作六軍後亦仍以中軍將統軍。成六年《左傳》云：

> 楚子重伐鄭，鄭從晉故也。……晉欒書救鄭，與楚師遇於繞角。楚師還，晉師遂侵蔡。楚公子申、公子成以申、息之師救蔡，禦諸桑隧。趙同、趙括欲戰，請於武子。武子將許之：知莊子、范文子、韓獻子諫曰：「不可。……」乃遂還。於是軍帥之欲戰者眾；或謂欒武子曰：「聖人與眾同欲，是以濟事。子盍從眾？子爲大致，將酌於

> 民者也。子之佐十一人，其不欲戰者三人而已，欲戰者可謂眾
> 矣。……」

是時欒書爲中軍將，而諫者曰「子之佐十一人」，是中軍將以下之軍帥皆中軍
將之佐也。劉文淇《春秋左氏傳舊注疏證》云：

> 晉六軍各有將佐，此稱十一人者，晉中軍之將總兵事，自外皆其佐
> 也。（頁 835）

既以中軍將總領各軍，則中軍高於各軍可知。

齊、晉鞌之戰（晉景十一年，魯成二年，589 B. C.），晉凱旋歸國，《左傳》
載其各軍將佐之表現云：

> 晉師歸……郤伯見，公曰：「子之力也夫？」對曰：「君之訓也，二
> 三子之力也，臣何力之有焉！」范叔見，勞之如郤伯，對曰：「庚所
> 命也，克之制也，燮何力之有焉！」欒伯見，公亦如之，對曰：「燮
> 之詔也，士用命也，書何力之有焉！」

《國語・晉語五》亦載此事，其文云：

> 靡笄之役，郤獻子見，公曰：「子之力也夫？」對曰：「克也以君命
> 命三軍之士，三軍之士用命，克也何力之有焉！」范文子見，公曰：
> 「子之力也夫？」對曰：「燮也受命於中軍以命上軍之士，上軍之士
> 用命，燮也何力之有焉！」欒武子見，公曰：「子之力夫？」對曰：
> 「書也受命於上軍以命下軍之士，下軍之士用命，書也何力之有
> 焉！」（《國語》卷十一，頁 4 下～5 上）

《左傳》載是役晉之將佐云：

> 郤克將中軍，士燮佐上軍，欒書將下軍。

欒書乃下軍將，推功於上軍；時上軍將荀庚未出，而上軍佐士燮推功於上軍
將荀庚及中軍將郤克。據此可知：三軍中以中軍地位最尊，上軍次之，下軍
又次之；佐則受命於將；而中軍之將以元帥身分統帥三軍，上軍受命於中軍，
下軍受命於上軍，依次以相統率。

成三年《左傳》載晉景公十二年，晉派荀庚使魯尋盟，衛亦派孫良夫使
魯尋盟。魯成公不知先與何國訂盟，乃問之於臧宣叔，有「中行伯之於晉也，
其位在三」之言。沈欽韓釋之云：

> 荀庚，上軍帥，于六卿位在三也。（《春秋左氏傳補注》卷六，頁 5
> 下）

時郤克將中軍，荀首為佐，荀庚將上軍：上軍將之位在六卿中位居第三，則其位在中軍佐之下可見。是則三軍之中以中軍為尊，上軍次之，下軍又次之也。

又，各軍地位之高低可以各軍將佐之高低及陞遷情況加以證明，本稿下編第二章第三節另有論述，此不贅。

## 參、新軍之地位

新軍之地位在下軍之下。〈晉語四〉云：

> 以趙衰之故，蒐于清原，作五軍。使趙衰將新上軍，箕鄭佐之；胥嬰將新下軍，先都佐之。子犯卒，蒲城伯請佐，公曰：「夫趙衰三讓不失義。讓，推賢也；義，廣德也。德廣賢至，又何患矣！請令衰也從子。」乃使趙衰佐新上軍。（《國語》卷十，頁18）

韋昭《解》云：

> 此有「新」字，誤。趙衰從新上軍之將進佐上軍，升一等。新上軍之將，位在上軍之佐下。（《國語》卷十，頁18下）

趙衰本將新上軍，狐偃卒後，擢任上軍佐，可見新軍位在三軍之下。

又晉、楚鄢陵之戰（晉厲六年，魯成十六年，575 B. C.）後，厲公使郤至如周獻捷。郤至與單襄公語，屢誇己功；單襄公告周之大夫曰：

> 溫季其亡乎！位在七人之下，而求掩其上。

時晉有上、中、下、新四軍，郤至為新軍佐，單襄公謂其位在七人之下，是郤至位在第八，據此可知新軍佐之位次。至於新三軍間地位之高低，亦依中、上、下為次，則無庸贅論矣。

# 第二章　州兵蠡探

## 弁　言

　　「州兵」乃春秋時代，秦、晉韓之戰，晉惠公戰敗被俘，晉國內部為應付政治變局而施行的兵制改革，時在晉惠公六年，魯僖公十五年（645 B. C.）。晉作州兵之後，兵源擴增，兵力強盛，連續稱霸中原幾近二百年，其影響極為遠大。唯「州兵」之制歷來卻眾說紛紜，莫衷一是；且並未得到應有之重視。蓋以其資料尠少也。民國以來，探索者漸多，竊亦不揣淺陋，希望透過對古來有關此一制度重要說法之解析、釐探，試圖尋繹其可能真相。

## 第一節　引論：作州兵之背景

　　有關「州兵」之原始資料有二，見於《左傳》、《國語》，茲迻錄於下，以利討論：

一、晉侯使郤乞告瑕呂飴甥，且召之，子金教之言，曰：「朝國人而以君命賞；且告之曰：『孤雖歸，辱社稷矣；其卜貳圉也。』」眾皆哭，晉於是乎作爰田。呂甥曰：「君亡之不恤，而群臣是憂；惠之至也。將若君何？」眾曰：「何為而可？」對曰：「征繕以輔孺子。諸侯聞之，喪君有君，群臣輯睦，甲兵益多。好我者勸，惡我者懼，庶有益乎！」眾說，晉於是乎作州兵。（《左傳》僖公十五年）

二、【惠】公在秦三月，聞秦將成，乃使郤乞告呂甥。呂甥教之言，令國人於朝，曰：「君使乞告二三子曰：『秦將歸寡人，寡人不足以辱社稷；二三子其改置以代圉也。』」且賞以悅眾；眾皆哭，為作轅田。

> 呂甥致眾而告之曰:「吾君慙焉,其亡之不卹,而群臣是憂,不亦惠
> 乎?君猶在外,若何?」眾曰:「何爲而可?」呂甥曰:「以韓之病,
> 兵甲盡矣。若征繕以輔孺子,以爲君援,雖四鄰之聞之也,喪君有
> 君,群臣輯睦,兵甲益多,好我者勸,惡我者懼,庶有益乎!」眾
> 皆說,爲作州兵。(《國語》卷九,〈晉語三〉,頁6)

討論州兵各種說法之前,若能先釐清與作「州兵」背景相關之三事,對
問題之了解,必有相當之助益。此三事爲:

一、晉作「州兵」之目的何在?

二、呂甥所召之「國人」身分爲何?

三、晉作「州兵」究係創制,抑僅爲一時應變之舉?

茲先論晉作「州兵」之目的:

晉惠公以賄賂手段入國後,背秦賄,烝賈君,敗德喪行,又殺里克、丕
鄭,剷除異己,內失其民,外深秦怨。在國、內外皆大爲不滿之下,導致韓
原之戰,車陷泥中,慶鄭不救,爲秦所擄之結果〔註1〕。據《左》、《國》所載,
可知呂甥以惠公名義召集「國人」,即因韓原戰敗,惠公被俘,且得知秦將送
其回國;爲期民心之歸附,遂朝會「國人」而賞之。待群臣得賞,感戴之餘,
遂藉機提出增強國力之主張。故群臣感念而皆哭後,呂甥即謂惠公「群臣是
憂,惠之至也」,並技巧地反問國人「將若君何」,使受賞之「國人」自動說
出「何爲而可」之言,至此呂甥反客爲主,提出「征繕」之主張,以達「惡
我者懼」之目的;眾皆悅,於焉「作州兵」。可知作「州兵」,即爲達「甲兵
益多」(《左傳》)、「兵甲益多」(《晉語》)之目的,以使「好我者勸,惡我者
懼」。是則「作州兵」當與兵力之增強大有關係;否則即難以達到「惡我者懼」
之目的矣。俞樾《茶香室經說》云:

> 蓋作轅田、作州兵,皆於喪敗之後,爲富強之計。(卷十四,頁 17
> 上)

俞氏之言雖簡,然實深中箇中三昧。是故,若謂「作州兵」與兵力之增強無
關,或關係甚微,恐非「作州兵」原意。

次論「國人」之身分:

---

〔註 1〕詳僖十五年《左傳》、《國語·晉語三》、《史記·晉世家》;並參拙作《晉文公
復國定霸考》第二章第二節。

　　《左傳》載此事，云「朝國人而以君命賞」，〈晉語〉云「令國人於朝」，「且賞以悅眾」：皆明指所召者之身分為「國人」。「國人」一詞，見於《左傳》約八十次，見於《國語》約十五次。據《左》、《國》所載，可知「國人」在西周後期及春秋時代均有舉足輕重之地位，舉凡國家之盛衰、施政之成敗，乃至國君及執政之廢立，外交和戰，貴族之能否保其宗族，「國人」皆有相當之影響力。如本處《左》、《國》所載，假意「卜貳圉」、「改置以代圉」，而召「國人」以詢，似乎「國人」有其特殊之身分地位，並非一般之「齊民」。至於「國人」究為何種身分，則自來異說極多：徐復觀以為「『國人』是由士、自由農民及工商業者三部分人所構成的」〔註2〕；童書業則以為「國人」有廣狹三義：其一，國都城中之人；其二，國都城內外之人；其三，泛指本國疆域內之人。童先生又以為：

　　　　◎春秋以上所謂之「國人」，主要指國都之人，尤其是國都城內之
　　　　　人。(《春秋左傳研究》「釋『國人』」，頁 133)

　　　　◎士為「國人」中之上層，在國都之城內，或人數最多，且有戰鬥
　　　　　力，故在春秋後期，地位日高，其富有者幾與下級大夫無異。(全
　　　　　上，頁 140)

唯童先生又以為「大夫」不在「國人」之內〔註3〕。柳英杰則逕謂「甲士」為「國人」，其言曰：

　　　　車兵由甲士組成，甲士是下層貴族，居住在國都周圍，以便戰時召
　　　　之即來，因此，這個階層在古文獻上又叫「國人」。(〈春秋晉國軍制
　　　　探討〉)

然「國人」之身分，由古籍所載觀之，似非止於大夫以下之「士」。如上引《內》、《外》傳文，既云「朝國人而以君命賞」，又云「群臣」、「二三子」；則「群臣」、「二三子」自亦包括於「國人」之內，否則聚會「國人」，而只對「士」賞賜、施惠，何以得「大夫」級以上臣僚之心？何以云「眾皆哭」、「眾悅」？

　　《國語》一書中，以「二三」與「子」，若「君子」、「大夫」、「臣」等連用，而組成「二三子」一類之詞者，凡二十餘次。除上引〈晉語三〉二見外，

---

〔註2〕說見《周秦漢政治社會結構之研究》〈西周政治社會的結構性格問題〉四、「國人的性格地位問題」。

〔註3〕並見《春秋左傳研究・釋「國人」》，頁 132～140。

他如：

◎邵公曰：「……晉國必大得諸侯，勸二三君子必先導焉，可以樹。」
（〈周語中〉，頁13上）

☆韋昭《解》：「二三君子，在朝公卿也。」（《國語》卷二，頁 13
上）

◎臧文仲曰：「……豈唯寡君與二三臣實受君賜。」（〈魯語上〉，頁
3下）

◎叔仲曰：「……且夫君子計成而後行，二三子計乎？有禦楚之術，
而有守國之備則可也。」（〈魯語下〉，頁3下）

◎史蘇朝，告大夫曰：「二三大夫其戒之乎！亂本生矣。」（〈晉語
一〉，頁4上）

◎丕鄭之自秦反也，聞里克死，見共華，曰：「可以入乎？」共華
曰：「二三子皆在外而不及……可哉！」（〈晉語三〉，頁3上）

☆韋昭《解》云：「二三子，七輿大夫也。」（《國語》卷九，頁 3
上）

◎子犯曰：「……十有二年，必獲此土。二三子志之。」（〈晉語四〉，
頁1下）

◎秦伯謂其大夫曰：「……二三子敬乎！」（〈晉語四〉，頁9上）

◎子犯曰：「二三子忘在楚乎？」（〈晉語四〉，頁16上）

◎趙宣子……告諸大夫曰：「二三子可以賀我矣，吾舉厥也而中，吾
乃今知免於罪矣。」（〈晉語五〉，頁2）

◎范武子退自朝，曰：「燮乎！……爾勉從二三子以承君命，唯敬。」
乃老。（〈晉語五〉，頁3下）

☆韋昭《解》云：「二三子，晉諸卿。」（《國語》卷十一，頁13下）
◎范文子立於戎馬之前，曰：「君幼弱，諸臣不佞……吾庸知天之不
授晉，且以勸楚乎！君與二三臣其戒之！」（〈晉語六〉，頁5下）

◎欒武子、中行獻子圍公於匠麗氏，乃召韓獻子，獻子辭曰：「……
二三子不能事君，安用厥也。」（〈晉語六〉，頁7）

◎公言於諸大夫曰：「……穀之不成，孤之咎也；成而焚之，二三子
之虐也。……二三子爲令之不從，故求元君而訪焉。孤之不元，
廢也，其誰怨？元而以虐奉之，二三子之制也。」（〈晉語七〉，頁

1 上）

◎魏絳辭曰：「夫和戎狄，君之幸也，……二三子之勞也；臣焉得之！」公曰：「……二三子何勞焉，子其受之！」（〈晉語七〉，頁6上）

☆韋昭《解》云：「謂諸軍帥。」（《國語》卷十三，頁6上）

◎平公有疾，秦景公使豎和視之，出曰：「不可爲也。……良臣不生，天命不祐。若君不死，必失諸侯。」趙文子聞之，曰：「武從二三子以佐君爲諸侯盟主，於今八年矣，內無苛慝，諸侯不二；子胡曰『良臣不生，天命不祐』？」（〈晉語八〉，頁10上）

☆韋昭《解》云：「二三子，晉諸卿。」（《國語》卷十四，頁10上）

◎句踐用帥二三之老，親委重罪，頓顙於邊。（〈吳語〉，頁2上）

☆韋昭《解》云：「家臣稱老。」（《國語》卷十九，頁2上）

◎王乃命有司大徇於軍曰：「二三子歸而不歸，處而不處，進而不進，左而不在左，右而不在右，身斬妻子鬻！」（〈吳語〉，頁13）
……

◎句踐乃致其父母昆弟而誓之曰：「……今寡人不能，將帥二三子以藩。……」……句踐辭曰：「昔者之戰也，非二三子之罪也。」（〈越語上〉，頁2上～3下）

以上諸「二三子」除〈吳〉、〈越〉語專指戰士外，其餘皆爲群臣之意，其所包括之階層自卿以下，大夫、士皆在其中。蓋即爲「國人」之上層階級。

又如定十年《左傳》載宋卿爭寵，有云：

……母弟辰曰：「子分室以與獵也，而獨卑魋，亦有頗焉。子爲君禮，不過出竟，君必止子。」公子地出奔陳，公弗止。辰爲之請，弗聽。辰曰：「是我迁吾兄也。吾以國人出，君誰與處！」冬，母弟辰暨仲佗、石彄出奔陳。

杜預《注》云：

佗，仲幾子；彄，褚師段子：皆宋卿。眾之所望，故言國人。（《左傳正義》卷五十六，頁7下）

姑不論杜《注》是否爲「國人」本意；但與宋景公之弟公子辰同時出奔之仲佗、石彄即使未至卿級，至少必爲大夫：可見《左傳》中「國人」之身分有頗高者。又哀元年《傳》云：

> 吳之入楚也，使召陳懷公；懷公朝國人而問焉，曰：「欲與楚者右，
> 欲與吳者左。陳人從田，無田從黨。」逢滑當公而進，曰：……。

此處之「國人」或有田，或無田；而逢滑不左不右而進諫，其為陳臣，而亦曰「國人」：可見「國人」包含不同之階層。〈晉語六〉載晉厲公被殺事有云：

> 於是乎君伐智而多力，怠教而重斂，大其私暱，殺三郤而尸諸朝，
> 納其室以分婦人，於是乎國人不蠲，遂弒諸翼。（《國語》卷十二，
> 頁5上）

韋昭《解》云：

> 厲公侈，多外嬖。反自鄢，欲盡去群大夫而立其左右：欲以郤犨、
> 夷羊五、長魚矯為卿，故殺三郤。長魚矯又以兵劫欒書、中行偃，
> 將殺之；公不忍，使復其位。魯成十七年冬，厲公遊于匠麗氏，欒
> 書、中行偃執公；十八年正月使程滑弒公。（仝上）

事見成十七、十八年《左傳》。弒厲公者欒書、中行偃及其黨羽，而《國語》稱之為「國人」：欒書、荀偃當時分別為中軍將與上軍佐，皆為卿級大臣〔註4〕：是卿亦可稱「國人」也。古時往往以首都代表國家，如：《莊子·徐无鬼》：「郢人堊慢其鼻端若蠅翼」，郢，楚都；郢人即楚人。《呂氏春秋·明理》：「有狼入於國」，高誘《注》：「國，都也。」《禮記·禮運》：「國有學」，孔穎達《正義》：「國謂天子所都。」成十三年《左傳》：「子駟帥國人盟於大宮」，此「國人」應是都城之人。故「國人」蓋括指居於「國都中」之人〔註5〕，其身分上自卿、大夫，下至士人，範圍頗廣。徐、童、柳三先生之說略嫌將「國人」之身分低估；然其以「士」屬諸「國人」則並無二致。

有關「國人」之身分、地位諸問題，前賢論述頗多，茲僅略引與本文相關之數事以證，餘不詳及。唯無論「國人」包括那些階級，其不包括「庶民」、「黎庶」、「農民」、「農奴」，則大抵為眾說所同。

三探晉作「州兵」究為創制抑止為臨時應變之舉：

惠棟以為「作」乃「創制」之意，其言曰：

> 服訓「爰」為易：爰田本是周制，何云「作」也？《漢書·地理志》
> 曰：「秦孝公用商君，制轅田」，豈亦賞眾以田邪？《外傳》所云「賞
> 眾」是一時之事；「爰田」、「州兵」是當日田制、兵制改易之始，故

---

〔註4〕晉三軍將、佐必以卿擔任，說詳本稿下編第二章第二節。
〔註5〕此意蒙　王師叔岷提示，並垂示資料，謹誌謝忱。

特書之。（《春秋左傳補註》卷一，頁 23 下）

劉文淇則不以惠說爲然，劉氏云：

> 廢而理舉之亦曰「作」。其謂用周制不可云「作」，非也。（《春秋左
> 氏傳舊注疏證》，頁 323）

劉氏以「廢而理舉之」解「作」，於字義上固可通；然除「作爰田」、「作州兵」二「作」字外，《春秋經》及《左傳》之稱「作」者，如：

◎ 隱元年《傳》之「新作南門」

◎ 莊二十九年《傳》之「新作延廄」

◎ 閔元年《傳》之「作二軍」

◎ 僖二十七年《傳》之「作三軍」

◎ 僖二十八年《傳》之「作三行」

◎ 僖三十一年《傳》之「作五軍」

◎ 文二年《經》、《傳》之「作僖公主」

◎ 成元年《經》、《傳》之「作丘甲」

◎ 成三年《傳》之「作六軍」

◎ 襄十一年《傳》之「作三軍」

◎ 襄三十一年《傳》之「作楚宮」

◎ 昭四年《傳》之「作丘賦」

《國語》之「作」，除上引二字外，他如：

◎ 〈周語下〉之「今王作鍾也」

◎ 〈周語下〉之「上作器」

◎ 〈魯語下〉之「遂作中軍」

◎ 〈晉語一〉之「作二軍」

◎ 〈晉語四〉之「作五軍」

◎ 〈晉語四〉之「作三軍」

諸「作」字並爲變改原制或原無其制而更出之之義，亦即「創制」之義。劉氏以原本已有，「廢而理舉之」解「作」字，古籍之「作」字固有作如此解者，然「作」之有用爲「創新」之意者，恐亦無法加以否定。而載籍所述先秦兵制，於此之前，從未有「州兵」之名，故惠定宇以爲「作州兵」乃當日兵制變革之始，《左》、《國》遂特加載錄，其說似較近實情。

「州兵」，非僅其制紛呶未定，即「州」、「兵」二字之義，意見亦有紛歧。

故說解「州兵」之制時，益滋紛擾；若於探討「州兵」之前，先將「州」、「兵」二字之義釐清，必能有助於進行「州兵」之討論。下文二、三節即分別探討春秋時「州」、「兵」二字之意涵，作爲討論「州兵」之基礎。

# 第二節　「州」字探義

「州」字，甲骨文已見：

乙酉卜，賓貞：州臣出往自……（《粹》262）

青銅銘文亦有「州」字：

◎ 州人、重（或釋「束」）人、郭人（〈邢侯簋〉）

◎ 州、瀘二邑。（〈詽比盨〉，郭沫若「比」作「从」）

◎ 降以南封于同道，陟州剛登桥降棫二封。（〈散盤〉）

甲骨、金文蓋以「州」爲地名或人所聚居之地。《說文》云：

州，水中可尻者曰州。……昔堯遭洪水，民尻水中高土，故曰九州。《詩》曰：「在河之州」。一曰：州，疇也，各疇其土而生也。（段玉裁《說文解字注》卷十一下，頁4）

據《說文》，是「州」本爲州渚，乃水畔人所聚居之地。

古籍中，「州」有大小二義，視其用於何處而定。「州」有包含極大範圍者，如《尙書・禹貢》之言九州。「九州」之詞，古所習見，如〈齊侯鑄鐘〉云：

咸有九州，處禹之堵。

襄四年《左傳》：

芒芒禹迹，畫爲九州。

《墨子・尙賢上》：

禹舉益於陰方之中，授之政，九州成。（《墨子閒詁》卷二，頁5）

《莊子・天下》：

昔禹之湮洪水，決江河，而通四夷九州也。（《莊子集釋》卷十下，頁1077）

《山海經・海內經》：

帝乃命禹卒土以定九州。

斯皆指極大之地且有定稱者也。《禮記・王制》云：

凡四海之內九州，州方千里。州，建百里之國三十，七十里之國六

十，五十里之國百有二十，凡二百一十國。(《禮記正義》卷十一，
頁 8 下)

姑不論〈王制〉所載之制是否合乎事實，其所言之「州」，地域極大，則無疑
也。

「州」字亦有泛稱某一地區，而範圍亦不小者，如：《戰國策・秦策三》
所言：

穆公一勝于韓原而霸西州。

此西州乃泛指西方之地，範圍亦大。

或許考察古籍中言制度之書如何定義「州」之大小有助於了解「州」字
之義。《莊子・胠篋》云：

齊國……所以立宗廟社稷，治屋邑州閭鄉曲者，曷嘗不法聖人哉！

(《莊子集釋》，頁 343)

成玄英《疏》引《司馬法》云：

五家爲比，五比爲閭，五閭爲族，五族爲黨，五黨爲州，五州爲鄉。

(仝上，頁 344)

依《司馬法》，每鄉計萬五千六百二十五家，每州三千一百二十五家，乃相當
大之社會組織。《周禮》之制與之略有不同，〈地官〉「大司徒」云：

令五家爲比，使之相保；五比爲閭，使之相受；四閭爲族，使之相
葬；五族爲黨，使之相救；五黨爲州；使之相賙；五州爲鄉，使之
相賓。(《周禮注疏》卷十，頁 22 下)

鄭玄《注》云：

閭，二十五家；族，百家；黨，五百家；州，二千五百家；鄉，萬
二千五百家。(仝上；亦見《禮記・內則》注)

《漢書・食貨志上》所載之制大抵與此相同：

在壄曰廬，在邑曰里。五家爲鄰，五鄰爲里，四里爲族，五族爲黨，
五黨爲州，五州爲鄉。鄉，萬二千五百戶也。(《漢書》卷二十四上，
頁 1121)

此皆謂「州」有二千五百家也。此說雖較《司馬法》所載之家數略少，然亦
爲不小之社會組織。《管子》所載又異於是。《管子・立政》云：

分國以爲五鄉，鄉爲之師。分鄉以爲五州，州爲之長。分州以爲十
里，里爲之尉。分里以爲十游，游爲之宗。十家爲什，五家爲伍，

什伍皆有長焉。（《管子纂詁》卷一，頁 24）

又〈度地〉云：

> 州者謂之術〔註6〕，不滿術者謂之里。故百家爲里，里十爲術，術十爲州，州十爲都，都十爲霸國。（《管子纂詁》卷十八，頁 8）

據《管子》，則「州」有萬家。安井衡注《管子・八觀》「州里」云：

> 《周禮》：二千五百家爲州，二十五家爲里；《管》則百家爲里，萬家爲州：見于〈度地〉。（《管子纂詁》卷五，頁 7）

其制尤大。此謂「州」中所居之家數多寡也。古代人口尚少，土地之開發不如後世之廣大，「州」之範圍恐未有如此之大。此或雜有理想、或以後世之情況說之也。故不僅包括之家數多，且極爲整齊劃一，蓋非古時實況。說詳下。

《周禮・地官》「載師」鄭玄《注》引《司馬法》又言及「州」之大小及其與都、野之關係：

> 王國百里爲郊，二百里爲州，三百里爲野，四百里爲縣，五百里爲都。（《周禮注疏》卷十三，頁 8 上）

此謂「州」在「郊」、「野」之間，距離國都二百里。

以上爲「制度」之書對「州」之「定義」。唯若檢索其他典籍，與之對勘，則以上諸說顯然未必可靠，如《論語・衛靈公》云：

> 言不忠信，行不篤敬，雖州里，行乎哉！

州、里連言；且由文意可知「州」之範圍不大。《禮記》則「州閭」連用：

> ◎ 夫爲人子者，三賜不及車馬，故州閭鄉黨稱其孝也。（〈曲禮上〉）
> ◎ 父母有過，下氣怡色柔聲以諫，……說則復諫；不說，與其得罪於鄉黨州閭，寧孰諫。（〈內則〉）

「州閭」猶「州里」，既與「鄉黨」連用，其大小亦可連類而知。又《禮記・祭義》云：

> 居鄉以齒，而老窮不遺，強不犯弱，眾不暴寡，而弟達乎州巷矣。

州、巷連言，且云「居鄉」，其範圍之大小，宛然可以想見。可見《禮記》雖有其義甚大之「州」，如前文所引者；亦有其地不大，如此處所見者。與此義類似者，如《左傳》宣公十一年所載之「夏州」：

---

〔註6〕郭沫若等《管子集校》云：「豬飼彥博【《管子補正》】云：『下云「術十爲州」，此「州」上蓋脱「不滿」二字。』王引之（獻案：見《讀書雜志》）云：『「州者」上亦當有「不滿」二字，下文「里十爲術，術十爲州」，故曰「不滿州者謂之術」。』」（頁 884）

> 楚子爲陳夏氏亂故，伐陳，謂陳人：「無動！將討於少西氏。」遂入
> 陳……因縣陳。……乃復封陳，鄉取一人焉以歸，謂之夏州。

杜預《注》：

> 州，鄉屬，示討夏氏所獲也。（《左傳正義》卷二十二，頁17下）

陳之國小，其有若干鄉不得而知，然似不得至千數；而鄉取一人，聚之爲「夏州」，則「州」之大小從可知也。蓋爲聚邑以居之義。又如成公十三年《左傳》，晉呂相絕秦所言之：

> 白狄及君同州。

此「州」蓋指因生活習慣相同或相類，遂群聚而居之部族聚落地區。與此意類似者，如《管子・小匡》所云之：

> 今夫農群萃而州處……今夫工群萃而州處……今夫商群萃而州處。
> （《管子纂詁》卷八，頁12～13）

《國語・齊語》載管仲答桓公之問亦云：

> □□□今夫士群萃而州處。（《國語》卷六，頁3上）

又如哀十七年《左傳》：

> 初，公登城以望，見戎州，問之，以告。公曰：「我，姬姓也，何戎
> 之有焉？」翦之。公使匠久，公欲逐石圃，未及而難作。辛巳，石
> 圃因匠氏攻公。公閭門而請，弗許；踰于北方而隊，折股。戎州人
> 攻之，大子疾、公子青踰從公，戎州人殺之。

事亦見《呂氏春秋・慎小》。杜預、高誘《注》並謂戎州爲戎邑。戎州意同戎里，乃人民聚居之地。又《荀子・君道》謂：

> 文王非無貴戚也，非無子弟也，非無便嬖也；倜然乃舉太公於州人
> 而用之。（《荀子集解》卷八，頁20）

可見「州」乃一般人民居住之聚邑。錢賓四即曾謂「州」爲「民眾聚居」之稱，與「邱甲」之「邱」同義〔註7〕。錢先生之說極爲有見，下文另有討論。史建群亦以爲「州」乃邑聚之稱。其言曰：

> 《說文》：「水中可居者曰州。……昔堯遭洪水，民居水中高土，故
> 曰九州。《詩》曰：『在河之州。』一曰：州，疇也。各疇其土而生
> 也。」州遂爲邑聚之通稱。〈齊語〉：「群萃而州處」，韋《注》：「州，
> 聚也。」《左傳》哀公二十六年，叔孫帥師伐衛，「師侵外州」，《春

---

〔註7〕說見《中國通史參考資料》，頁229。

秋經》宣公元年：「公會齊侯于平州」,《穀梁傳》昭公二十六年,「公
次於陽州」,皆可證州爲邑聚。(〈試論「晉作爰田」及其影響〉)

綜上所論,可知:「州」之範圍或大或小,未必有固定之制;唯當亦不致太
大。昭三年《左傳》載晉「州縣」本爲郤稱之邑,其後歸欒豹所有,欒氏之
亂後,范宣子、趙文子、韓宣子皆爭之,其後歸鄭伯石所有;伯石卒後,其
子託子產歸之於晉韓宣子,韓宣子以之與宋大夫樂大心易「原縣」。「縣」
之制後起,蓋「州」本爲人民聚居之地,社會逐漸發展,人民亦漸增多,故
稱之爲縣,以示有社會組織。唯不論「州」之大小如何、究竟包含多少家,
可以肯定者爲:「州」乃小於「鄉」之地方行政區域,其地則大致在「郊」
與「野」之間;即在國都城外之「鄙」內而不在邦國區域之內,與《左傳》、
《國語》記載呂甥所召之居住於國都城內之「國人」不同,此則斷無可疑
者也。

# 第三節　「兵」字探義

「兵」字之出現甚早,卜辭、彝銘皆見「兵」字,象兩手持「斤」之形,
其初義蓋爲兵器。許慎即以「兵」爲兵器之義。《說文》云:

> 兵,械也。从廾持斤,并力之皃。(《說文解字注》卷三上,頁 37
> 上)

古書中以「兵」當名詞,作兵器解者極爲普遍,其例繁多,不煩枚舉;亦有
用爲動詞者,如《史記‧伯夷列傳》「左右欲兵之」之「兵」;又有用指使用
兵器者,如襄元年《左傳》:「諸侯之師敗鄭徒兵」之「兵」;又有用爲指使用
武器之事──戰陣之事、軍事、戰爭者──如隱三年《左傳》「公子州吁,嬖
人之子也,有寵而好兵」、宋向戌之「弭兵」、《禮記‧禮運》之「而兵由此起」
諸「兵」字。各視其時代及詞性、詞義而定。唯東周以前文獻,「兵」字皆用
爲名詞,指武器。阮元《積古齋鐘鼎彝器款識考釋》云:

> 三代以上稱人之戰者曰卒、伍、軍、旅,不曰「兵」;曰「兵」者,
> 戈、戟、弓、矢之屬之專名也。(卷一,〈商周兵器說〉,頁 1 下)

阮氏謂古者軍隊稱「師」,言「兵」則皆指兵器。其說大抵可概括西周以上「兵」
字之義;唯亦偶有例外,如卜辭之兵字已有軍隊之意:

> ◎甲□□,貞:勿出兵?(胡厚宣:《戰後京津新獲甲骨集》1531)
> ◎甲子卜,貞:出兵,若?(商承祚:《殷契佚存》729)

可見商代已有解「兵」爲「師」之義者〔註8〕；唯今存文獻資料，西周早期「兵」字概作兵器之義。關於商代已有將「兵」字之義引申爲「士兵」，而西周則一仍制字本義作「兵器」解，此一特殊情況，或許出於地方性因素。故本文不擬引爲西周已有解「兵」字爲「人卒」之論據。阮芸臺之說除「三代以上」一詞稍嫌寬泛外，頗近歷史事實。顧炎武更將時代往下推移，明白宣稱秦、漢以前無以「兵」字指人卒者。其說云：

> 古之言兵，非今日之兵，謂五兵也。……秦、漢以下始謂執兵之人爲兵。如信陵君「得選兵八萬人」，項羽「將諸侯兵三十餘萬」，見於太史公之書，而五經無此語也。以執兵之人爲兵，猶之以被甲之人爲甲。（《原鈔本日知錄》卷九，「去兵去食」條，頁200）

閻若璩以爲亭林之說大致不誤，然未免推論太過，閻氏之言曰：

> （上略）但謂秦、漢以下始謂執兵之人爲兵，如信陵君「得選兵八萬人」，項梁收下縣，「得精兵八千人」，項王「自以精兵三萬人擊漢軍」，見於太史公之書。請問《孫子》曰：「兵眾孰彊」；蘇秦曰「五家之兵」、「章子將五都之兵」；《荀子》曰：「仁人之兵，聚則成卒，散則成列」：豈得謂「兵」不指執兵之人言邪？奚待秦、漢下邪？要謂五經中無此語則合。（《四書釋地三續》，《清經解》卷二十三，「兵」條，頁17下～18上）

「兵」字之作兵卒解，自不待遲至秦、漢。劉寶楠即云：

> 兵本戰器，因而執兵之人亦曰兵。《左·隱》四年：「諸侯之師敗鄭徒兵」；又襄元年：「敗其徒兵於洧上」：皆謂士卒也。此文「足兵」、「去兵」，兼有兵器與人。顧氏炎武《日知錄》謂「以執兵之人爲兵，始於秦、漢」，非也。（《論語正義》卷十五，頁491）

《論語》「足兵」、「去兵」之「兵」，似應如劉氏之言，兼具「兵器」與「士卒」之義；而劉氏以《左傳》二文證「兵」字經傳中有作「兵士」解者，尤爲塙當無疑。又《呂氏春秋·簡選》云：

> 簡選精良，兵械銛利，發之則不時，縱之則不當，與惡卒無擇；爲是，戰因用惡卒則不可。王子慶忌、陳年猶欲劍之利也。簡選精良，兵械銛利，令能將將之，古者有以王者、有以霸者矣，湯、武、齊

---

〔註8〕此意蒙　金師祥恆提示；並參考　金師〈從甲骨卜辭研究殷商軍旅中之王族三行三師〉。

桓、晉文、吳闔廬是矣。（陳奇猷《呂氏春秋校釋》，頁 440～441）

既云「發之」、「縱之」、「將之」，則其所謂「簡選精良」者自指「兵士」無疑；況又與「惡卒」對言，其爲「兵士」之意尤至爲明顯。

《左》、《國》二書中，「兵」字之用法，自推作「兵器」解者爲最習見，其例俯拾可得，無庸贅舉。又有作動詞及「兵事」、「武事」、「軍力」解者，因與本文關係不密，茲不詳述。此外，又有作「師徒」、「軍隊」解者，如：成十七年《左傳》載晉欒書、中行偃欲弒厲公，召韓厥，厥曰：

> 昔吾畜於趙氏，孟姬之讒，吾能違兵。

竹添光鴻《會箋》云：

> 違兵言避兵難也，非去兵器。（《左氏會箋》卷十三，頁 66）

趙氏之難，晉景公、欒氏、郤氏皆出兵攻趙氏，獨韓厥未出兵，故云「吾能違兵」。類此者，如：襄八年《傳》載鄭國大夫爭議究竟附晉抑從楚，及與楚平後，使王子伯駢告晉，有云：

> 今楚來討曰：「女何故稱兵于蔡？」

「稱兵」猶「舉兵」也。哀九年《傳》載楚伐鄭，晉趙鞅卜救鄭，占諸於史，史龜云：

> 可以興兵，利以伐姜。

「興兵」猶云「出兵」、「興師」。哀十年《傳》載晉趙鞅帥師伐齊，大夫請卜之，趙孟曰：

> 吾卜於此起兵，事不再令，卜不襲吉，行也！

「起兵」即「發兵」之意：諸「兵」字並作「師」解，不指「兵器」。

非僅《左傳》；《國語》亦見類此之例：〈晉語六〉亦載欒書等欲殺厲公而召韓厥事，韓獻子云：

> 昔者吾畜於趙氏，趙孟姬之讒，吾能違兵。（《國語》卷十二，頁 7 上）

韋昭《解》云：

> 時獻子能違其兵難，卒存趙武，未可脅與殺君。（仝上，頁 7）

〈晉語八〉載平公六年，欒盈之黨箕遺、黃淵、嘉父等作亂，不克而死，平公謂陽畢曰：

> 自穆侯以至于今，亂兵不輟。（《國語》卷十四，頁 1 上）

〈越語下〉載范蠡諫句踐，有云：

◎兵勝於外，福生於内。（《國語》卷二十一，頁3上）

◎范蠡曰：臣聞古之善用兵者，贏縮以爲常，四時以爲紀……。古之善用兵者，因天地之常，與之俱行。……彼來從我，固守勿與；若將與之，必因天地之災，又觀其民之饑飽、勞逸以參之。（仝上，頁5）

諸「兵」字亦皆「師徒」之意；而〈越語下〉范蠡論兵一段尤爲顯明。

此外，《左傳》中之「兵」字亦有兼指「兵器」、「武備」、「卒乘」諸義者：如昭十四年云：

楚子使然丹簡上國之兵於宗丘，且撫其民。分貧，振窮；長孤幼，養老疾；收介特，救災患；宥孤寡，赦罪戾；詰姦慝，舉淹滯；禮新，敍舊；祿勳，合親；任良，物官。使屈罷簡東國之兵於召陵，亦如之。好於邊疆；息民五年，而後用師。禮也。

楊伯峻《春秋左傳詞典》解此二「兵」字爲「軍隊」〔註9〕。類此之例，又見於昭十八年：

鄭子產爲火故，大爲社……乃簡兵大蒐，將爲蒐除。

楊伯峻《春秋左傳注》解此「兵」字爲「車乘徒兵」〔註10〕。昭十四年《左傳》孔穎達《正義》云：

兵者，戰器之名；戰必令人執兵，因即名人爲「兵」也。此簡上國之兵，謂料簡人丁之彊弱於宗丘之地，集而簡之；且即慰撫其民也。

（《左傳正義》卷四十七，頁3上）

孔氏解「兵」爲「兵士」，楊氏解爲「軍隊」，並含有「人卒」之意；鄙意則以爲：所謂「簡兵」，除含「人卒」外，亦當包含武器及一切武備。

除以上數種用法外，《左傳》「兵」字又有與「徒」字連用，作「步卒」解者，如隱四年：

諸侯之師敗鄭徒兵。

僖二十八年，晉敗楚於城濮，獻楚俘於天子，有「徒兵」；又襄元年《左傳》：

晉韓厥、荀偃帥諸侯之師伐鄭，入其郛，敗其徒兵於洧上。

又，昭二十年《左傳》載鄭大叔：

---

〔註9〕說見《春秋左傳詞典》，頁293。

〔註10〕說見《春秋左傳注》，頁1398。

興徒兵以攻崔苻之盜。

竹添光鴻隱四年《會箋》云：

> 兵本是五兵，因指執兵之人亦曰兵。襄元年又有「敗其徒兵于洧上」
> 之文，則後儒謂「秦、漢以下始謂執兵之人爲兵」者，謬矣。（《左
> 氏會箋》卷一，頁 54）

以戰必執兵，因即名戰士曰「兵」，於語意之引申上不成問題，亦屬自然之趨勢。

由以上之舉證與討論，可知：自東周初年以降，「兵」字即有兼指或逕指「士兵」之用法；顧炎武等以爲「兵」字遲至秦、漢以下始有用以指「士卒」之說，並不塙當。

# 第四節　「州兵」舊說商兌

古今「州兵」之說，去其枝葉文字之異，要者凡五：

一、「擴大甲兵製造場所」說：沈欽韓〔註11〕、竹添光鴻〔註12〕主之；
　　杜預以爲使「州」增治甲兵〔註13〕，亦可附之此說。

二、「使州長負責督揀適合服役之人」說：孔穎達。〔註14〕

三、「增一州長爲將」說：顧棟高。〔註15〕

四、「使州人負擔軍賦」說：楊寬。〔註16〕

---

〔註11〕沈欽韓云：「案《周官》，兵器本鄉師所掌，州共賓器而已。今更令作之也。」
　　　　（《春秋左氏傳補注》卷三，頁 12 下）

〔註12〕竹添光鴻云：「甲兵藏於公府，今欲益多之，故又使每州作之。上云『甲兵益
　　　　多』，非僅修繕兵甲而已。」（《左氏會箋》卷五，頁 83）

〔註13〕杜預云：「五黨爲州；州，二千五百家也。因此又使州長各繕甲兵。」（《左傳
　　　　正義》卷十四，頁 8 上）

〔註14〕孔穎達云：「《周禮・鄉大夫》：『以歲時登其夫家之眾寡，辨其可任者』；州長
　　　　則否。今以州長管人既少，督察易精，故使州長治之。」（《左傳正義》卷十
　　　　四，頁 8 上）

〔註15〕顧棟高云：「按此于軍制無所變更，第增一州長爲將耳，所謂『增繕』者是也。
　　　　後日晉三軍皆立將佐本諸此。」（《春秋大事表》卷十四，「僖十五年晉州兵」
　　　　條，頁 3 上）

〔註16〕楊寬云：「原來國人都住在國中，野人都住在野裡，這時爲了開墾私田，有些
　　　　國人和一部分野人就到州裡去開墾荒地。作州兵就是既然承認民眾在州裡開
　　　　墾荒田的合法性，又要他們同國人一樣負擔軍賦，其目的就是使『甲兵益
　　　　多』。」（《戰國史》修訂本，頁 149）

五、「兵制改革」說：惠棟〔註17〕、洪亮吉〔註18〕、蒙文通〔註19〕、錢
　　穆〔註20〕、顧頡剛〔註21〕、李亞農〔註22〕、史建群〔註23〕等並可歸
　　入此說。

茲試就以上五種說法加以探析，期有助於「州兵」真相之釐清。

---

〔註17〕惠棟云：「作州兵者，猶成公之作邱甲也。……州兵是當日兵制改易之始，故
特書之。」（《春秋左傳補注》卷一，頁23上、下）
〔註18〕洪亮吉云：「按作州兵，蓋亦改易兵制。或使二千五百家略增兵額，故上云
『甲兵益多』，非僅修繕兵甲而已：杜《注》似非。」（《春秋左傳詁》卷七，
頁296）
〔註19〕蒙文通據《周禮》「遂不出兵」之制，謂：「諸侯三郊三遂。《管子》謂統州者
謂之遂。作州兵就是取消三郊服兵役的限制，擴大出於三遂。」（〈孔子與今
文學〉）
〔註20〕錢賓四云：「州者乃民眾聚居之稱，州兵即是春秋農兵之始也。」又以為「邱」
與「州」同為民眾聚居之稱，「邱甲蓋與州兵同義，皆作農兵也。」（《中國通
史參考資料》，頁228）
〔註21〕顧頡剛云：「此蓋發動地方武裝，使丁壯皆從軍，不為國家兵制定額所限。猶
之今日，我國為抵抗帝國主義之侵略，各縣各區域成有民兵部之組織，其人
數遠超過於正式士兵，為備戰計也。（《顧頡剛讀書筆記》〈壬寅夏日雜鈔〉（二）
「州兵」條，頁6039）又云：「爰田、州兵為晉抗敵之兩大事，惟以未詳說其
事，故迄難知其究竟。然魯以懼楚而『作丘甲』，與晉以拒秦而『作州兵』，
其志同，其效同，則大可比擬。此皆武裝至于基層組織，猶今世之赤衛隊也。
我黨自建民兵制，各縣俱有地方武裝部司訓練，其義視此。」（仝上，〈愚脩
錄（六）〉，「『爰田』與『州兵』」條，頁6877）
〔註22〕李亞農以為：「晉國在開始建立地方兵團。……在周初，周族的武裝部隊，主
要由『國人』來編成的……最初只把武裝部隊集中在國都中而決不肯把武器
交給邑落中的居民的周族的統治者，到了晉惠公的時代，已感覺沒有必要再
來防範國都之外的人民了。晉人為了報復秦國俘虜了惠公的恥辱，為了強化
晉國的軍事力量，他們毫無顧慮地把武器交到國都以外的人民手中去了。」
（《李亞農史論集・西周與東周》，頁831）
〔註23〕史建群云：「（上略）軍隊按乘編制，等於按邑來組織，而邑聚又通稱為州，
故叫做『作州兵』。……在與華夏族的長期交往中，接受了先進文化而定居下
來的『蠻夷戎狄』的邑聚，同樣也稱『州』。《左傳》哀公十七年：『公登城以
望，見戎州』，杜《注》：『戎州，戎邑。』晉陸渾之戎原居於瓜州，晉惠公遷
之陸渾，又稱為『九州之戎』。臣服於諸夏國家的戎族居住於鄙野之地，如戎
子駒支一支即居於晉之南鄙，成為野人的一個組成部分。『作州兵』衝破了野
人不能當兵的限制，被統治的野人也被組織在軍隊之中。……這樣就縮小了
國野差別，擴大了兵源，達到了『甲兵益多』的目的。」又云：「每個成丁男
子，作為統治族的一員，都有當兵打仗的義務。『作州兵』後按邑聚組織軍隊，
士兵不再是以宗族公社成員的身分服役作戰，也就不能再以家族公社成員的
身分集體占有土地。所以要作州兵，須先改革土地占有制。晉在作州兵之前，
乃先『作爰田』。」（並見〈試論「晉作爰田」及其影響〉）

第一說中，杜預之說本可獨立，因杜氏之意似以爲「作州兵」乃是使州長增製兵器，以供使用；並非如沈欽韓、竹添光鴻二人以爲「州」原非供應兵器之所。唯杜《注》文字甚簡，語意又非十分明確；而其說與沈氏、竹添氏並以爲作州兵乃「增益兵器」之意則並無不同，故亦附之此說，一併檢討。

沈欽韓、竹添光鴻二人以爲：「州」本不供兵器，此時更令州作兵器，以增益甲兵。其立論根據有二：一則爲《周禮》之言兵制；二則解「兵」爲兵器。

沈氏謂據《周禮》之制，「州」本不供兵器；然據《周禮‧地官》述「州長」之職云：

> 州長各長其州之教治政令之濊。……若國作民而師田行役之事，則帥而致之，掌其戒令與其賞罰。（《周禮注疏》卷十二，頁 6 上～7 下）

又〈地官〉「小司徒」云：

> 凡四時之田：前期出田濊于州里，簡其鼓鐸、旗物、兵器，脩其卒伍。（《周禮注疏》卷十一，頁 17 上）

據此，則「州」似亦供應兵器，沈氏之說未必可靠。此其一。其次，《周禮》所載多雜後世或作者理想之制，是否即爲當日實情，不無可疑；況《周禮》所載兵制究竟行於何時──西周抑東周，春秋抑戰國──亦難以徵實。欲依《周禮》所言以求「州兵」眞相，終難有成。

至於「兵」字之義，根據上節之探析，自春秋以降已有用爲「兵士」之義者。個人以爲「州兵」之「兵」字，恐以解作「兵士」爲宜。因言「兵士」，則既有人卒，亦含武備。前引〈晉語三〉資料所云之「兵甲盡矣」，除指兵器、鎧甲之耗損外，還應包含甲士傷亡之意；唯以軍敗士傷，不宜斥言，以免挑起不滿情緒，故以「兵甲」代之；而言「兵甲」，則「甲士」自然蘊涵其中。因此下文「兵甲益多」，除指盔甲、兵器之增多外，亦包括甲士之增益。故〈晉語〉載呂甥之言曰：「若征繕以輔孺子，以爲君援，……兵甲益多，好我者勸，惡我者懼，庶有益乎！」《左傳》文作「甲兵益多」，其意亦與《國語》同。《國語‧吳語》載吳、越爭戰，越大敗後，句踐卑辭求成，夫差欲許之，有云：

> 申胥諫曰：「不可許也。夫越非實忠心好吳也；又非懾畏吾兵甲之彊

也。……」吳王曰：「大夫奚隆於越，越曾足以爲大虞乎？若無越，則吾何以春秋曜吾軍士？」乃許之成。將盟，越王又使諸稽郢辭曰：「以盟爲有益乎？前盟口血未乾，足以結信矣。以盟爲無益乎？君王舍甲兵之威以臨使之：而胡重於鬼神而自輕也。」（《國語》卷十九，頁2下～3上）

此文互用「兵甲」與「甲兵」，皆統言「軍力」，而兼指武器與士卒二義，否則焉能稱爲「彊」、「威」？況又云「若無越，則吾何以春秋曜吾軍士」，其指「兵士」之意尤爲顯明。洪亮吉論「州兵」，有云：

略增兵額，……非僅修繕兵甲而已。（《春秋左傳詁》，頁296）

其言甚是。本章第一節中論及晉之「作州兵」乃欲增強兵力；若作州兵僅止於增益「兵器」，「甲士」並未增多，則於軍力之增強恐無多大作用，蓋非創制「州兵」本意。「州兵」當與兵制之改革有關，始能達到創制之目的。

　　第二說，孔穎達謂使「州長」負揀選士卒之責。此說基本上認爲「州」本出軍士；唯先前不以「州長」負揀選之責，今擴大「州長」之權，使其簡選兵士。然「州」既本出兵卒，今僅改易揀選之人，焉得稱「作」州之「兵」？如其說，止能謂「作」州之「將」耳。是故，依孔穎達之說，則《左》、《國》之「作」與「兵」二字皆將失其著落。

　　第三說，顧棟高謂「作州兵」僅增一州長爲將。如其說，則僅能稱「作州將」或「作州帥」，不當云「作州兵」。此其一。再者，據前引《周禮·地官》「州長」之文，則州長本即有帥師之責，故江永云：

州出二千五百人爲師，師帥中大夫即州長也。（《周禮疑義舉要》「夏官」，《清經解》卷二四八，頁1下）

且增一「州長」爲「將」，也不應是「征繕」之意。《左》、《國》所謂「征繕以輔孺子」，繕當指「修繕兵器」，征當謂「徵募甲士」。顧氏之說，並「征」、「繕」皆未觸及。此其二。復次，若僅欲增一州長爲將，似無需「眾皆悅」；且增一州長對兵力增強作用之大小亦啓人疑竇。故第三說可謂破綻百出，在在難以自圓其說。

　　第四說，楊寬能扣緊晉作州兵之目的——增益甲兵——解釋，極有見地；惜牽扯「國人」入「州」、野人入「州」問題，未免臆度之失。

　　第五說，各家雖並以「作州兵」爲「兵制改革」；然其間差異頗大。惠棟及錢賓四並以爲「作州兵」猶「作丘甲」。「作丘甲」見於成元年《春秋經》、

三《傳》。《周禮・地官》「小司徒」有「丘」之制，其文云：

> 九夫爲井，四井爲邑，四邑爲丘，四丘爲甸，四甸爲縣，四縣爲都。
> （《周禮注疏》卷十一，頁6上）

先秦古籍中，載及「丘」者，另有昭四年《左傳》之「作丘賦」、《孟子・盡心下》「得乎丘民而爲天下」之「丘民」、《莊子・則陽》「丘里者，合十姓百名以爲風俗也」之「丘民」及《孫子・作戰》「財竭則急於丘邑」之「丘邑」。

《廣雅》：「邱，諸衆也」，王念孫《疏證》云：

> 丘者，《孟子・盡心》云：「得乎丘民而爲天下」；《莊子・則陽篇》
> 云：「邱里者，合十姓百名以爲風俗也」；《釋名》云：「四邑爲邱」。
> 邱，聚也，皆衆之義也。（《廣雅疏證》卷三下，〈釋詁三〉，頁366）

焦循釋「丘民」云：

> 丘民，猶言邑民、鄉民、國民也。（《孟子正義》卷二十八，頁 12
> 上）

《風俗通義・山澤》「丘」條云：

> 《尚書》：「民乃降丘度土。」堯遭洪水，萬民皆山棲巢居，以避其
> 害；禹決江疏河，民乃下丘，營度爽塏之場而邑落之。故丘之字，
> 二人立一上，一者地也。四方高，中央下，像形也。《詩》云：「至
> 于頓丘」、「宛丘之下」；《論語》：「他人之賢，丘陵也」；《爾雅》曰：
> 「天下有名丘五，其三在河南，其二在河北」。（王利器《風俗通義
> 校注》，頁469）

據此，則「丘」爲民衆聚居之高地，與《禮》同觀，其範圍大致可知。今人則以「丘」爲地方組織，如錢賓四〔註24〕、楊伯峻〔註25〕是，所言與舊說大抵相同；唯居住者身分尙難確定耳。

「丘甲」之說則衆說紛呶〔註26〕。成元年《左傳》「丘甲」下，杜預《注》云：

> 《周禮》：九夫爲井，四井爲邑，四邑爲丘。丘十六井，出戎馬一匹，
> 牛三頭。四丘爲甸，甸六十四井，出長轂一乘，戎馬四匹，牛十二
> 頭，甲士三人，步卒七十二人。此甸所賦；今魯使丘出之：譏重斂，

---

〔註24〕 說見《中國通史參考資料》，頁228。文略見註20引。
〔註25〕 說見《春秋左傳注》、《春秋左傳詞典》。
〔註26〕 觀《清儒春秋彙解》一書所錄有關「丘甲」諸說（頁527～531），即可見「丘甲」說法繁多之一斑；無論今賢之說矣。

故書。（《左傳正義》卷二十五，頁 1 下）

杜《注》文字，部分出自〈地官〉「小司徒」而有異（「小司徒」文見上引）。蓋合「小司徒」與《司馬法》說之。孔穎達《疏》引《司馬法》云：

> 六尺為步，步百為畝，畝百為夫。夫三為屋，屋三為井，四井為邑，四邑為丘。丘有戎馬一匹，牛三頭，是曰「匹馬丘牛」。四丘為甸，甸六十四井，出長轂一乘，馬四匹，牛十二頭，甲士三人，步卒七十二人，戈楯具，謂之「乘馬」。（《左傳正義》卷二十五，頁 1 下。服虔《注》亦引《司馬法》，見劉文淇《春秋左傳舊注疏證》，頁 760）

然《司馬法》及杜預之說，後儒多不以為然〔註27〕。竹添光鴻《會箋》云：

> 《傳》曰：「為齊難故，作丘甲」：是釋有為而作之，言豫兵備也。……杜云「譏聚斂」，失之。（卷十二，頁 1）

楊伯峻云：

> 增加裝備，不增士卒，備難之道亦不全。此「甲」字自以泛指甲士為正確，甲士則有甲亦有人。（《春秋左傳注》，頁 783）

竹添與楊氏二人之說應合歷史涵義。若然，則魯之「作丘甲」確有類於晉之「作州兵」。

又，「丘賦」蓋鄭子產所改革之田賦軍稅制度，當與兵制有關。《孫子》所稱之「丘役」，據舊說，乃指「丘甸之役」，謂使「一丘」負責「一甸」之役（據《司馬法》：四丘為甸），則亦與兵制有關。惜「丘甲」、「丘賦」、「丘役」三制，時至今日，仍異說並陳，難以確言，故於「州兵」真相之釐清作用不大。

洪亮吉蓋未有十足把握，故雖云「作州兵，蓋亦改易兵制」；而又有「或說」。然其「或使二千五百家略增兵額」之「或說」，則恐未盡「作」字之義：既原本已有，而僅略增兵額，則當云「增州兵」不當云「作州兵」矣。況若僅為「略增兵額」，則於兵力增強作用之大小，亦不能令人無疑。

顧頡剛謂「作州兵」乃武裝至於基層組織，實為相當不錯之論點；惜喜以今律古，或推論過當，或流於妄臆。且顧氏又云：

---

〔註27〕如宋·胡安國《春秋胡氏傳》、孫覺《春秋經解》、清·顧炎武《左傳杜解補正》、萬斯大《讀春秋隨筆》、沈欽韓《春秋左傳補注》等，於杜《解》並有駁正。

此（案：指作州兵）即鄉村聯防，步步爲營之意。《春秋》成元年「三月，作丘甲」，《左傳》：「爲齊難故，作丘甲」，此與晉之州兵同意，並爲一時性的，非定制。（《顧頡剛讀書筆記》〈湯山小記（八）〉「齊邑屋州閭鄉曲之制」條，頁 5033）

是顧氏以爲作「州兵」乃臨時應變之舉，並非定制。此說之可疑，已見上文第一節。實則武裝至於基層組織，若解爲將服兵役者之身分由國中之「士」，降而至於國都之外——州——之居民，即爲合情合理矣。說詳下。

蒙文通據《周禮》立論，謂擴大兵源範圍。其謂擴大兵源，甚有見地；但「州」與「遂」仍有大、小之別。《管子·度地》有「州」、「術」，安井衡讀「術」爲「遂」〔註28〕。若然，則「州」大於「遂」。是則「作州兵」非僅擴大兵源於「遂」，且已及於「遂」外之「州」矣。

李亞農、史建群二人並由統治者與被統治者對立之消弭立論，謂將兵源擴及於被統治之人民。然二氏之說不唯有遷就政治之病，亦不免推論過當之嫌；史氏之說更與事實有所矛盾。據前所論，呂甥所召者爲「國人」，與無政治、軍事權利之人民無關。呂甥欲討好「國人」，遂先賞「國人」，以取悅之；待其「皆悅」後，再徵得其同意，而「作州兵」。若如史說，則晉此次之作「爰田」、「州兵」，並爲使「國人」喪失土地所有權，如何能使被召之「國人」皆悅？又據前引《司馬法》，「野」在「州」外，亦有所別，史氏謂野人亦被編入軍隊中，不免「州」、「野」含混之病。

錢賓四謂作州兵或即春秋「農兵」之始，實已觸及要點，惜未以專文討論，過於簡略。

# 第五節 「州兵」隅論

透過以上解析，可知：前賢對「州兵」之解說與論據之提出，皆未臻圓滿。鄙意以爲：西周時代，服兵役者僅爲貴族階級之「士」；尤其組成車兵之「甲士」，其身分雖爲下層貴族，然平時皆不參與工作，其職務僅爲「執干戈以衛社稷」，且「士之子恆爲士」，乃世襲之軍人，並有參與政事之權利。一般平民則不擔任作戰任務，亦無參政權利。

此種情況，春秋時容或有所變動，如管仲之改革齊國兵制；但其主要兵

---

〔註28〕《管子纂詁》卷十八，文見前引。

源仍來自貴族階級之「士」，僅有小部分由農民中挑選出來之特殊人才擔任〔註29〕。晉惠公之「作州兵」，距管仲之改革齊國兵制不過四十年左右：晉惠六年即齊桓四十一年；以齊桓公元年任用管仲計，亦不過四十二年。或者「作州兵」之前，晉之兵源全來自國都城中之「士」此一階層——即「國人」之大部分。但古代甲士出征，須自備兵甲、糗糧，自行攜帶管理武器、輜重之隨從家僕，其裝備所費甚鉅〔註30〕；又因兵源皆出自貴族之士，故人數亦頗有限。春秋以降，戰爭日多，規模日大，為滿足戰爭之需求及彌補上述之缺點，亟須於「國人」之外另闢兵源。晉恰於此時戰敗，兵力補充之需尤殷，遂選取「州」中之民擔任作戰任務，以擴充兵力。以古代視服役為一種掠奪經濟利益之特權，而此種責任向由「士」以上階級所擔負；故欲擴充兵源於「國人」之外，須詢之於「國人」以為定奪，待「國人」皆悅，乃作「州兵」。

　　唯作州兵之後，原有以「士」為作戰階級之制度並未全然破壞；蓋僅止於擴充兵源而已，未必如李亞農、史建群所言，乃全面普及為農民、野人皆可當兵。亦即：「士」仍擔任其「執干戈以衛社稷」之舊職，且仍為戰士之主要來源；「州兵」則僅部分農民可以擔任。此制，一則可補兵源之不足，二則可省浩大之軍費開支，實為較理想之兵制。而其所以如此發展，實亦勢之所趨，時之必然。

　　西周以前戰爭，以車戰為主力；唯車戰自有其地形上之限制，在險峻崎嶇、丘陵坡阪、泥淖沼澤、溝瀆深浚、叢草森林等地形，皆不利於車戰〔註31〕；此則正為步兵發揮其機動便捷之有利條件。加上車戰所需之「戰車」所費不貲，耗損甚大。春秋以後，戰爭逐漸擴大，動輒出動戰車數百乘乃至數千乘，實為相當繁重之負擔。故自春秋之初，已有使用「步兵」部隊以代替戰車作戰之情況。晉因環境因素，早在晉獻公時代即已有附屬於「車兵」之「左、右行」步兵部隊，至晉文公時更將步兵由車兵中獨立出來，成為完全自成系統之步兵部隊——「三行」。關於此點，本稿上編第三章將有討論，此暫不述。

　　竊疑晉作「州兵」所得之兵士，部分即用於「步兵」。蓋車戰之主力為「甲

〔註29〕　參考《國語‧齊語》及雷海宗《中國文化與中國的兵》上編，〈中國的兵〉，頁4～8；瞿同祖《中國封建社會》第五章第一節，頁221～228。
〔註30〕　參考楊泓《中國古兵器論叢‧戰車與車戰》章。
〔註31〕　車戰之弊，本稿上編第三章第三節有較詳細之討論。

「士」，而甲士來自貴族階級之「士」，其所附屬之「徒兵」，早期仍以國中之自由民充任；其後因戰爭之日益增多，兵源需求日殷，而步兵又逐漸發展，貴族之「士」實已不敷使用，來源便漸漸降而至於「庶民」。而晉之兵制，「三軍」之車兵，地位遠高於「三行」之步兵，故當魏舒欲「毀車以爲卒」時，即遭致戰車甲士之反對〔註32〕。「州兵」之來源，既爲「士」以下之「州民」──選自「州」中之「庶民」──地位較「士」爲低，故部分蓋即用以充任「步兵」。

晉與秦戰，兵敗而作「州兵」，以求「惡我者懼」之目的。秦本戎狄，當亦擅長步戰。今存史料雖少有可見秦擅於步戰之記載，然先秦典籍仍略有蹤跡可尋：《韓非子·十過》載秦穆公送晉文公重耳入國，有云：

> 【穆公】因起卒，革車五百乘，疇騎二千，步卒五萬，輔重耳入之
> 于晉，立爲晉君。（陳奇猷《韓非子集釋》，頁200～201）

此「步卒五萬」，必非附屬於「車兵」之「徒兵」可知。另《呂氏春秋·愛士》載秦之野人食穆公之馬，穆公非唯不加罪責，反賜酒以飲，及韓之戰時，野人救穆公而遂勝晉之事云：

> 韓原之戰，晉人已環繆公之車矣，晉梁由靡已扣繆公之左驂矣，晉
> 惠公之右路石奮投而擊繆公之甲，中之者已六札矣。野人之嘗食馬
> 肉於岐山之陽者三百又餘人，畢力爲繆公疾鬥於車下，遂大克晉，
> 反獲惠公以歸。（《呂氏春秋集釋》，頁459）

所言雖或失之誇大，其事則不無可能。晉與秦戰，兵敗而作「州兵」；其後晉文公爲禦狄而作「三行」〔註33〕：二者與「步兵」當皆有相當之關係。

春秋以降，「農戰」之術漸行；至商鞅而大力推行「農戰」之術〔註34〕，「農戰」之制遂成。錢賓四以爲「作州兵」即「農兵」，其文甚簡，蓋謂其爲「農戰」之始。鄙意以爲：一種制度，必經醞釀、濫觴、發展諸階段，始能臻於成熟。晉之作州兵蓋農戰之濫觴耳，其與春秋末期以降，盛行於戰國之農戰之術，當仍有相當大之距離。

春秋時代有關兵制之改易，前於晉之「作州兵」者，有齊管仲之改革兵

---

〔註32〕 說詳本稿上編第三章第四節。
〔註33〕 說詳本稿上編第三章第三節。
〔註34〕 《戰國策·秦策三》蔡澤謂商鞅「決裂阡陌，教民耕戰」；《漢書·地理志下》
　　　　亦謂商君「制轅田，開阡佰」：二書所言殆即商君「農戰」之術。又《商君書》
　　　　有〈農戰篇〉。

制〔註35〕；其後不久，晉「作州兵」。而魯成公元年（590 B. C.），魯之「作丘甲」，魯昭公四年（538 B. C.）鄭子產之「作丘賦」，蓋皆與兵制之改革有關。是則晉之「作州兵」亦爲春秋兵制改革先鋒之一。

晉自曲沃武公以一軍爲晉侯（魯莊十六年，678 B. C.），至獻公十六年（魯閔元年，661 B. C.）而作二軍。至惠公時以韓之敗而「作州兵」以增強兵力。「州兵」之作，擴大兵源範圍，使晉之兵力大增。其後晉文公之「作三軍」（晉文公四年，魯僖公二十七年，633 B. C.）、「作三行」（晉文公五年，魯僖公二十八年，632 B. C.）、「作五軍」（晉文公八年，魯僖公三十一年，629 B. C.）及晉景公之「作六軍」（晉景公十二年，魯成公三年，588 B. C.），當並與惠公時之「作州兵」有密不可分之關聯〔註36〕。而兵力之強盛，正晉文得以取威定霸，晉國得以繼掌霸權之基本條件：是則「州兵」之作，於晉國實有大功焉。

但晉之作州兵，雖則使晉之兵源擴增，兵力強盛；而兵源擴增，兵制擴大後，依倚卿大夫以統軍之勢亦隨之加重，故卿大夫之權勢逐亦隨之增強，導致公室卑而世卿強之局，浸假而政由家門，權日下移，終致六卿專權，三家分晉：是則「州兵」之作，於晉國又有大過矣。

---

〔註35〕事見《國語·齊語》、《管子·小匡》。
〔註36〕晉兵制之變革，已見本稿上編第一章第一節。

# 第三章　三行蠡探

## 弁　言

　　史籍有關「三行」之資料僅兩見：一見於《左傳》僖公二十八年（632 B. C.）：

　　　　晉侯作三行以禦狄。荀林父將中行，屠擊將右行，先蔑將左行。

再見於《史記・晉世家》：

　　　　【文公】五年（632 B. C.）……冬……晉始作三行。荀林父將中行，
　　　　先縠將右行，先蔑將左行。

〈晉世家〉所載，除右行之將異於《左傳》外，餘並同。梁玉繩〈晉世家〉《志疑》云：

　　　　案：先縠即彘季，晉景公時佐中軍，文公朝恐未得將右行。《左傳》
　　　　作屠擊是也。（《史記志疑》卷二十一，頁 20 上）

梁說蓋是：唯未言及致誤之由，　王師叔岷〈晉世家斠證〉云：

　　　　屠擊之作先縠，疑因下句先蔑聯想而誤。（《史記斠證》，頁 1478）

「三行」因資料僅見，故其制難稽；然「三行」非僅於晉兵制佔有一席之地，其與春秋中、末期後逐漸流行而大盛於戰國之步兵亦頗有關聯，故專闢一章論之，期能藉此對「三行」之制略作釐清。唯欲釐清「三行」，必然涉及「七輿大夫」與左行共華、右行賈華之關係，故第一節即先由「七輿大夫」之相關問題探討起；第二節則探討「三行」與「三軍」之關係；第三節述論「三行」之所為作及其性質；第四節考述「三行」之地位；第五節則探索「三行」之存廢。

卜辭已有「行」字，其辭例如「由某行用伐某方」、「用某行遘某方」；又有「王行」，見《合》24445，作「王行逐」，或讀爲「行逐」，以車循大道而追逐之意；或以「王行」爲一單位。唯卜辭之「行」字是否爲步兵部隊，不得而知。青銅器銘文亦有「王行」，見〈盠方彝〉：

> 王冊命尹錫盠……用嗣六自、王行、三有嗣：嗣土、嗣馬、嗣工。

「王行」究爲「王師」，抑王之步兵部隊，亦難確言。

甲骨文又有「步」字，如：

> 乙亥卜，由四月，令豕步丙。（《龜》2.14.6）

> 甲午，王卜貞，乍余酌，朕朿酌，余步从侯喜征人方。（《通纂》592）

> 戊子卜，賓貞，華乞步伐舌方，受有祐，十月。（《粹》1072）

諸「步」字，或以爲指步兵〔註1〕，唯亦難證實。生民之初，戰爭方式必爲步戰無疑；其後逐漸演變，而有車戰、騎兵、舟兵等；且即令殷商與西周之初有「步兵」，其與東周初期以降逐漸興起之「步兵」之關聯，以目前資料言，亦難以確論。故本文於討論「三行」時僅由東周之作戰方式論之，實不得已也。

# 第一節　七輿大夫與左、右行

「七輿大夫」，《左》、《國》並兩見，〈晉世家〉一見。僖十年《左傳》載獻公時七輿大夫被殺事云：

> 遂殺丕鄭、祁舉及七輿大夫：左行共華、右行賈華、叔堅、騅歂、纍虎、特宮、山祁：皆里、丕之黨也。

襄二十三年《傳》述欒盈之亂，晉之兩派勢力時，又有七輿大夫之名：

> 欒盈帥曲沃之甲，因魏獻子，以晝入絳。初，欒盈佐魏莊子於下軍，獻子私焉，故因之。趙氏以原、屏之難怨欒氏；韓、趙方睦；中行氏以伐秦之役怨欒氏，而固與范氏和親；知悼子少，而聽於中行氏；程鄭嬖於公。唯魏氏及七輿大夫與之。

〈晉語二〉載獻公死，里克將爲亂，以報申生之仇，涉及七輿大夫，文云：

> 里克告丕鄭曰：「三公子之徒將殺孺子，子將何如？」丕鄭曰：「荀息謂何？」對曰：「荀息曰『死之』。」丕鄭曰：「子勉之。……子帥

---

〔註1〕 胡厚宣〈殷代舌方考〉、〈甲骨文屍字說〉。

七輿大夫以待我。……」（《國語》卷八，頁 7 下）

〈晉語三〉於述七輿大夫之死時，兩見其詞，文云：

> 殺丕鄭及七輿大夫：共華、賈華、叔堅、騅歂、纍虎、特宮、山祁：
> 皆里、丕之黨也。丕豹出奔秦。丕鄭之自秦反也，聞里克死，見共
> 華，曰：「可以入乎？」共華曰：「二三子皆在外而不及，子使於秦，
> 可哉！」丕鄭入，君殺之。共賜謂共華曰：「子行乎？其及也！」共
> 華曰：「夫子之入，吾謀也，將待也。」賜曰：「孰知之？」共華曰：
> 「不可！知而背之，不信；謀而困人，不智；困而不死，無勇。任
> 大惡三，行將安入？子其行矣，我姑待死。」丕鄭之子曰豹，出奔
> 秦，見穆公，曰：「晉君大失其眾，背君賂，殺里克而忌處者，眾固
> 不說；今又殺臣之父及七輿大夫，此其黨半國矣。君若伐之，其君
> 必出。」……（《國語》卷九，頁 2 下～3 上）

〈晉世家〉述其事云：

> 邳鄭使秦，聞里克誅，乃說秦繆公曰：「呂省、郤稱、冀芮，實為不
> 從。若重賄與謀，出晉君，入重耳，事必就。」秦繆公許之，使人
> 與歸報晉，厚賂三子。三子曰：「幣厚言甘，此必邳鄭賣我於秦。」
> 遂殺邳鄭，及邳鄭、里克之黨七輿大夫。邳鄭子豹奔秦，言伐晉：
> 繆公弗聽。

此七輿大夫之見於史籍者也。然後世對「七輿大夫」是否包括左行共華、右
行賈華有不同意見；於七輿大夫及左、右行之性質亦有不同看法。僖十年《左
傳》杜預《注》云：

> 侯伯七命，副車七乘也。七子，七輿大夫。（《左傳正義》卷十三，
> 頁 17）

〈晉語二〉韋昭《解》云：

> 七輿，申生下軍大夫也。左行共華、右行賈華、叔堅、騅歂、纍虎、
> 特宮、山祁也。（《國語》卷八，頁 7 下）

〈晉語三〉《解》云：

> 七輿，申生下軍七輿大夫也。（《國語》卷九，頁 2 下。《公序本》作
> 「申生下軍之眾大夫也」）

僖十年《傳》孔穎達《正義》除疏釋杜《注》外，又引服虔之言說之，其文
曰：

《周禮》「大行人」云：「侯伯七命，貳車七乘」。貳即副也。每車一
大夫主之，謂之七輿大夫。服虔云：「上軍之輿帥七人〔註2〕，屬申
生者。襄二十三年：下軍輿帥七人。往前申生將上軍，今七輿大夫
爲申生報怨。欒盈將下軍，故七輿大夫與欒氏。」炫謂：服言是。(《左
傳正義》卷十三，頁 17 上)

是服虔、韋昭、杜預、劉炫、孔穎達等並以左行共華以下七人即爲七輿大夫，
且此七人爲申生舊黨。其中差異在：韋昭以爲七輿大夫屬下軍；而服虔以爲
在上軍。呂祖謙亦謂七輿大夫當屬上軍，其言曰：

「七輿」即《周禮》：「侯伯七命，貳車七乘」。晉只是獻公時王命一
軍爲晉侯，獨上軍有之；《正義》謂下軍亦有，恐未必如此。所謂「欒
盈下軍七輿」，恐只是前時上軍之制，襄公二十五 (獻案：「五」爲
「三」之譌) 年下車 (獻案：「車」蓋「軍」之誤) 七乘亦略可見。
(《左氏傳續說》卷四，頁 18 下～19 上)

呂東萊之說一則以未必可靠之《周禮》之制說「七輿」；再則晉獻公時已由原
本之一軍益爲二軍，而東萊似昧於此項事實，故其說實無庸深辯。茲專論服
虔之說。晉獻公十六年作二軍，公自將上軍，而以申生將下軍。服虔之所以
有申生將上軍之說，蓋緣於獻公命申生伐東山事。事見閔二年《左傳》：

晉侯使大子申生伐東山皋落氏。……狐突御戎，先友爲右；梁餘子
養御罕夷，先丹木爲右。

杜預《注》云：

申生以大子將上軍。……罕夷，晉下軍卿也。(《左傳正義》卷十一，
頁 12 下)

杜意乃謂此役二軍並出，而申生代獻公將上軍。竹添光鴻則不以爲然：

此年大子仍將下軍也。……此 (獻案：指罕夷) 猶下軍佐矣。如杜
說，是以舉國之賦授之大子也，必不然！(《左氏會箋》卷四，頁
22)

晉獻公之使申生伐狄，乃出驪姬之謀，意欲廢申生，似不宜將全國軍力悉數
委之於申生，竹添之說較合情理，申生蓋以下軍伐狄。下軍又有上、下，罕

---

〔註 2〕阮元《校勘記》：「陳樹華云：『「上」字當作「下」；「前申生將上軍」句，「上」
亦當作「下」也。』按：閔二年《傳》云：公將上軍，申生將下軍。陳樹華
所訂是也。」(卷十三，頁 5 上)

夷乃下軍之佐也。若七輿大夫屬上軍，申生僅暫代獻公將上軍，數人是否能對暫攝之申生如此推心置腹，不惜爲之犧牲性命，實不無疑問；欒盈爲下軍佐，而七輿大夫與之：申生、欒盈皆與下軍有關，則七輿大夫當依韋昭之說，屬下軍之官爲是。

其次之問題在七輿大夫究竟屬於何種性質之官。沈欽韓認同服虔之說「輿帥」，並舉《韓非子》爲證：

> 按：《韓非・外儲左》：「苗賁皇曰：晉國之法：上大夫二輿二乘，中大夫二輿一乘，下大夫專乘。」是「輿」者，大夫家卒乘之名。【《周禮》〈夏官〉】「大司馬」屬有「輿司馬，上士八人」。服以爲「輿帥」是也。(《春秋左氏傳補注》卷三，頁8上)

惠棟則不唯不以服、杜之說爲然，更以爲晉文公以前根本未有七輿大夫之官，而將左、右行二人排除在外。惠云：

> 棟案：服、杜二說皆非也。晉國之法：上大夫二輿二乘，中大夫二輿一乘，下大夫專乘。專乘謂一輿（原註：見《韓非子》）。文公作三行，景公時改爲三軍。大夫一司馬，三行爲六輿，司馬專乘，合七輿之數。後遂以爲官名。故襄廿三年《傳》云：「七輿大夫與欒氏」。蓋自文公以後始有七輿，獻公時有二行一尉，不得爲七輿。「七」當爲「五」，古「五」字如「七」〔註3〕（原註：見王肅《詩傳》）〔註4〕，遂譌爲之。叔堅以下，舉里、丕之黨，不必皆在七輿之數。杜以七人爲七輿，則左、右行又何說與？（《春秋左傳補註》，《清經解》卷三五三，頁21）

案：惠說可商：「三行」與三軍不同（說詳第二節）；且《左傳》、《國語》、《史記》三書俱載早在申生時即有此官，豈三書同時而誤？惠氏拘泥大夫軍數，又誤以三行即三軍，遂不免武斷之論。藍永蔚駁之云：

> 按：僖公十年，晉二軍主帥爲晉侯與太子，自然應以侯伯禮，惠氏以大夫禮說之，似屬風馬牛，不相及也；又景公時作六軍，亦非將三行改爲三新軍，否則，僖公三十一年「作五軍」又如何解釋？難道是把三行中之二行改爲二軍而僅留一行嗎？又左行、右行爲共

---

〔註3〕案：古文字五皆作「Ⅹ」，其形與七不近。王肅或以籌之五字（作「╳」）當之，「╳」與「七」形近。

〔註4〕見〈豳風・七月〉毛詩《疏》引王肅說。

> 華、賈華之職姓，不得與其名分開，而認七人爲九人之數；凡此，
> 惠棟說不確處甚多。故七輿之說當仍從服、杜舊注爲當。(《春秋時
> 期的步兵》，頁 52)

藍氏對惠棟之批評大致不錯。〈晉語二〉既云「子帥七輿大夫以待我」；〈晉語三〉於殺丕鄭及七輿大夫下所舉人名又恰爲七人，且最當留意者，止稱共華、賈華，而未冠以左、右行之職稱，除非七輿大夫自七輿大夫，而共華以下七人爲與七輿大夫全然不相干之另七人，否則恐難謂〈晉語〉作者非將共華、賈華列入七輿大夫之數；何況〈晉世家〉述及此事時亦謂「遂殺邳鄭及里克、邳鄭之黨七輿大夫」，又謂「惠公之立，倍秦地及里克，誅七輿大夫」，皆未再舉共華以下七人之名，顯以此七人即爲七輿大夫無疑。楊伯峻則因認爲七輿大夫爲車兵之官，而左、右行爲步兵之帥，遂疑左、右行不在七輿大夫之中，而傾向於惠棟之說。其說云：

> 案二十八年《傳》云「晉侯作三行」，亦有左行、右行，則左行、右
> 行乃步軍之師，不得兼爲七輿大夫，沈說可商。(《春秋左傳注》，頁
> 336)

關於此點，顧棟高已曾提出解釋：

> 按僖十年《傳》七輿大夫之中有左行共華、右行賈華。時晉猶未置
> 三行，則所謂左行、右行者，猶掌公戎車，謂之公行耳。(《春秋大
> 事表》卷十，頁 41 下)

顧氏雖未言及三行之性質，但卻認爲時代不同，官名雖同，其職司可以有異。此乃可以接受之解釋；愚則以爲左、右行乃步軍之帥與其爲車兵將領之間未必即不能相容。何以共華、賈華二人既在七輿大夫之中，而七輿大夫又爲車兵之將，共華、賈華二人又可擔任步兵之長？藍永尉曾對此提出解釋：

> 當時晉國的左行和右行這兩支步兵部隊，雖然已經脫離車兵而獨
> 立，但在編制上還是隸屬於以車兵爲主的下軍。(《春秋時期的步
> 兵》，頁 47)

愚則以爲獻公時之左、右行雖爲步兵無疑，但並未脫離車兵而獨立，只是晉在與戎狄交戰過程中，爲應付實際需要而設立之兩支步兵部隊。步兵之地位低於車兵（說見下）；申生將下軍，又曾以下軍伐東山皋落氏之狄，此兩支步兵部隊因尚未獨立，故即附屬於下軍之中，但又不能無統帥；七輿大夫爲下軍之眾車兵長，遂以其中爲首之共華、賈華兼攝此二步兵部隊，此實爲情理

中事。唯如此終究有諸多不便，且難以正常運用，故至文公時，爲禦強悍之戎狄，遂將左、右二行獨立於車兵之外，且增一行而完成「三行」之建置，於是晉之步兵部隊正式成立。

# 第二節　三行與三軍之關係

關於「三行」得名之由，前人多以爲乃避天子六軍之名而改稱，〈晉世家〉裴駰《集解》引服虔云：

> 避天子六軍，故謂之三行。（《史記會注考證》卷三十九，頁61）

賈公彥《周禮疏》意同服氏而言之較詳（文詳本章第三節引），劉文淇以爲「當是服《注》，《史記集解》節引之」〔註5〕。杜預《注》亦云：

> 晉置上、中、下三軍；今復增置三行，以辟天子六軍之名。（《左傳正義》卷十六，頁32上）

服虔、杜預、賈公彥並以爲乃避天子六軍之名，故稱「三行」。後世從此說者頗多，如宋儒呂祖謙〔註6〕、清儒顧棟高〔註7〕、時賢劉伯驥〔註8〕、杜正勝〔註9〕、王子義〔註10〕等並是；而以馬端臨言之較詳，茲舉馬說以概其餘。馬端臨云：

> 晉……作三行以禦狄……成國不過三軍，今復置三行，以辟天子六軍之名，而實則爲六軍。清原之蒐，遂作五軍。蓋文公雖增置三行，自知其僭，故罷之，更爲上、下新軍。（《文獻通考》卷一百四十九，「兵制」八，頁1304）〔註11〕

主此說者雖則不少，唯其言不無可疑。日人中井積德即不以爲然，而駁之曰：

> 是爲禦狄而作，固非卿帥三軍之比。翄三行無佐；蓋師徒不多，不必言辟六軍之名。（《史記會注考證》卷三十九，頁62引）

竹添光鴻亦云：

> 晉於僖廿七年始作三軍，於成三年作六軍；此時特增設三行爾。三

---

〔註5〕　說見劉文淇《春秋左氏傳舊注疏證》，頁436。

〔註6〕　說見《東萊左氏博議》卷十五，「晉侯作三行」條。

〔註7〕　說見「春秋晉中軍表敍」，《春秋大事表》卷二十一，頁1上。

〔註8〕　說見《春秋會盟政治》第三章，頁61。

〔註9〕　說見《編戶齊民》第二章。

〔註10〕　說見〈晉世家註譯〉，《史記註譯》，頁1207。

〔註11〕　王鳴盛《周禮軍賦說》卷四「晉制」條引此文，而誤爲杜佑《通典》文。

行專爲禦狄而作,非僭六軍而避其名。其後景公作三新軍,初未嘗
避其名也。……軍字從車,行字用行,其制顯異。(《左氏會箋》卷
七,頁 37)

中井之說言之入理;竹添之言持之有證:避天子六軍之名而改稱「三行」之
說恐未爲得間。馬端臨謂晉文公自知其僭,遂作五軍,罷三行爲新上、下軍。
姑且不論晉文是否顧及僭越之名而不用六軍之稱——嚴格而論,作五軍亦屬
僭越之舉;何況天子軍數未必即爲六軍,說已詳本稿上編第一章——茲舉三
事以明此說之難以成立:

史載晉文公八年(魯僖三十一年,629 B.C.)作五軍時,趙衰將新上軍,
箕鄭爲佐;胥嬰將新下軍,先都爲佐;先軫將中軍,郤溱爲佐;先且居將上
軍,狐偃爲佐;欒枝將下軍,郤臣爲佐〔註 12〕。晉軍將升遷井然有秩,尤以
文公朝爲最〔註 13〕。若如杜言,荀林父、屠擊、先蔑本已有「新三軍」將之
實,何以改三行爲新軍時,此三將竟無一人充任新軍將、佐?將置此三人於
何地?且三軍將、佐皆須卿級始得充任〔註 14〕,而史文未見荀林父等三人此
時命卿之載。如三行之首之中行將荀林父,任命之前一年僅爲下軍將欒枝之
戎御耳〔註 15〕。而先蔑、屠擊此時亦未見命卿。荀林父、先蔑之命卿,須至
晉靈公元年(魯文七年,620 B.C.),林父佐上軍,先蔑將下軍時,距「三行」
之作已十三載;況且若非襄公六年(622 B.C.)中軍將先且居、中軍佐趙衰、
下軍將欒枝、下軍佐胥臣相繼亡故,而繼任之中軍佐狐射姑又於襄公七年奔
秦〔註 16〕,則荀林父、先蔑是否能如此快速陞任將佐,恐亦不無疑問。可見
三行將之地位遠較三軍將、佐爲低。此其一。

再者,軍有將,有佐;何以《左傳》、〈晉世家〉皆止言三行之將而未言
其佐?豈眞如司馬貞、張守節所言,乃因設置之初,故「官未備」哉?(文
見下文第四節引)晉凡制軍,常行蒐禮以示愼重,其事《左傳》、《國語》彰
彰者在〔註 17〕;茲僅舉晉文公作三軍、作五軍時,史傳所載爲證:僖二十七

〔註 12〕 見僖公三十一年《左傳》、《國語・晉語四》、《史記・晉世家》。並參本稿下編
第二章第四節之壹。

〔註 13〕 請參本稿下編第一、二兩章。

〔註 14〕 關於三軍將、佐皆須卿級始得擔任,請參本稿下編第二章第二節之壹。

〔註 15〕 僖二十七年《左傳》云:「作三軍……使欒枝將下軍,……荀林父御戎。」

〔註 16〕 其詳請參本稿下編第二章第四節之壹。

〔註 17〕 本稿下編第二章第二節之貳另有申論,請參閱。

年（633 B. C.）《左傳》云：

> 蒐于被廬，作三軍。

僖三十一年（629 B. C.）《左傳》云：

> 秋，晉蒐于清原，作五軍以禦狄。趙衰爲卿。

〈晉語四〉亦載晉文公大蒐於被廬作三軍、蒐於清原作五軍事。〈晉語四〉之載尤其可見蒐禮乃晉文致霸之一重要因素：

> 文公即位二年，欲用其民；子犯曰：「民未知義，盍納天子以示之義？」乃納襄王于周。公曰：「可矣乎？」對曰：「民未知信，盍伐原以示之信？」乃伐原。曰：「可矣乎？」對曰：「民未知禮，盍大蒐，備師尚禮以示之？」乃大蒐于被廬，作三軍。使郤縠將中軍，以爲大政，郤溱佐之。子犯曰：「可矣！」遂伐曹、衛，出穀戍，釋宋圍，敗楚師于城濮：於是乎遂伯。（《國語》卷十，頁 19 下～20上）

三軍之作，既然如此矜慎，何以三行之作獨如此草率歟！此其二。

又，三行若實爲新三軍，僅因避天子六軍之名，遂改其稱；則晉文作五軍時《傳》當云：「舍三行，改作五軍」，不當僅云「作五軍」也。如晉襄公七年恢復三軍之制時，文六年《左傳》便如此記載：

> 晉蒐於夷，舍二軍。

可見「行」與「軍」實乃不同之兩個系統。此意本章第四節將加論列，茲不贅。此其三。

又或以爲「三行」非避六軍之名，「三行」即「三軍」耳。　金師祥恆〈從甲骨卜辭研究殷商軍旅中之王族三行三師〉云：

> 案三行與三軍之別，杜預謂三行無佐，竹添光鴻謂無車乘，皆以後世之制言之。卜辭之「中行」、「出（右）行」，或「上行」、「中行」，或「東行」之行，爲行伍行卒之列也，猶軍之左軍、右軍、中軍。《國語・楚語下》（獻案：見〈吳語〉，　金師偶誤），吳越笠澤之戰：「越王乃中分其師以爲左右軍，以其私卒君子六千人爲中軍」。師分左師右師如《國語・晉語四》：晉秦陽樊之戰：「公以二軍下次於陽樊，右師取昭叔于溫，殺之於隰城：左師迎王於鄭」。此左師右師即左軍右軍也。……左軍右軍又稱上軍下軍，如《國語・晉語四》，晉侯城濮之戰，晉作三軍，文公問元帥於趙衰：「使欒枝將下軍，使狐毛

將上軍」。足證上軍爲左軍，下軍爲右軍也。故卜辭之「上行」，猶
晉三行之「左行」也。卜辭「東行」，猶晉三行之「左行」，卜辭之
「上行」也〔註18〕。左右東西以方向言，上下以地位言之，其實一
也。（《中國文字》第五十二本，頁9上～10上）

金師於文中詳舉出土卜辭證成「軍」字實東周後始見，殷商止稱「師」，塙無
可易；唯以三行、三軍無別，三行即三軍，似有可商：晉文公四年時已作三
軍，若三行即三軍，則五年時不當云「作三行以禦狄」、「晉始作三行」，即逕
謂「晉以三行禦狄」可矣。又《左傳》、〈世家〉所言三行之將雖略有差異；
然斯時之中軍將爲郤縠，上軍將爲狐毛，下軍將爲欒枝，斯則《左傳》、《國
語》、《史記》三書並同者也。郤縠卒後（案：郤縠卒於晉文公五年，632 B.
C.），先軫代爲中軍將；狐毛卒後，則擢任先且居爲上軍將，〈晉語四〉言之甚
明：是三行與三軍宜有不同也；否則其將何以不同？蓋「行」字早期或如　祥
恆師所言，與「師」字同義；然時世推移，字義亦變。東周以降，「師」與
「軍」意旨仍略同；而「行」之與「軍」，則二途分殊矣。　金師生前非唯不
鼓勵拘守師法，且於學生之異見多所嘉勉。區區鄙見，師若有知，或亦不以
爲忤歟？

## 第三節　三行之作及其性質

鄭玄注《周禮・夏官・司馬》「行司馬」曾言及「三行」得名之由及其性
質：

> 行謂軍行列；晉作六軍而有三行，取名於此。（《周禮注疏》卷二十
> 八，頁1下）

陸德明《釋文》釋「行」字之音云：

> 行，戶郎反。（《左傳正義》卷十六，頁32上）

是鄭、陸皆讀「三行」之「行」爲「行列」字。雖鄭玄以爲「三行」之名取
自《周禮》「行司馬」，恐係傅會。以《周禮》之性質言，周之固有軍制，是
否有「行司馬」一職，已不無疑問；更無論《周禮》於「行司馬」之職掌闕
載，根本無從知其性質。賈公彥疏鄭康成之說云：

---

〔註18〕此處文字似有錯簡，蓋手民之誤。　金師猝罹凶禍，遽歸道山，求問無門，
　　　　思之泫然。

云「行謂軍行列」者，《詩》【〈周南・卷耳〉】云「寘彼周行」：是行
得爲行列。云「晉作六軍而有三行，取名於此」者，《左氏》傳二十
八年云「晉侯作三行以禦狄」，《注》云：「晉置上、中、下三軍，今
復增置三行；避天子六軍之名，以所加三軍者謂之三行。」彼名
「軍」爲「行」，取於此「行司馬」之名也。（《周禮注疏》卷二十八，
頁 1 下～2 上）

鄭《注》「三行」之文意並非十分明瞭：未知係以「三行」當「新三軍」，抑
謂六軍之外復有三行？賈公彥之《疏》是否即爲康成本意，不敢遽定。若如
賈《疏》之意，則辨已見上節；若以三行當新三軍，則與設新軍之年代齟
齬。清儒梁履繩即曾對鄭《注》提出批評：

晉於僖二十七年始作三軍，於成三年始作六軍；此時特增設三行
耳。鄭氏偶誤。蓋三行已罷於僖卅一年作五軍時矣。（《左通補釋》
卷八，頁 15 下）

可見「三行」與「三軍」之別，恐非避天子六軍之名所能解釋，當有其基本
上之差異，亦即「三行」究爲何種性質之部隊。

　　《左傳》明謂「晉侯作三行以禦狄」：是三行乃爲禦狄而作。前引中井積
德之文已言及此意；竹添光鴻說之尤詳：

三行專爲禦狄而作，非僭六軍而避其名。……蓋戎狄無車，難以車
戰取勝，故爲徒兵以禦之。軍字從車，行字用行，其制顯異。……
又三行作於文公，而左行共華、右行賈華之名已見於惠公時，則以
前本有左、右二行，而今增中行〔註19〕。其云「作三行」者，猶晉
本一軍，獻公增之，則曰「作二軍」，文公又增中軍，則曰「作三軍」
也。（《左氏會箋》卷七，頁 37）

宋儒易祓解《周禮・夏官》之「輿司馬」與「行司馬」亦云：

魯會晉師于上鄙，輿帥受一命之服；晉享六卿于蒲圃，輿尉受一命
之服：所謂「輿」者，軍也。晉作三行以禦狄，其後晉中行穆子與
無終及群狄大戰于太原，毀車爲行。所謂行者，徒也。成周師田之
法，險野以徒爲主，易野以車爲主。于是設二司馬之屬，專當車與
徒之任，異于五官。（《周官總義》卷十七，頁 1 下）

〔註19〕　惠棟、洪亮吉並有此說，惠說見《春秋左傳補註》卷二，頁 6 下；洪說見《春
　　　　秋左傳詁》卷八，頁 338。

易氏以《傳》文、竹添氏由戎狄戰鬥習俗證「行」之爲「徒兵」，而非車兵，持之有故，言之成理。《周禮·夏官》「大司馬」云：

> 險野，人爲主；易野，車爲主。（《周禮注疏》卷二十九，頁 18 下）

可見作戰恆因「場地」而決定方式。童書業亦以爲「三行」乃徒兵〔註20〕。

戎狄之以步兵作戰，據隱九年《左傳》所載可知：

> 北戎侵鄭，鄭伯禦之。患戎師，曰：「彼徒我車，懼其侵軼我也。」

杜預《注》：「徒，步兵也。」昭元年《左傳》云：

> 晉中行穆子敗無終及群狄于大原，崇卒也。將戰，魏舒曰：「彼徒我車，所遇又阨，以什共車，必克；困諸阨，又克。請皆卒，自我始。」乃毀車以爲行，五乘爲三伍。荀吳之嬖人不肯即卒，斬以徇。……翟人笑之；未陣而薄之，大敗之。

可證「行」確爲步卒，亦即徒兵。蓋晉平公時，三行之制或廢，或魏舒所帥者爲車兵而魏舒臨時易車戰爲徒兵，群狄輕敵，又適中其弊，故能致勝。

唯或不以「行」乃徒兵之說爲然。田宗堯〈讀左傳會箋札記〉云：

> 惟三行是否爲徒兵之名，尚有商榷餘地。僖三十一年：「秋，晉蒐于清原，作五軍以禦狄。」若軍爲車兵，行爲徒兵，則晉作五軍以禦狄爲不可解矣。（《孔孟學報》第九期，頁 241）

若僅據三行與五軍皆爲禦狄而作，即判定其性質必然相同，恐亦可商。禦狄可有多方，豈必拘於一法？或者正因一法不足以拒之，故另謀他途也。三行、五軍並作，正可顯示狄之難禦，故車、卒並用；亦可能因地理因素而或用「軍」或用「行」（說詳下）。且晉文於四年冬，始作三軍，翌年夏即以三軍敗楚。若於五年冬又作新三軍，則是以六軍禦狄，狄勢是否如此之強，不無可疑。若三行乃與三軍不同性質之作戰部隊，則於作三軍之後一年，爲禦狄而作三行，即爲順應需要之自然舉措也。

杜正勝亦以爲「三行」非步兵，其《編戶齊民》論之綦詳，茲迻錄其要，以便討論：

> 晉文公作「三行」，是否真如竹添光鴻《會箋》所云「戎狄無車，難以車戰取勝，故爲徒兵以禦之」，是獨立的步兵？或如藍永蔚說的「建置步兵」（原註：獨立步兵）？上文僅就「行」字考證，現在再從史實來剖析，檢查「作三行」以後晉狄戰爭的歷史，對於晉國在春秋

---

〔註20〕說見《春秋左傳研究》，「晉之徒兵」條，頁 205〜206。

中葉以前有無獨立步兵部隊的爭議，便可一目瞭然。我們知道戎狄居處深山谿谷，一向以機動性高的步兵騷擾穩重遲緩的華夏車兵，如果三行指三支獨立步兵，而與另外的三軍有別，往後晉對戎狄作戰，當以輕疾見長的純步兵克制狄人才是，然而事實並不如此。春秋中期，晉對狄人最致命的打擊有四次：第一次，西元前 627 年敗狄於箕，郤缺獲白狄子；第二次，西元前 594 年滅赤狄潞氏；第三次，翌年滅赤狄甲氏；最後，西元前 588 年伐廧咎如，討赤狄之餘。以上分別見於《左傳》僖公三十三年、宣公十五年、十六年和成公三年。這四次戰役上距「作三行」，近者五年，遠者不過三（獻案：「三」蓋「四」之誤）十五年，然而我們看不出晉國有任何純步兵部隊投入戰場的痕跡。箕之戰，晉軍主帥是先軫。他在西元前 629 年蒐于清原之前，已從下軍佐升任中軍帥（原註：《國語・晉語四》），兩年後對狄之戰，他仍為主帥，「免胄入狄師」而殉職（原註：《左・僖三十三》）。而這次戰役，俘虜白狄子的郤缺是下軍大夫。第二次滅潞之戰由荀林父統率。早在三年前晉楚邲之戰時，荀林父已經是中軍帥（原註：《左・宣十三》），此役所領之軍自然不是三十八年前的中行。第二年（原註：西元前 593 年）晉滅甲氏，統帥換了士會。……至於征伐廧咎如的主將郤克，四年前已代范武子為政，擔任中軍帥了（原註：《左・宣十七》）。從這四次決定性的戰爭看來，每次晉軍無不傾盡全力，由中軍帥指揮傳統的車乘殲狄，沒有運用所謂的純步兵部隊。所以晉文公「作三行以禦狄」和「蒐于清原，作五軍以禦狄」（原註：《左・僖三十一》）的性質是一樣的，只增加武備，並未創制新的兵種或發展出新的戰術。杜預注「作三行」曰「晉置上中下軍（原註：在前一年），復增置三行，以辟天子六軍之名」，是可信的。他說「三行無佐，疑大夫帥」，應是編制比較小的隊伍，依然是傳統的「卒乘」。（第二章〈全國皆兵的新兵制〉，頁 75～76）

案：杜說可商：杜預避天子六軍之名，遂改稱三行之說，辨已見前；且若如杜氏之說，三行編制較小，則大可依附於三軍之中，或另立一軍以統之，皆無須「作」三行，如此既便利，又可不須擔負僭越天子六軍之罪名，豈非兩全其美？何以英明之晉文不此之圖，卻要大費周章「作三行」？此其一。

又若僅止於增加武備，爲編制較小之卒乘，則《左傳》止須云「增三行」即可，何必特書之曰「作三行」？況且三行之編制即使較小，亦不可能太小，否則便失去意義。若然，則既以荀林父等爲三行之將，則於三年後作五軍時自當擢任林父等三人任將才是，何以作五軍時又將林父等人排斥在外？斯皆難以索解者也。此其二。

杜說立論之最大根據在：晉與戎狄之四次大戰皆未見純步兵部隊投入戰場之痕迹。唯此一論據或許並不如杜氏所言之堅強。何以故？《左傳》未載晉有步兵部隊參與作戰，並不表示晉不以步兵抗狄。因史書本就無法對所有史實加以載錄。前文曾言及晉極可能同時以車兵與步兵對付難纏之狄人；而三軍既出，其以中軍將統兵乃自然之事；唯因步兵地位較低，故《左傳》並未特加載錄。如《左傳》記載華夏各國與戎狄之交戰，大抵止云「與戎戰」或「與狄戰」，並未詳細記錄其作戰實況，此由杜氏大作所舉狄人東侵華夏情況可見〔註21〕；然吾人並不能據此遂推定華夏與戎狄之交戰皆草草而無可記載者。而先軫之「免冑入狄師」，或許正是卸去戰車主帥之笨重甲冑，隨輕便之步兵部隊與狄兵作短兵相接之戰也。至於下軍大夫郤缺之虜獲白狄子，或許即因車兵、步兵並用，而車兵之下軍大夫以其有車，速度迅於步兵，故能獲狄君也。其次，宣十五年《左傳》載荀林父敗狄于曲梁。此時林父雖已陞任中軍元帥，然林父本爲三行之首之中行將，或許正因三行受命於中軍，而林父曾領三行，故能有大功也。此其三。

晉之三行，既爲禦狄而作，自當針對能有效制裁戎狄之方向創制。若「三行」爲步兵，則是以其人之道還治其人之身，使戎狄無法於蓁莽險隘之地逞其威，斯爲上策。至於杜氏以爲若「三行」爲步兵，史書不當對步兵參與作戰情事，初無載及。關於此點，上文已略作說明；或許另有一種可能：戎狄原居叢林深山之中，蓁莽險峻之地，晉文公作三行之後，戎狄難以再仗恃其地形與作戰方式之優異性逞威，故被迫逃離山中，移居他處；而其所移居之地已便於以車戰對敵，晉遂又改以慣用之車兵對付之，亦不無可能〔註22〕。以杜正勝所舉四大戰役之地點觀之：

僖三十三年之戰，地在箕。箕之地望，古來異說不少：依杜《注》，在今

〔註21〕見杜正勝《編戶齊民》「附錄四·春秋前期狄人侵略華夏年表」計三十三條；
並請參閱下文所引戎狄與華夏交戰資料。
〔註22〕此意蒙　張師以仁垂示，謹誌謝忱。

山西省太谷縣東南三十五里；顧炎武《左傳杜解補正》以爲晉襄時晉疆未能至此；江永《春秋地理考實》以爲此箕當在今山西省蒲縣東北；閻若璩則以爲當在山西省榆社縣之箕城鎮；楊伯峻則認同江永之說。宣十五年曲梁之役，地望亦有異說：楊伯峻云：

> 曲梁有二，襄三年《傳》有「揚干亂行」之曲梁，在今河北省永年縣境，此曲梁則當在潞國附近，不得遠在河北，杜《注》誤合兩地爲一。劉昭《後漢書‧郡國志‧注》引《上黨記》謂曲梁在潞城西十里，是也。其地今名石梁，在潞城縣北四十里。而《元和郡縣志》謂在今山西沁縣稍西而南，舊斷梁城東北三十里，今不從此說。（《春秋左傳注》，頁 763）

宣十六年之役，依杜《注》，地在今山西省潞城縣、屯留縣附近，與宣十五年曲梁之役地近；成三年討赤狄之餘，則《傳》文未載其地〔註23〕。關山遠隔，探訪無門，各地之確實地形，難以得知；唯箕地既近於河，或地勢較爲平坦，適用車戰；唯亦未敢確言，聊作推測耳。

杜正勝《編戶齊民》又提及晉若有步兵部隊，必不致於對戎狄極盡容忍之事。或許觀察晉作「三行」前後，戎狄與晉之接觸情形，有助於釐清事情眞相。茲據《春秋經》、《左傳》、《國語》、《竹書紀年》、《史記》，並佐以他書所載，迻錄東周以降至魏絳和戎期間，中原各國與戎狄交戰情形，以利了解：

魯惠公四十年（729 B. C.）：

> 翟伐翼，至晉郊。（《太平御覽》卷八九七引《史記》）

魯隱公九年（714 B. C.）：

> 北戎侵鄭。（《傳》）

魯桓公六年（706 B. C.）：

> 北戎侵齊；鄭敗之。（《傳》、〈齊〉、〈鄭〉世家）

魯莊公二十年（674 B. C.）：

> 齊伐戎。（《經》）

魯莊公二十二年（672 B. C.）：

> 晉伐驪戎。（《傳》、〈晉語〉、〈晉世家〉、〈年表〉）

魯莊公二十四年（670 B. C.）：

---

〔註23〕以上關於地望之討論，除參考引用諸書之說外，又參考楊伯峻《春秋左傳注》，爲免繁瑣，不一一註明。

戎侵曹。(《經》、〈年表〉)

魯莊公二十六年(668 B.C.):

　　魯伐戎。(《經》)

魯莊公三十年(664 B.C.):

　　齊伐山戎。(《經》、《傳》、〈秦本紀〉、〈燕世家〉)

魯莊公三十一年(663 B.C.):

　　山戎伐燕,齊救之。(〈齊世家〉、〈年表〉)

魯莊公三十二年(662 B.C.):

　　狄伐邢。(《經》、《傳》、〈年表〉)

魯閔公元年(661 B.C.):

　　齊救邢。(《經》、《傳》、〈齊語〉、〈年表〉)

魯閔公二年(660 B.C.):

　　◎虢公敗犬戎于渭汭。(《傳》)

　　◎狄伐衛,滅之。(《經》、《傳》、〈齊語〉、〈年表〉、〈衛世家〉)

　　◎晉伐東山皋落氏。(《傳》、〈晉語〉、〈晉世家〉)

魯僖公元年(659 B.C.):

　　赤狄伐邢;諸侯救之,遷邢夷儀。(《經》、《傳》)

魯僖二年(658 B.C.):

　　◎衛有狄難,諸侯城楚丘而封之。(《經》、《傳》、〈齊世家〉、〈年表〉)

　　◎虢公敗戎于桑田。(《傳》)

魯僖公七年(653 B.C.):

　　重耳在狄,晉伐狄,敗之于采桑。(《傳》)

魯僖公八年(652 B.C.):

　　狄伐晉,報采桑之役。(《經》、《傳》、《水經‧涑水注》引《紀年》、〈年表〉、〈晉世家〉)

魯僖公十年(650 B.C.):

　　◎狄滅溫,溫君蘇子奔衛。(《經》、《傳》)

　　◎齊侯、許男伐山戎。(《經》)

魯僖公十一年(649 B.C.):

　　王子帶召揚拒、泉皋、伊雒之戎伐京師;秦、晉伐戎救周。(《傳》、〈年表〉)

魯僖公十二年（648 B. C.）：

　　諸侯爲衛城楚丘之郭以備狄。（《傳》）

魯僖公十三年（647 B. C.）：

　　◎狄侵衛。（《經》）

　　◎淮夷病杞，諸侯會于鹹；且謀王室之戎難。（《經》、《傳》）

魯僖公十四年（646 B. C.）：

　　狄侵鄭。（《經》）

魯僖公十六年（644 B. C.）：

　　◎狄侵晉，取狐、廚、受鐸，涉汾，及昆都。（《傳》）

　　◎周有戎難，齊徵諸侯戍周。（《傳》、〈年表〉、〈齊世家〉）

魯僖公十八年（642 B. C.）：

　　◎宋敗齊，狄救齊。（《經》）

　　◎邢、狄伐衛。（《經》、《傳》）

魯僖公二十年（640 B. C.）：

　　齊、狄盟于邢。（《經》、《傳》）

魯僖公二十一年（639 B. C.）：

　　狄侵衛。（《經》）

魯僖公二十二年（638 B. C.）：

　　秦、晉遷陸渾之戎于伊川。（《傳》）

魯僖公二十四年（636 B. C.）：

　　王使頹叔、桃子出狄師伐鄭，取櫟；王子帶以狄師攻王，王出居于
　　氾。（《經》、《傳》、〈周語〉、〈秦本紀〉、〈鄭世家〉、〈匈奴列傳〉）

魯僖公二十八年（632 B. C.）：

　　晉作「三行」以禦狄。（《傳》、〈晉世家〉）

魯僖公三十年（630 B. C.）：

　　狄侵齊。（《經》、《傳》）

魯僖公三十一年（629 B. C.）：

　　◎晉作五軍以禦狄。（《傳》）

　　◎狄圍衛，衛遷于帝丘。（《經》、《傳》）

魯僖公三十三年（627 B. C.）：

　　◎狄侵齊。（《經》、《傳》、〈齊世家〉）

◎狄伐晉，及箕；晉敗之。（《經》、《傳》）

魯文公四年（623 B.C.）：

狄侵齊。（《經》）

魯文公七年（620 B.C.）：

狄侵魯西鄙。（《經》、《傳》）

魯文公九年（618 B.C.）：

狄侵齊。（《經》）

魯文公十年（617 B.C.）：

狄侵宋。（《經》）

魯文公十一年（616 B.C.）：

狄侵齊，遂伐魯；為魯所敗。（《經》、《傳》、〈魯世家〉）

魯文公十三年（614 B.C.）：

狄侵衛。（《經》）

魯宣公三年（606 B.C.）：

赤狄侵齊。（《經》）

魯宣公四年（605 B.C.）：

赤狄侵齊。（《經》）

魯宣公六年（603 B.C.）：

赤狄伐晉，圍懷及邢丘。（《傳》）

魯宣公七年（602 B.C.）：

赤狄侵晉，取向陰之禾。（《傳》）

魯宣公八年（601 B.C.）：

◎晉師、白狄伐秦。（《傳》）

◎晉景公會狄于欑函。（《傳》）

魯宣公十三年（596 B.C.）：

先縠召赤狄伐晉，及清。（《傳》）

魯宣公十五年（594 B.C.）：

晉滅赤狄潞氏。（《經》、《傳》、〈年表〉、〈晉世家〉）

魯宣公十六年（593 B.C.）：

晉滅赤狄甲氏及留吁鐸辰。（《經》、《傳》）

魯成公元年（590 B.C.）：

茅戎敗王。（《經》、《傳》）

魯成公三年（588 B. C.）：

晉伐廧咎如。（《經》、《傳》）

魯成公十二年（579 B. C.）：

晉敗狄于交剛。（《經》、《傳》）

魯襄公四年（569 B. C.）：

魏絳和戎。（《傳》、〈晉語〉、〈晉〉、〈魏〉、世家）

以上資料顯示：自魯僖公二十八年晉作三行，至魯宣公六年，三十年之間，戎狄侵晉之記載顯然減少。其原因恐並非杜正勝所言之晉對其採取容忍態度，而是戎狄爲晉之強大武力所扼，不敢輕攖其鋒，遂向他國掠奪也。杜氏所言晉大勝戎狄之四次戰役正在晉「作三行」之後五至四十五年之間，豈是巧合所能解釋？若謂以步兵之「三行」投入戰場，故能有異於往常之戰績說之，或非妄臆。

當然亦有另一種可能：即晉在建立正規之步兵部隊後，因戰士習於車戰，未諳步戰，故不久三行旋廢，亦未可知。然終不能因之而懷疑晉曾建立獨立之步兵部隊。故鄙意以爲「三行」仍以解爲「步兵」較近實情。

再者，晉文公四年（魯僖公二十七年，633 B. C.）作三軍，而晉惠公元年（魯僖公十年，649 B. C.）以前已有左、右行：僖十年《左傳》載晉惠公殺左行共華、右行賈華。惠棟《春秋左傳補註》云：

案獻公時已有左、右行，至此復立中行；後改爲三軍大夫。（《清經解》卷三五四，頁6下）

姑且不論三軍大夫是否即由三行蛻變而來，惠棟謂晉獻公時已有左、右行，則確符實情，說已見上。獻公時，晉有二軍及左、右行；而文公作三軍之後一年，緊跟著便建三行：可見晉之「作三行」與「作三軍」，實乃同時進行，非如杜預所言之先建三軍，而後增置三行。〔註24〕

且由當時各國之兵種發展觀之，晉之出現步兵，實非偶然或突兀之事：徒兵並非晉所專有；鄭、楚亦有徒兵，《左傳》數見，如隱四年《傳》云：

諸侯之師敗鄭徒兵。

襄元年《傳》亦云：

晉韓厥、荀偃帥諸侯之師伐鄭，入其郛，敗其徒兵於洧上。

---

〔註24〕説參藍永蔚《春秋的步兵》，頁47。

昭二十年《傳》載：

> 鄭國多盜，取人于萑苻之澤。大叔……興徒兵以攻萑苻之盜，盡殺
> 之。

是鄭有徒兵也。

　　楚蓋亦有徒兵：晉、楚城濮之戰後，晉文公獻楚俘於天子，僖二十八年《左傳》、〈晉世家〉並云「駟介百乘，徒兵千」。此「徒兵」蓋即步兵。或解其爲附屬於戰車之步卒。此役楚有陳、蔡等與國，故晉之俘虜究係來自何國，未敢確言。又襄二十五年《左傳》載楚蒍掩爲司馬，令尹子木使庀賦，數甲兵；於是蒍掩爲之，《傳》有云：

> 賦車兵、徒卒、甲楯之數。

杜預《注》云：

> 車兵，甲士；【徒卒】，步卒。（《左傳正義》卷三十六，頁 16 上）

《會箋》亦作「徒卒」，云：

> 「徒卒」，《石經》作「徒兵」。《注》云「步卒」；若《傳》作「徒卒」，
> 則何須注解？《石經》是也。古者謂兵器爲兵。車上甲士與步卒所
> 執，兵各異也。……上文「甲」、「兵」並言，則車兵、徒兵皆兵器，
> 非甲士、步卒也。故此亦與甲、楯並言，而以「之數」二字總之：
> 車馬非兵器，故別言之。若是士卒，亦當別言之，不應與甲楯並言，
> 杜《解》謬矣。（《左氏會箋》卷十七，頁 47）

阮元《校勘記》云：

> 《石經》、《宋本》、《岳本》、《監本》「卒」做「兵」。顧炎武云：「《石
> 經》『卒』誤作『兵』，非也。」梁履繩云：「杜於『徒兵』下《注》
> 云『步卒』。《釋文》：『卒，子忽反。』若傳文爲『徒卒』，則杜不須
> 注。陸氏何不舉傳文而標注字邪？」（卷三十六，頁 5 下）

梁說甚是。

　　古稱「兵」雖多指「兵器」，唯亦有作「人卒」解者，說已詳本稿上編第二章第三節。此處之「兵」究作何解，未敢妄定；然同年《左傳》載舒鳩叛楚，楚令尹子木伐之；吳救之，居楚左、右二師之間七日，《傳》云：

> 子木遽以右師先，子彊、息桓、子捷、子騈、子盂帥左師以退。吳
> 人居其間七日。子彊曰：「久將墊隘，隘乃禽也：不如速戰。請以其
> 私卒誘之：簡師，陳以待我。我克則進，奔則亦視之，乃可以免：

不然，必爲吳禽。」從之。五人以其私卒先擊吳師，吳師奔；登山
以望，見楚師不繼，復逐之，傅諸其軍，簡師會之，吳師大敗。

此私卒，而可以敗吳師，其人數當不致太少；而由「卒」與「軍」對言觀之，此私卒爲「徒兵」殆無疑義。是楚亦有徒兵也。

秦蓋亦有徒兵，《韓非子・十過》載秦穆公之送重耳入國有云：

【穆公】因起卒，革車五百乘，疇騎二千，步卒五萬，輔重耳入之于晉，立爲晉君。（《韓非子集釋》，頁 200～201）

此言五萬，或嫌誇大，唯其言「步卒」當即獨立於車兵之外之「徒兵」。

春秋末，吳、越亦有「徒兵」：哀十三年《左傳》載越攻吳，吳之彌庸以「屬徒五千」抗越而敗。所謂「徒」，蓋即步兵。又《呂氏春秋・簡選》云：

闔廬選多力者五百人，利趾三千人，以爲前陣，與荊戰，五戰五勝。

（《呂氏春秋集釋》，頁 441）

所謂「利趾者」蓋即徒兵也：此吳之有「徒兵」也。越亦有徒兵：《國語・吳語》載吳攻越：

【越】中分其師以爲左、右軍，而以私卒君子六千人爲中軍。（《國語》卷十九，頁 13 下）

所謂「卒」即「步兵」也。《史記・越世家》亦云：「越句踐十五年伐吳，有君子六千人」：是越亦有徒兵也。

古自有「徒卒」，哀十一年《左傳》載：

舟有以武城人三百爲己徒卒。

《莊子・盜跖》云：

盜跖從卒九千人，橫行天下。……盜跖乃方休卒徒大山之陽，膾人肝而脯之。（《莊子集釋》，頁 990～991）

《莊子・騈拇》成亦英《疏》引，「從卒」作「徒卒」；據下文作「卒徒」，則作「徒」是也。徒卒即步兵。〔註25〕

晉亦有步兵：先不論「左、右行」與「三行」之爲步兵；齊、晉鞌之戰時，晉即以狄卒與齊戰。成二年《左傳》載齊頃公入救其車右逢丑公之情況云：

齊侯免，求丑父，三入三出。每出，齊師以帥退：入於狄卒，狄卒

<hr>

〔註25〕閻若璩《潛邱劄記》云：「古以車戰：春秋時，晉、鄭有徒兵。」（卷一，頁 1上）

皆抽戈楯冒之。

唯此爲狄之「卒」，晉未必以其「卒」參與；昭元年《傳》載魏舒以步兵勝狄事云：

> 晉中行穆子敗無終及群狄於太原，崇卒也。將戰，魏舒曰：「彼徒我車，所遇又阨，以什共車，必克；因諸阨，又克。請皆卒，自我始。」乃毀車以爲行；五乘爲三伍。荀吳之嬖人不肯即卒，斬以徇。……翟人笑之。未陳而薄之，大敗之。

此棄車不用而純以「步兵」作戰之例也。而所對抗者正爲戎狄。

兵種雖有歷史傳承之時間因素，然亦有其地勢需要之空間因素，故吳、越多水戰〔註26〕；而晉之建立步兵部隊，實亦環境使然。晉自分封之初，即與戎狄毗鄰而居。定四年《左傳》云：

> 昔……周公……分唐叔以大路、密須之鼓、闕鞏沽洗，……命以〈唐誥〉而封於夏虛，啟以夏政，而疆以戎索。

此謂晉立國之地之有戎狄也。昭十五年《左傳》載晉籍談與周景王之對話尤爲明白：

> 王曰：「伯氏，諸侯皆有以鎮撫王室，晉獨無有，何也？」文伯揖籍談；對曰：「晉居深山，戎狄與鄰，而遠於王室：王靈不及，拜戎不暇，其何以獻器？」王曰：「叔氏，而忘諸乎？叔父唐叔，成王之母弟也，其反無分乎？密須之鼓與其大路，文所以大蒐也；闕鞏之甲，武所以克商也。唐叔受之，以處參虛，匡有戎狄。……」

對話中，籍談以晉與戎狄爲鄰，拜戎不暇，無暇獻器爲答；景王則以晉曾受文、武二王之器以鎮撫戎狄以責：雙方一答一責之中，晉與戎狄之密切關係顯然可見。〈晉公𥂰鎣〉云：

> 晉公曰：「我皇且唐公，□受大命，左右武王，□□百䜌，廣嗣三方。」

「百䜌」之百，或爲誇張之虛數；而鎣銘雖有二字缺文，不過無論解爲「膺受」抑「抵禦」，對晉與戎狄關係之證據力則無異也。若與《傳》文對看，則晉初封時與戎狄關係之密切更可了然。及至獻公時，晉之四境仍包於戎狄，〈晉語二〉載獻公二十六年（651 B.C.）時晉國疆域及四鄰情況曾有「戎狄之民實

---

〔註26〕吳本不知車戰，楚申公巫臣教之而始知：見成七年《左傳》；〈越世家〉載句踐十五年（482 B.C.）伐吳，有「習流」二千人，習流即水兵。

環之」之言。據〈晉語四〉載，晉文公二年（635 B. C.）救王時曾「行賂于草
中之戎與麗土之狄，以啓東道」：是晉之東境有戎狄；而據襄十四年《左傳》
所載范宣子數姜氏戎之言及昭九年《左傳》詹桓伯之言觀之，晉之南鄙有戎
狄；莊二十八年《左傳》外嬖梁五與東關嬖五言於晉獻公時，云：「蒲與二屈，
君之疆也。……疆埸無主，則啓戎心」，〈晉世家〉謂「蒲邊秦，屈邊狄」，屈
在晉之西北，而陸渾之戎即來自晉西：是晉西邊有狄；而晉之北，則狄之大
本營也：是晉之四境皆有戎狄。

　　晉既與戎狄為鄰，相與爭地，勢所難免。且晉自獻公以降，皆致力於拓
殖疆域；此舉勢必危及戎狄之生存空間，故其爭戰必更為激烈。而戎狄之戰
鬥習慣與中原之車戰方式有異。戎狄慣用步戰。戰車有其地形上之限制，在
蓁莽險隘、沼澤泥濘之地，戰車確實不如步兵之機動。戰車駕馭困難，須空
曠平坦之原野始能發揮威力；一遇山林沼澤等複雜地形，戰車便無能為力矣
〔註27〕。如晉惠公與秦穆公戰於韓原，因車陷泥中而被俘；齊頃公與晉戰於
鞌，車絓於木而受擒：皆車戰不利之實例。出土《孫臏兵法・十問》云：

　　易則利車，險則利徒：此車敫之道也。（《孫臏兵法校理》，頁 146）

易謂平坦之地，平坦則利於戰車之馳騁，險峻則不便矣。《六韜・犬韜・戰車》
載武王問太公車戰之「死地」、「勝地」，其論車戰之十「死地」云：

　　往而無以還者，車之死地也。越絕險阻，乘敵遠行者，車之竭地也。
　　前易後險者，車之困地也。陷之險阻而難出者，車之絕地也。圯下
　　漸澤，黑土黏埴者，車之勞地也。左險右易，上陵仰阪者，車之逆
　　地也。殷草橫畝，犯歷浚澤者，車之拂地也。車少地易，與步不敵
　　者，車之敗地也。後有溝瀆，左有深水，右有峻阪者，車之壞地也。
　　日夜霖雨，旬日不止，道路潰陷，前不能進，後不能解者，車之陷
　　地也。（《六韜兵法》，頁 190～191）

凡遇險峻崎嶇、丘陵坡阪、沼澤泥淖、溝瀆深浚、叢草森林、淫雨連綿等情
況皆不利於車戰，而此正步兵發揮其機動便捷之有利條件。《六韜》一書成於
戰國末期〔註28〕，時步兵之術已盛行，故其論車戰之弊頗為真切透闢。范文

---

〔註27〕參考楊泓〈戰車與車戰〉，《中國古兵器論叢》，頁 100。
〔註28〕《六韜》一書，宋代以後學者屢有所疑；1972 年山東臨沂銀雀山一號漢墓出
　　　　土《六韜》殘簡，對《六韜》之真偽與成書時代頗有釐清作用。學長周鳳五
　　　　先生《六韜研究》對《六韜》之相關問題論之綦詳，並推定其成書時代在戰
　　　　國晚期。

瀾云：

> 使用步兵作戰，在東周前期已經開始。鄭莊公敗北戎，晉荀吳敗衆
> 狄，都用步兵制勝。因爲戎狄居山谷間，用步兵攻擾華族地區，華
> 族攻戎狄，不得不毀車用步。荀吳敗狄以後，晉連年用兵，消滅衆
> 狄，步兵戰術大概在攻伐戎狄戰爭中發展起來。（《中國通史簡編》
> 第一編，第四章，頁129）

范氏之言雖出推測，但合情合理。晉在環境因素及與戎狄長期爭戰之經驗中
逐漸了解車戰之限制、步戰之優點，故獻公時即建立左、右行二支步兵部隊
以對抗戎狄；然左、右行雖爲步兵，於編制上仍隸屬於車兵之下軍，由下軍
之二位大夫領屬：說已見本章第一節。至文公時，爲有效因應強悍之戎狄，
且便於管理，遂於三軍之外，另置三行，將原有之左、右行由「軍」之編制
劃分出來，正式建置爲獨立之步兵部隊〔註29〕，以迎拒戎狄。此乃晉國兵制
之重大變革，故《左傳》特書之，且標明其乃爲「禦狄」而作。故鄙意以爲：
「三行」乃爲「禦狄」而作，其性質則爲「步兵」。

## 第四節　三行之地位

三行雖與三軍並列，但地位並不相等。杜《注》云：

> 三行無佐，疑大夫帥也。

由《左傳》僅言其將，不言其佐觀之，杜《解》似得其實，前引中井積德亦
同杜說；唯司馬貞、張守節並不以杜《注》爲然：〈晉世家〉司馬貞《索隱》
云：

> 據《左傳》，荀林父並是卿；而云「大夫帥」者，非也。不置佐者，
> 當避天子也；或新置三行，官未備耳。

張守節《正義》亦云：

> 《注》：「三行無佐，疑大夫帥也」；「不置佐者，當避天子也；或初
> 置三行，官未備耳」；云「大夫帥」者，恐非也。（據《考證》本，《三
> 家注》本此處無《正義》）

《索隱》、《正義》之說，乍觀之，似亦不爲無理；然證諸三行之將，則二說

---

〔註29〕藍永蔚稱晉之左、右行爲「隸屬步兵」，三行爲「建置步兵」。說見前揭書，
　　　　頁42～50。

又乏理據矣。中井積德駁《索隱》之說云：

> 林父爲卿，是後來之事矣。城濮之役，林父御戎，卿豈容令御車
> 哉！（《史記會注考證》卷三十九引）

城濮之戰與晉作三行，同爲晉文公四年之事；史傳又不見林父命卿之載。中
井之言誠是，杜預「三行無佐，大夫帥」之說，蓋得其實。

又，三行將帥之階級亦較三軍爲低：如中行將荀林父，任命之前一年乃
下軍將欒枝之戎御耳。僖二十七年《左傳》云：

> 作三軍……使欒枝將下軍，……荀林父御戎。

先蔑、屠擊此時亦未見命卿。荀林父、先蔑之命卿，須至晉靈公元年（魯文
公七年，620 B. C.），時林父佐上軍，先蔑將下軍。三軍之將、佐皆須「卿」
級始得擔任；而三行之將地位僅止於「大夫」，可見「行」與「軍」，地位並
不相當，而是比「軍」低之編制單位，說已詳上。且三行部隊之成員，其階
級亦較三軍成員爲低。正因步兵之地位較低，故當魏舒欲「毀車以崇卒」時，
便遭致戰車兵士之反對（見昭元年《左傳》，文詳上引）。可見戰車兵士之地
位高於步兵部隊。蓋「三行」之建置，目的止於「禦狄」，並不與正規之「三
軍」相提並論。

竊疑構成三行步兵之來源或與晉惠公之「作州兵」有關。蓋車戰之主力
爲甲士，甲士來自貴族階級之「士」。戰車除甲士外，又附屬相當數量之「徒
兵」。附屬於戰車之徒兵，早期仍以國中之自由民爲多。三行乃獨立之步兵部
隊，其徒兵不再附屬於戰車。而三行徒兵之來源則恐以平民階級爲多。惠公
作州兵，擴大徵兵範圍，使州人亦得參與戰事，獨立步兵部隊之正式成立於
惠公作州兵之後，其中關聯實耐人尋味。

# 第五節　三行之存廢

「三行」之制究竟廢於何時，史無明文。杜預以爲廢於晉文公七年（魯
僖公三十一年，629 B. C.）作五軍時。僖三十一年《左傳》杜《注》云：

> 二十八年晉作三行，今罷之，更爲上、下新軍也。

成十八年《左傳》《正義》亦云：

> 三行，【僖】三十一年即罷之以爲五軍。其置三行無多年歲。（《左傳
> 正義》卷二十八，頁 30 下）

梁履繩說略同杜、孔（文見上引）；竹添光鴻亦云：

三行之廢，蓋在三十一年作五軍之時矣。（《左氏會箋》卷七，頁 37）

以文公罷去三行，更爲上、下新軍之說爲然者，多不勝舉，此聊舉三數家耳；唯此說恐係臆測，未必有所依據。晉作五軍以禦狄，未必即廢去三行。依《左傳》行文習慣，當廢除某種制度時常云「舍」，如魯於襄公十一年「作中軍」，昭公五年時廢爲二軍，而《傳》云「舍中軍」；又如晉襄公七年，由五軍恢復三軍之制時，文六年《傳》云「舍二軍」。《傳》於此既未云「舍三行，作五軍」，則作五軍時三行未必即廢。或者狄勢強悍難禦，故軍、卒並用，亦不無可能。此事史文無徵，難以質證；姑作推測，不敢云當。

史籍有關三行將之記載，僅止於作三行時一見。其中屠擊自此不見載籍；荀林父、先蔑則其後並有擢升：《左傳》文公七年（晉靈公元年，620 B. C.）載趙盾改立靈公，與秦戰於令狐時，荀林父佐上軍，先蔑將下軍，先蔑並於是年奔秦；文公十二年（晉靈公六年，615 B. C.）《傳》載秦報令狐之役伐晉，晉禦秦時，荀林父佐中軍；宣公十二年（晉景公三年，597 B. C.）《傳》載晉、楚邲之戰時，荀林父已升任中軍將矣；宣公十五年（晉景公六年，594 B. C.）《傳》載荀林父敗赤狄於曲梁。此後荀林父不再見諸載籍，此時距三行之作已四十年矣。據《左氏》所載可知：晉作五軍之後十年，荀、先皆不再任三行之將。唯若據此即謂此時三行已廢，亦未必得當。因三行本爲拒狄而作，地位遠低於正規之「軍」，不載其將，未必表示已廢止。

晉景公十年（589 B. C.）齊、晉戰於鞌，成二年《左傳》載齊頃公入救其車右逢丑父之景況云：

> 齊侯免，求丑父，三入三出。每出，齊師以帥退。入於狄卒，狄卒皆抽戈楯冒之，以入於衛師，衛師免之。

即云「卒」，則其爲徒兵可知。藍永蔚據此遂謂：

> 可見當時晉軍三行中還編有狄族部隊，這是建制步兵早期活動的重要迹象。（《春秋時期的步兵》，頁 49）

此役之狄卒，杜預以爲係「狄人之從晉討齊者」；唯不知係隸編於三行之中，抑僅止於臨時徵用性質而已。若屬隸編，則如藍氏所言，此時晉之三行猶存。而此時距三行之設已四十五年，距晉之作六軍則僅隔一年耳；唯史文無以確證其說。清儒惠棟於《左傳》「晉作三行以禦狄」句下曾有《補註》云：

> 獻公時已有左、右行，至此復立中行；後改爲三軍大夫。（《春秋左傳補註》卷二，頁 6 下）

「三軍大夫」見於《左傳》宣公十二年（晉景公三年，597 B.C.）：

> 趙括、趙嬰齊爲中軍大夫；鞏朔、韓穿爲上軍大夫；荀首、趙同爲
> 下軍大夫。

若如惠說，則最遲至晉景公三年，三行已改制矣；然三軍大夫中之下軍大夫，晉文公時已有。僖三十二年《左傳》云：

> 初，臼季使過冀，見冀缺耨，其妻饁之。敬，相待如賓。與之歸，
> 言諸文公，……文公以爲下軍大夫。

事又見〈晉語五〉。下軍既有大夫，以理推之，中、上二軍亦當有之。文公之用冀缺爲下軍大夫，不詳究在何年；唯文公僅九年，而三行作於五年。若如惠說，則文公建置三行之後，至多不過五年，旋加廢止，似亦不合情理；何況惠棟之說實出臆測，並未提出佐證。

童書業則認爲晉之徒兵未曾廢，其言云：

> 或謂此後（獻案：指晉文公五年作三行後）晉徒兵曾廢，未必然。
> 昭元年：晉中行穆子敗無終及群狄于太原，崇卒也。……此爲盡去
> 車戰改用步卒之始，然似非盡去車戰，亦非以前晉之徒兵中絕也。
> （《春秋左傳研究》，「晉徒兵」條，頁 206）

童先生謂魏舒毀車崇卒非盡去車戰，徵諸《左傳》可知。魏舒之毀車崇卒，實乃臨時應變之舉，晉此後未必「盡去車戰改用步卒」；而童先生既云「似非盡去車戰」，又云「此爲盡去車戰改用步卒之始」，似有齟齬。當然，「徒兵」未必等於「三行」，故童先生所論與本文所討論者略有不同。

三行究竟廢於何時，以目前資料，尚難有明確之答案。或許考察晉使用步兵作戰之情況，對此一問題能略有釐清之用。昭十七年《左傳》載晉之滅陸渾戎云：

> 晉荀吳帥師，涉自棘津，使祭史先用牲于雒。陸渾人弗知，遂滅陸
> 渾。

棘津地望雖則有異說，但既云「涉」，則「津」蓋渡口之意；而涉水過雒，恐非戰車所宜；又陸渾人「弗知」而被滅，蓋亦非以車戰，而係以「步兵」奇襲：是故晉之滅陸渾戎蓋用步兵。時在晉頃公元年（525 B.C.）

昭二十二年《左傳》又載晉二次用兵於狄。《傳》載晉之滅鼓云：

> 晉之取鼓也，既獻而又反鼓子焉；又叛於鮮虞。六月，荀吳略東陽，
> 使師僞糴者負甲以息於昔陽之門外，遂襲鼓，滅之。

《傳》文雖未言晉滅鼓用步兵；然既云「使師僞糴者負甲」，又云「襲」，則蓋用步兵無疑。時在晉頃公六年（520 B. C.）。其中殊堪注意者爲：帥師者荀吳。荀吳即中行吳，乃中行將荀林父後代。時荀吳雖已任上軍將（詳本稿下編第二章第四節之參），然其能以「襲」之方式兩次將兵擊敗戎狄，或與其祖之爲中行將不無關聯。《傳》又載王子朝之亂，晉之平亂云：

> 晉籍談、荀躒帥九州之戎及焦、瑕、溫、原之師以納王于王城。庚申，單子、劉蚠以王師敗績于郊，前城人敗陸渾于社。……十二月庚戌，晉籍談、荀躒、賈辛、司馬督帥師軍于陰、于侯氏、于谿泉，次于社。王師軍于氾、于解，次于任人。閏月，晉箕遺、樂徵、右行詭濟師取前城，軍其東南。王師軍于京楚。

箕遺等三人疑即帥步兵部隊渡過伊、洛以攻叛軍，且其中有「右行詭」，更値得重視。又哀二年（493 B. C.）《左傳》載晉、鄭戰於鐵有云：

> 初，周人與范氏田，公孫尨稅焉；范氏得而獻之，吏請殺之。趙孟曰：「爲其主也，何罪？」止而與之田。及鐵之戰，以徒五百人宵攻鄭師，取蠭旗於子姚之幕下，獻，曰：「請報主德。」

此則爲晉之「地方步兵」也。

　　由以上史料可見晉似乎仍陸續使用步兵作戰；是則三行或許並未廢止；且即令晉廢止三行，亦未必即是全面廢棄步兵部隊。或許「三行」之後，「步兵」另有發展，否則實難以解釋春秋末期以降全面興起，進而取代車戰之步兵。唯因史料不足，難作推斷。又，晉既爲禦狄而作三行，則三行於晉對戎狄交戰上必居相當之地位，惜史籍無徵，難以鉤稽。

下編：人事篇

# 第一章　任官與賞罰述論

## 第一節　引　論

晉國霸業創於文公之手，而其霸業之得以創立，除其入國後致力於脩政教、飭軍旅有以致之外，其用人與賞罰之得宜，亦爲不可忽略之重要因素；不唯如是，文公之用人與陟罰臧否且對晉國造成既深且遠的影響。襄三年《左傳》云：

> 祁奚請老，晉侯問嗣焉。稱解狐；其讎也。將立之而卒。又問焉。對曰：「午也可。」於是羊舌職死矣，晉侯曰：「孰可以代之？」對曰：「赤也可。」於是使祁午爲中軍尉，羊舌赤佐之。君子謂祁奚：「於是能舉善矣。稱其讎，不爲諂；立其子，不爲比；舉其偏，不爲黨。〈商書〉曰：『無偏無黨，王道蕩蕩』，其祁奚之謂矣！解狐得舉，祁午得位，伯華得官，建一官而三物成，能舉善也。夫唯善，故能舉其類。《詩》云：『惟其有之，是以似之』，祁奚有焉。」

此事發生於晉悼公四年（570 B. C.），即有名之「外舉不避讎，內舉不避親」之故實。《左氏》大加讚譽，以至於引「君子曰」、《詩》、《書》爲證。其重視用人無私，舉賢薦善，於此可見。又襄九年《左傳》云：

> 秦景公使士雃乞師于楚，將以伐晉。楚子許之；子囊曰：「不可。當今吾不能與晉爭：晉君類能而使之，舉不失選，官不易方；其卿讓於善，其大夫不失守，其士競於教，其庶人力於農穡，商、工、皁、隸不知遷業。韓厥老矣，知罃稟焉以爲政。范匄少於中行偃而上之，使佐中軍；韓起少於欒黶，而欒黶、士魴上之，使佐上軍；魏絳多

> 功，以趙武為賢，而為之佐：君明臣忠，上讓下競。當是時也，晉
> 不可敵，事之而後可。君其圖之！」

楚令尹子囊謂晉「舉不失選」、「卿讓於善」、「君明臣忠，上讓下競」。所謂「舉
不失選」者，謂其任官者皆適其才，盡其用也，如祁奚之薦解狐、祁午、羊
舌赤，即其比。所謂「卿讓於善」、「上讓」者謂晉卿皆能讓賢也。晉卿能讓
事，見載於襄十三年《左傳》：

> 荀罃、士魴卒。晉侯蒐于緜上以治兵，使士匄將中軍，辭曰：「伯游
> 長。昔臣習於知伯，是以佐之，非能賢也。請從伯游。」荀偃將中
> 軍，士匄佐之。使韓起將上軍，辭以趙武；又使欒黶，辭曰：「臣不
> 如韓起。韓起願上趙武，君其聽之！」使趙武將上軍，韓起佐之。
> 欒黶將下軍，魏絳佐之。……晉國之民是以大和，諸侯遂睦。

是晉卿確能讓矣。故《左傳》引「君子曰」云：

> 讓，禮之主也。范宣子讓，其下皆讓。欒黶為汰，弗敢違也。晉國
> 以平，數世賴之，刑善也夫！一人刑善，百姓休和，可不務乎！《書》
> 曰：「一人有慶，兆民賴之，其寧惟永」，其是之謂乎！周之興也，
> 其《詩》曰：「儀刑文王，萬邦作孚」：言興善也；及其衰也，其《詩》
> 曰：「大夫不均，我從事獨賢」：言不讓也。世之治也，君子尚能而
> 讓其下，小人農力以事其上，是以上下有禮，而讒慝黜遠，由不爭
> 也：謂之懿德。及其亂也，君子稱其功以加小人，小人伐其技以馮
> 君子，是以上下無禮，亂虐並生，由爭善也：謂之昏德。國家之敝，
> 恆必由之。

《左傳》引君子之言，謂國之治，必上下相讓，有禮不爭；若上下馮陵，疑
忌爭鬥，則國家敝而亂矣。其於晉臣之能推賢讓能，推之亦已高矣。

　　此時為晉悼公十四年（560 B. C.），正是晉國「復霸」之時。是晉國之霸
業與其人才當有相當之關係。但晉國群臣之能如此相推相讓，豈天生而然，
或竟為偶然乎？鄙意以為蓋晉文時用人之尊賢重讓有以啓之也。

　　晉文公重耳入國後，一反惠公夷吾之剗除異己，逼殺申生舊黨；而親其
讎，用其敵[註1]，重賢、賞能，既見其大度能容，又顯其用人以才、賞人先

---

〔註 1〕寺人披曾三度追殺重耳，里鳧須隨重耳出奔而竊藏以逃，重耳入國後皆親而
　　　用之；又冀芮為惠公黨羽，而文公聽白季之諫，用其子冀缺為下軍大夫。說
　　　詳拙作《晉文公復國定霸考》第五章第二節。

德，故國人悅而安之，樂於爲其所用。且文公朝臣亦皆能薦賢讓能，故舉朝賢才濟濟，國勢蒸蒸日上。文公之用賢與群臣之讓賢，詳見下文，此暫不述；茲先言其異於常人之賞罰原則，以見文公霸業之非出僥倖。

《呂氏春秋・當賞》載晉文公入國後賞從亡功臣之事云：

> 晉文公反國，賞從亡者，而陶狐不與。左右曰：「君反國家，爵祿三出，而陶狐不與；敢問其說？」文公曰：「輔我以義，導我以禮者，吾以爲上賞；教我以善，彊我以賢者，吾以爲次賞；拂吾所欲，數舉吾過者，吾以爲末賞；三者所以賞有功之臣也。若賞唐國之勞徒，則陶狐將爲首矣。」（陳奇猷《呂氏春秋校釋》，頁1610）

事亦見《韓詩外傳》卷三、《史記・晉世家》、《說苑・復恩》。重耳賞功以輔君仁義、薦君賢能、舉君過差者爲尚，而勇壯強禦，犯難事君者反居下賞，與一般重視眼前之功、個人之私者，大異其趣。行賞而能以德義爲先，則國尚禮義，故周內史興聞文公之賞功先後原則，遂讚而歎焉：

> 晉公其霸乎！昔者聖王先德而後力，晉公其當之矣！（《呂氏春秋・當賞》引，仝上）

及其一戰而勝於城濮，賞功亦一仍此一原則。《韓非子・難一》載其事云：

> 晉文公將與楚人戰，召舅犯問之，曰：「吾將與楚人戰，彼眾我寡，爲之奈何？」舅犯曰：「臣聞之：『繁禮君子，不厭忠信；戰陣之間，不厭詐僞。』君其詐之而已矣。」文公辭舅犯，因召雍季而問之，曰：「我將與楚人戰，彼眾我寡，爲之奈何？」雍季對曰：「焚林而田，偷取多獸，後必無獸；以詐遇民，偷取一時，後必無復。」文公曰：「善。」辭雍季；以舅犯之謀與楚人戰以敗之。歸而行爵，先雍季而後舅犯。群臣曰：「城濮之事，舅犯謀也。夫用其言而後其身，可乎？」文公曰：「此非君所知也。夫舅犯言，一時之權也；雍季言，萬世之利也。」（陳奇猷《韓非子集釋》，頁791）

事亦見《呂氏春秋・義賞》、《淮南子・人間》、《說苑・權謀》。據此可見文公所著眼者毋寧爲更高遠之目標，更完善之制度，故仲尼亦大加讚賞：

> ◎ 文公之霸也宜哉！既知一時之權，又知萬世之利。（《韓非子・難一》引，仝上）
>
> ◎ 臨難用詐，足以卻敵；反而尊賢，足以報德。文公雖不終，始足以霸矣。（《呂氏春秋・義賞》引，《呂氏春秋校釋》，頁780）

〈晉世家〉所載與上述資料略異：雍季作狐偃，舅犯作先軫。其文云：

> 行賞以狐偃爲首；或曰：「城濮之事，先軫之謀。」文公曰：「城濮之事，偃說我毋失信；先軫曰：『軍事，右爲勝。』吾用之以勝。然此一時之說，偃言萬世之功。柰何以一時之利，而加萬世之功乎？是以先之。」

史公蓋另有所本；然無論其爲何人，蓋實有其事，故先秦、兩漢典籍並有載及。文公能不短視近利，置萬世之謀於一時之權之上，斯則臣下並能不爭一時之利，而相與求萬世之功。無怪有董安于辭賞之事，《國語·晉語九》云：

> 下邑之役，董安于多。趙簡子賞之，辭；固賞之，對曰：「方臣之少也，進秉筆，贊爲名命，稱於前世，立義於諸侯，而主弗志；及臣之壯也，耆其股肱以從司馬，苛慝不產；及臣之長也，端委韠帶以隨宰人，民無二心；今臣一旦爲狂疾，而曰『必賞女』。與余以狂疾賞也，不如亡！」趨而出，乃釋之。（《國語》卷十五，頁 3 下～4 上）

安于以其前曾立義諸侯、曾使苛慝不生、曾令民無二心，而凡此趙鞅皆未加賞賜；乃於攻荀寅、范吉射之亂有功時賞之，深覺賞非其時，堅不受賞。此事實可與文公不以一時之功爲重之風相映成趣。而其間或不無關聯。《呂氏春秋·不苟》載晉文公伐鄴，賞郤子虎事，云：

> 晉文公將伐鄴，趙衰言所以勝鄴之術；文公用之，果勝。還，將行賞。衰曰：「君將賞其本乎？賞其末乎？賞其末，則騎乘者存；賞其本，則臣聞之郤子虎。」文公召郤子虎，曰：「衰言所以勝鄴，鄴既勝，將賞之，曰：『蓋聞之於子虎，請賞子虎。』」子虎曰：「言之易，行之難。臣言之者也。」公曰：「子無辭！」郤子虎不敢固辭，乃受矣。（《呂氏春秋校釋》，頁 1584～1585）

事又見《新序·雜事》。趙衰能不掩他人之功，言之於君；文公亦能不吝賞賜，賞及畫策者。如此，則有心爲國出奇效策者皆願盡其心力，而國遂以強。故《呂氏春秋》評之云：

> 凡行賞欲其博也，博則多助。今虎非親言者也，而賞猶及之，此疏遠者之所以盡能竭智者也。晉文公亡久矣，歸而因大亂之餘，猶能以霸，其由此歟！（仝上，頁 1585）

文公行賞如此，無怪能爲晉國奠立良好之霸基；亦無怪文公朝賢臣不僅居晉

國之首，亦且居春秋之首。如趙衰、狐偃、先軫、臼季、隨會、郤缺，皆賢而又能讓賢者也，而並出於晉文公朝。其後如士燮、韓厥、荀罃、趙武、魏絳、祁奚、叔向等亦皆為不可多得之賢才，眞可謂代不乏賢：文公重賢、用賢風氣影響之深遠顯然可見。無怪乎，歷來雖多以為晉文不如齊桓，然於重賢、用賢與陟罰臧否上皆不得不推尊晉文於齊桓之上。如宋儒呂祖謙論及齊桓、晉文二霸之高低與齊、晉二國掌握霸權久暫之因素時，曾提出晉國大臣能推賢讓能一因，其言曰：

> 晉文公凡出外許多時，直到成霸業，皆是趙衰、狐偃二人為之謀主。文公自僖之二十四年入國，至僖二十七年蒐于被廬，方始命狐偃將上軍，狐偃則讓於狐毛而佐之。命趙衰為卿，則又讓於欒枝、先軫。若以後世論之，二人自入國便合處於高官大職可也。何故經涉許多年，方命他將上軍及為卿之任；他又相遜。二人初不曾計較官職，以此知二人是心腹宗臣，與社稷同休戚，初不論職位之高下。又見得古之體國之臣，但欲成國事，不曾計較官職。……又見人材不厭多。夫晉文之有子犯，亦猶齊桓之有管仲相似。……看得晉文公既種種不如桓公，然桓公霸業不繼，而文公雖死，霸業不絕，何故？只緣有一件勝如齊威，此晉文所以霸業相繼不絕。前說管仲一身任事，不能為齊求人材；而晉專務收人材，看得晉國人材之盛，皆出於狐、趙。初閒，使狐偃將上軍，則讓於狐毛而佐之；命趙衰為卿，則讓於欒枝、先軫；及先軫死，復使且居將中軍，又佐之。晉人材之所以盛，緣狐、趙之徒倡推賢讓能之風於上，一國所以皆有此風。至臼季見冀缺於田野之閒，其夫婦敬，相待如賓。臼季歸，既薦之於文公，文公以為下軍大夫，以此見非特朝廷如此相遜；而田野之間，亦莫不皆然。一國所以皆有推賢讓能之風，趙衰、狐偃實倡之也。直至悼公時，范宣子讓，其下皆讓，其波流之及，直至如此。故晉之霸業所以長久，桓公霸業所以不永也。（《左氏傳說》卷四，「戰于城濮」條，頁1上～3下）

齊桓、晉文二霸之高低，本文不擬加以軒輊〔註2〕；齊、晉享霸之久暫，因素綦多，非止一端，東萊所言，固僅得其一隅；唯其謂晉臣大抵能推賢讓能，

---

〔註2〕桓、文二霸之高低，筆者曾略加探討，見拙作《晉文公復國定霸考》第八章第二、三節。

乃晉之得以久掌霸權之因，則確具卓識。唯謂此種風氣乃純由狐、趙二人推倡而成，則似忽略「風行草偃」之效，略顯不足。說詳下。元儒王元杰則由晉文公之廣用賢才與齊桓公之專任管仲，論定晉、齊霸業之久暫，其言曰：

> 齊孝不能繼桓之業，晉襄能紹文之霸，傳之累世，其故何耶？夫國家之盛衰，係乎人才之進退。桓公之于管仲，權居一己，身沒而事業衰；文公入國之始，則能選用狐、趙之徒，以成霸業，傳之子孫而不已。是則用人爲有國之先務，可不鑒乎！（《春秋讞義》卷五，頁55下）

清儒顧奎光亦云：

> 晉文定霸甚驟，五年身死，然子孫常爲盟主；桓公積累數十年，得之，而一敗塗地。蓋桓公單恃一管仲，而文公所用謀臣力士多。文公雖死，而狐、趙、先、郤輩猶在，故霸業不衰；可見賢才多則氣脈長，少則氣脈促。（《春秋隨筆》卷上，頁25下）

晉霸長，齊霸短，用賢雖非充要條件，卻爲不可少之要件。顧棟高〈晉狐偃趙衰胥臣論〉亦云：

> 從古一國之興，莫不有股肱宣力之臣，後利而先義，推賢而讓能。蓋自唐虞之世，禹、皋、稷、契，交讓一堂；下逮春秋，伯者之佐，亦莫不稟此意以周旋，無後世草昧初起，飲酒爭功，拔劍擊柱之態。于此益知先王禮義之教，去人未遠也。余觀晉狐偃、趙衰、胥臣三人，出萬死不顧一生，從公子于外十九年，幸得返國。即使其才庸下，亦當居首功；況三人皆天下才！而當作中軍、謀元帥之時，趙衰薦郤縠，又讓欒枝、先軫。狐偃讓于狐毛，而己佐之，猶曰此其同列兄弟也；逮狐毛死，先軫子且居爲上軍將，而狐偃佐之；先軫死，子且居嗣爲中軍將，而趙衰佐之。胥臣亦舉郤缺。而終三人之世，未嘗將中軍。夫狐、趙于先且居爲丈人行，而先軫未嘗有從亡之功，乃父子並將中軍、上軍，兩世而狐、趙爲之佐。先氏偃然列其上而不疑，狐、趙泰然處其下而不忌，相與出奇效策，戮力同心。此豈文公之德有以致之？殆亦氣運使然，天生此三人以昌晉之伯也。至再世以後，狐偃子射姑以易班殺陽處父矣；趙盾逐賈季、放胥甲父矣；胥童以胥克之廢怨郤氏矣。植黨樹權，營私報怨，即父子祖孫已有絕不相似者。殆亦有莫之爲而爲者耶！余觀人臣功名之

會，莫不敗于爭，而成于讓。……若三人者，豈特天分過人？蓋亦沐于先王禮義之教，浸淫而不自知。觀趙衰之薦郤縠，曰「說禮樂而敦詩書」；胥臣之舉郤缺，曰「敬，德之聚」；而子犯詔公子不以得國為利，至蹈九死而不悔：非有得于聖賢之教而能然乎！夫三子偶不為聖人所論列；而曾氏傳《大學》，戒言利，而述舅犯仁親之訓，其意以為過齊管仲遠矣。夫鮑叔牙薦管仲；而管仲治齊，專興魚鹽之利，不聞為國樹人。三子所舉人才，晉國賴其利者再世；而管仲死，五公子爭立，齊國大亂，不聞有管仲推轂之臣，為國柱石，主持國是：則較三子者之優劣，豈不大相遠哉！（《春秋大事表》卷四十九，頁 14 下～16 上）

顧氏謂狐偃等三子，能推賢讓能，為國舉才，實賢於管仲。純就薦賢而言，此確為持平之論。顧氏又謂趙衰等三人，因沐於先王禮樂之教，故能如此；其說雖非必然，亦不無道理。然何以其子孫即不為禮義所沐？此則顧氏所未暇論及者。鄙意以為其時國君自身之好禮義，實乃不能忽視之因素。晉文公重耳流亡各國時，宋公孫固謂其「有禮」〔註3〕，楚成王亦以「文而有禮」作評〔註4〕；入國後，受命於周襄王，周內史興亦盛讚其「能禮」，且謂其「奉禮義成」〔註5〕：可見文公朝臣之沐於禮義之教，實非偶然。則嗣後晉臣之相爭相軋，雖罪在卿大夫，而晉君亦難以卸其責。呂東萊論晉用人之偏弊有云：

晉國之霸，固賴賢才眾多；然亦有偏處。大抵天下之事，有一利必有一害，出乎此必反乎彼，最不要流入於一偏。善為治者，常就一偏處救。方晉之盛時，英豪滿朝，皆能率職勸功聽命之不暇，雖賴其力；及其後，君上之權浸移於臣下。試舉一二端論之：如襄公之歸秦囚，先軫則不顧而唾，則有無君之心；夷之蒐，陽處父則終於易中軍，則專君上之權。此二人皆已暗移易了。惟其積而不能收，故其流弊至於靈公之弒；馴而至於六卿之分晉，正緣偏於此，不能收其權，而終至於亡國也。（《左氏傳說》卷四，「晉蒐于夷易中軍」條，頁 10 上）

呂氏謂晉君未能收其權，致卿大夫權勢坐大，終致晉國覆亡。呂氏所言甚是，

〔註3〕事見《國語・晉語四》。
〔註4〕事見僖二十三年《左傳》。
〔註5〕事見《國語・周語上》。

唯晉君蓋非「不知」收其權,而係無可如何也。晉平公時晉臣叔向論晉政之衰敝,有云:

> 政在家門,民無所依;君日不悛,以樂慆憂。(昭三年《左傳》)

竹添光鴻《會箋》云:

> 《詩・唐風》:「日月其慆」,《毛傳》:「慆,過也。」「慆憂」之慆,
> 當從此解。言以娛樂閒過憂患。凡國家可憂之事皆從樂中過也。(《左
> 氏會箋》卷二十,頁54)

晉君豈甘心如此?實已尾大不悼,噬臍莫及,故止能以娛樂麻醉憂愁耳。

本章擬以具體事件,對晉國人事之任命與賞罰作較全面之探討,先由其任用原則始,繼之以賞罰原則;此二節爲正面性質者;第四節則探究不當之任用與賞罰。而各節中除指述其原則,舉晉事以證外,並略論正、負兩面之任用、賞罰原則與晉國政治、國勢、霸權等方面之關係。

# 第二節　任官原則

晉之任官,當其盛時,井井有秩,不紊不亂,不偏不倚。茲先條舉其任用原則,再以史實證成之,並論其影響。

## 壹、祖先有功於國者

晉之任官,若同有賢才,則以其祖先有功於國者爲優先。晉襄公七年,蒐於夷,以狐射姑、趙盾爲中軍將、佐即其例。文八年《左傳》載其事云:

> 夷之蒐,晉侯將登箕鄭父、先都,而使士穀、梁益耳將中軍。先克
> 曰:「狐、趙之勳,不可廢也。」從之。

襄公本欲以士穀、梁益耳爲中軍將、佐,以箕鄭父、先都爲上軍將、佐;若然,則狐射姑、趙盾至多止能爲下軍將、佐。二人之父狐偃、趙衰並爲晉文公從亡功臣,且於文公返國後,盡心輔佐,戮力爲國,遂使文公得以稱霸,其於晉國,功勳甚大。故先克謂「狐、趙之勳不可廢」,而襄公即罷去原意,以狐、趙之後爲中軍將、佐。可見狐射姑、趙盾二人之得重用,乃得其父蔭。其後雖因陽處父之易班,但亦止於狐、趙二人易位耳。雖則此事後來引發極大之政爭(說詳下文第四節及本稿下編第三章第三節之貳);然晉用人以祖先之有助勳者爲優先,則似爲其任用之一重要原則。

類此之事,又見於趙武之立。晉景公十七年,因趙莊姬之譖及欒、郤二

氏之僞證，晉誅趙同、趙括，滅趙氏之族；趙朔、趙莊姬之子趙武隨其母莊
姬匿於晉景公宮中，韓厥言於景公，遂復立趙武以繼趙嗣〔註6〕。成八年《左
傳》述其事云：

> 晉討趙同、趙括；武從姬氏畜於公宮。以其田與祁奚。韓厥言於晉
> 侯曰：「成季之勳，宣孟之忠，而無後，為善者其懼矣。三代之令王
> 皆數百年保天之祿。夫豈無辟王？賴前哲以免也。《周書》曰：『不
> 敢侮鰥寡』，所以明德也。」乃立武，而反其田焉。

成季指趙衰，從重耳出亡，文公入國後，又有輔佐之功；宣孟謂趙盾，時人
多以為其忠於國，如〈晉語六〉載知武子之言，謂「宣子之忠，其可忘乎」：
二人並有功於國，故韓厥於趙氏被滅族之後，以此理由為之請，而景公亦聽
其言，遂立趙武以嗣趙宗。

《國語》載悼公即位後，命官情形亦有類於此者，〈晉語七〉云：

> 使魏恭子佐下軍，曰：「武子之季、文子之母弟也。武子宣法以定晉
> 國，至於今是用；文子勤身以定諸侯，至於今是賴。夫二子之德，
> 其可忘乎！」故以魏季屏其宗。使呂宣子將新軍，曰：「邲之役，呂
> 錡佐智莊子於下軍，獲楚公子穀臣與連尹襄老，以免子羽；鄢之役，
> 親射楚王，而敗楚師，以定晉國；而無後，其子孫不可不崇也」。使
> 令狐文子佐之，曰：「昔克潞之役，秦來圖敗晉功，魏顆以其身卻退
> 秦師于輔氏，親止杜回，其勳銘於景鍾。至于今不育，其子不可不
> 興也。」（《國語》卷十三，頁1下～2上）〔註7〕

魏季子、呂宣子、令狐文子三人之得以擔任將、佐，皆以其祖先之有功勳於
晉國也。

有功於國而其後無賞，「為善者其懼矣」，最能表達此一任用原則之意
義。以此種方式擢才，意在表示其不忘本；如此，則群臣為其後裔設想，自
願戮力為國。

當然，重用勳臣之後，亦與當時社會組織有關。當時猶存以「族」為中

〔註6〕案：此事《左傳》、《國語》、《史記‧晉世家》所載大抵相同，而〈韓〉、〈趙〉
　　兩世家之載則又為另一系統。關於二者之差異與真偽，前賢論議極多，茲不
　　複述。
〔註7〕《國語》文有錯簡，茲據王引之說校改引。王說見《經義述聞》卷二十一，「使
　　呂宣子佐下軍」至『故以魏季屏其宗』」條。其詳可參本稿下編第二章第四節
　　之參。

心之社會方式，用其族中之長者，則全族之人皆受用。故春秋時其族長失勢者，其族人多有作亂者。如晉襄公本欲升士穀、梁益耳、箕鄭父、先都等，以用狐射姑、趙盾而士穀等人遂失勢，其後士穀等人遂作亂；又如趙鞅逐欒盈，而其黨遂作亂等皆其例。其詳分見下文第二、三章。

## 貳、有特殊才具者

晉文公四年，作中軍，問元帥於趙衰，衰薦郤縠，理由是郤縠：

◎說禮、樂而敦《詩》、《書》。（僖二十七年《左傳》）

◎行年五十矣，守學彌惇。（〈晉語四〉）

文公遂用郤縠爲元帥。於是文公欲使趙衰將下軍，趙衰又薦欒枝等自代，理由是：

欒枝貞愼，先軫有謀，胥臣多聞。（〈晉語四〉）

文公遂以欒枝將下軍，先軫爲佐；及郤縠卒，先軫擢升中軍將，而以胥臣佐下軍。凡此諸人之得以爲將、佐，皆因渠等具有特殊才具也。

晉國頗爲重視賢才，尤其尊重有德之士。此種風氣或亦有其歷史淵源，〈晉世家〉載晉昭侯封晉文侯之弟成師於曲沃時，有云：

桓叔是時年五十八矣；好德，晉國之眾皆附焉。

唯晉一向重法，桓叔蓋其特例耳；晉國尊賢重德之風，蓋起於申生、重耳之提倡〔註8〕，而成於文公重耳之時。文公朝臣大抵皆賢，且能彼此相讓，說已詳上。蓋以身具特殊才能，又有謙讓之德，故能以才能、德業爲尚，惺惺相惜，舉賢而上之，甘居其下，心服而不忤。

舉用具有特殊才具者，能鼓勵臣下修身向善，非僅受惠一時，流風所及，舉國風氣亦可受化而偃然成風。故文公之後，晉國依然人才鼎盛，爲春秋之首。且由史實觀之，凡晉國掌握霸權之時，其君必能重德用賢，其臣亦必能一秉公心，爲國舉才。〈晉語七〉載悼公即位後之命官有云：

君知士貞子之帥志博聞而宣惠於教也，使爲太傅。知右行辛之能以數宣物定功也，使爲元司空。知欒糾之能御以和于政也，使爲戎御。知荀賓之有力而不暴也，使爲戎右。欒伯請公族大夫，公曰：「荀家惇惠，荀會文敏，黶也果敢，無忌鎮靜，使茲四人爲之。……」公知祁奚之果而不淫也，使爲元尉；知羊舌職之聰敏肅給也，使佐之。

〔註 8〕申生之德，觀〈晉語一〉文字可知。

知魏絳之勇而不亂也，使爲元司馬。知張老之智而不詐也，使爲元候。知鐸遏冠之恭敬而信彊也，使爲輿尉。知籍偃之惇帥舊職而恭給也，使爲輿司馬。知程鄭端而不淫，且好諫而不隱也，使爲贊僕。（《國語》卷十三，頁 2 下～3 上）

又云：

呂宣子卒，公以趙文子爲文也，而能恤大事，使佐新軍。……公以魏絳爲不犯，使佐新軍。（《國語》卷十三，頁 3 下）

以上數人之任用，皆因其具有特殊才具，故任之以適才之官也。〈晉語七〉又載祁奚辭軍尉，悼公問適合人選，祁奚薦舉己子事云：

祁奚辭於軍尉，公問焉，曰：「孰可？」對曰：「臣之子午可。人有言曰：『擇臣莫若君，擇子莫若父。』午之少也，婉以從令，遊有鄉，處有所，好學而不戲；其壯也，彊志而用命，守業而不淫；其冠也，和安而好敬，柔惠小物，而鎮定大事，有直質而無流心，非義不變，非上不舉。若臨大事，其可以賢於臣。臣請薦所能擇，而君比義焉。」公使祁午爲軍尉。歿平公，軍無秕政。（《國語》卷十三，頁 4 下）

祁奚坦然薦子而不忌，若非其子眞有「特殊才具」，焉敢如此？

襄七年《左傳》載韓厥告老，其子韓無忌爲公族大夫事云：

冬十月，晉韓獻子告老：公族穆子有廢疾，將立之。辭曰：「《詩》曰『豈不夙夜？謂行多露』；又曰『弗躬弗親，庶民弗信』。無忌不才，讓，其可乎？請立起也。與田蘇游，而曰『好仁』。《詩》曰：『靖共爾位，好是正直。神之聽之，介爾景福。』恤民爲德，正直爲正，正曲爲直，參和爲仁。如是，則神聽之，介福降之。立之，不亦可乎？」庚戌，使宣子朝，遂老。晉侯謂韓無忌仁，使掌公族大夫。

韓無忌薦其弟韓起，代己嗣韓宗，以其弟具有仁德，遂讓而爲之請也。

〈晉語七〉又載張老辭卿，推薦魏絳事云：

悼公使張老爲卿，辭曰：「臣不如魏絳，夫絳之智能治大官，其仁可以利公室不忘，其勇不疚於刑，其學不廢其先人之職。若在卿位，外內必平。且雞丘之會，其官不犯而辭順，不可不賞也。」公五命之，固辭，乃使爲司馬；使魏絳佐新軍。（《國語》卷十三，頁 5 下）

張老以魏絳兼具智、仁、勇三德，又能不廢先王之職，故讓而上之，此則非僅能讓而已，亦重視特殊才具、道德修養之風氣所化也。朝臣能如此重賢讓能，國君又能任賢使能，無怪晉悼公非僅能「復霸」；且能終其朝而又及於其子──平公──之世亦能「軍無秕政」。以上數事皆因個人之修養及其所具有之特殊才具而任以適才之官，晉之任官，可謂「人盡其才」矣。

## 參、賢而能讓者

晉於任用功臣之後、拔擢有才能者二原則外，又有一任官原則，曰：舉用賢而能讓者。《國語·晉語四》載文公謀元帥於趙衰，衰薦郤縠；嗣後文公欲任衰為下軍將，衰又薦欒枝；上軍將狐毛卒後，文公又欲使趙衰代之，衰又薦先且居：於是文公特為之蒐於清原，命之為卿，《外傳》云：

> 公曰：「趙衰三讓：其所讓皆社稷之衛也。廢讓是廢德也。」以趙衰之故，蒐于清原，作五軍，使趙衰將新上軍。……子犯卒，蒲城伯請佐。公曰：「夫趙衰三讓不失義。讓，推賢也；義，廣德也。德廣賢至，又何患矣！」乃使趙衰佐上軍。（《國語》卷十，頁18）[註9]

趙衰賢能過人，故文公屢欲任之為卿；而趙衰屢薦賢臣，謙讓居下，遂特為之作五軍，拔擢而任之，斯則真所謂君明臣賢者矣！《左傳》文公七年載狐射姑對豐舒之問，謂趙衰如「冬日之日」。「冬日之日」，和煦可親，趙衰固善處群臣之間者也。

類此之事，亦見於復霸之悼公朝。〈晉語七〉載韓厥告老，悼公以其子韓無忌為公族大夫事云：

> 韓獻子老，使公族穆子受事於朝。辭曰：「屬公之亂，無忌備公族，不能死。臣聞之曰：『無功庸者，不敢居高位。』今無忌，智不能匡君，使至於難；仁不能救，勇不能死；敢辱君朝以忝韓宗？請退也！」固辭不立。悼公聞之，曰：「難雖不能死君，而能讓，不可不賞也。」使掌公族大夫。（《國語》卷十三，頁5）

事亦見襄七年《左傳》。韓獻子以「能讓」，故雖固辭卿位，而悼公仍以其掌理公族大夫。是能讓而反被留用也。

讓賢而不僅不失官位，且又有賞，此種作法一則可鼓勵謙讓舉才之風；

---

[註9] 《國語》原文作「乃使趙衰佐新上軍」，韋昭《解》云：「此有『新』字，誤。趙衰從新上軍之將進佐上軍，升一等。新上軍之將，位在上軍之佐下。」（《國語》卷十，頁18下）韋說是也，「新」字蓋涉上文而衍，今據刪。

再則可免群臣因爭奪權位而衍生之傾軋鬥爭，實用人上上之法也。文公之得以成霸、悼公之得以復霸，豈偶然哉！

# 第三節　賞罰原則

晉之軍威盛壯，軍紀嚴明，最大原因在於晉之重法。定四年《左傳》云：

> 昔……周公……分唐叔以大路、密須之鼓、闕鞏沽洗，懷姓九宗，職官五正。命以〈唐誥〉而封於夏虛，啓以夏政，疆以戎索。

此謂晉立國之初與戎狄爲鄰；既與戎狄爲鄰，則必有爭戰，是故晉不得不重視軍力。昭十五年《傳》載晉荀躒如周，周景王宴之，籍談與景王之對話云：

> 王曰：「伯氏，諸侯皆有以鎮撫王室，晉獨無有，何也？」文伯揖籍談；對曰：「……晉居深山，戎狄之與鄰，而遠於王室；王靈不及，拜戎不暇，其何以獻器？」王曰：「叔氏，而忘諸乎？叔父唐叔，成王之母弟也，其反無分乎？密須之鼓與其大路，文所以大蒐也；闕鞏之甲，武所以克商也。唐叔受之，以處參虛，匡有戎狄。其後襄之二路，鏚鉞、秬鬯，彤弓、虎賁，文公受之，以有南陽之田，撫征東夏。非分而何？」

亦謂晉與戎狄爭土，經常擁有武備；又受文王、武王之器，以行征戰。昭二十九年《傳》又載孔子稱讚晉文公能守「唐叔所受法度」、「爲被廬之法」，遂爲盟主。唐叔之法受自文、武，指行軍、戰陣之法，見上引《傳》文；而「被廬之法」乃文公四年，晉欲拒楚、爭霸而作三軍時行蒐禮而制定者，其爲軍法無疑。

蓋晉自立國之初，即以軍法爲法，故立國之後，一向重法。其後曲沃武公以支子奪大宗，封建宗法「親親」之情，消失殆盡，更促進晉國重法精神之發展，故而早在獻公、惠公、文公之世，法家思想即已萌芽〔註10〕。《商君書・更法》載秦孝公欲進用商鞅，實施變法，甘龍、杜摯反對，三人辯論於廷，商鞅曾引「郭偃之法」〔註11〕。郭偃乃晉獻、晉文之際掌卜大夫，事迹

---

〔註10〕晉之重法，可參拙作《晉文公復國定霸考》第五章第二節之貳。

〔註11〕事亦見《新序・善謀》。

見於《國語·晉語》。

晉之重法，於僖二十八年《左傳》所載晉文公「殺三罪」顯露無遺。《傳》云：

> 晉侯圍曹，……令無入僖負羈之宮，而免其族，報施也。魏犫、顚頡怒，曰：「勞之不圖，報於何有！」爇僖負羈氏。魏犫傷於胸；公欲殺之，而愛其材。使問，且視之；病，將殺之。魏犫束胸見使者，曰：「以君之靈，不有寧也。」距躍三百，曲踊三百；乃舍之。殺顚頡，以徇于師，立舟之僑以爲戎右。……城濮之戰，晉中軍風于澤，亡大旆之左旃。祁瞞奸命，司馬殺之，以徇于諸侯，使茅茷代之。師還，……舟之僑先歸，士會攝右。……殺舟之僑以徇于國，民于是大服。

文公雖因愛材，見魏犫猶可用，遂捨而不殺；然亦未因其私愛而赦其罪，仍免去魏犫之官。顚頡曾有從亡之功，然渠違抗軍命，文公不稍寬貸，依法殺以徇師；祁瞞犯軍令，司馬殺之以徇于諸侯，以立軍威；舟之僑失職，殺之以徇於國，以示不縱。無怪《左傳》於上引文字之後以「民於是大服」總結，且引「君子」之言曰：

> 文公其能刑矣，三罪而民服。《詩》云：「惠此中國，以綏四方」，不失賞刑之謂也。

蓋軍事最重服從，一切以「法」爲尚，故唯能申明法紀，不失賞罰之公允平正，斯爲善也。晉國於陟罰臧否、賞善罰惡，自有其相當之原則在焉。

〈晉語四〉載晉文公欲命趙衰爲卿，衰辭，而讓於先且居，謂先且居有三賞。所謂「三賞」爲：

> 軍伐有賞，善君有賞，能其官有賞。（《國語》卷十，頁 18 上）

所謂「軍伐」者，領軍作戰有功之謂也；所謂「善君」者，勸君於善之謂也；所謂「能其官」者，守法任職之謂也。下文分別言之，更及其他。

## 壹、賞之原則

### 一、軍伐者賞

〈晉語四〉載上軍將狐毛卒，晉文公欲使趙衰繼之，趙衰推薦先且居，理由是：

> 城濮之役，先且居之佐軍也善。（《國語》卷十，頁 18 上）

文公遂任先且居爲上軍將：是先氏乃以善於佐軍有功，受賞而得陞遷也。

晉景公六年，賞「桓子狄臣千室」，景公自言桓子得賞之由云：

> 吾獲狄土，子之功也。（宣十五年《左傳》）

桓子即中軍將荀林父，其功爲滅赤狄潞國。宣十五年《左傳》載其事云：

> 六月癸卯，晉荀林父敗赤狄于曲梁；辛亥，滅潞。

是有軍功者有賞也。

有功者有賞，斯能振奮軍心，戮力爲國；若有功而無賞，則軍心渙散，國事不舉矣。

### 二、善君者賞

〈晉語四〉「軍伐有賞，善君有賞，能其官有賞」，韋昭《解》云：

> 以道事其君，賴其功，當有賞。能領治其官職，使不謬誤，君得以尊，民得以寧，當有賞也。〔註12〕

上文第一節所引《呂氏春秋‧當賞》，記載晉文公反國賞群臣，依「輔我以義，導我以禮」、「教我以善，彊我以賢」、「拂吾所欲，數舉吾過」爲順序。此三事實爲「善君」之最佳註腳。

其中輔君以義，導君以禮者，如舅犯之教文公霸天下之步驟即是。〈晉語四〉載晉文公欲使趙衰爲卿，衰讓狐偃，云：

> 夫三德者，偃之出也。以德紀民，其章大矣，不可廢也。（《國語》卷十，頁17下）

所謂「三德」，韋昭《解》引虞翻之言云：

> 虞云：三德，謂勸文公納襄王以示臣義、伐原以示信、大蒐以示民禮。（仝上）

事詳〈晉語四〉，文云：

> 文公即位二年，欲用其民，子犯曰：「民未知義：盍納天子以示之義？」乃納襄王于周。公曰：「可矣乎？」對曰：「民未知信；盍伐原以示之信？」乃伐原。曰：「可矣乎？」對曰：「民未知禮；盍大蒐備師尚禮以示之？」乃大蒐於被廬，作三軍。使郤縠將中軍，以爲大政，郤溱佐之。子犯曰：「可矣。」遂伐曹、衛，出縠戍，釋宋圍，敗楚師于城濮，於是乎遂伯。（《國語》卷十，頁19下～20上）

---

〔註12〕此註《明道本》無，唯見《公序本》，卷十，頁23上。

此事雖有虛偽矯飾成分，然狐偃實亦用心良苦：知文公欲成就霸業，而引之
於禮義以遂成之，其勝於徒恃兵威，殘民以逞者多矣。又如箕鄭之教文公以
信救饑，亦差可當之。其事見於〈晉語四〉，文云：

> 晉饑，公問於箕鄭，曰：「救饑何以？」對曰：「信。」公曰：「安
> 信？」對曰：「信於君心，信於名，信於令，信於事。」公曰：「然
> 則若何？」對曰：「信於君心，則美惡不踰；信於名，則上下不干；
> 信於令，則時無廢功；信於事，則民從事有業。於是乎民知君心，
> 貧而不懼，藏出如入，何匱之有？」公使為箕。及清原之蒐，使佐
> 新上軍。（《國語》卷十，頁 17）

箕鄭教文公以信救饑，亦不失仁義之教。宜文公先使之治箕，一有適用之
機，即調陞為新上軍佐也。

教君以善，強君以賢者，則司馬侯之諫悼公，遂進用羊舌肸事，可謂
近之。其事見於〈晉語七〉：

> 悼公與司馬侯升臺而望，曰：「樂夫！」對曰：「臨下之樂則樂矣；
> 德義之樂則未也。」公曰：「何謂德義？」對曰：「諸侯之為，日在
> 君側，以其善行，以其惡戒，可謂德義矣。」公曰：「孰能？」對曰：
> 「羊舌肸習於《春秋》。」乃召叔向，使傅太子彪。（《國語》卷十三，
> 頁 6）

司馬侯既使君入於善，達於賢，且又能藉機進賢，真可謂善於掌握時機勸君
者也。

至於拂君所欲，常舉君過者，則狐偃之於重耳流亡時之行事庶幾近之：

> ◎【重耳】及齊，齊桓公妻之，有馬二十乘：公子安之。從者以為
> 不可；將行，謀於桑下。蠶妾在其上，以告姜氏；姜氏殺之，而
> 謂公子曰：「子有四方之志，其聞之者，吾殺之矣。」公子曰：「無
> 之。」姜曰：「行也！懷與安，實敗名。」公子不可。姜與子犯謀，
> 醉而遣之；醒，以戈逐子犯。（僖二十三年《左傳》）
> ◎齊侯妻之，甚善焉。有馬二十乘，將死於齊而已矣，曰：「民生安
> 樂，誰知其他！」桓公卒，孝公即位；諸侯叛齊。子犯知齊之不
> 可以動，而知文公之安齊而有終焉之志也，欲行而患之。與從者
> 謀於桑下：蠶妾在焉，莫知其在也。妾告姜氏，姜氏殺之，而言
> 於公子曰：「……」公子曰：「吾不動矣，必死於此。」姜曰：……

公子弗聽。姜與子犯謀，醉而載之以行。醒，以戈逐子犯，曰：「若
無所濟，吾食舅氏之肉，其知饜乎！」舅犯走且對曰：「若無所濟，
余未知死所，誰能與豺狼爭食？若克有成，公子無亦晉之柔嘉，
是以甘食。偃之肉腥臊，將焉用之！」遂行。（〈晉語四〉，《國語》
卷十，頁1下～3下）

由《左》、《國》記載可知：若無狐偃之拂逆重耳心意，用計強行離齊，則又
焉有霸主晉文公？僖二十四年《左傳》又載重耳入國時子犯請行之事云：

春王正月，秦伯納之。……及河，子犯以璧授公子，曰：「臣負羈紲
從君巡於天下，臣之罪甚多矣。臣猶知之，而況君乎？請由此亡。」
公子曰：「所不與舅氏同心者，有如白水！」投其璧於河。

事亦見〈晉語四〉、《韓非子・外儲說左上》、《說苑・復恩》。狐偃所謂「臣之
罪甚多」，則其拂逆重耳所欲之事，蓋不止一端。又狐偃之請行，《國語》、《韓
詩外傳》、《禮記》並載趙武之言，以為偃「見利而不顧其君」，「其仁不足稱」
〔註13〕。鄭玄釋趙文子之言云：

謂久與文公辟難，至將反國，無安君之心；及河，授璧，詐請亡，
要君以利是也。（《禮記正義》卷十，頁28下）

韋昭《解》亦云：

見利，見全身之利。謂與晉文避難，至將反國，無輔佐安國之心，
授璧請亡，其仁不足稱也。（《國語》卷十四，頁9下）

鄭玄、韋昭並以為舅犯要君以利，非真心效事。盧文弨則有不同意見，其〈趙
文子論舅犯〉云：

〈檀弓〉載趙父子之論舅犯也，其言曰：「見利不顧其君，其仁不足
稱也。」噫！舅犯誠仁人也，柰何謂「其仁不足稱」？余嘗病斯言
之為過，後見武進蔣濟航先生集中有〈子犯論〉一篇，語極痛快。
〈論〉曰：「人苟利之為見，則趨之唯恐不及；其能舍目前之富貴而
邑邑俟諸十九年後乎？人苟不顧其君，則無往而顧其君者：其能拂
君之欲，逢君之怒，舍安樂而馳驅犯難以圖不可知之霸業乎？且秦
穆之勸重耳以復國也，不可謂非忠告衷言也；而當日辭之若浼，曰：
『父死之謂何』，又因以為利痛乎？其言之深切著明也，迄今誦其

---

〔註13〕事見《國語・晉語八》、《禮記・檀弓下》、《韓詩外傳》，乃趙文子與叔向論晉
國歷朝大臣時，對狐偃之批評。

言，有不盡然心傷者乎？以正人心，以篤父子，仁莫大焉。至其『以
璧授公子』數言，所以償前此食肉之言，而探其意也。夫人於患難
時有小忿，而至手戈以逐，則君臨時生殺唯命，能必其念前勳而懲
其忿以相宥乎？於顛頡有明徵矣。是知子犯之言惴禍，非求利也。
而乃文致其罪，冤矣！」此論出，而於人意乃始暢然。（《龍城札記》，
《清經解》卷三八九，頁 11 下～12 上）

盧氏所引蔣濟航（名汾功）之論，眞切深刻，透闢通達。子犯實因數拂君欲，
多舉君過，畏罪懼禍，因而請亡。而文公究爲賢明之君，故沉璧於河，要河
神以明鑑其心，既示其無罪責之意，復示其必賞而用之也。觀文公掌國後，
唯狐偃之命是聽，可知文公於拂欲舉過者，亦賞而重用之也，此正其得以稱
霸之一因也。

### 三、能其官者賞

「能其官」謂守法任職也。守法任職而得賞者，要以魏絳爲司馬，執法
不枉而晉升新軍佐事爲最彰明較著。襄三年《左傳》云：

六月……同盟于雞澤。……晉侯之弟揚干亂行於曲梁，魏絳戮其僕。
晉侯怒，謂羊舌赤曰：「合諸侯以爲榮也；揚干爲戮，何辱如之！必
殺魏絳無失也！」對曰：「絳無貳志，事君不辟難，有罪不逃刑。其
將來辭，何辱命焉！」言終，魏絳至，授僕人書，將伏劍；士魴、
張老止之。公讀其書，曰：「日君乏使，使臣斯司馬。臣聞：師眾以
順爲武，軍事有死無犯爲敬。君合諸侯，臣敢不敬？君師不武，執
事不敬，罪莫大焉。臣懼其死，以及揚干，無所逃罪，不能致訓，
至於用鉞。臣之罪重，敢有不從，以怒君心？請歸死於司寇。」公
跣而出，曰：「寡人之言，親愛也；吾子之討，軍禮也。寡人有弟，
弗能教訓，使干大命，寡人之過也。子無重寡人之過！敢以爲請！」
晉侯以魏絳爲能以刑佐民矣，反役，與之禮食，使佐新軍。

事亦見《國語·晉語七》、《史記·魏世家》。魏絳守職執法，不因揚干爲悼公
之弟，遂枉法施恩，而行法於揚干之僕，辱及國君之弟；悼公非唯不降罰，
反將其由司馬擢升爲新軍佐，是守法任職者有賞也，斯蓋悼公得以「復霸」
之一因歟？

晉之賞功，除上文所稱之「三賞」外，又有他端焉：如薦賢、讓賢、諫
善等皆有賞也。茲略加舉證以申明之。

### 四、薦賢者賞

薦賢者有賞，以趙衰屢次推薦賢才，文公終於為之作新軍，任之為卿一事為最顯著。其事已詳於前，無庸複述。另臼季因薦郤缺而得賞，亦其比。僖三十三年《左傳》述其事云：

> 狄伐晉，及箕。八月戊子，晉侯敗狄于箕。郤缺獲白狄子。……初，臼季使，過冀，見冀缺耨，其妻饁之，敬，相待如賓。與之歸，言諸文公曰：「敬，德之聚也。能敬，必有德。德以治民，君請用之！臣聞之：出門如賓，承事如祭，仁之則也。」公曰：「其父有罪，可乎？」對曰：「舜之罪也殛鯀，其舉也興禹。管敬仲，桓之賊也，實相以濟。〈康誥〉曰『父不慈，子不祗；兄不友，弟不共：不相及也』；《詩》曰『采葑采菲，無以下體』：君取節焉可也。」文公以為下軍大夫。反自箕，襄公……以再命命先茅之縣賞胥臣，曰：「舉郤缺，子之功也。」以一命命郤缺為卿。

臼季薦郤缺，其後郤缺作戰有功，賞而及於薦者：是薦賢者有賞也。

薦賢者能得賞，則群臣勤於薦賢舉能，斯則賢者在位，能者居官，其政治自不得不清明矣。

### 五、讓賢者賞

非唯薦賢者有賞，讓賢者亦有賞。韓無忌即因讓賢而得賞。襄七年《左傳》載韓厥告老，其子韓無忌為公族大夫之事云：

> 冬十月，晉韓獻子告老；公族穆子有廢疾，將立之。辭曰：「《詩》曰『豈不夙夜？謂行多露』；又曰『弗躬弗親，庶民弗信』。無忌不才，讓，其可乎？請立起也。……」庚戌，使宣子朝，遂老。晉侯謂韓無忌仁，使掌公族大夫。

孔穎達云：

> 無忌先為公族大夫，今言「使掌」，是與諸公族大夫為師長也。（《左傳正義》卷三十，頁 11 上）

事亦見〈晉語七〉，文云：

> 韓獻子老，使公族穆子受事於朝。辭曰：「屬公之亂，無忌備公族，不能死。臣聞之曰：『無功庸者，不敢居高位。』今無忌，智不能匡君，使至於難；仁不能救，勇不能死：敢辱君朝以忝韓宗？請退也！」固辭不立。悼公聞之，曰：「難雖不能死君，而能讓，不可不賞也。」

使當公族大夫。(《國語》卷十三，頁 5)

韋昭《解》云：

> 掌，主也。初為公族大夫，今使主之，是為賞。(仝上，頁 5 下)

韓無忌自以為不如其弟韓起，讓而上之，且自謂無智、無仁、無勇；然悼公仍令其主公族大夫，乃以其「能讓」也。能讓，則不爭功、不爭權，斯其所以得賞歟！

### 六、善諫者賞

善諫者亦可得賞。晉景公六年(594 B. C.)賞士伯以瓜衍之縣。宣十五年《左傳》載景公所稱賞士貞子之由云：

> 微子，吾喪伯氏矣。

景公所云，乃指四年前荀林父將中軍救鄭，與楚戰於邲，軍敗請死事。事見宣十二年《左傳》：

> 晉師歸，桓子請死，晉侯欲許之。士貞子諫曰：「不可。城濮之役，晉師三日穀，文公猶有憂色。左右曰：『有喜而憂，如有憂而喜乎？』公曰：『得臣猶在，憂未歇也。困獸猶鬥，況國相乎！』及楚殺子玉，公喜而後可知也，曰：『莫余毒也已！』是晉再克而楚再敗也。楚是以再世不競。今天或者大警晉也；而又殺林父以重楚勝，其無乃久不競乎！林父之事君也：進，思盡忠；退，思補過。社稷之衛也，若之何殺之？夫其敗也，如日月之食焉，何損於明？」晉侯使復其位。

當時若無士渥濁之勸，則荀林父已受懲而死，焉得有六年林父敗狄於曲梁，遂滅赤狄潞氏之功？故晉侯賞林父戰功而並及於善諫之士貞子。

善諫可正君之失察錯罰，或徇私偏賞，導君於正。君因之而能明、能正，是宜其得賞也。

## 貳、罰之原則

晉施罰原則，略而言之，概有五端：

### 一、干命者罰

上文曾謂晉文公圍曹時，為報僖負羈知遇之恩，令軍士勿入其宮；魏犨、顛頡不守軍令，縱火焚燒僖氏家，致魏犨被廢、顛頡被殺。斯二人之受罰、行誅，即緣於其「奸命」也。說既見上，此不複述。又如祁瞞之被殺，亦以

其「奸命」。僖二十八年《左傳》云：

> 城濮之戰，晉中軍風於澤，亡大旆之左旃。祁瞞奸命，司馬殺之，
> 以徇于諸侯，使茅茷代之。

《釋文》：「奸音干。」奸命者，干命也，即干犯軍令；犯軍令者須受罰。至於祁瞞所犯者究爲何罪，則有異說。杜預《注》「中軍風于澤」云：

> 牛馬因風而走，皆失之。（《左傳正義》卷十六，頁28上）

又解「祁瞞奸命」云：

> 掌此三（獻案：此從《左傳正義》，《會箋》作「二」，說詳下文所引
> 俞樾說）事而不脩，爲奸軍令。（仝上，頁28下）

杜預所言無論爲「二事」抑「三事」，意指並非十分明確；於此，俞樾曾加申述，其言曰：

> 愚謂大旆之左旃，言大旆與左旃也。猶《文十一年傳》言「皇父之
> 二子」，言皇父與二子也。古人多以「之」字爲連及之詞，說見王氏
> 引之《經傳釋詞》。蓋既亡大旆，並亡左車之旃。……下文云「祁瞞
> 奸命」，杜《注》曰：「掌此三事而不修，爲奸軍令。」所謂「三事」
> 者，風于澤，一也；亡大旆，二也；亡左旃，三也。下《注》明言
> 「三事」，知杜氏固不合大旆、左旃爲一矣；及後人不達杜意，遂改
> 三事爲二事。阮氏《校勘記》曰：「《宋本》、《淳熙本》、《岳本》、《足
> 利本》『三』作『二』，是也。」則反以誤爲正。」（《茶香室經說》
> 卷十四，頁18下～19上）

俞曲園以爲祁瞞所犯之罪爲：風於澤、亡大旆、亡左旃。然此三事皆自然之事，非人力所得抗衡者。若因人力所難以抗拒之自然災害，遂以致之於死罪，恐難令人心服。此蓋孔穎達所以有：

> 此亦於事難明，不可強說。（《左傳正義》卷十六，頁28下）

之說之由。日人安井衡所說則與俞說異。安井氏評杜《注》云：

> 《傳》言風而不言牛馬，杜何以知失牛馬？蓋因「風馬牛」之語妄
> 造此說耳。風於澤者，遇大風於澤也。此風蓋旋風，故亡大旆之左
> 旃；旋風極狹，故唯中軍遇之。（《左傳輯釋》卷六，頁61下）

安井衡又進一步以爲祁瞞所犯者非此二事，乃別有他事：

> 祁瞞所奸，別有其事。蓋風于澤、亡旃，風甚，軍情必驚擾；祁瞞
> 因奸軍令，而司馬即得而殺之。言之者，以明晉軍政之肅也。杜因

下「使茅茷代之」之文，以「風于澤」爲風牛馬，以祁瞞爲掌牛馬與旆。果如其說，馬牛風逸、亡大旆之左旃，皆風所爲，非人力所及，而妄殺掌之者，濫亦甚矣；君子何以謂之「能刑」哉！況《傳》既序二事，更言祁瞞奸命，則所奸非二事明矣。祁瞞所職，《傳》無文，今不可得而考；姑依文言之，或是行司馬。士卒驚擾，行司馬當正之，而先自奸軍令，故司馬誅之與？（仝上，頁61下～62上）

竹添光鴻認同安井氏之說，故於《會箋》中全引其說，且未注明所出。杜說之誤確如安井氏所言，而安井氏推論祁瞞所犯之事，亦合情理，《傳》無明載，茲姑從之。

又如胥甲父之被流放，雖牽涉卿大夫之傾軋，然亦因胥甲之「不用命」有以致之。宣元年《春秋經》云：

夏……晉放其大夫胥甲父于衛。

《左傳》述其事云：

夏……晉人討不用命者，放胥甲父于衛，而立胥克。

是胥甲因「不用命」而被放也。「不用命」即不遵守軍令，亦即「干命」。胥甲之「不用命」見於文十二年《左傳》：

秦爲令狐之役故，冬，秦伯伐晉，取羈馬。晉人禦之。趙盾將中軍，荀林父佐之；郤缺將上軍，臾駢佐之；欒盾將下軍，胥甲佐之；范無恤御戎，以從秦師于河曲。臾駢曰：「秦不能久，請深壘固軍以待之。」從之。秦人欲戰，秦伯謂士會曰：「若何而戰？」對曰：「趙氏新出，其屬曰臾駢，必實爲此謀，將以老我師也。趙有側室曰穿，晉君之壻也，有寵而弱，不在軍事，好勇而狂；且惡臾駢之佐上軍也。若使輕者肆焉，其可。」秦伯以璧祈戰于河。十二月戊午，秦軍掩晉上軍。趙穿追之，不及；反，怒曰：「裹糧坐甲，固敵是求。敵至不擊，將何俟焉！」軍吏曰：「將有待也。」穿曰：「我不知謀，將獨出！」乃以其屬出。宣子曰：「秦獲穿也，獲一卿矣。秦以勝歸，我何以報？」乃皆出戰，交綏。秦行人夜戒晉師曰：「兩君之士皆未憖也，明日請相見也。」臾駢曰：「使者目動而言肆，懼我也；將遁矣。薄諸河，必敗之。」胥甲、趙穿當軍門呼曰：「死傷未收而弃之，不惠也；不待期而薄人於險，無勇也。」乃止。秦師夜遁。復侵晉，入瑕。

案：是役因胥甲、趙穿之疏失，遂致晉師無功，秦復侵晉，胥甲之受罰也固宜；唯是役最當受罰者實為趙穿，以其為晉君之婿、趙盾族弟，遂免於罰，其時晉之賞罰已失之不公矣。說詳下節。

## 二、失職者罰

失職者受罰，此乃自然之理。僖二十八年《左傳》云：

> 城濮之戰，……師還，……舟之僑先歸，士會攝右。……殺舟之僑
> 以徇于國。

舟之僑失其職守，遂被殺以徇。又文二年《左傳》云：

> 戰於殽也，晉梁弘御戎，萊駒為右。戰之明日，晉襄公縛秦囚，使
> 萊駒以戈斬之；囚呼，萊駒失戈；狼瞫取戈以斬囚，禽之以從公乘，
> 遂以為右。

萊駒失職，其位遂為狼瞫所取代。

既任職某官，自當守職任事。若失其職守而無罰，則將導致群官怠忽職守，任事不競，其何以守國？故失職者自須受罰矣。

## 三、軍敗者罰

晉、楚邲之戰，晉戰敗而歸，荀林父請罪，〈晉世家〉有云：

> 臣為督將，軍敗，當誅，請死。

其事《左傳》、《史記》並載。林父時為中軍將，既云「軍敗當誅」，是則元帥統兵出征，若戰敗，亦不因其為執政大臣而可免於受罰。其後雖因士貞子之請，景公乃釋林父之罪；而晉國軍法之嚴，於此可見。

先縠之被殺，亦軍敗受罰之例，宣十三年《經》、《傳》云：

> ◎冬，晉殺其大夫先縠。（《春秋經》）
> ◎秋，赤狄伐晉，及清，先縠召之也。冬，晉人討邲之敗與清之師，
> 　歸罪於先縠而殺之，盡滅其族。（《左傳》）

〈晉世家〉亦載其事，云：

> 【景公】四年（596 B. C.），先縠以首計而敗晉軍河上，恐誅，乃奔
> 翟，與翟謀伐晉。晉覺，乃族縠。

〈世家〉所載唯先縠奔狄異於《傳》，梁玉繩以為縠未嘗奔狄〔註14〕。案：邲

---

〔註14〕梁玉繩《史記志疑》云：「案：宣十三年《傳》：縠召赤狄伐晉，及清；晉人討
　　　邲之敗與清之師，殺縠，滅其族。是縠未嘗奔狄也。」（卷二十一，頁23下）

之戰,中軍將荀林父本不欲戰,而先縠曰:

> 凡來救鄭,不至不可;將率離心。(〈晉世家〉)

晉軍遂渡河,而敗於楚軍:故謂「先縠以首謀而敗晉軍河上」。先縠之有罪而受罰也固宜,唯其罰有失,說見下節。另先縠之被殺,除軍敗之罪外,又涉叛國之罪。

## 四、叛國者罰

叛國者罰乃古今中外所同。宣十三年《左傳》云:

> 秋,赤狄伐晉,及清,先縠召之也。冬,晉人討邲之敗與清之師,歸罪於先縠而殺之,盡滅其族。君子曰:「『惡之來也,己則取之』,其先縠之謂乎!」

〈晉世家〉亦載此事,文已見上引。杜預《注》云:

> 盡滅其族,為誅已甚,故曰「惡之來」也。

孔穎達《正義》云:

> 先縠之罪,不合滅族。盡滅其族,為誅已甚,亦是晉刑太過,是為大惡。君子既嫌晉刑太過;又尤先縠自招,故曰「惡之來也,己自取之」。(《左傳正義》卷二十四,頁1下)

先縠既首謀敗軍,又因畏罪而遂謀叛逆,其誅也宜。

叛國者當受誅,否則將上下相謀,國亂無已,民無寧日矣。杜、孔之論,則以為晉刑太重,非僅叛國者本身受誅,又牽連其族。此蓋與晉國之重法傳統有關。晉平公時下軍將欒盈為國政士匄所逐,遂作亂,失敗後亦誅及其全族及其黨徒〔註15〕。後代亦多叛國而誅連其族者,如秦始皇之滅嫪毐宗〔註16〕、秦二世與趙高之夷李斯三族〔註17〕、漢之夷韓信三族與夷滅彭越宗族〔註18〕等並其顯例。

## 五、始禍者罰

始禍,謂始作亂也。定十三、四年《左傳》凡三言晉國有「始亂者死」之法。其事則牽涉晉卿之爭權傾軋:晉定公十五年,趙鞅欲遷原歸大夫邯鄲午所有之五百家衛貢;邯鄲午許諾,而其父兄不肯。趙鞅乃召午而囚之。荀

---

〔註15〕事見襄二十一年至二十三年《左傳》;並參本稿下編第三章第三節之肆。
〔註16〕事見《史記》〈秦始皇本紀〉、〈呂不韋列傳〉。
〔註17〕見《史記·李斯列傳》。
〔註18〕事詳《史記》〈淮陰侯列傳〉、〈彭越列傳〉。

寅、范吉射與邯鄲午爲姻親，爲之攻趙鞅，趙鞅戰敗，退守晉陽。韓簡子、魏襄子與荀寅、范吉射不睦，知文子欲以其嬖梁嬰父爲卿，於是韓、魏、知三家以定公之命伐荀、范二氏，弗勝；荀、范二氏反伐定公，國人助公。荀寅、范吉射敗，奔朝歌；趙鞅遂返絳。其後並引發鄭、齊助荀、范，遂與晉相伐諸事。《左傳》述此事有云：

◎ 晉趙鞅謂邯鄲午曰：「歸我衛貢五百家，吾舍諸晉陽。」午許諾。歸告其父兄，父兄皆曰：「不可。衛是以爲邯鄲，而寘諸晉陽，絕衛之道也。不如侵齊而謀之。」乃如之，而歸之于晉陽。趙孟怒，召午，而囚諸晉陽；使其從者說劍而入，涉賓不可。乃使告邯鄲人曰：「吾私有討於午也，二三子唯所欲立。」遂殺午。趙稷、涉賓以邯鄲叛。夏六月，上軍司馬籍秦圍邯鄲。邯鄲午，荀寅之甥也；荀寅，范吉射之姻也，而相與睦。故不與圍邯鄲，將作亂。董安于聞之，告趙孟曰：「先備諸？」趙孟曰：「晉國有命，始禍者死；爲後可也。」安于曰：「與其害於民，寧我獨死。請以我說。」趙孟不可。秋七月，范氏、中行氏伐趙氏之宮，趙鞅奔晉陽；晉人圍之。范皋夷無寵於范吉射，而欲爲亂於范氏；梁嬰父嬖於知文子，文子欲以爲卿；韓簡子與中行文子相惡；魏襄子亦與范昭子相惡：故五子謀，將逐荀寅，而以梁嬰父代之；逐范吉射，而以范皋夷代之。荀躒言於晉侯，曰：「君命大臣，始禍者死，載書在河。今三臣始禍，而獨逐鞅，刑已不鈞矣。請皆逐之。」冬十一月，荀躒、韓不信、魏曼多奉公以伐范氏、中行氏；弗克。二子將伐公，齊高彊曰：「三折肱知爲良醫。唯伐君爲不可；民弗與也。我以伐君在此矣。三家未睦，可盡克也。克之，君將誰與？若先伐君，是使睦也。」弗聽，遂伐公；國人助公。二子敗；從而伐之。丁未，荀寅、范吉射奔朝歌。（《定十三年》）

◎ 梁嬰父惡董安于，謂知文子，曰：「不殺安于，使終爲政於趙氏，趙氏必得晉國。盍以其先發難也討於趙氏？」文子使告於趙孟，曰：「范、中行氏雖信爲亂，安于則發之：是安于與謀亂也。晉國有命，始禍者死。二子既伏其罪矣：敢以告。」趙孟患之。安于曰：「我死而晉國寧、趙氏定，將焉用生？人誰不死？吾死莫矣！」乃縊而死。（《定十四年》）

事又見出土《侯馬盟書》〔註19〕、《史記》〈趙世家〉、〈晉世家〉。董安于勸趙鞅先荀、范發難，以免受制於人，趙鞅不肯，其因為「晉國有命，始禍者死」。荀躒勸定公伐二氏，理由為「君命大臣，始禍者死」；且謂「載書在河」，可見君臣對此事之重視。梁嬰父、知文子之逼殺董安于，所持理由亦為「晉國有命，始禍者死」。由此一事件之始末觀之，始禍者蓋必受死罪；荀、范二人若非叛晉出奔，亦必受死無疑。故董安于雖助趙鞅有功，格於晉法，鞅亦難以迴護，終令安于以自殺了其生。

始作亂者受罰此一施罰原則，第一層意義蓋在防止卿大夫間因彼此傾軋而衍生之內亂、爭戰；第二層意義更在防止卿大夫之對公室叛變，顛覆社稷：固有其必要性也。

# 第四節　不當之任用與賞罰

晉雖為春秋霸主國，且其用人與賞罰原則，自文公以下頗有系統：以德為先，以賢為尚，論德詮功，依罪施罰，陟罰臧否，咸不失宜，故霸權常在晉；然日久弊生，晉亦未能經常維持政治之安定，卿大夫之間常因爭權而衍生傾軋鬥爭，結黨徇私，彼此較勁，甚且演為流血事件。本節即專就晉國不當之任用與賞罰及其所衍生之影響加以述論，以探索晉國衰敗之內在因素焉。

## 壹、不當之任用

### 一、立　私

#### （一）惠公之用呂甥、郤稱、冀芮

晉惠公之入國，因其從亡功臣冀芮之謀，外倚強秦之力，內得里克、丕鄭、呂甥、郤稱之助〔註20〕。入國後重用呂甥、郤稱、冀芮；唯呂甥等人，實非賢臣：首先，呂、郤為穩固其權位，勸惠公誅殺里克、丕鄭，並將申生之舊黨七輿大夫等全數剷除。根據《左傳》、《國語》、《史記》三書之記載，可知晉之殺里、丕等，並非出自惠公本意，乃呂、郤、冀等人之謀：

---

〔註19〕參〈侯馬盟書叢考〉「子趙孟考」，《侯馬盟書》，頁59～64。
〔註20〕事詳僖九年《左傳》、《國語・晉語二》；並可參拙作《晉文公復國定霸考》第二章第一節。

◎丕鄭之如秦也，言於秦伯曰：「呂甥、郤稱、冀芮實爲不從。」（僖
　十年《左傳》）

◎惠公既殺里克而悔之，曰：「芮也，使寡人過殺我社稷之鎮。」（〈晉
　語三〉，《國語》卷九，頁2上）

◎殺里克。丕鄭聞之，恐，因與繆公謀，曰：「……今背秦約而殺里
　克，皆呂甥、郤芮之計也。」（〈秦本紀〉）

故郭偃評之曰：

> 不謀而諫者，冀芮也；不圖而殺者，君也。不謀而諫，不忠；不圖
> 而殺，不祥。不忠，受君之罰；不祥，罹天之禍。……（〈晉語三〉，
> 《國語》卷九，頁2上）

實則冀芮並非「不謀而諫」，乃出於私心。蓋惠公雖重用彼等，然大權仍在里
克之手〔註21〕。冀、呂等屈居其下，自然視里克如背之芒刺；爲奪權位，乃
力勸惠公殺里克。至於殺丕鄭及里、丕之黨，則除懼里克之黨羽死灰復燃外，
並有鞏固自身勢力之作用。若將彼等三人與文公朝臣作一對比，自可知惠公
立私之失當。

　　冀芮等之殺里、丕，猶可以保障自身利益爲之開脫；然惠公將國政交予
其手，彼等非唯不能爲國舉才，又未能輔君以禮義；甚至在惠公二年，周王
使邵武公及內史過賜惠公命時，呂甥、冀芮相禮，而皆不敬。〔註22〕

　　又如秦饑請粟於晉時，彼等又未能力勸惠公，使免於干戈；遂致韓原之
敗，使晉國國力受損，實爲晉之罪人。呂甥等人之有功於晉國者，蓋唯有晉
惠公爲秦所俘時，郤乞教呂甥假借惠公名義而作爰田、州兵一事。此兩項制
度雖使晉國得以富強，然呂、郤等制作之際，實迫於不得已，而非出自公心，
能深謀遠慮者。

　　彼三人實惠公之左右手，而惠公自秦返國後，未聞有任何改革措施。此
種情況遂間接促成重耳之得以入國。故就晉惠公而言，此三人實不得謂爲賢
臣。

### （二）厲公之私胥童、夷羊五、長魚矯等

　　厲公私胥童等，非唯導致三郤被殺，更演爲厲公被弒之亂局。《左傳》載
其事甚詳，茲僅迻錄其相關者以見其本末：

---

〔註21〕　說詳本節貳之二。
〔註22〕　事見《國語・周語上》。

◎【成】十三年春，晉侯使郤錡來乞師，將事不敬。

◎【十五年】晉三郤害伯宗，譖而殺之，及欒弗忌。伯州犂奔楚。

◎【十六年】晉侯使郤至獻楚捷于周，與單襄公語，驟稱其伐。

◎【十七年】晉厲公侈，多外嬖。反自鄢陵，欲盡去群大夫，而立其左右。胥童以胥克之廢也，怨郤氏；而嬖於厲公。郤錡奪夷陽五田；五亦嬖於厲公。郤犨與長魚矯爭田，執而梏之，與其父母妻子同一轅；既，矯亦嬖於厲公。欒書怨郤至，以其不從己而敗楚師也，欲廢之。使楚公子茷告公曰：「此戰也，郤至實召寡君，以東師之未至也，與軍帥之不具也，曰：『此必敗，吾因奉孫周以事君。』」公告欒書，書曰：「其有焉。不然，豈其死之不恤而受敵使乎？君盍嘗使諸周而察之？」郤至聘于周，欒書使孫周見之。公使覘之，信，遂怨郤至。厲公田，與婦人先殺而飲酒，後使大夫殺。郤至奉豕，寺人孟張奪之；郤至射而殺之。公曰：「季子欺余！」厲公將作難，胥童曰：「必先三郤。族大、多怨。去大族，不逼；敵多怨，有庸。」公曰：「然。」郤氏聞之，郤錡欲攻公，曰：「雖死，君必危。」郤至曰：「人所以立，信、知、勇也。信不叛君，知不害民，勇不作亂。失茲三者，其誰與我！死而多怨，將安用之？君實有臣而殺之，其謂君何？我之有罪，吾死後矣。若殺不辜，將失其民，欲安，得乎？待命而已。受君之祿，是以聚黨。有黨而爭命，罪孰大焉！」壬午，胥童、夷羊五帥甲八百將攻郤氏；長魚矯請無用眾，公使清沸魋助之。抽戈結衽而偽訟者。三郤將謀於榭，矯以戈殺駒伯（郤錡）、苦成叔（郤犨）於其位。溫季（郤至）曰：「逃威也。」遂趨；矯及諸其車，以戈殺之。皆尸諸朝。

事亦見《春秋經》，《國語·晉語六》，《呂氏春秋·驕恣》，《史記》〈晉世家〉、〈趙世家〉。宋·高閌於魯成公十七年《春秋》「晉殺其大夫郤錡、郤犨、郤至」下云：

晉厲公侈，反自鄢陵，將去諸大夫，而立其左右。以三郤族大、多怨，故使長魚矯殺之盡。以郤錡欲謀亂，郤犨取賂于魯，郤至專殺孟張，皆可誅也。然一朝而尸三卿，將誰與處矣！此自禍之道也。故別數之，以著專殺之中罪至重也；又見晉之用人不求賢德，惟取

世族而已。（《春秋集註》卷二十七，頁 10）

晉自立國之初即頗重法，三郤自蹈於法，其誅也固宜；唯厲公之誅三郤也，並非以之端正刑法，而係出於私愛，此為可議也。《春秋》又載「晉殺其大夫胥童」，高氏論之曰：

> 胥童者，胥甲之孫，胥克之子。謀殺三郤而晉國遂亂。于是欒書、中行偃先殺胥童，然後弒厲公。或曰：「宋督孔父而弒殤公，《春秋》書曰『及其大夫孔父』，書『偃殺胥童而弒厲公』，而書『晉殺其大夫胥童』，何哉？」孔父忠于殤公者也；胥童嬖于厲公者也。嬖臣道君為不道，亡其身以及其君，故《春秋》兩治之以為萬世戒。（《春秋集註》卷二十七，頁 11）

《春秋》是否如高氏之意，非本處所欲討論者，姑置不論。厲公以私愛用人，遂亡其身，若《春秋》真有褒貶，則於此必重貶之無可疑也。

宋儒呂祖謙云：

> 晉自文、襄以來，人材眾多；然人材既多，則不能無爭。陽處父易賈季之班，賈季乃使續簡伯殺陽處父；先克爭箕鄭父之位，將奪蒯得之田，亦至於相屠滅。蓋人材之多，固是國家之福，須是上面有一箇總統處；然上之人苟無以總其會要，平其猜疑，杜其閒隙，引其禮遜，使有才者獻其才，智者獻其智，則才者以才相戕，智者以智相謀。當文公之時，人材非不多，然不至於爭者，有文公總統其會要也；襄、靈之際，往往多是先朝故臣，然上無賢君以總統，故至於相戕相賊，無所顧忌如此。（《通志堂經解》，《左氏傳說》卷四，頁 12 上）

身為一國之君自當秉心如權衡，公正無偏私，如東萊所言，居其上以總其會，尊賢德，尚禮讓，杜嫌隙，釋疑忌；不如此，已難使群臣輯睦，共效國事；如厲公者，非唯不此之圖，竟以身行私，挾其私愛，計殺朝臣，終於玩火自焚，自取滅亡。

## 二、失　舉

竊謂晉國盛衰之轉捩點在夷之蒐易中軍，升趙盾為中軍將，掌國政。趙盾之能，固無可疑；然其恃才專擅，排斥異己，破壞晉文公時卿大夫間彼此推賢讓能，不較地位高低，同心協力，不計名分權勢，上下和諧之風氣，導致卿大夫間之傾軋爭權，結黨樹權，非唯使卿大夫之權勢日益高漲，且直接

導致靈公之弒。自此君權旁落，每下愈況；悼公雖意圖爭回君權，終未能如
願〔註23〕。故晉自趙盾主政後，國勢雖仍強盛，國君則逐漸流爲傀儡；三家
分晉之局，於陽處父易中軍時已伏其機矣。

關於此一晉國盛衰之大關鍵，文六年《左傳》如此記載：

> 春，晉蒐于夷，舍二軍，使狐射姑將中軍，趙盾佐之。陽處父至自
> 溫，改蒐于董，易中軍──陽子，成季之屬也，故黨於趙氏──且
> 謂趙盾能，曰：「使能，國之利也。是以上之。」宣子於是乎始爲國
> 政。

《傳》謂「陽子，成季之屬也，故黨於趙氏」，可見其謂趙盾「能」，即令合
乎事實，亦非出公心。文六年《左傳》杜《注》云：

> 處父，嘗爲趙衰屬大夫。

杜預之說，未見《經》、《傳》，蓋出推測，洪亮吉云：

> 按：處父蓋嘗爲趙衰屬大夫。《說苑》：「師曠對晉平公曰：『陽處父
> 欲臣文公，因咎犯，三年不達；因趙衰，三日而達。』」是處父由趙
> 衰方得進用。(《春秋左傳詁》卷九，頁360)

《說苑》所載，雖未詳所出，蓋亦非空穴來風。是則陽處父之易中軍將，非
僅有專擅之嫌，且非眞心爲國舉能。此一失舉行爲，遂引發晉國立君之亂與
卿大夫間之爭鬥相殺。《左傳》述其事之本末云：

> ◎ 八月乙亥，晉襄公卒。靈公少，晉人以難故，欲立長君。趙孟曰：
> 「立公子雍：好善而長，先君愛之，且近於秦。……」賈季曰：「不
> 如立公子樂……」……使先蔑、士會如秦逆公子雍；賈季亦使召
> 公子樂于陳，趙孟使殺諸郫。賈季怨陽子之易其班也，而知其無
> 援於晉也；九月，賈季使續鞫居殺陽處父。……十一月丙寅，晉
> 殺續簡伯；賈季奔狄。(《文六年》)

> ◎ 秦康公送公子雍于晉……穆嬴日抱大子以啼于朝，曰：「先君何

〔註23〕成十八年《左傳》載欒書、中行偃等弒厲公後，迎悼公立之；悼公入國前對
卿大夫言曰：「孤始願不及此；雖及此，豈非天乎？抑人之求君，使出命也；
立而不從，將安用君？二三子用我今日，否亦今日。共而從君，神之所福也。」
悼公既言「立而不從」，可見渠知晉君權之旁落，故欲於入國之初收回君權。
〈晉語七〉載之尤詳。當時卿大夫雖答以「群臣之願也，敢不唯命是聽」(《左
傳》語)；然由悼公十四 (560 B.C.) 時因六卿之後年幼，無人可立爲軍將，
遂廢四軍爲三軍事觀之，悼公收權之舉並未完全成功，關乎此，請參本稿上
編第一章第一節之捌。

－134－

罪？其嗣亦何罪？舍適嗣不立，而外求君，將焉寘此？」出朝，
則抱以適趙氏，頓首於宣子，曰：「先君奉此子也而屬諸子……言
猶在耳，而弃之，若何？」宣子與諸大夫皆患穆嬴，且畏偪；乃
背先蔑而立靈公，以禦秦師。……宣子曰：「我若受秦，秦則賓也；
不受，寇也。既不受矣，而復緩師，秦將生心。先人有奪人之心，
軍之善謀也。逐寇如追逃，軍之善政也。」訓卒，利兵，秣馬，
蓐食，潛師夜起；戊子，敗秦師于令狐，至于刳首。己丑，先蔑
奔秦，士會從之。（《文七年》）

◎夏，秦人伐晉，取武城，以報令狐之役。（《文八年》）

◎十年春，晉人伐秦，取少梁。夏，秦伯伐晉，取北徵。（《文十
年》）

◎秦為令狐之役故，冬，秦伯伐晉，取羈馬。晉人禦之。……秦師
夜遁；復侵晉，入瑕。（《文十二年》）

◎春，晉侯使詹嘉處瑕，以守桃林之塞。（《文十三年》）

事亦見《史記》〈秦本紀〉、〈十二諸侯年表〉、〈晉世家〉、〈趙世家〉。陽處父
改蒐易將，至少造成三項大影響：（一）晉卿之爭權傾軋；（二）晉、秦之結
怨相伐；（三）晉君之改立與靈公之被殺。呂祖謙曾論之，曰：

晉之霸業雖繼於襄公，晉之亡形卻成於襄公。……蓋襄公之權移於
臣下，所以後來六卿分晉，自襄公造出來。……到得夷之蒐時，要
立中軍帥，其中又無所主。大抵晉之中軍帥秉國政，如後世兼將
相者，最是國之重任，君之大事。初，襄公欲使士穀將中軍；謀
既定，先克說：「狐、趙之勳，不可廢也」，公從之，又使狐射姑
將中軍，趙盾佐之，此是謀不定；到陽處父至自溫，又改蒐于董，
又改趙盾將中軍，狐射姑佐之。謀中軍帥，襄公全無所主。頃刻間
三次改易，人君大權何有？自此趙盾有弒靈公之難，中行偃有弒厲
公之難；自此馴致六卿分晉，晉遂亡。（《通志堂經解》，《左氏傳說》
卷五，頁1上～2上）

茲僅就此事所引發晉卿爭權之事略加述論，其餘二事另見本稿下編第三章第
三節之貳。

賈季，〈晉語四〉、〈晉語五〉韋昭《解》並以為即與重耳出亡之賈佗，
〈晉世家〉張守節《正義》引韋《解》說之，蓋即認同韋說。裴駰《集解》

云：「案《左傳》此時賈他爲太師」，亦以賈佗（佗、他通）爲賈季。季、佗之爲二人，前賢辨之者已多，如全祖望、汪遠孫、梁玉繩、王先謙、 張師以仁〔註24〕，且已成定說，無庸再辨。由《傳》文可知賈季實即狐偃之子狐射姑；《穀梁》作狐夜姑。狐射姑本被任爲中軍將，陽子易其班，遂屈居趙盾之下。二人爭立君，實乃爭權之表面化。《穀梁傳》釋《春秋》「晉殺其大夫陽處父」云：

> 稱國以殺，罪累上也。襄公已葬，其以累上之辭言之，何也？君漏言也。上泄則下闇，下闇則上聾。且闇且聾，無以相通。射姑，殺者也〔註25〕。射姑之殺奈何？曰：晉將與狄戰，使狐夜姑爲將軍，趙盾佐之。陽處父曰：「不可。古者君之使臣也，使仁者佐賢者；不使賢者佐仁者。今趙盾賢，夜姑仁，其不可乎？」襄公曰：「諾。」謂夜姑曰：「吾始使盾佐汝，今汝佐盾矣。」夜姑曰：「敬諾。」襄公死，處父主竟上事，射姑使人殺之，君漏言也。（《穀梁注疏》卷十，頁8下～9上）

姑不論此之眞假；若狐夜姑眞爲仁者，且能如狐偃、趙衰等人之相讓爲國，何至於殺陽處父？此正顯示此時晉臣之爭權傾軋，出於私利也。陽處父被殺於前，狐射姑奔狄於後；不止此也，此後又誅殺先都、梁益耳、士縠、箕鄭、蒯得，至魯宣公元年又放胥甲父於衛。其事雖起於襄公之缺乏主見，但與陽處父之專權易班，趙盾之傾軋異己要亦有相當之關係。〈晉世家〉云：

> 趙盾廢賈季，以其殺陽處父。……十一月，賈季奔翟。

陽處父之舉趙盾，易中軍，固爲趙黨；狐射姑殺之，趙盾爲之廢射姑，可見諸卿間之結黨傾軋。明·王樵云：

> 按：《左傳》言夷之蒐，本使狐射姑將中軍，趙盾佐之；以陽處父之言而易其班，故狐射姑殺陽處父。又稱是蒐也，將登箕鄭父、先都，使士縠、梁益耳將中軍；以先克之言而止，故箕鄭父作亂，使賊殺

---

〔註24〕全祖望說見《鮚埼亭集·經史問答》卷四，汪遠孫說見《國語發正》卷十，梁玉繩說見《漢書人表考》卷五，王先謙說見《漢書補注》， 張師以仁說見〈讀史記會注考證晉世家札記〉。

〔註25〕阮元《穀梁注疏校勘記》卷十「射姑殺者也」條云：「《石經》、《閩監本》、《毛本》『射』作『夜』。《釋文》出『夜姑』，云：『《左氏》作「射姑」。』此《十行本》本亦作『夜』，淺人據《左氏》妄改，剜補之迹顯然。下『射姑之殺』、『射姑使人』，並當作『夜』。」（頁3上）

先克。此一事也，而兩言之，蓋襄公先欲用狐射姑將中軍，趙盾佐
之；又欲用士縠、梁益耳；而先克曰：「狐、趙之勳，不可廢也」，
襄公因是而止；而陽處父又薦趙盾，……於是襄公又易其班，使射
姑佐盾。是時諸大夫皆有不平之心矣。狐射姑首起而殺處父；射姑
出奔，而先克代之，諸大夫滋不平矣。故先都等以失職怨望而作亂。
《左傳》首箕鄭父，而《經》重士縠，蓋士縠有元帥之望，襄公所
先擬，而趙盾所尤忌；箕鄭父、先都等則倡謀擁和者耳。前後陽處
父、先克之見殺，狐射姑之奔，士縠、箕鄭父、先都、梁益耳之死，
皆以盾之越次而爲中軍帥故也。彼亂者固有罪矣；盾爲政不平，以
其私而皆殺之，其可免於誅乎！（《春秋輯傳》卷六，頁 51 下～52
下）

王樵之言雖部分出自推測，然實不爲無見。說另詳下文貳之二。

　　一易其班，使卿大夫或被殺、或出亡，國君廢立而國以亂，結仇強秦而
國以衰：可見此一失舉行爲影響巨大之一斑矣。無怪乎孔子謂：「夷之蒐，晉
國之亂制也。」〔註26〕

## 貳、不當之賞罰

### 一、失　賞

　　賞得其宜，固能使將帥同心戮力，推誠爲公；若賞失其宜，則易生暴戾
償亂。晉失賞之最著者，莫如賞鞌功而作六軍及新三軍將、佐之任用。成三
年《左傳》載晉景公爲賞功而作六軍云：

　　　　十二月甲戌，晉作六軍，韓厥、趙括、鞏朔、韓穿、荀騅、趙旃皆
　　　　爲卿：賞鞌之功也。

景公爲鞌之戰有功，遂作新三軍以賞有功之人。此次之賞，竹添光鴻以爲不
公，其言曰：

　　　　邲之敗，先縠、旃、括皆償事之人，而旃與魏錡欲敗晉，尤晉之逆
　　　　臣也；即鞌之功，亦在張侯、邱緩之下，乃縠滅其族，而旃、括爲
　　　　卿，何刑賞之頗乎！（《左氏會箋》卷十二，頁 39）

晉景公作六軍以賞鞌功，本稿上編第一章第一節曾謂其蓋出卿大夫脅迫威
逼，不得已而爲者，故其賞自難持平，例如竹添氏所論者。此即朝政爲卿

〔註26〕文見昭二十九年《左傳》所引「仲尼曰」。

大夫所專之蔽：權大者，其功小而其賞高；權小者，其功大而其賞輕。觀新三軍將、佐六人，除鞏朔外，其餘五人皆韓、趙、荀之裔可知。斯則易致憤心，非唯爭鬥因之而生；亦令有心為國效力者心寒。如此，國將何以昌乎？

## 二、失　罰

### （一）惠公之殺里克、丕鄭等

前文曾言惠公入國，多出里克、丕鄭之協助；但惠公入國後，非僅未能善加安撫、籠絡，借重渠等長才為國效策，反而聽信讒言，懼其為變，以殺二君一大夫之罪逼里克自殺；又誅殺丕鄭，且及於申生舊黨七輿大夫，將申生勢力完全剷除，而專用心腹冀芮、呂甥、郤稱等，終於導致韓原戰敗，且身亡後文公入國之結果。其因雖非一端，然惠公之以私失罰，亦與此有莫大之關係。關乎此，前賢亦有論及者，如明人王樵云：

> 按：里克弒二君，其罪顯矣。惠公，申生之介弟，于次當立；齊、秦納之，周公忌父、王子黨臨之，不可謂不正。使能覲於天王，而後受命，然後治晉之亂……而惠公曾無家難之恤，方且因亂以為利，納賂以求入。外因秦伯，內因里、丕，則奚齊、卓子之見殺，實夷吾心所利耳。觀其告里克曰：「微子不及此」，則初未嘗有討里克之心：特以其志在重耳而不在己，故《穀梁》載其言曰：「是又將殺我乎」：此之謂懷私而討，雖死不服。（《春秋輯傳》卷五，頁56）

清高宗二十三年敕撰之《御纂春秋直解》亦云：

> ◎里克弒君，乃稱國以殺而不去其官者，晉惠不以賊討之，而祇恐其不利於己也。惠公賂以求入，里克實迎立焉。惠公固幸卓之死而竊其位；但見里克弒二君易若反掌，又疑其志在重耳而不在己，故殺之：則殺之私也。（卷五上，頁24上）

> ◎丕鄭，里克之黨也。晉惠公賂里、丕以有晉；復以私殺之。郤芮贊君以報私怨，其濫刑也；皆以行其私也。（仝上，頁24下）

二者並謂惠公之殺里克、丕鄭實出私心。以私施刑，其欲令人心服也難矣；無怪惠公失民心，而終於促成重耳之入國也。

### （二）韓敗後之殺慶鄭

晉惠公敗於韓，自秦返國之首務竟為誅慶鄭，《左》、《國》述其事云：

◎蛾析謂慶鄭曰：「盍行乎？」對曰：「陷君於敗；敗而不死，又使失刑：非人臣也。臣而不臣，行將焉入！」十一月，晉侯歸；丁丑，殺慶鄭而後入。（《左傳》僖公十五年）

◎惠公未至，蛾析謂慶鄭曰：「君之止，子之罪也。今君將來，子何俟？」慶鄭曰：「鄭也聞之曰：『軍敗，死之；將止，死之。』二者不行，又重之以誤人，而喪其君。有大罪三，將安適？君若來，將待刑以快君志；君若不來，將獨伐秦，不得君，必死之。此所以待也。……」（〈晉語三〉，《國語》卷九，頁7上）

◎【惠】公至于絳郊，聞慶鄭止，使家僕徒召之，曰：「鄭也有罪，猶在乎？」慶鄭曰：「臣怨君始入而報德，不降；降而聽諫，不戰；戰而用良，不敗。既敗而誅，又失有罪，不可以封國。臣是以待，即刑以成君政。」君曰：「刑之！」慶鄭曰：「下有直言，臣之行也；上有直刑，君之明也。臣行君明，國之利也。君雖弗刑，必自殺也。」……君曰：「斬鄭，無使自殺！」……君令司馬說刑之。司馬說進三軍之士而數慶鄭，曰：「夫韓之誓曰：『失次犯令，死；將止不面夷，死；偽言誤眾，死。』今鄭：失次犯令，而罪一也；鄭擅進退，而罪二也；女誤梁由靡，使失秦公，而罪三也；君親止，女不面夷，而罪四也。鄭也就刑！」慶鄭曰：「說！三軍之士皆在，有人能坐待刑，而不能面夷？趣行事乎！」丁丑，斬慶鄭，乃入絳。（〈晉語三〉，《國語》卷九，頁7上～8下）

慶鄭雖因憤懣任氣而誤君，但卻忠義耿直；雖權變不足，卻了無私心，正是諤諤之士。惠公若能深自反省，痛改前非，借赦慶鄭以收民心，如文公之用其仇讎，則定霸或不待文公；乃未能記取不聽勸諫，遂受困辱之教訓，未入國而先斬忠諫耿直之士，且又不肯許其自殺，未免令人心寒。清初魏禧論之曰：

鄭雖有誤君之罪，卻正是能死義之臣。觀其閉糴時三次力諫；卜右不從，又力諫小駟。至惠公拒韓簡之諫，本心盡亡，事勢全昧，鄭必聞之詳矣。陷於濘而號之：鄭一肚憤懣，不能自制，始去而不顧；然頃之猶呼韓簡救公。聞惠入，而坐以待殺。其人本末如此，只錯中間一節耳，吾甚悲之惜之也。……為君父者，於有罪之臣子，最

不可不曲諒情事，以全賢者；而爲臣子者，尤當抑情思義，不可逞
一時之客氣，墮終身之忠孝、敗君國之大事、貽萬古之惡名、受身
家之戮辱也。（《左傳經世鈔》卷四，頁37上～38上）

魏禧之言甚是；惜惠公究非賢君，終以憤心失罰而殺慶鄭。觀《國語》文字，
惠公於慶鄭之怨深矣，實爲褊心之人，斯亦無怪其難以成就大事矣。

### （三）趙盾之以私殺先都、士穀、箕鄭等

士穀等之爲亂，其罪固當誅，然晉實失舉於先，且又牽連卿大夫之結黨
爭權。《左傳》載此事之始末云：

◎ 夷之蒐，晉侯將登箕鄭父、先都，而使士穀、梁益耳將中軍。先
克曰：「狐、趙之勳，不可廢也。」從之。先克奪蒯得田于菫陰：
故箕鄭父、先都、士穀、梁益耳、蒯得作亂。（《文八年》）

◎ 春，王正月，己酉，使賊殺先克；乙丑，晉人殺先都、梁益耳。
……三月甲戌，晉人殺箕鄭父、士穀、蒯得。（《文九年》）

關於晉殺士穀等人，前人已經論議甚多，聊舉二三說以見其一斑。宋·胡安
國云：

殺先都、士穀，國也。其稱人以殺者，國亂無政，眾人擅殺之稱
也。……三大夫皆強家也，求專晉不得，挾私怨以作亂，而使賊殺
其中軍佐，則固有罪矣。曷爲不去其官？當是時，晉靈公初立，主
幼不君，政在趙盾；而中軍佐者，盾之黨也。若獄有所歸，則此三
人者，獨無可議從末減乎？而皆殺之，是大夫專生殺，而政不自人
主出也。（《春秋胡氏傳》卷十五，「晉人殺其大夫士穀及箕鄭父」條，
頁1下）

胡安國謂《春秋》書晉殺其大夫先都、士穀、箕鄭父，乃以明大夫專生殺大
權，政不出人主。《春秋》之褒貶是否如此，不得而知；然胡氏之言，亦不爲
無理。清·張自超云：

士穀嘗主垂隴之盟，則其用事在趙盾之先，宜趙盾忌之矣。據《左
氏》，士穀之不得將中軍，由于先克。則怨先克而謀殺之者，宜士穀
爲之。而箕鄭父之怨未深，鄭父或可貸也。觀《春秋》書「及」，則
知原鄭父矣。而盾并殺之，其爲盾之欲專國政而盡去異己何疑哉！
（《春秋宗朱辨義》卷六，頁30下）

《春秋》是否罪士穀多於箕鄭，無法起聖人於地下，難以確知；亦非本處

所欲討論者。然張氏由趙盾之欲獨攬政柄推之，實亦切中肯綮之論。先都、士縠等之先後被殺，實出於趙盾欲專攬晉政，遂誅殺異己，其為失罰也無疑。

### （四）放胥甲父而舍趙穿不討

宣元年《春秋》云：

> 晉放其大夫胥甲父于衛。

《左傳》述之云：

> 晉人討不用命者，放胥甲父于衛，而立胥克。

甲父之被放，緣於文十二年河曲之役，其與趙穿皆不肯薄秦師於險，遂致師出無功。文十二年《左傳》述其事云：

> 秦為令狐之役故，冬，秦伯伐晉，取羈馬；晉人禦之。趙盾將中軍，荀林父佐之；郤缺將上軍，臾駢佐之；欒盾將下軍，胥甲佐之。……臾駢曰：「秦不能久，請深壘固軍以待之。」從之。秦人欲戰，……秦軍掩晉上軍；趙穿追之，不及。反，怒曰：「裹糧坐甲，固敵是求；敵至不擊，將何俟焉！」軍吏曰：「將有待也。」穿曰：「我不知謀，將獨出。」乃以其屬出。宣子曰：「秦獲穿也，獲一卿矣。秦以勝歸，我何以報？」乃皆出戰，交綏。秦行人夜戒晉師曰：「兩君之士皆未憖也，明日請相見也。」臾駢曰：「使者目動而言肆，懼我也；將遁矣。薄諸河，必敗之。」胥甲、趙穿當軍門呼曰：「死傷未收而棄之，不惠也；不待期而薄人於險，無勇也。」乃止；秦師夜遁。復侵晉，入瑕。

是則此役之無功，趙穿、胥甲皆不得卸其責；尤以趙穿不守軍令，擅自出戰，遂令臾駢之計功虧一簣為最。若欲行罰，自當以穿為先；今乃施罰於胥甲而宥趙穿不治，其罰也，失之不公矣。故胡安國論之云：

> 秦、晉戰于河曲，撓臾駢之謀者，趙穿也。若討其不用命，則當以穿為首。止治軍門之呼，偕貶可也；而獨放胥甲父，則以趙盾當國，穿其族子，而盾庇之也。桃園之罪，其志同形於此矣。故稱國以放，見晉政之在私門而成上浸，為後戒也。（《春秋胡氏傳》卷十六，「晉放其大夫胥甲父于衛」條，頁2上）

呂祖謙亦云：

> 秦伐晉，晉與秦戰，胥甲、趙穿干紀犯令，當軍門而呼，師遂無功

而還。晉治其罪，殺胥甲，怒趙穿。自此以後，趙穿順長其惡，馴致弒君。以此見權綱所在，不可一日失。晉所以不治趙穿，當時不過謂穿是晉之壻，不知其來有自。惟當時不治趙穿之罪，不知履霜堅冰之戒，遂至穿後來去弒靈公。（《左氏傳說》卷五，「秦伐晉胥甲趙穿無功」條，頁3上）

晉之未治趙穿罪，當不止於東萊所謂之穿爲晉壻而已。穿爲趙盾族弟〔註27〕，時盾執晉政，故穿之未受誅，實緣於盾之私也。宋・程公說云：

趙盾爲政，穿其猶子也，則爲卿。河曲之戰，秦掩晉軍，穿追不及，欲復追之，而盾已有獲穿之懼，乃爲之出戰，徒然而退；盾之黨穿，委曲若此。史駢欲薄諸河上，此善謀也；而穿及胥甲實止之。乃今不用命之討，獨及甲而穿不與；同罪異罰，何以爲政？謂不必薄諸河也，則甲無庸放；謂不薄之爲失機耶，則穿何獨免？靈公之昏而盾之擅於是可見。桃園之攻，此其兆歟！（《春秋分記》卷五十五，頁9下～10上）

諸家之說，並可見胥甲之放，乃趙盾以私失罰也。趙盾執國政，而專權失罰，實晉國盛衰轉變之機。說另詳本稿下編第三章第三節之貳。

### （五）邲敗後之獨殺先縠

宣十三年《春秋經》云：「晉殺其大夫先縠」，《左傳》述其事云：

秋，赤狄伐晉，及清，先縠召之也。冬，晉人討邲之敗與清之師，歸罪於先縠而殺之，盡滅其族。

「邲之敗」，詳見宣十二年《左傳》：

夏六月，晉師救鄭。荀林父將中軍，先縠佐之；士會將上軍，郤克佐之；趙朔將下軍，欒書佐之。……及河，聞鄭既及楚平，桓子欲還……彘子曰：「不可。晉所以霸，師武、臣力也。今失諸侯，不可謂力；有敵而不從，不可謂武。由我失霸，不如死！且成師以出，聞敵彊而退，非夫也。命以軍帥，而卒以非夫，唯群子能，我弗爲也！」以中軍佐濟。……韓獻子謂桓子曰：「彘子以偏師陷，子罪大

---

〔註27〕趙穿，或云盾之族弟，或云盾之族子。《國語・晉語五》韋昭《解》云：「趙穿，晉大夫趙夙之孫、趙盾從父昆弟，武子穿也。」（《國語》卷十一，頁3下）梁玉繩《漢書人表考》引韋昭之說，而評之云：「夙乃衰兄，盾與穿不得爲昆弟。蓋因〈晉世家〉稱『盾昆弟穿』而誤。」（卷八，頁17上、下）《史記志疑》卷二十一亦有說。

矣。子爲元帥，師不用命，誰之罪也？失屬、亡師，爲罪已重，不
如進也。事之不捷，惡有所分。與其專罪，六人同之，不猶愈乎？」
師遂濟。……晉魏錡求公族未得而怒，欲敗晉師。請致師，弗許；
請使，許之。遂往，請戰而還。楚潘黨逐之，及熒澤，……叔黨命
去之。趙旃求卿未得，且怒於失楚之致師者，請挑戰，弗許；請召
盟，許之。與魏錡皆命而往。郤獻子曰：「二憾往矣，弗備，必
敗。」……潘黨既逐魏錡；趙旃夜至於楚軍，席於軍門之外，使其
徒入之。……趙旃棄車而走林，屈蕩搏之，得其甲裳。晉人懼二子
之怒楚師也，使軘車逆之。潘黨望其塵，使騁而告，曰：「晉師至矣！」
楚人亦懼王之入晉軍也，遂出陳。孫叔曰：「進之！寧我薄人，無人
薄我。……」遂疾進師，車馳、卒奔，乘晉軍。桓子不知所爲，鼓
於軍中，曰：「先濟者有賞！」中軍、下軍爭舟，舟中之指可掬也。
晉師右移，上軍未動。……及昏，楚師軍於邲。晉之餘師不能軍，
宵濟，亦終夜有聲。

據《傳》所載可知：邲之敗，先縠之有罪固矣；而魏錡、趙旃之抗命致敗，
其罪亦重；荀林父爲主師而軍敗：要之，四人皆宜並討其罪，乃不此之爲，
而釋林父、魏、趙之罪不治，又隔年始討先縠罪，宜前人多以爲失罰也。如
宋・高閌論其失罰云：

> 邲之役，三帥皆欲還；先縠固請戰，遂及於敗。至是以爲討。然釋
> 趙旃、魏錡不討，而誅先縠，爲政不平，殺者不受治矣。（《春秋集
> 註》卷二十三，頁6下）

乾隆時御纂之《春秋直解》亦有類似之論：

> 邲之敗，林父實尸之。即先縠違命先濟，林父亦可令軍毋動，按法
> 行辟：乃林父既聽韓厥之言，而同濟矣；魏錡、趙旃重激楚怒，倉
> 卒無備而敗：是林父身爲主帥，應爲誅首；魏、趙召釁僨師；先縠
> 剛愎專恣：厥罪惟均：乃林父已復其位，魏、趙皆置不問；事已逾
> 年，罪獨歸縠，可乎？故稱國以殺而不去其官，見其出於君與大夫
> 之喜怒而非正刑也。（卷七，頁30下～31上）

宋・趙鵬飛則以爲荀林父勢大，先縠代其受罪，有失刑政，其言曰：

> 邲之敗，荀林父主之，而歸罪於先縠，豈其辜哉！林父敗，而縠蒙
> 其戮，蓋六卿爭疆，互相仇滅，先氏之權加於荀氏，故林父獲全而

穀死之也。其後林父之子庚、庚之子偃、偃之子吳，世秉晉政；至吳之子寅，有朝歌之叛：信乎其勢之張也。而先穀之族遂滅於此。穀其能沈林父哉？宜其主帥獲全，而裨受戮也。兵之勝負，責在主帥；偏裨敗，主帥與其誅。今誅穀，而不及林父，國無政刑，以彊弱爲斷而已。（《春秋經筌》卷九，頁 44 下）

清·張自超則以爲若不討罪，則當如秦穆之三用孟明，若欲討罪，則不宜太緩，否則即屬失罰。其言曰：

楚敗城濮，既殺得臣：晉以邲之敗坐罪先穀，不殺于師還之日，逾年而後殺之，何其緩也！宜《左氏》謂以赤狄清之師而追討邲之敗歟？夫喪師辱國，于法宜討。然如秦穆三用孟明，亦伯西戎。晉可貸林父之罪，則亦可貸先穀之罪；不貸先穀之罪，則當即申則師之令，正國法以肅三軍。始縱之而卒戮之，是以意爲生殺也，兩失之矣。（《春秋宗朱辨義》卷七，頁 30 下～31 上）

大夫專權，罰失其正，晉之國基漸蝕矣。

### （六）厲公之以私殺郤錡、郤犨、郤至

成十七年《左傳》載三郤被殺之始末云：

晉厲公侈，多外嬖。反自鄢陵，欲盡去群大夫，而立其左右。胥童以胥克之廢也，怨郤氏：而嬖於厲公。郤錡奪夷陽五田：五亦嬖於厲公。郤犨與長魚矯爭田，執而梏之，與其父母妻子同一轅；既，矯亦嬖於厲公。欒書怨郤至，以其不從己而敗楚師也，欲廢之。使楚公子茷告公曰：「此戰也，郤至實召寡君，以東師之未至也，與軍帥之不具也，曰：『此必敗，吾因奉孫周以事君。』」公告欒書，書曰：「其有焉。不然，豈其死之不恤而受敵使乎？君盍嘗使諸周而察之？」郤至聘于周，欒書使孫周見之。公使覘之，信，遂怨郤至。厲公田，與婦人先殺而飲酒，後使大夫殺。郤至奉豕，寺人孟張奪之：郤至射而殺之。公曰：「季子欺余！」厲公將作難，胥童曰：「必先三郤。族大、多怨。去大族，不逼；敵多怨，有庸。」公曰：「然。」郤氏聞之，郤錡欲攻公，曰：「雖死，君必危。」郤至曰：「人所以立，信、知、勇也。信不叛君，知不害民，勇不作亂。失茲三者，其誰與我！死而多怨，將安用之？君實有臣而殺之，其謂君何？我之有罪，吾死後矣。若殺不辜，將失其民，欲安，得乎？待命而已。

受君之祿，是以聚黨。有黨而爭命，罪孰大焉！」壬午，胥童、夷羊五帥甲八百將攻郤氏；長魚矯請無用眾，公使清沸魋助之。抽戈結衽而偽訟者。三郤將謀於榭，矯以戈殺駒伯、苦成叔於其位。溫季曰：「逃威也。」遂趨：矯及諸其車，以戈殺之。皆尸諸朝。

事亦見《國語・晉語六》，《呂氏春秋・驕恣》，《史記》〈晉世家〉、〈趙世家〉。三郤之有罪，成十二至十六年《左傳》，《國語》〈周語中〉、〈周語下〉、〈晉語八〉並有論及。此不詳引。〈晉語八〉載叔向與韓宣子論晉國大夫時，曾論及郤至及其族，云：

夫郤昭子，其富半公室，其家半三軍，恃其富寵，以泰于國，其身尸於朝，其宗滅於絳。不然，夫八郤，五大夫三卿，其寵大矣：一朝而滅，莫之哀也，唯無德也。（《國語》卷十四，頁12）

郤氏恃其勢強，奢汰囂張，其誅也固咎由自取；唯厲公之誅殺三郤，卻非出自端正刑法之意，故明・卓爾康引高宗憲之言曰：

欒、郤自傾危，趙氏之後，權勢日張。郤氏二族三卿，雖欒氏亦忌之矣，故一朝群怨並興。厲公不道，輕聽而殺其三卿，此自禍之也，誰與處矣！（《春秋辨義》卷十九，頁34上）

清高宗《御纂春秋直解》云：

晉厲勝於鄢陵而驕，遂欲盡去諸卿，而立其嬖，故先殺三郤，以其族大而多怨，易去也。第郤至於鄢陵排群議而戰勝有功矣：況卿為君之股肱，黜陟生殺，亦自有道：乃不明徵其罪，而陰用嬖臣之計，襲而斃之。一朝而尸三卿，是自求禍也。故歷數之，以著其惡。或以晉卿彊，不去之，終釀後患；然去之亦自有道：且厲非去患，徒欲私其嬖耳，不亦悖乎！（卷八，頁42下～43上）

厲公以私嬖行誅戮於卿大夫，終釀殺身之禍。賞罰之道，豈可輕忽哉？

# 第二章 將佐考述

## 第一節 引 論

　　春秋各國，多因世卿而強；唯亦多因世卿而衰，或竟亡於世卿。晉、齊其尤顯者也。而其所以亡於世卿，則緣於世卿之掌兵權也。清儒全祖望《經史問答》載蔣學鏞問：「春秋之時皆世卿，故以庶姓而起者甚少。管子之後不見於齊，孫叔僅得寢丘之封，孔子則不終於位：蓋世卿之勢重也。然世卿亦未嘗無益於國。何道而持其平？」全祖望答之曰：

> 春秋之時，兵柄皆在世卿，故高子之鼓、國子之鼓，與君分將，而管仲終不得與也。邲之戰，孫叔亦不得主兵事。斯庶姓所以終不能抗也。陽處父爲太傅，其力足以易置中軍，而賈季殺之甚易，亦以無兵也。孔子墮都，亦終是三家主兵，則世卿之勢自難動；然而世卿終是有益於國，故卒不能廢。要之，果有賢主，則世卿自無從竊柄，而庶姓亦無難於參用；苟無賢主，則皆不足恃。特以其極言之：晉亡於三家，齊亡於田氏；而魯、衛之任用宗室，不過爲其所專擅，未聞有他，則世卿差勝矣。(《經史問答・三傳答蔣學鏞問》，《清經解》卷三○五，頁8下)

全氏以魯、衛世卿雖專擅而未篡弒，爲差勝於齊、晉世卿之終於顛覆國祚。此非本文所欲討論者，姑置不論。然全氏謂世卿之所以勢重而難動，由於其掌握兵權，則實爲透闢之見。茲僅就晉國論之。

　　古代君主，多爲知兵者，故凡有戰事，常躬自將兵，親與戎事，如周武

王伐紂，即其一例〔註1〕。春秋之初，國君蓋亦自將，如繻葛之戰，周桓王與鄭莊公皆自將中軍〔註2〕；晉獻公每有出兵，亦常自將。如《左傳》閔公元年云：

> 晉侯作二軍，公將上軍，太子申生將下軍。……以滅耿、滅霍、滅魏。

《史記·晉世家》亦云：

> 【獻公】十六年（661 B.C.），晉獻公作二軍。公將上軍，太子申生將下軍。……伐滅霍、滅魏、滅耿。

晉本一軍，其初蓋國君自將〔註3〕。自將則兵權在己，不虞旁落。乃有二軍，則必有一軍須由他人統率。晉獻公作二軍，自將一軍，而由太子將一軍，雖則有疏遠左遷之意，或亦有感於兵權之問題。唯太子乃儲君，關係國家之前途，以之將兵，終爲異制，故大臣屢諫，以爲不可〔註4〕。如閔二年《左傳》云：

> 晉侯使大子申生伐東山皐落氏。里克諫曰：「大子奉冢祀、社稷之粢盛，以朝夕視君膳者也，故曰『冢子』。君行則守，有守則從；從曰撫軍，守曰監國：古之制也。夫帥師，專行謀，誓軍旅，君與國政之所圖也，非大子之事也。師在制命而已，稟命則不威，專命則不孝。故君之嗣適，不可以帥師。君失其官，帥師不威，將焉用之？」

據此可知：古制太子不將兵；況且即使欲以太子將兵，亦非可經常維持，如申生被逼自殺後，獻公以奚齊爲太子，其年極幼，自然無法帥軍：是故以大臣將兵乃必然之趨勢。及晉文公作三軍、謀元帥後，晉君自此不再親自將兵，其因蓋一則有鑑於晉惠公之自將被俘；再則將兵作戰須具備專門知識，並非任何國君皆能勝任；且軍隊編制日益擴大，亦非國君一人所能掌理。但無論如何，晉自此軍權政權遂逐漸入於諸軍帥——尤其中軍將之手——日後卿大夫專擅之機實蘊埋於此。

晉文公，賢君也，故能宰制諸臣，使其協力同心，事爲國舉；及文公卒，襄公立而先朝大臣先軫有面唾之舉，卿大夫專擅之局已隱然伏藏。宋儒

---

〔註1〕 參《逸周書·克殷》、《史記·周本紀》。
〔註2〕 見桓五年《左傳》、《史記·鄭世家》。
〔註3〕 說詳下文第四節。
〔註4〕 互詳本章第四節。

呂祖謙云：

> 晉之霸業雖繼於襄公，晉之亡形，卻成於襄公。……蓋襄公之權移
> 於臣下，所以後來六卿分晉，自襄公造出來。且如自殽之戰論之：
> 方其在喪服之中，從先軫至既戰勝，舍三帥以從文夫人之請，先軫
> 怒而唾，已失君臣之義；後來襄公依舊敬先軫，先軫之志不衰，若
> 把來做好事，論襄公能用直言，能待故老；不知失君臣之義正在此。
> （《左氏傳說》卷五，頁 1 下～2 上）

先軫，賢臣也，其怒甚而遂有面唾之舉，蓋憤於襄公之幼弱，不知西秦之狼
心，輕易釋俘，故當君之面斥言曰：

> 武夫力而拘諸原，婦人暫而免諸國，墮軍實而長寇讎。（僖三十三年
> 《左傳》）

於是乃有越分之舉；唯彼亦自知僭越，故相隔四月，即於伐狄時免冑入狄師
而戰死。自謂：

> 匹夫逞志於君，而無討，敢不自討乎！（仝上）

殊堪注意者為：先軫時任中軍元帥，掌晉國之政，其權甚大。其自知有失君
臣之分，自討而死，以其忠心於國也。繼之為國政之趙盾，則樹黨專擅，誅
絕異己〔註5〕。後世之卿大夫，但知專擅而不知自省，日務擴權，於是權日下
移，終致政出家門。

是故晉專以卿擔任軍將，實為晉國盛衰之轉捩點：就其利而言：任將之
卿具專門才能，知行軍之道，故晉國有完整之任用與陞遷之軍事人事制度，
使其軍容嚴整，國勢強盛，常執中原之牛耳；就其弊而言：晉之君權自此旁
落，令出國政，而各軍將、佐之位，尤其中軍將——國政——更為眾所覬覦，
斯則卿大夫之間爭權日盛，傾軋常起，而六卿之勢既成，晉軍將、佐概由其
輪流擔任，其他異姓卿大夫頗受排擠，難以晉升，終於導致晉政完全由六卿
宰制之地步，晉亦因之覆亡。

本章就晉國將、佐之相關問題作討論：先考將、佐所需具備之條件與將、
佐任命之禮；第三節則推考各軍將、佐地位之高低，論其陞遷之情況，以見
晉國軍制之人事制度；第四節則考述各軍將、佐之更替，並略論其彼此之爭
鬥及其與晉國國勢之關係。

---

〔註 5〕說詳本稿下編第一章第四節壹之二及第三章第三節之貳。

## 第二節　將佐之條件與任命

晉之將、佐，無論其級次之高低，皆須具備「卿」級身分始得擔任：其中軍將蓋以上卿——正卿——擔任；中軍佐蓋以中卿擔任；下軍將以下蓋皆為下卿。且另有「未有軍行」之卿，即具有「卿」之身分，而未擔任軍帥者。茲依次考述舉證說明之。

### 壹、將佐之條件

《周禮・夏官》「司馬」云：

> 軍將皆命卿。（《周禮注疏》卷二十八，頁 2 上）

《周禮》之制雖或與古制枘鑿，唯此謂軍將皆命卿，則徵諸先秦典籍，固少齟齬。《國語・魯語下》云：

> 季武子為三軍，叔孫穆子曰：「不可。天子作師，公帥之以征不德；
> 元侯作師，卿帥之以承天子。諸侯有卿無軍，帥教衛以贊元侯。自
> 伯、子、男有大夫無卿，帥賦以從諸侯。是以上能征下，下無姦慝。」
> （《國語》卷五，頁 2 上）

據叔孫穆子之言，可知：一、古來皆以卿為主帥；二、古制唯天子與「元侯」有軍；一般諸侯則有卿無軍。元者，首也。元侯即諸侯之首：在西周，如齊之受天子命，擁有征伐之權；在春秋，則為霸主：皆為諸侯之長也。唯諸侯有卿無軍之制，蓋自西周末即已逐漸破壞，其在東周而仍存其迹者，如周、鄭繻葛之戰，時周之將兵者為：

> 王為中軍，虢公林父將右軍……周公黑肩將左軍。（桓五年《左傳》）

此蓋以周為天子，故猶存古制，以公帥師。至於諸侯，則皆各自擁有其軍力，如曲沃武公滅晉時，請之於周王，周王即命之以一軍為晉侯，說已見上編第一章第一節之貳。

晉之始立，本有一軍，晉獻公十六年作二軍，晉文公四年作三軍，至景公十二年而晉有六軍；唯不論其為幾軍，各軍將、佐蓋皆以卿充任。宋・葉夢得以為「晉自文公以後皆以三軍將佐為卿」〔註6〕。葉氏之說，徵諸傳籍，堛無可疑。

獻公以前之軍將情況，史料無徵，難得而言；獻公以下，徵諸史籍，初無例外。閔元年《左傳》載太子申生將下軍時，士蒍曰：

---

〔註 6〕說見《春秋考》卷四，頁 26。

太子不得立矣，分之都城而位以卿。

申生爲下軍將，而謂之「位以卿」，則下軍將爲卿級可知。

《國語・晉語八》載晉大夫訾祐論士氏於晉國之發展情況，有云：

> 昔隰叔子違周難於晉國，生子輿爲理，以正於朝，朝無姦官；爲司
> 空，以正於國，國無敗績。世及武子，佐文、襄爲諸侯，諸侯無二
> 心；及爲卿，以輔成、景，軍無敗政。（《國語》卷十四，頁 4 下～5
> 上）

隰叔避難適晉，生子士蒍，士蒍生成伯缺，缺生士會〔註7〕。士會於晉成公、
景公時爲卿，並任國政。〈晉語〉云「爲卿」，「軍無敗政」，蓋即謂爲「卿」，
始得主軍也。〔註8〕

又宣十二年《左傳》載晉出兵救鄭，其帥師者爲：

> 荀林父將中軍，先縠佐之；士會將上軍，郤克佐之；趙朔將下軍，
> 欒書佐之。趙括、趙嬰齊爲中軍大夫，鞏朔、韓穿爲上軍大夫，荀
> 首、趙同爲下軍大夫；韓厥爲司馬。

至鄭時，楚師已還，荀林父欲班師返，中軍佐先縠不肯，自以中軍濟，司馬
韓厥遂勸荀林父三軍同進，其理由爲：

> 與其專罪，六人同之，不猶愈乎？

杜預《注》云：

> 三軍皆敗，則六卿同罪，不得獨責元帥。（《左傳正義》卷二十三，
> 頁 10 下）

時從軍者猶有中軍大夫趙括、趙嬰齊，上軍大夫鞏朔、韓穿，下軍大夫荀首、
趙同，司馬韓厥等人。可見所謂「六人同之」指三軍之將荀林父等，而此六
人之身分則皆爲卿。

成六年《左傳》載晉欒書救鄭，趙同、趙括欲戰，知莊子、范文子、韓
獻子並以爲不可，欒書遂下令還師。於時軍帥欲戰者衆，人或問欒書何以不
從衆欲以戰，欒書答曰：

> 善鈞從衆。夫善，衆之主也。三卿爲主，可謂衆矣。從之，不亦可

---

〔註7〕士會世系，參梁玉繩《漢書人表考》卷二。〈晉語八〉韋昭《解》謂「士蒍生
　　　成伯，成伯生缺，缺生武子」（《國語》卷十四，頁 5 上）與〈周語中〉《解》
　　　謂：「隨會，晉正卿，士蒍之孫，成伯之子，士季武子也。」（《國語》卷二，
　　　頁 6 下）異。梁氏《人表考》從〈周語〉《解》，茲從之。
〔註8〕說參瞿同祖《中國封建社會》，頁 213。

乎！

三卿指中軍佐荀首、上軍佐士燮、新中軍佐韓厥。

又，襄八年《左傳》載鄭國卿大夫彼此爭論究宜親楚抑附晉，子展主張應親晉，其理由中有：

> 晉君方明，四軍無闕，八卿和睦，必不棄鄭。

此時晉有中、上、下、新四軍；而子展云「四軍」、「八卿」，可見各軍將、佐皆「卿」也。

晉悼公十五年（559 B. C.）晉率諸侯伐秦，因諸侯不同心，秦人毒涇水，晉卿不和睦，遂至無功而還。襄十四年《左傳》述此役時，有云：

> 夏，諸侯之大夫從晉侯伐秦，以報櫟之役也。晉侯待于竟，使六卿帥諸侯之師以進。

此役晉上、中、下三軍並出，而《傳》云「使六卿率諸侯」；又魯襄公十八年，晉平公帥諸侯爲魯伐齊，十九年，襄公爲表示謝意，「享晉六卿于蒲圃」，此役晉亦三軍並出：並可見晉三軍將、佐皆爲卿。

又，〈晉語四〉云：

> 公使趙衰爲卿，辭曰：「欒枝貞慎，先軫有謀，胥臣多聞，皆可以爲輔佐，臣弗若也。」乃使欒枝將下軍，先軫佐之。取五鹿，先軫之謀也。郤縠卒，使先軫代之；胥臣佐下軍。公使原季爲卿，辭曰：「夫三德者，偃之出也。以德紀民，其章大矣，不可廢也。」使狐偃爲卿，辭曰：「毛之智賢於臣，其齒又長。毛也不在位，不敢聞命。」乃使狐毛將上軍，狐偃佐之。（《國語》卷十，頁 17 下～18 上）

晉文公欲使趙衰、狐偃爲將，須先任之爲卿，則將、佐之條件不言可諭矣。

茲再以地位較低之新軍將、佐身分證將、佐之條件非卿莫辦：僖三十一年《左傳》云：

> 秋，晉蒐於清原，作五軍以禦狄。趙衰爲卿。

杜預《注》云：

> 【魯僖】二十七年命趙衰爲卿，讓於欒枝；今始從原大夫爲新軍帥。（《左傳正義》卷十七，頁9上）

據〈晉語四〉，文公蒐於清原作五軍，乃以趙衰將新上軍。

〈晉語八〉載叔向與韓宣子論晉大夫，其論及郤氏時有云：

夫郤昭子，其富半公室，其家半三軍。恃其富寵，以泰于國。其身
尸於朝，其宗滅於絳。不然，夫八郤，五大夫、三卿，其寵大矣。（《國
語》卷十四，頁12）

〈周語下〉載周單襄公論郤氏之將亡，亦云：

夫郤氏，晉之寵人也。三卿而五大夫，可以戒懼矣。（《國語》卷三，
頁2上）

韋昭於二〈語〉並《解》云：

三卿，錡、犨、至也。

成十七年《左傳》載胥童等人殺郤錡、郤犨、郤至後，又劫欒書、中行偃，
勸厲公殺之，厲公不忍，云：

一朝而尸三卿，余不忍益也。

亦稱三郤為「三卿」。時郤錡為上軍將，郤犨、郤至為新軍將、佐（其詳見下
文第四節），而云「三卿」，可見即令新軍將、佐亦須以「卿」擔任。

又，〈晉語七〉載張老辭卿，推薦魏絳事云：

悼公使張老為卿，辭曰：「臣不如魏絳，夫絳之智能治大官，其仁以
利公室不忘，其勇不疚於刑，其學不廢其先人之職。若在卿位，外
內必平。且雞丘之會，其官不犯而辭順，不可不賞也。」公五命之，
固辭，乃使為司馬；使魏絳佐新軍。（《國語》卷十三，頁5下）

韋昭《解》「為卿」云：

卿，佐新軍。（仝上）

悼公欲以張老為卿，張老固辭，而力薦魏絳，悼公乃以魏絳佐新軍。是則悼
公本欲以張老為新軍佐也。此觀諸〈晉語〉文字可知。是地位較低之新軍佐
亦須命卿後始得擔任。

又，成三年《左傳》云：

十二月甲戌，晉作六軍，韓厥、趙括、鞏朔、韓穿、荀騅、趙旃皆
為卿：賞鞌之功也。

此即晉之新三軍。新三軍之將、佐亦皆以卿擔任。

又，成十八年《左傳》載悼公即位後，任命魏相、士魴、魏頡、趙武為
「卿」。究其實，乃命士魴佐下軍，命魏相、魏頡為新軍將、佐；魏相卒後，
乃以趙武代佐新軍。〔註9〕

〔註9〕其詳見下文第四節之參。

由趙衰之爲新軍將，魏絳之爲新軍佐，郤犨、郤至之爲新軍將、佐，新三軍之將、佐皆爲卿，魏相、魏頡之爲新軍將、佐五事，可見：即使地位較低之新軍，其將、佐亦皆任之以卿。據此可以推定「卿」乃晉軍將、佐之必要條件。

他如文十三年《左傳》載晉患秦之用士會，「六卿相見於諸浮」，謀歸士會：六卿蓋即指三軍將、佐。宣十二年《左傳》載晉、楚邲之戰時，「趙旃求卿未得，且怒於失楚之致師者，請挑戰」，時晉三軍將、佐爲中軍將、佐荀林父、先縠，上軍將、佐士會、郤克，下軍將、佐趙朔、欒書。故所謂「求卿未得」蓋即指未被任命爲三軍將、佐之職。昭五年《左傳》載晉韓起與叔向如楚逆女，楚靈王欲執二人以戮晉，薳啓彊以爲不可，有云：

> 晉之事君，臣曰可矣：求諸侯而麇至；求昏而薦女，君親送之，上卿及上大夫致之。猶欲恥之，君其亦有備矣；不然，奈何？韓起之下，趙成、中行吳、魏舒、范鞅、知盈；羊舌肸之下，祁午、張趯、籍談、女齊、梁丙、張骼、輔躒、苗賁皇，皆諸侯之選也。韓襄爲公族大夫，韓須受命而使矣；箕襄、邢帶、叔禽、叔椒、子羽，皆大家也。韓賦七邑，皆成縣也。羊舌四族，皆彊家也。晉人若喪韓起、楊肸，五卿、八大夫輔韓須、楊石，因其十家九縣，長轂九百，其餘四十縣，遺守四千，奮其武怒，以報其大恥。伯華謀之，中行伯、魏舒帥之，其蔑不濟矣。

所謂「五卿」即指趙成、中行吳、魏舒、范鞅、知盈。時五人與韓起爲六軍將、佐，而薳啓彊稱之爲「五卿」。亦並可見晉之各軍將、佐皆須卿級始得擔任。

「卿」固爲晉軍將、佐之必要條件，然具備「卿」之身分，卻未必能擔任將、佐；即「卿」雖爲任將、佐之必要條件，卻非任將、佐之充分條件。昭三年《左傳》載叔向與子產論晉政，有云：

> 雖吾公室，今亦季世也。戎馬不駕，卿無軍行，公乘無人，卒列無長。

云「卿無軍行」，即雖被任命爲卿，卻未必有軍行。軍行即指任爲將、佐，有帥兵之權。唯此乃晉季世之況，不足以概其餘；但晉之極盛時亦有無軍行之卿。僖三十三年《左傳》云：

> 狄伐晉，及箕。八月戊子，晉侯敗狄于箕。郤缺獲白狄子。……反

自箕，襄公以……一命命郤缺爲卿，復與之冀，亦未有軍行。

杜《注》云：

雖登卿位，未有軍列。（《左傳正義》卷十七，頁 18 上）

又文十二年《左傳》載晉、秦河曲之戰，趙穿不守臾駢深壘固軍之謀，獨自出戰，趙盾恐其有所閃失，欲動員三軍出戰，其所持理由爲：「秦獲穿也，獲一卿矣」。時趙穿並未出任三軍將、佐：並可見晉三軍之將、佐皆須卿級始得擔任；而雖受封爲卿，亦未必即能擔任將、佐也。

卿乃諸侯國臣子之最高階級，然古籍中對卿之任命，卻有不同之記載。根據《周禮》，諸侯中公、侯、伯三爵之卿皆受三命之禮。〈春官〉「典命」云：

公之孤四命……其卿三命，其大夫再命，其士一命……；侯、伯之卿、大夫、士，亦如之；子、男之卿再命，其大夫一命，其士不命。（《周禮注疏》卷二十一，頁 4 上）

據《周禮》，諸侯伯爵以上之卿皆三命；《禮記・王制》所述則異於是：

◎ 大國三卿，皆命於天子，下大夫五人，上士二十七人；次國三卿，二卿命於天子，一卿命於其君，下大夫五人，上士二十七人；小國二卿，皆命於其君，下大夫五人，上士二十七人。（《禮記正義》卷十一，頁 17 下～18 上）

◎ 次國之上卿，位當大國之中，中當其下，下當其上大夫；小國之上卿，位當大國之下卿，中當其上大夫，下當其下大夫。（仝上，頁 7 下）

◎ 大國之卿，不過三命，下卿再命；小國之卿與下大夫一命。（仝上，頁 25 上）

〈王制〉所述顯與《周禮》齟齬，孫詒讓於〈春官〉「典命」辨其差異云：

案：〈王制〉文與此《經》異。依此《經》，公孤四命，卿三命，大夫再命；〈王制〉則大國卿三命，下卿再命，大夫一命。此侯伯卿大夫命與公同；〈王制〉則以侯伯爲次國，無卿大夫命數之文。彼《注》以上下文約之，謂次國卿二命，下卿與大夫並一命，與公異。此《經》公有孤、卿二等，侯、伯、子、男並止卿一等；〈王制〉則卿有上、中、下三等。此大夫並止一等；而〈王制〉則大夫有上、下二等。並差牾不合。故鄭彼《注》亦引周制（獻案：指《周禮》之制）以

明其異：孔、賈《疏》並謂彼爲夏、殷禮，亦無搞證。（《周禮正義》
卷三十九，頁 1616）

孫希旦釋〈王制〉之制云：

> 《左傳》「晉侯以三命命先且居將中軍，以再命命先茅之縣賞胥
> 臣」，「以一命命郤缺爲卿」。魯叔孫穆子爲卿，止於再命；季平子、
> 叔孫昭子初以再命爲卿，及伐莒，克之，更受三命。是公、侯、伯
> 之卿以三命爲極，而其初升者或惟再命及一命也。子、男之卿以再
> 命爲極，而其初升者或惟一命也。（《禮記集解》卷十二，頁 324）

孫詒讓贊同孫希旦說，並舉《傳》文以證成之。其言曰：

> 孫說是也。〈王制〉與此《經》文雖不同，義實互相足。《左襄・二
> 十六年・傳》亦說鄭賜子展三命之服、子產再命之服：是侯、伯之
> 卿自有再命、壹命者。蓋初命爲卿，命數皆減，與大夫同，加賜乃
> 得三命。此《經》唯云卿三命者，據其最貴者言之，實則公侯伯卿
> 不必皆三命，而大夫士亦不必皆再命、壹命，可類推也。（《周禮正
> 義》卷三十九，頁 1616）

二孫之說引證既極爲詳細，說解亦頗合情理；唯事實是否如此，則不得而知。
如宣十六年《左傳》載士會因帥師滅赤狄甲氏及留吁鐸辰，遂獻狄俘於周，
晉頃公乃爲之請於王，「王以黻冕命士會將中軍」。士會前此已爲中軍將；至
此，因晉侯之請而天子復命之。是則諸侯之卿未必皆命於天子也。二《禮》
之說未必可信，於此可見一斑。此乃緣於《周禮》、《禮記》二書之著成時代
與性質之問題也。說已見〈緒言〉。　陳師瑞庚〈王制制度與周禮之異同〉於
比較二書之差異後云：

> 〈王制〉但云卿有命於天子，且大國之二卿已皆命於其君，足見卿
> 以下大夫士皆命於其君矣。《周禮》則封國之卿大夫士皆由中央命
> 之。此蓋〈王制〉作者欲賦予封國之君任命官員有較大之權力，而
> 《周禮》則否。（《王制著成之時代及其制度與周禮之異同》下編，
> 頁 51）

由　陳師之說愈可見古制並非如此明確劃一。若欲彌縫二《禮》之差異，強
爲之說，恐既費力，而未必能得其實際。茲僅就《左傳》所載考之，或可備
一解。

據《傳》文，卿有「一命」、「再命」、「三命」之別。僖三十三年《左傳》

云：

> 狄伐晉，……晉侯敗狄于箕。郤缺獲白狄子。先軫……免冑入狄師，
> 死焉。……初，臼季使，過冀，見冀缺耨，其妻饁之，敬，相待如
> 賓。與之歸，言諸文公……文公以爲下軍大夫。反自箕，襄公以三
> 命命先且居將中軍，以再命命先茅之縣賞胥臣，曰：「舉郤缺，子之
> 功也。」以一命命郤缺爲卿，復與之冀，亦未有軍行。

先軫乃先且居之父，本爲中軍將，以面唾之失，自討而死，襄公命其子繼之，
將中軍，而命之以三命之禮。蓋中軍將皆兼領國政，爲示愼重，故以最尊之
禮命之。胥臣時爲下軍佐，蓋本受一命之禮，至此，爲賞其薦郤缺之功，遂
以再命之禮崇之。郤缺本爲下軍大夫，未受命封，至此伐狄有功，襄公遂以
一命之禮命之爲卿。前文謂「卿」乃擔任將、佐之必要條件。據此可以推知：
晉之命卿，蓋以尊崇大夫，表示有意以之擔任將、佐之準備。沈欽韓解《傳》
文「未有軍行」云：

> 以五軍帥現有人故。（《春秋左氏傳補注》卷四，頁 13 上）

當時五軍將、佐並有人，故無法任郤缺以軍帥；但晉靈公二年（魯文公十二
年），郤缺終於出任上軍將。

　　中軍將蓋皆受三命之禮，稱之爲「正卿」或「上卿」（説詳下）。「中卿」
蓋即受二命之禮者，「下卿」蓋即受一命之者；唯蓋非一成不變、墨守成規，
又另有賞賜、榮寵之法。如成二《左傳》年載魯成公爲酬謝晉爲魯出兵伐齊，
勝齊於鞌，且使齊歸魯汶陽之田，云：

> 公會晉師於上鄍，賜三帥先路、三命之服。

襄十九年《左傳》亦載魯襄公爲答謝晉軍爲魯伐齊而命晉卿事，有云：

> 晉侯先歸：公享晉六卿于蒲圃，賜之三命之服。

成二年《正義》云：

> 《周禮》「典士命」[註10]：公之孤四命，其卿三命，其大夫再命，
> 其士一命：侯伯之卿、大夫、士亦如之。此二（獻案：「二」蓋「三」
> 之譌）帥皆卿也，本國三命，故魯賜以三命之服。（《左傳正義》卷
> 二十五，頁 16 下）

成二年《傳》所云之「三帥」指中軍將郤克、上軍佐士燮、下軍將欒書（詳

─────────────

〔註10〕阮元《校勘記》：「《宋本》無『士』字，是也。」（《左傳正義》卷二十五《校
　　　勘記》，頁 6 下）

見第四節）。孔穎達謂「本國三命」，蓋出推測，未必屬實。蓋魯爲答謝晉卿之爲魯伐齊，遂以最榮寵之「三命」之禮禮晉之軍帥，其於晉國未必皆已受三命之禮。茲再以晉三軍將、佐之身分證之。

## 貳、將佐之身分與任命

中軍帥以上卿擔任，〈晉語四〉載晉文公「作三軍，謀元帥」，韋昭《解》之云：

> 元帥，上卿。（《國語》卷十，頁 17 下）

上卿亦稱正卿。茲舉數例證之：趙盾自晉襄公六年，陽處父易蒐於董後，即任中軍將，執國政。文七年《左傳》郤缺勸趙盾時即稱趙盾爲「正卿」。可見中軍將亦稱正卿。又，宣二年《春秋經》書「趙盾弒其君夷皋」，《左傳》述趙穿弒靈公後之情況云：

> 宣子未出山而復，大史書曰「趙盾弒其君」，以示于朝。宣子曰：「不然！」對曰：「子爲正卿，亡不越竟，反不討賊，非子而誰？」

《穀梁傳》亦云：

> 穿弒也。盾不弒而曰盾弒，何也？以罪盾也。其以罪盾何也？曰：靈公朝諸大夫而暴彈之，觀其辟丸也。趙盾入諫不聽，出亡至於郊。趙穿弒公而後反趙盾。史狐書賊，曰「趙盾弒公」；盾曰：「天乎！天乎！予無罪！孰爲盾而忍弒其君者乎！」史狐曰：「子爲正卿，入諫不聽，出亡不遠。君弒，反不討賊，則志同；志同，則書重。非子而誰！」（《穀梁注疏》卷十二，頁 3 下～4 下）

〈晉世家〉亦云：

> 盾復位，晉太史董狐書曰「趙盾弒其君」，以視於朝。盾曰：「殺者趙穿，我無罪！」太史曰：「子爲正卿，而亡不出境，反不誅國亂；非子而誰！」

諸書並稱盾爲「正卿」。

又〈晉語八〉載平公時執政范宣子與和大夫爭田，范宣子問諸群臣，至祁午，祁午之答，有「子爲正卿」之言。范宣子即士匄，時爲中軍將。又，晉平公十七年，周天子使劉定公勞趙孟於潁，劉定公歸而告周景王，謂趙孟將卒，有云：

> 趙孟……爲晉正卿，以主諸侯。（昭元年《左傳》）

趙孟指趙武，時爲晉中軍帥，執國政。《史記‧趙世家》亦云：

平公十二年，而趙武爲正卿。

《史記》雖誤後趙武執政之年二年；然斯時武爲中軍將則無誤。〔註11〕

　　晉平公二十一年，晉韓起如楚送女，叔向爲介，楚靈王欲執之，昭五年《左傳》述其言云：

　　　　晉，吾仇敵也。苟得志焉，無恤其他。今其來者，上卿、上大夫
　　　　也。若吾以韓起爲閽，以羊舌肸爲司宮，足以辱晉，吾亦得志矣。

楚王所謂「上卿」指韓起，「上大夫」指叔向。時韓起爲晉中軍將，而楚王稱之爲「上卿」。凡此並可見晉之中軍將以正卿擔任〔註12〕。唯哀二年《左傳》有段記載，乍觀之，似與此說矛盾。其所記述者乃晉定公十九年，范氏作亂，齊助之，趙鞅禦敵，並自設罰則之事，文云：

　　　　志父無罪，君實圖之！若其有罪，絞縊以戮，桐棺三寸，不設屬辟，
　　　　素車、樸馬，無入于兆：下卿之罰也。

時趙鞅爲晉執政，將中軍，而自稱願受「下卿之罰」。似其身分爲下卿；實則非也，乃自貶也。故杜預《注》云：

　　　　爲衆設賞，自設罰，所以能克敵。（《左傳正義》卷五十七，頁13上）

齊召南《注疏考證》云：

　　　　此役簡子將兵，必已爲上卿，故其自誓以「下卿之罰」也。（〈左傳
　　　　注疏考證〉卷二，頁21上）

杜、齊二說是也。晉之中軍將固以上卿擔任也。

　　中軍佐則以中卿擔任。成三年《左傳》云：

　　　　冬，十一月，晉侯使荀庚來聘且尋盟；衛侯使孫良夫來聘且尋盟。
　　　　公問諸臧宣叔曰：「仲行伯之於晉也，其位在三；孫子之於衛也，位
　　　　爲上卿。將誰先？」對曰：「次國之上卿當大國之中，中當其下，下
　　　　當其上大夫；小國之上卿當大國之下卿，中當其上大夫，下當其下
　　　　大夫。上下如是，古之制也。衛在晉，不得爲次國。晉爲盟主，其
　　　　將先之。」丙午盟晉，丁未盟衛：禮也。

杜預《注》「其位在三」云：「下卿」。春秋時，衛爲小國，故其上卿當大國之

<hr>

〔註11〕梁玉繩〈趙世家志疑〉云：「案：《左》襄二十五年：『趙武子爲政』，是平公
　　　　十年：此誤。」（《史記志疑》卷二十三，頁16上）　王師叔岷〈晉世家斠證〉
　　　　云：「二字蓋涉上文『二十七年』而衍。」（《史記斠證》，頁1596）又趙武之
　　　　爲中軍將，請參閱本章第四節之參。
〔註12〕晉之中軍將又兼爲執政，故其身分之討論，另詳下編第三章第二節之壹。

下卿。杜說是也。孔穎達《正義》云：

> 於時郤克將中軍，荀首佐之，荀庚將上軍：是其位在三也。《注》云「下卿」者，《傳》稱「小國之上卿當大國之下卿」，又言「衛在晉不得為次國」，則以衛為小國。荀庚若是中卿，自然當先晉矣；乃云「晉為盟主，其將先之」，直以盟主先晉：明是二人位等。以此知荀庚是下卿也。晉立三軍，將、佐有六，第三猶為下卿，則其餘皆下卿也。蓋以諸侯之禮唯合三卿。三是其正，故定以三人為上、中、下，餘皆從下卿也。卿有上、下，往年賜晉三帥皆以三命之服者，侯伯之卿，禮皆三命，上卿、下卿，命不異也。（《左傳正義》卷二十六，頁 4 下）

齊召南據杜《注》、孔《疏》，推斷晉之中軍將為上卿，中軍佐為中卿，其《注疏考證》云：

> 按：晉三軍將、佐皆卿也。時荀庚將上軍，故云「位在三」。以下文「大國卿有上中下」言之，正應是中卿耳。杜《注》言是「下卿」，孔《疏》言「第三，猶為下卿，則其餘皆下卿」。然則晉六卿，惟中軍將為上卿，其中軍佐即中卿乎！（〈左傳注疏考證〉卷一，頁 22 上）

竹添光鴻《會箋》則大抵根據《正義》之說，而針對《傳》文立論：

> 於時郤克將中軍，荀首佐之，荀庚將上軍，是其位在三也。將佐有六，第三猶為下卿，則餘皆下卿也。宣叔云「衛在晉不得為次國」，則以衛為小國矣。小國之上卿當大國之下卿，是荀庚與孫良夫名位正相當，未知孰當先，故下文斷之曰「晉為盟主，其將先之」。若是中卿，孫良夫降於荀庚一等，其當先荀庚甚明，宣叔不必言「晉為盟主」，杜《注》是也。大國三卿：晉以三軍將、佐為卿，故六卿；然未顯然與天子同其制，故以上三人分上、中、下，其餘皆為下卿。說者未達此義，故或以為中卿耳。（《左氏會箋》卷十二，頁 38）

根據上引諸家之說，可知：晉上軍將以下蓋皆以下卿擔任。茲再舉二事證之：晉平公六年，欒黶卒，其妻欒祁──執政士匄之女──與州賓通，懼其子欒盈，遂誣欒盈將為亂，訴之於士匄，而由士鞅作偽證，士匄遂逐欒盈，並殺其黨，欒盈奔楚。襄二十一年《左傳》述此事時有云：

> 懷子為下卿，宣子使城著而遂逐之。

時欒盈爲下軍佐，而《傳》稱之曰「下卿」。

又，晉頃公十三年（魯昭二十九年），趙鞅、荀寅帥師城汝濱，遂賦晉國一鼓鐵，以鑄刑鼎，著范宣子之刑書。《左傳》述其事後，引蔡史墨之言，有云：

　　中行寅爲下卿，而干上令，擅作刑器，以爲國法，是法姦也。

據《傳》，魯昭公二十八年，晉執政韓起卒，魏舒代之；魯定公元年，魏舒卒，范鞅代之；魯定公十三年，趙鞅代范鞅執政，荀寅、士吉射叛，遂奔齊。據其陞遷情況推之，荀寅——中行寅——於魯昭公二十九年時，位必在中軍佐以下（其詳請參下文第四節及下編第三章第三節之肆）。雖未敢遽定其究爲何軍之將、佐，然史墨謂其「位在下卿」，參以上文諸家之說，或中軍佐以下皆下卿之說是也。

晉強盛之時，常於行蒐禮時任命中軍將以示愼重、榮寵。「蒐禮」之制，前人多有論列，茲不詳述。根據楊寬、劉瑞箏之說〔註13〕，可歸納蒐禮之起源與作用爲：蒐禮原爲藉用田獵以進行之軍事校閱與軍事演習；其功用則有：（一）建置或變更軍制；（二）選任執政與將帥；（三）制定與頒布法律；（四）耀武召盟；（五）練兵備戰。

綜觀晉國之八次軍制變更〔註14〕，其行蒐禮者四：魯僖二十七年，文公蒐於被廬，作三軍；魯僖三十一年，文公蒐於清原作五軍；魯文六年，襄公蒐於夷，舍二軍，復三軍；魯襄十三年，悼公蒐於綿上，廢四軍，恢復三軍：可知蒐禮確與建置或變更軍制有關。晉變更軍制而未行蒐禮之四次分別爲：一爲獻公作二軍時，蓋以其時晉國初盛，故未暇行蒐禮也；其次爲文公作三行時，三行之地位較低，蓋以此而未行蒐禮；再次則爲景公與厲公朝二次兵制變革皆未行蒐禮。前文言及，景公之作六軍極可能出自卿大夫之脅迫；而厲公乃晉霸中衰時期，其廢六軍爲四軍，則與諸強宗之傾軋，引發政治風暴有關。說已詳本稿上編第一章第一節。魯文十七年，晉靈公蒐於黃父以平宋亂，則爲練兵備戰；魯宣十四年，晉景公討鄭，而行蒐禮以告諸侯，則爲耀武召盟也。陽處父蒐於董，以趙盾將中軍，趙盾並因之而制定法律，交由太傅陽處父與太師賈佗執行，則兼有一、二、三之三項功能。而據昭二十九年《左傳》所

---

〔註13〕楊說見《古史新探·「大蒐禮」新探》；劉說見《春秋軍制研究》第二章〈蒐禮〉。

〔註14〕晉兵制變革之詳情，請參本稿上編第一章第一節。

引孔子之言，文公蒐於被廬亦曾作「被廬之法」，是其功能與蒐禮同。

晉之行蒐禮，凡七次，其中四次與兵制之變革有關；三次與立元帥有關，一次則爲立趙衰任新上軍將，時在晉文公七年，是年晉始有新軍。蓋既示對趙衰之榮寵，又示軍制之大變革。是蒐禮與選任執政與將帥有關也。

然晉中軍元帥之更替凡一十九〔註15〕，而唯三次行蒐禮以命：晉文公蒐於被廬，作三軍，立郤縠爲中軍將；陽處父蒐於董，以趙盾將中軍；晉悼公蒐於綿上，命荀偃將中軍。是中軍將之任命未必行蒐禮也。值得注意者爲：在三次行蒐禮命中軍將中，一在晉文公朝，一在晉悼公朝；一爲「定霸」時期，一爲「復霸」時期。故中軍將任命之是否愼重、隆重，蓋與其國勢之強弱及國君之是否重視禮儀有關。

爲示愼重與榮寵，亦有命將、佐，而亦行蒐禮者，如〈晉語四〉載文公蒐於清原，作五軍，命趙衰爲卿事即其例：

> 文公問元帥於趙衰，對曰：「郤縠可。……請使郤縠。」公從之。公使趙衰爲卿，辭曰：「欒枝貞愼，先軫有謀，胥臣多聞，皆可以爲輔佐，臣弗若也。」乃使欒枝將下軍，先軫佐之。取五鹿，先軫之謀也。郤縠卒，使先軫代之；胥臣佐下軍。公使原季爲卿，辭曰：「夫三德者，偃之出也。以德紀民，其章大矣，不可廢也。」使狐偃爲卿，辭曰：「毛之智賢於臣，其齒又長。毛也不在位，不敢聞命。」乃使狐毛將上軍，狐偃佐之。狐毛卒，使趙衰代之，辭曰：「城濮之役，先且居之佐軍也善。軍伐有賞，善君有賞，能其官有賞。且居有三賞，不可廢也。且臣之倫，箕鄭、胥嬰、先都在。」乃使先且居將上軍。公曰：「趙衰三讓，其所讓，皆社稷之衛也。廢讓，是廢德也。」以趙衰之故，蒐于清原，作五軍。使趙衰將新上軍。（《國語》卷十，頁17下～18上）

唯此種情況僅發生於文公之對趙衰，蓋以晉文公特別重賢，而趙衰又確實能薦賢、讓賢之故，後世則未有如此者矣。

## 第三節　將佐地位之高低

晉各軍將、佐地位之高低爲：中軍將爲全軍首腦，其位最尊；次則爲中軍佐；上軍將、佐又次之；下軍將、佐復次之；新軍將、佐依中、上、下次

---

〔註15〕其詳可參本章第四節及本稿下編第三章第三節。

序再次之。茲以載籍所述證之。

中軍將亦稱元帥，掌國政，其餘各軍將佐皆受命於中軍將。即便作六軍後亦仍以中軍將統軍。成六年《左傳》云：

> 楚子重伐鄭，鄭從晉故也。……晉欒書救鄭，與楚師遇於繞角。楚師還，晉師遂侵蔡。楚公子申、公子成以申、息之師救蔡，禦諸桑隧。趙同、趙括欲戰，請於武子。武子將許之；知莊子、范文子、韓獻子諫曰：「不可。……」乃遂還。於是軍帥之欲戰者眾；或謂欒武子曰：「聖人與眾同欲，是以濟事。子盍從眾？子爲大政，將酌於民者也。子之佐十一人，其不欲戰者三人而已，欲戰者可謂眾矣。……」

是時晉有六軍，欒書將中軍，而諫者曰「子之佐十一人」，是中軍將以下之軍帥皆中軍將之佐也。劉文淇《春秋左氏傳舊注疏證》云：

> 晉六軍各有將、佐，此稱十一人者，晉中軍之將總兵事，自外皆其佐也。（頁 835）

既以中軍將總領各軍，則中軍將之地位高於各軍將、佐，從可知也。

值得注意者爲：中軍佐之地位高於上軍將；上軍佐之地位高於下軍將。成三年《左傳》載晉景公十二年，晉派荀庚使魯尋盟，衛亦派孫良夫使魯尋盟。魯成公不知先與何國訂盟，乃問之於臧宣叔，而有「中行伯之於晉也，其位在三」之言。沈欽韓釋之云：

> 荀庚，上軍帥，于六卿位在三也。（《春秋左氏傳補注》卷六，頁 5 下）

時郤克將中軍，荀首爲佐，荀庚將上軍：上軍將之位在六卿中位居第三，則其位在中軍佐之下可見。

茲再以各軍將、佐陞遷情況證其地位之高低：晉厲公三年（578 B. C.）秦國背盟，且欲召狄與楚共伐晉，晉派呂相絕秦後，遂率諸侯伐秦。成十三年《左傳》載晉之軍將如下：

> 欒書將中軍，荀庚佐之；士燮將上軍，郤錡佐之；韓厥將下軍，荀罃佐之；趙旃將新軍，欲至佐之。

晉軍將佐除因罪被殺、請老致仕、逃亡出國、破格擢升等因素外，概皆依序陞遷。此年各軍將、佐最可見三軍及新軍將、佐間地位之高低：荀庚由上軍將升任中軍佐，士燮由上軍佐升任上軍將，郤錡由下軍將升任上軍佐，韓厥

由新中軍將升任下軍將；此時新三軍已廢爲一軍，趙旃由新下軍將升任下軍將；此時新三軍已廢爲一軍，趙旃由新下軍將升任新軍將；郤至原無軍職，擢任新軍佐。其唯一例外者爲荀罃。荀罃原亦未任軍職，其任下軍佐，蓋有二因：一則，荀罃乃原中軍佐荀首之子；再者，荀罃合乎賢能遂得破格擢升之原則。此由成三年《左傳》所載晉、楚交換俘虜時荀罃之表現可以得知：

> 晉人歸楚公子穀臣與連尹襄老之尸于楚，以求知罃。於是荀首佐中軍矣，故楚人許之。王送知罃，曰：「子其怨我乎？」對曰：「二國治戎，臣不才，不勝其任，以爲俘馘。執事不以釁鼓，使歸即戮，君之惠也。臣實不才，又誰敢怨？」王曰：「然則德我乎？」對曰：「二國圖其社稷，而求紓其民，各懲其忿，以相宥也。兩釋纍囚，以成其好。二國有好，臣不與及，其誰敢德？」王曰：「子歸何以報我？」對曰：「臣不任受怨，君亦不任受德，無怨無德，不知所報。」王曰：「雖然，必告不穀。」對曰：「以君之靈，纍臣得歸骨於晉，寡君之以爲戮，死且不朽；若從君之惠而免之，以賜君之外臣首，首其請於寡君，而以戮於宗，亦死且不朽；若不獲命，而使嗣宗職，次及於事，而帥偏師以修封疆，雖遇執事，其弗敢違，其竭力致死，無有二心以盡臣禮，所以報也。」王曰：「晉未可與爭！」重爲之禮而歸之。

荀罃之答不卑不亢，盡忠合禮，大有晉文公回答楚成王之氣概，其才能於此已顯露無餘，故楚共王重禮而歸之。其獲晉之越級擢升也固宜。

襄九年《左傳》載秦景公使士雃乞師於楚，將以伐晉，楚子許之；令尹子囊以爲晉不可與爭。子囊謂晉不可與爭之理由爲：

> 韓厥老矣，知罃稟焉以爲政。范匄少於中行偃而上之，使佐中軍。
> 韓起少於欒黶，而欒黶、士魴上之，使佐上軍。魏絳多功，以趙武
> 爲賢，而爲之佐。

韓厥告老後荀罃繼任爲國政，將中軍；范匄爲中軍佐。中行偃爲上軍將，韓起爲上軍佐；欒黶爲下軍將，士魴爲下軍佐；趙武爲新軍將，魏絳爲下軍佐。既然中行偃讓於范匄，使匄佐中軍，而偃自將下軍，則下軍將位在中軍佐之下自明。又欒黶、士魴讓韓起，使起爲上軍佐，是下軍將之位在上軍佐之下也亦明。

新軍之地位又在下軍佐之下：〈周語中〉載鄢陵之戰後，郤克如周告勝，厚與王叔簡公，王叔簡公譽諸朝；郤至又見邵桓公。邵桓公與單襄公論郤克，

單襄公論郤克，有言曰：

> 今郤至在七人之下而欲上之，是求蓋七人也。（《國語》卷二，頁14
> 下）

時郤克爲新軍佐，單襄公謂其「在七人之下」，是郤克之位在第八：可見新軍
將、佐之地位在下軍佐之下。至於新軍將、佐本身地位之高低與三軍同，則
不煩贅論者也。

由上舉證，可知：晉各軍將、佐地位之高低爲：中軍將最高，亦稱元帥、
督帥，統領各軍，各軍將、佐皆爲其佐；次爲中軍佐，再次爲上軍將，復次
爲上軍佐，又次爲下軍將、佐；新軍將、佐地位又在下軍佐之下，而依中、
上、下及將、佐之次序爲高低順序。

唯中軍將雖爲最高統帥，其餘將、佐皆受其統轄，然各軍亦自成單位；
即各軍之佐直接受命於其將，而非逕轄於中軍將。晉悼公十五年晉率諸侯之
師伐秦，諸侯不同心，齊、宋之師皆不欲渡涇水，後雖經鄭、衛大夫之勸而
卒濟涇水駐軍；但秦人於涇水上流施毒，故師至秦地棫林而終未能令秦屈服，
此時晉國軍帥意見相左，遂致全軍撤退，史稱「遷延之役」。襄十四年《左傳》
載此事有云：

> 秦人毒涇上流，師人多死。鄭司馬子蟜帥鄭師以進，師皆從之；至
> 于棫林，不獲成焉。荀偃令曰：「雞鳴而駕，塞井夷竈，唯余馬首是
> 瞻！」欒黶曰：「晉國之命，未是有也。余馬首欲東！」乃歸。下軍
> 從之。左史謂魏莊子曰：「不待中行伯乎？」莊子曰：「夫子命從帥。
> 欒伯，吾帥也；吾將從之。從帥，所以待夫子也。」伯游曰：「吾令
> 實過，悔之何及！多遺秦禽。」乃命大還。晉人謂之遷延之役。

時荀偃將中軍，爲元帥；欒黶將下軍，魏絳佐之。魏絳隨其將退兵，故左史
謂中軍帥並無退軍之令，今乃擅自撤軍，似有未宜。魏絳答以元帥既命「從
帥」，則吾將乃欒黶，吾從將意撤軍，正所以待元帥之道也：可知佐從將命，
而非逕受元帥管轄。

# 第四節　將佐之更替及其與國勢之關係

## 壹、獻公至襄公

晉之初，軍旅之事，難得而詳，唯蓋國君自將。桓三年《左傳》云：

> 春,曲沃武公伐翼,次于陘庭。韓萬御戎,梁弘爲右,逐翼侯于汾
> 隰。

據此,是曲沃武公自將以伐也。其子獻公承之,出兵亦常自將。如閔元年
《左傳》云:

> 晉侯作二軍,公將上軍,大子申生將下軍,趙夙御戎,畢萬爲右,
> 以滅耿、滅霍、滅魏。

《史記・晉世家》同。又如獻公二十二年,晉滅虢〔註 16〕,僖五年《左傳》
載其事,云:

> 晉侯復假道於虞以伐虢……八月甲午,晉侯圍上陽……冬十二月丙
> 子,朔,晉滅虢。

既云「晉侯圍上陽」,則蓋獻公自將伐虢也;唯或亦不自將,而由大臣帥師。僖
二年《左傳》載荀息請以屈產之乘與垂棘之璧,假道於虞以伐虢,《傳》云:

> 夏,晉里克、荀息帥師會虞師,伐虢,滅下陽。

是獻公十九年伐虢之下陽時,帥師者爲里克與荀息。又獻公二十五年晉伐狄,
帥師者爲里克,僖八年《左傳》云:

> 晉里克帥師,梁由靡御,虢射爲右,以敗狄于采桑。

是伐狄之役,帥師者乃里克。

或亦以太子將兵。閔二年《左傳》云:

> 晉侯使大子申生伐東山皋落氏。……狐突御戎,先友爲右;梁餘子
> 養御罕夷,先丹木爲右;羊舌大夫爲尉。

是伐東山之役,帥師者爲太子申生與罕夷。此種情況可能代表晉初立時,帥
師之人猶未固定;故亦以太子將兵;唯太子乃儲君,以之將兵究爲不妥。故
大臣屢勸之,〈晉語一〉云:

> 十六年,公作二軍,公將上軍,太子申生將下軍以伐霍。師未出,士
> 蒍……乃言於公曰:「夫太子,君之貳也;而帥下軍,無乃不可乎?」
> (《國語》卷七,頁 8 上)

獻公不聽士蒍之勸;隔年,復使太子帥師伐狄,〈晉語一〉載里克之諫獻公
云:

---

〔註 16〕晉滅虢之年有異説,《左傳》與〈晉世家〉繫於獻公二十二年;《公》、《穀》
二《傳》,《水經・河水注》引《竹書紀年》,《韓非子・十過》,《新序・善謀》
並以爲在晉獻公十九年。其詳可參拙作《晉文公復國定霸考》第一章註 56、
57。

十七年冬，公使太子伐東山。里克諫曰：「臣聞皋落氏將戰，君其釋申生也！」公曰：「行也！」里克對曰：「非故也。君行，太子居，以監國也；君行，太子從，以撫軍也。今君居，太子行，未有此也。」

（仝上，頁 11 上）

閔二年《左傳》亦載里克之諫，文已見本章第一節引。《史記・晉世家》亦載里克之諫，茲不繁引。

據士蒍與里克之諫可知：古制太子不將兵，晉之以太子將兵自申生始。此雖可以獻公欲疏遠太子申生作解；然若軍將已有固定之人，任用、陞遷已有固定制度，則此種情況亦將無由發生。

晉獻公朝可謂晉國之崛起時期，而其所征伐諸國之兵力蓋多不如晉國遠甚；唯重要戰役，獻公皆自將，如十六年，二軍並出，與申生同時帥師，一舉而滅霍、耿、魏三國，又如二十二年之自將滅虞、虢並是。

此種作風爲其子惠公夷吾所承繼。惠公一生唯一一次大戰役爲秦、晉韓之戰。此役惠公自將，且爲秦所虜。僖十五年《左傳》述其事云：

秦伯伐晉……卜右，慶鄭吉，弗使。步揚御戎，家僕徒爲右。……壬戌，戰于韓原。晉戎馬還濘而止。公號慶鄭；慶鄭曰：「愎諫、違卜，固敗是求，又何逃焉！」遂去之。梁由靡御韓簡，虢射爲右，輅秦伯，將止之。鄭以救公誤之，遂失秦伯。秦獲晉侯以歸。

〈晉語三〉亦載之，文云：

【惠公】六年，【秦穆公】師師侵晉，至於韓。……以家僕徒爲右，步揚御戎。梁由靡御韓簡，虢射爲右，以承公。公禦秦師……晉師潰，戎馬濘而止……遂止于秦。（《國語》卷九，頁 4 上～5 上）

惠公時晉有二軍，據《左》、《國》所載，可知晉惠公自將上軍，而以韓簡將下軍。

竊疑晉軍之有將、有佐及其設立固定將、佐，成爲一種固定之制度，始於晉文公之作三軍，謀元帥時。由上文討論觀之，獻公時蓋未有固定之軍帥制度，故帥師者或爲太子申生與罕夷，或爲里克與荀息。蓋上軍固定由獻公自將，下軍則皆臨時派任，故或爲申生，或爲罕夷，或爲里克，或爲荀息；唯此種情況至文公作三軍後即不復存在。此後晉軍將、佐之任用、陞遷皆有固定之制度，其軌迹亦斑斑可考。以下即探考晉文公以後各軍將、佐之任命與更替情況，偶亦附論因將、佐之陞遷誅放所引發之問題。

　　晉文公四年（魯僖二十七年，633 B. C.），作三軍，以郤縠將中軍，郤溱爲佐；使狐毛將上軍，狐偃爲佐；使欒枝將下軍，先軫爲佐。《左傳》、《國語》、《史記》三書並載其任命情形：

> ◎ 冬，楚子及諸侯圍宋，宋公孫固如晉告急。先軫曰：「報施救患，取威定霸，於是乎在矣。」狐偃曰：「楚始得曹而新婚於衛，若伐曹、衛，楚必救之，則齊、宋免矣。」於是乎蒐于被廬，作三軍，謀元帥。趙衰曰：「郤縠可。……」乃使郤縠將中軍，郤溱佐之；使狐偃將上軍，讓于狐毛而佐之；命趙衰爲卿，讓於欒枝、先軫；使欒枝將下軍，先軫佐之。（僖二十七年《左傳》）

> ◎ 文公問元帥於趙衰，對曰：「郤縠可。行年五十矣，守學彌惇。夫先王之法志，德義之府也。夫德義，生民之本也。能惇篤者，不忘百姓也。請使郤縠。」公從之。公使趙衰爲卿，辭曰：「欒枝貞慎，先軫有謀，胥臣多聞，皆可以爲輔佐，臣弗若也。」乃使欒枝將下軍，先軫佐之。……公使原季爲卿，辭曰：「夫三德者，偃之出也。以德紀民，其章大矣，不可廢也。」使狐偃爲卿，辭曰：「毛之智賢於臣，其齒又長。毛也不在位，不敢聞命。」乃使狐毛將上軍，狐偃佐之。（〈晉語四〉，《國語》卷十，頁 17 下～18 上）

> ◎ 趙衰舉郤縠將中軍，郤溱佐之；使狐偃將上軍，狐毛佐之；……欒枝將下軍，先軫佐之。（〈晉世家〉）

〈晉世家〉謂「使狐偃將上軍，狐毛佐之」，與《左傳》、《國語》不合。梁玉繩〈晉世家志疑〉云：

> 徐氏《測議》曰：狐偃讓於狐毛；狐毛將上軍，狐偃佐之。《史記》不備，誤也。（《史記志疑》，卷二十一，頁 17 下）

張師以仁舉證尤詳：

> 僖公二十七年《左傳》云：「使狐偃將上軍，讓於狐毛而佐之」；《國語・晉語四》亦云：「乃使狐毛將上軍，狐偃佐之」：是知狐偃爲狐毛之佐，非「狐毛佐之」也。徐孚遠《史記測議》、洪亮吉《四史發伏》亦有此説。（〈讀史記會注考證晉世家札記〉）

是《史記》所載上軍將、佐與《左》、《國》互易者，蓋史公偶誤。

　　晉文公五年（魯僖二十八年，632 B. C.），中軍將郤縠卒，由下軍佐先軫

超遷爲中軍將，下軍佐之位由胥臣取代；其餘將、佐不變。《左》、《國》述其事云：

> ◎取五鹿，先軫之謀也。郤縠卒，使先軫代之；胥臣佐下軍。（〈晉語四〉，仝上，頁 17 下）

> ◎二月，晉郤縠卒。原軫將中軍，胥臣佐下軍，上德也。（僖二十八年《左傳》）

> ◎胥臣以下軍之佐當陳、蔡；……狐毛設二旆而退之；欒枝使輿曳柴而僞遁；……原軫、郤溱以中軍公族橫擊之；狐毛、狐偃以上軍夾攻子西。（僖二十八年《左傳》）

前二條資料可知先軫代郤縠將中軍，胥臣代先軫佐下軍；後條資料可推知各軍將、佐爲：先軫、郤溱爲中軍將、佐，狐毛、狐偃爲上軍將、佐，胥臣爲下軍佐，則欒枝之爲下軍將也自明矣。

晉文公八年（魯僖三十一年，629 B. C.），作五軍，以趙衰將新上軍，箕鄭爲佐；胥嬰將新下軍，先都爲佐。《左》、《國》述其事云：

> ◎秋，晉蒐于清原，作五軍以禦狄。趙衰爲卿。（《左傳》僖公三十一年）

> ◎公曰：「趙衰三讓，其所讓，皆社稷之衛也。廢讓，是廢德也。」以趙衰之故，蒐于清原，作五軍。使趙衰將新上軍，箕鄭佐之；胥嬰將新下軍，先都佐之。（〈晉語四〉，仝上，頁 18 上）

趙衰三讓事，已詳上章。又晉襄公七年（魯文六年，621 B. C.）廢新軍；須至晉景公十三年（魯成三年，588 B. C.）作六軍時始復立新軍將、佐。

又，上軍將狐毛卒後，先且居代將；上軍佐狐偃卒後，趙衰代佐。〈晉語四〉云：

> 狐毛卒，使趙衰代之，辭曰：「城濮之役，先且居之佐軍也善。軍伐有賞，善君有賞，能其官有賞。且居有三賞，不可廢也。且臣之倫，箕鄭、胥嬰、先都在。」乃使先且居將上軍。……子犯卒，蒲城伯請佐，公曰：「夫趙衰三讓不失義。讓，推賢也；義，廣德也。德廣賢至，又何患矣！請令衰也從子。」乃使趙衰佐新上軍。（《國語》卷十，頁 18）

韋昭《解》云：

> 此有「新」字，誤。趙衰從新上軍之將，進佐上軍，升一等。新上

軍之將，位在上軍之佐下。（全上，頁 18 下）

韋說是也。據《國語》上下文意觀之，狐毛卒於作五軍前，狐偃卒於作五軍後；唯難以定其確實年數。

晉襄公元年（魯僖三十三年，627 B. C.），中軍將先軫死於伐狄，其子先且居代為中軍將。僖三十三年《左傳》云：

> 狄伐晉，及箕。……先軫曰：「匹夫逞志於君，而無討，敢不自討乎！」
> 免冑入狄師，死焉。……反自箕，襄公以三命命先且居將中軍。

先且居乃先軫之子，其被破格超陞，除了其善於佐軍之外，蓋亦以示撫恤之意。

晉襄公三年（魯文二年，625 B. C.），趙衰代郤溱佐中軍。文二年《左傳》云：

> 二年春，秦孟明視帥師伐晉，以報殽之役。二月，晉侯禦之，先且
> 居將中軍，趙衰佐之。

蓋郤溱已卒，故趙衰由上軍佐擢升中軍佐。

晉襄公七年（魯文六年，621 B. C.），晉軍帥有極大變化：趙盾代先且居將中軍，狐射姑代趙盾佐中軍；狐射姑奔狄後，以先克為中軍佐；箕鄭為上軍將，荀林父為佐；先蔑將下軍，先都為佐；先蔑於是年奔秦，由士縠代將下軍。茲考辨如下：

此年晉襄公之大舉更換軍帥實因老臣凋謝，不得已也。《左傳》文公五年（622 B. C.）云：

> 晉趙成子、欒貞子、霍伯、臼季皆卒。

《史記·十二諸侯年表》「晉表」同。〈晉世家〉比《左傳》、〈年表〉多一子犯，其文曰：

> 【襄公】六年（622 B. C.），趙衰成子、欒貞子、咎季、子犯、霍伯
> 皆卒。

趙成子，趙衰也，時任中軍佐；欒貞子，欒枝，下軍帥；霍伯，先且居，中軍帥；臼季，胥臣，下軍佐。子犯，狐偃，上軍佐。司馬貞《正義》云：

> 咎季，子犯。杜預曰：臼季，胥臣也。《世本》云：狐偃也。

瀧川資言《考證》辨〈世家〉之誤云：

> 《館本》考證云：「《左傳》是年祇書四大夫卒，而子犯不書；則子
> 犯不死于是年明矣。〈年表〉亦同。『子犯』二字衍。」洪頤煊曰：「此

臼季爲咎季，因謁子犯也。」（卷三十九，頁 65）

案：臼季亦作咎季，臼、咎古字通用〔註 17〕；姓胥氏，名臣，食邑于臼，字季子，故亦曰臼季；爲司空之官，故亦曰司空季子〔註 18〕。狐偃字子犯，以其爲文公之舅，故亦稱舅犯，又作咎犯〔註 19〕。時咎犯未卒，蓋鈔《史記》者聯想而誤咎季爲咎犯，乃於其旁加注「子犯」二字，傳寫遂誤入正文。非有異說也。

襄公六年，四卿皆卒，五軍將佐，十去其四，故有次年夷之蒐，舍二軍，復三軍也。《左傳》文公六年（621 B.C.）載晉復三軍，立將、佐事云：

> 春，晉蒐於夷，舍二軍。使狐射姑將中軍，趙盾佐之。陽處父至自溫，改蒐于董，易中軍——陽子，成季之屬也，故黨於趙氏——且謂趙盾能，曰：「使能，國之利也。是以上之。」宣子於是乎始爲國政。

案：上年四卿並卒，老成凋謝，襄公遂改五軍爲三軍，且謀立新帥：本以狐偃之子射姑將中軍，趙衰之子盾爲佐；以陽處父黨於趙盾，易置之，改趙盾爲中軍將，以射姑佐中軍。

至於上、下軍之將、佐則史籍未有明確記載；是年中軍佐賈季——狐射姑——又因趙盾改立靈公事而出奔狄，似三軍將、佐止餘一元帥耳；實則不然。以文七年（620 B.C.）《左傳》所載可以推知晉襄公七年（621 B.C.）時三軍之將、佐。《傳》云：

> 宣子……乃背先蔑而立靈公，以禦秦師。箕鄭居守，趙盾將中軍，先克佐之；荀林父佐上軍；先蔑將下軍，先都佐之。

杜預注「荀林父佐上軍」云：

> 箕鄭將上軍，居守，故佐獨行。（《左傳正義》卷十九上，頁 14 上）

箕鄭爲上軍將無可疑。杜預注「先蔑將下軍」云：

> 先蔑、士會逆公子雍，前還晉，晉人始以逆雍出軍。（仝上）

趙汸則以爲下軍將非先蔑，其言曰：

> 上言「先蔑如秦」，又言「背先蔑以禦秦師」，則將下軍非先蔑，《傳》

---

〔註 17〕　說見　王師叔岷〈晉世家斠證〉，《史記斠證》卷三十九，頁 1479。

〔註 18〕　參考〈晉語四〉韋昭《解》（《國語》卷十，頁 7 下）；梁玉繩《漢書人表考》（卷四，頁 15 上、下）。

〔註 19〕　參考僖二十三年《左傳》杜預《注》、〈晉語四〉韋昭《解》、《漢書人表考》卷三、王引之《經義述聞》卷二十二。

誤明矣。杜氏先蔑前還，亦非。既前還，背秦無用奔秦。其奔秦以
不與立靈公爾。(《春秋左氏傳補注》卷四，頁 4 上～5 下)

齊召南不以趙說爲然，其《注疏考證》駁趙汸之說云：

> 按：三軍並出以迎新君，及菫陰，始變計禦秦，蔑始奔也。傳本不
> 誤，但倒背先蔑一句於「及菫陰」之下，即情事俱見。(《清經解》
> 卷三一二，〈左傳注疏考證〉卷一，頁 16 下～17 上)

齊氏謂先則迎君，繼而幡然改命，遂變而禦秦。其說恐未必是。迎君似無須
三軍並出，蓋先蔑使秦，與秦言妥立公子雍事，遂返晉覆命；而盾等乃驟然改
立靈公。因秦多以衛送公子雍，晉知之，故三軍並出，而先蔑既爲下軍將，
不得已亦隨而出兵，唯非出情願。故雖在軍中，未必參與禦秦；秦師既敗，
蔑遂奔秦[註20]。且觀《公》、《穀》二傳之意蓋亦以先蔑將軍。[註21]

先蔑奔秦後，下軍將又出缺；據史料推之，其位乃由士縠接任。文九年
《春秋經》云：

> 二月……晉人殺其大夫先都。三月……晉人殺其大夫士縠及箕鄭
> 父。

洪亮吉云：

> 箕鄭，上軍將；士縠，下軍將。《傳》文亦先箕鄭而後士縠。今顧于
> 士縠下言及箕鄭，明非首謀，故書法如此。(《春秋左傳詁》卷二，
> 頁 73)

洪氏未詳言其由，實則孔穎達已言及之，文九年《正義》云：

> 士縠書《經》，則是卿也。七年令狐之戰，三軍將、佐無士縠；十二
> 年河曲之戰，三軍將佐，杜《注》無代士縠者。而士縠得爲卿者，
> 先蔑奔秦，《傳》無其代。十二年「欒盾將下軍」，《注》云「代先蔑」
> 者，據《傳》成文言之耳；未必不是士縠代先蔑，欒盾代士縠也。
> 箕鄭，上軍將也，《傳》文先箕鄭，後士縠。士縠若將下軍，則是
> 位之次也。其事似然。或者晉於將、佐之外，猶別有散位從卿，若

---

〔註20〕 說參楊伯峻《春秋左傳注》，頁 559、561。
〔註21〕 《公羊傳》云：「晉先眛以師奔秦。……此晉先眛也，其稱人何？貶。曷爲
貶？外也。其外奈何？以師外也。」(《公羊注疏》卷十三，頁 13) 先眛即先
蔑。《穀梁傳》云：「晉先蔑奔秦。不言出，在外也。輟戰而奔秦，以是爲逃
軍也。」(《穀梁注疏》卷十，頁 11 下) 尋二《傳》之意，亦以先蔑爲擁有兵
權之人。

> 郤缺、趙穿之類也。《傳》箕鄭先士縠，《經》士縠先箕鄭者，《經》
> 以殺之先後，《傳》以位次序列。（《左傳正義》卷十九上，頁 21 下
> ～22 上）

孔氏之說，雖亦出臆測，然不爲無理，茲姑從之。

## 貳、靈公至厲公

　　晉靈公二年（魯文八年，619 B. C.），中軍佐先克、上軍將箕鄭、下軍將
士縠、下軍佐先都先後被殺，遂以荀林父代先克佐中軍，以郤缺代箕鄭將上
軍，以臾駢代荀林父佐上軍，以欒枝子欒盾代士縠將下軍，以胥臣子胥甲代
先都佐下軍。文八年、九年《左傳》載諸軍帥被殺之原委云：

> 【八年】夷之蒐，晉侯將登箕鄭、先都；而使士縠、梁益耳將中軍。
> 先克曰：「狐、趙之勳，不可廢也。」從之。先克奪蒯得田于堇陰。
> 故箕鄭父、先都、士縠、梁益耳、蒯得作亂。九年春，王正月己酉，
> 使賊殺先克。乙丑，晉人殺先都、梁益耳。……三月甲戌，晉人殺
> 箕鄭父、士縠、蒯得。

是晉靈公二年，六軍將、佐又去其四。唯文十二年《左傳》載晉、秦河曲之
戰，晉之將佐爲：

> 趙盾將中軍，荀林父佐之；郤缺將上軍，臾駢佐之；欒盾將下軍，
> 胥甲佐之。

據此可以推知各軍將、佐如上。

　　晉靈公十三年（魯宣元年，608 B. C.），胥克以子代父，爲下軍之佐。《左
傳》宣公元年云：

> 夏……晉人討不用命者，放胥甲父于衛，而立胥克。

杜預《解》云：

> 胥甲，下軍佐：文十二年戰河曲，不肯薄秦於險。克，甲之子。（《左
> 傳正義》卷二十一，頁 4 上）

胥甲遭流放，其位由子代立。

　　晉成公六年（魯宣八年，601 B. C.），郤缺代趙盾爲中軍將，廢下軍佐胥
克而代以趙朔。宣八年《左傳》云：

> 晉胥克有蠱疾。郤缺爲政；秋，廢胥克，使趙朔佐下軍。

據《傳》文可知趙盾卒於此年，故郤缺代趙盾爲政。郤缺本爲上軍將，今代
趙盾爲國政，將中軍。胥克本爲下軍佐，以有蠱疾，爲郤缺所廢，使趙盾之

子趙朔代立,任下軍佐。

晉景公三年(魯宣十二年,597 B.C.)荀林父代郤缺爲中軍將,先縠爲中軍佐;士會將上軍,郤克爲佐;趙朔、欒書爲下軍將、佐。《左傳》宣公十二年云:

> 夏六月,晉師救鄭。荀林父將中軍,先縠佐之;士會將上軍,郤克佐之;趙朔將下軍,欒書佐之。趙括、趙嬰齊爲中軍大夫;鞏朔、韓穿爲上軍大夫;荀首、趙同爲下軍大夫;韓厥爲司馬。

《史記‧趙世家》亦云:

> 趙朔,晉景公之三年,朔爲晉將下軍,救鄭,與楚莊王戰河上。

宣十二年《傳》杜《注》云:

> 河曲之役,郤缺將上軍;宣八年,代趙盾爲政,將中軍。士會代將上軍。(《左傳正義》卷二十三,頁4上)

案:綜上資料,可知:先縠代荀林父任中軍佐;趙朔代欒盾爲下軍將;郤缺之子郤克代臾駢爲上軍佐;欒盾之子欒書代趙朔爲下軍佐。《史記‧晉世家》亦載此役,云:

> 【景公】三年(597 B.C.),楚莊王圍鄭,鄭告急晉,晉使荀林父將中軍,隨會將上軍,趙朔將下軍,郤克、欒書、先縠、韓厥、鞏朔佐之。

史公書佐未按中、上、下軍之次序,又以司馬之韓厥爲佐,故梁玉繩〈晉世家志疑〉云:

> 案:宣十二年《傳》,韓厥爲司馬,不爲軍佐;而朔是上軍大夫之一,亦非佐也。上、中、下三軍,每軍二大夫,何獨舉朔乎?(《史記志疑》卷二十一,頁23上)

蓋《史記》此處之「佐」非嚴格義;由中軍元帥言,中軍佐以下五卿固爲其佐,即上、中、下三軍大夫及司馬亦其佐也。史公蓋包舉之耳,非有誤也。

晉景公四年(魯宣十三年,596 B.C.),中軍佐先縠被殺,其位蓋由士會繼任,而以郤克將上軍,由荀首代郤克佐上軍。宣十三年《經》、《傳》云:

> ◎冬,晉殺其大夫先縠。(《春秋經》)
> ◎秋,赤狄伐晉,及清,先縠召之也。冬,晉人討邲之敗與清之師,歸罪於先縠而殺之,盡滅其族。(《左傳》)

事亦見載於〈晉世家〉,其文曰:

【景公】四年，先縠以首計而敗晉軍河上，恐誅，乃奔翟〔註22〕，
　　與翟謀伐晉。晉覺，乃族縠。

是景公四年中軍佐出缺；其各軍將、佐更代情況詳見下文晉景公十一年下孔
穎達說。

　　晉景公七年（魯宣十六年，593 B. C.）士會代荀林父將中軍。宣十六年
《左傳》云：

　　春，晉士會帥師滅赤狄甲氏及留吁鐸辰。三月獻狄俘，晉侯請于王，
　　戊申，以黻冕命士會將中軍，且為大傅。於是晉國之盜逃奔于秦。

杜預《注》：

　　代林父將中軍，且加以大傅之官。（《左傳正義》卷二十四，頁 13
　　下～14 上）

士會既代林父之位，其位自出缺，蓋由郤克代之佐中軍，荀首任上軍將，荀
庚佐之。說詳下。

　　晉景公八年（魯宣十七年，592 B. C.），士會告老，郤克代為中軍將。宣
十七年《左傳》云：

　　范武子將老，召文子曰：「燮乎！吾聞之：喜怒以類者鮮，易者實
　　多。《詩》曰：『君子如怒，亂庶遄沮；君子如祉，亂庶遄已。』君
　　子之喜怒，以已亂也。弗已者，必益之。郤子其或者欲已亂於齊乎！
　　不然，余懼其益之也。余將老，使郤子逞其志，庶有豸乎！爾從二
　　三子唯敬。」乃請老；郤獻子為政。

《國語》亦載此事，〈晉語五〉云：

　　郤獻子聘于齊，齊頃公使婦人觀而笑之。郤獻子怒；歸，請伐齊。
　　范武子退自朝，曰：「燮乎！吾聞之：干人之怒，必獲毒焉。夫郤子
　　之怒甚矣，不逞於齊，必發諸晉國。不得政，何以逞怒？余將致政
　　焉，以成其怒：勿以內易外也。爾勉從二三子以承君命，唯敬。」
　　乃老。（《國語》卷十一，頁 3 下）

《史記‧晉世家》亦載此事，而作魏文子：

　　魏文子請老休，辟郤克，克執政。

梁玉繩〈晉世家志疑〉云：

　　案：《左傳》請老者范武子士會也，此誤。魏文子是魏頡，在悼公朝，

景公時尚無其人。(《史記志疑》卷二十一，頁 21)

張師以仁亦云：

> 〈晉語五〉亦作范武子。韋《注》云：「武子，晉正卿士會。」(〈讀史記會注考證晉世家札記〉)

史公蓋偶誤。郤克既升為中軍將，當是荀首升任中軍佐，荀庚代將上軍。說詳下。

晉景公十一年（魯成二年，589 B. C.），郤克、荀首為中軍將、佐；荀庚、士燮為上軍將、佐；欒書、郤錡任下軍將、佐。茲考之如下：

晉、齊鞌之戰前，衛孫桓子、魯臧宣叔均如晉乞師，且皆主郤獻子。成二年《左傳》述晉各軍之將、佐云：

> 郤克將中軍，士燮佐上軍，欒書將下軍，韓厥為司馬，以救魯、衛。

王樵《春秋輯傳》云：

> 邲之戰，趙朔將下軍；鞌之役，欒書將下軍，代趙朔，朔死矣。(卷八，頁 40 下)

王說蓋是。有關此數年晉國將、佐之陞遷情況，孔穎達論之甚詳，成二年《正義》云：

> 宣十二年邲之戰，《傳》稱「荀林父將中軍，先縠佐之；士會將上軍，郤克佐之；趙朔將下軍，欒書佐之」。十三年，晉殺先縠，當是士會佐中軍，郤克將上軍；不知誰代郤克佐上軍，疑是荀首為之。十六年，士會將中軍，則林父卒矣，當是郤克佐中軍，疑是荀首將上軍，荀庚佐之。十七年士會請老，郤克將中軍，當是荀首佐中軍，荀庚將上軍。所以知者，此年《傳》稱楚屈巫對莊王云：「知罃之父，中行伯之季弟也，新佐中軍」：則荀首於莊王之世已佐中軍。明士會老後，郤克遷而荀首代也。首於邲戰，尚為大夫，不應宣之末年，得佐中軍，故疑先縠死後，代郤克佐上軍也。明年荀庚來聘，《傳》稱：「中行伯之於晉也，其位在三」：則此時荀庚將上軍矣。林父卒來已久，不應始用荀庚，故疑林父卒後，荀庚即佐上軍；士會老後，荀庚轉將上軍，故杜以為士燮代荀庚也。邲戰以來，趙朔無代，今欒書將下軍，則趙朔卒矣，故知欒書代趙朔：不知此時誰代欒書佐下軍也。(《左傳正義》卷二十五，頁 8 下～9 上)

《正義》之說，雖或出推測，然合情合理；唯此年諸軍將仍有異說。其關鍵
厥在「士燮」上：杜預《注》「士燮佐上軍」云：

> 范文子代荀庚。（《左傳正義》卷二十五，頁 8 下）

范文子即士燮；但《十三經注疏本》作「士燮將上軍」，〈齊世家〉亦載此事，
文同《十三經》本《左傳》：

> 【頃公】十年春（589 B. C.）齊伐魯、衛。魯、衛大夫如晉請師，
> 皆因郤克。郤克以車八百乘爲中軍將，士燮將上軍，欒書將下軍以
> 救魯、衛伐齊。

梁玉繩〈齊世家志疑〉云：

> 《傳》士燮是佐上軍：將上軍者荀庚也，時庚不出。（《史記志疑》
> 卷十七，頁 24 下）

阮元《校勘記》亦云：

> 《石經》、《宋本》、《淳熙本》、《岳本》、《足利本》「將」作「佐」，
> 是也。案四年《傳》尚云「士燮佐上軍」，至十三年《傳》始云「士
> 燮將上軍」，此時不得爲將明矣。（《左傳正義》卷二十五《校勘記》，
> 頁 4 上）

梁、阮二說是也。竹添光鴻《會箋》本亦作「佐」。〈晉語五〉韋昭《解》
云：

> ◎燮，武子之子文子也。（《國語》卷十一，頁 3 下）
>
> ◎文子，時佐上軍。（仝上，頁 4 下）

是韋昭亦以爲士燮佐上軍；又成四年（587 B. C.）《左傳》載晉爲許伐鄭時之
軍將云：

> 欒書將中軍，荀首佐之，士燮佐上軍，以救許伐鄭。

是晉景公十三年（587 B. C.）士燮猶爲上軍之佐；士燮之爲上軍將，在晉厲公
三年（578 B. C.），見載於成十三年《左傳》：則晉景公十一年（589 B. C.）其
不得將下軍明矣。故竹添光鴻云：

> 文七年令狐之役，上軍之將箕鄭居守，荀林父以佐率上軍。《傳》云
> 「荀林父佐上軍」與此同。《十行本》作「將上軍」，非也。……下文
> 士燮對晉侯，曰：「庚所命也，克之制也」，《注》云：「荀庚將上軍，
> 時不出：范文子，上軍佐，代行，故稱帥以讓。」則此《注》「代荀
> 庚」，亦謂代行，非謂代將上軍也。（《左氏會箋》卷十二，頁 11）

是則晉景公十一年（589 B. C.）時晉各軍將佐為：郤克代荀林父將中軍；荀庚代士會將上軍；士燮代郤克佐上軍；欒書代趙朔將下軍。而未見中軍佐、下軍佐之載。

　　案：晉、楚邲之戰，楚人囚知罃。楚欲以之交換邲之戰被囚之公子穀臣及連尹襄老之尸時，成二年《左傳》有云：

　　　　知罃之父，成公之嬖也，而中行伯之季弟也，新佐中軍。

杜預《注》云：

　　　　知罃父，荀首也。中行伯，荀林父也。（《左傳正義》卷二十五，頁20上）

成三年《傳》又云：

　　　　晉人歸楚公子穀臣與連尹襄老之尸于楚以求知罃。於是荀首佐中軍矣，故楚人許之。

是荀首為中軍佐也。且荀首為中軍佐亦不始於晉景公十一年，前引《正義》已言及，齊召南《注疏考證》亦云：

　　　　按：自宣十七年士會請老，郤克為政，荀首即已佐中軍。是以成二年《傳》，巫臣對楚王曰：「知罃之父新佐中軍」，不始於此年也；《傳》追敘於此年耳。（〈左傳注疏考證〉卷一，頁21下～22上）

前引孔氏《正義》謂「不知此時誰代欒書佐下軍」。此時之下軍佐，史無明文，顧棟高〈春秋列國官制表〉云：

　　　　按《成六年》《正義》引服虔云：「郤錡將下軍，趙同佐之。」疑郤錡先佐下軍，至四年欒書將中軍，錡代將下軍。（《春秋大事表》卷十，頁39下）

以陞遷更替情況觀之，顧說或是，茲姑從之。

　　晉景公十二年（魯成三年，588 B. C.），作新三軍，韓厥、趙括為新中軍將、佐；鞏朔、韓穿為新上軍將、佐；荀騅、趙旃為新下軍將、佐。成三年《左傳》云：

　　　　十二月甲戌，晉作六軍，韓厥、趙括、鞏朔、韓穿、荀騅、趙旃皆為卿：賞鞌之功也。

〈晉世家〉除誤韓穿為趙穿外，餘並同《左傳》〔註23〕。杜預《注》云：

　　　　韓厥為新中軍，趙括佐之；鞏朔為新上軍，韓穿佐之；荀騅為新下

───────────────

〔註23〕說已詳本稿上編第一章第一節之陸。

軍，趙旃佐之。(《左傳正義》卷二十六，頁5上)

成六年《左傳》謂韓厥將新中軍，杜預蓋即據之，並依名之先後以配其位次。

晉景公十三年（魯成四年，587 B.C.），欒書代郤克將中軍，郤錡代欒書將下軍。成四年《左傳》載鄭伐許，晉救許，言及晉軍將佐云：

> 晉欒書將中軍，荀首佐之；士燮佐上軍，以救許伐鄭。

是此時之中軍將已由原爲下軍將之欒書取代。至於原下軍將之缺，蓋由郤錡代之，說已見上文。

晉景公十五年（魯成六年，585 B.C.），郤錡將下軍，趙同佐之。茲考之如下：

成六年《左傳》曾述及此年晉新中軍將，《傳》云：

> 韓獻子將新中軍。

是則晉景公十五年韓厥仍任新中軍之將。成六年《傳》《正義》云：

> 服虔云：是時欒書將中軍，荀首佐之；荀庚將上軍，士燮佐之；郤錡將下軍，趙同佐之；韓厥將新中軍，趙括佐之；鞏朔將新上軍，韓穿佐之；荀騅將新下軍，趙旃佐之。(《左傳正義》卷二十六，頁14下）

李貽德云：

> 案四年《傳》：「欒書將中軍，荀首佐之，士燮佐上軍以救許」；三年《傳》云：「晉侯使荀庚來聘，公問諸臧宣叔，曰：『中行伯之于晉也，其位在三』，《正義》曰：『于時荀庚將上軍』；故知欒書、荀首爲中軍將佐；荀庚、士燮爲上軍將佐矣。欲錡承克後，宜爲軍將；中、上既有人，則錡當爲下軍將。趙同在佐之中，而請戰，則佐下軍矣。至韓厥以下六人爲新軍將佐次第，知者，以三年《傳》：云：「晉作六軍，韓厥、趙括、鞏朔、韓穿、荀騅、趙旃皆爲卿」；此年《傳》云：「韓獻子將新中軍」。韓厥居新軍之首，故三年《傳》先列其名，則以下五人所將所佐可循序知也。(《清經解續編》冊十二，《春秋左傳賈服注輯述》卷十，頁7上）

劉文淇曰：

> 按李氏據三年、四年《傳》記服氏所說中、上軍、新軍將、佐皆確；惟郤錡將下軍，趙同佐之，《傳》所不具；服氏或別據他書。(《春秋

左氏傳舊注疏證》，頁 835）

服虔蓋亦以理推之，姑從之。

晉景公十七年（魯成八年，583 B. C.），下軍佐趙同、新中軍佐趙括被殺，二帥同時出缺。成八年《春秋》云：

> 晉殺其大夫趙同、趙括。

《左傳》述其事云：

> 【四年】晉趙嬰通于趙莊姬。五年春，原、屏放諸齊。……【八年】
> 晉趙莊姬爲趙嬰之亡故，譖之于晉侯，曰：「原、屏將爲亂。」欒、
> 郤爲徵。六月，晉討趙同、趙括。

〈晉世家〉亦云：

> 【景公】十七年，誅趙同、趙括，族滅之。

同、括之缺，不知補以何人。據成十三年《左傳》所載秦、晉麻隧之戰，晉軍將、佐（詳下），及是年已廢六軍爲四軍觀之，或竟如竹添光鴻所言「死亡不復補」〔註24〕也。

晉厲公三年（魯成十三年，578 B. C.），荀庚代荀首佐中軍，士燮代荀庚將上軍，郤錡代士燮佐上軍，韓厥代郤錡將下軍，荀罃代趙同佐下軍，趙旃由新下軍將升任新軍將，郤至代趙括佐新軍。

案：是年秦國背盟，且欲召狄與楚共伐晉，晉派呂相絕秦後，率諸侯伐秦。成十三年《左傳》載晉之軍將如下：

> 欒書將中軍，荀庚佐之：士燮將上軍，郤錡佐之：韓厥將下軍，荀
> 罃佐之：趙旃將新軍，郤至佐之。

杜預曾加注解，以爲：荀庚代荀首，士燮代荀庚，郤錡代士燮，韓厥代郤錡，荀罃代趙同，趙旃代韓厥，郤至代趙括。

又，時新三軍已廢爲一軍，故新軍止一將一佐，鄭子展所謂「四軍無闕，八卿和睦」〔註25〕也。

晉厲公六年（魯成十六年，575 B. C.）士燮代荀庚佐中軍，郤錡代士燮將上軍，荀偃代郤錡佐上軍，郤犨將新軍；其餘將、佐不變。成十六年《左傳》載晉、楚鄢陵之戰時，晉軍將佐爲：

> 欒書將中軍，士燮佐之：郤錡將上軍，荀偃佐之：韓厥將下軍；郤

---

〔註24〕並見本稿上編第一章第一節之柒。

〔註25〕見襄九年《左傳》。又，晉之廢六軍爲四軍，請參本稿上編第一章第一節之柒。

至佐新軍；荀罃居守。

〈晉語六〉云：

> 鄢之役，晉伐鄭，荊救之。欒武子將上軍，范文子將下軍。(《國語》
> 卷十二，頁 4 上）

欒武子，欒書；范武子，士燮。乍觀之，似《內》、《外》傳所載有異，故楊
伯峻云：

> 〈晉語六〉云「欒武子將上軍，范文子將下軍」，與《傳》異。(《春
> 秋左傳注》，頁 880）

實則未必。韋昭《解》云：

> 上、下，中軍之上、下也。《傳》曰：「欒書將中軍，士燮佐之」；又
> 曰：「欒、范以其族夾公行」。(仝上）

孔穎達亦云：

> 〈晉語〉云：「……」與此異者，彼孔晁《注》云：「上、下，中軍
> 之上、下也。《傳》曰：『欒書將中軍，士燮佐之』；又曰：『欒、范
> 以其族夾公行』。」引此爲正，是彼謂分中軍爲二，將將上，而佐將
> 下。(《左傳正義》卷二十八，頁 3 上）

晉三軍又各分上、下，將帥上而佐帥下，孔晁、韋昭之說是也。

成十六年《傳》又云：

> 郤犨將新軍，且爲公族大夫，以主東諸侯。

同年《傳》又載魯成公會尹武公及諸侯伐鄭，謂晉：

> 知武子佐下軍，以諸侯之師侵陳，至於鳴鹿。

知武子即知罃。

據以上討論，可知：晉厲公六年（575 B. C.）晉各軍將佐爲：欒書仍將中
軍，中軍佐則由原任上軍將之士燮升任；上軍將則由原任上軍佐之郤錡升任，
上軍佐則拔擢原中軍佐荀庚之子荀偃爲之〔註 26〕；韓厥、荀罃仍爲下軍將、
佐，郤至仍佐新軍，新軍將則爲成十一年見於《春秋》、《左傳》，聘魯、盟秦
之郤犨。

## 參、悼公以後

晉厲公七年（魯成十七年，574 B. C.）中軍佐士燮、上軍將郤錡、新軍將

---

〔註 26〕杜預《注》：「偃，荀庚子。」

郤犨、新軍佐郤至相繼死亡，八卿去其四；至次年悼公入國始補。《左傳》對四人之死因有頗爲詳細之敘述。成十七年《傳》云：

> 晉范文子反自鄢陵，使其祝宗祈死，曰：「君驕侈而克敵，是天益其疾也，難將作矣。愛我者，惟祝我，使我速死，無及於難，范氏之福也。」六月戊辰，士燮卒。

士燮乃因心憂國君無道，執政驕縱，上下無常，政出多門，不忍見國政悖亂，乃遂祈死而終。士燮實忠賢之臣；三郤則有異於是。《左傳》詳載三郤滅宗始末云：

> ◎春，晉侯使郤錡來乞師，將事不敬。孟獻子曰：「郤氏其亡乎！禮，身之幹也；敬，身之基也。郤子無基。且先君之嗣卿也，受命以求師，將社稷是衛；而惰，弃君命也。不亡何爲！」（《成十三》）
>
> ◎晉三郤害伯宗，譖而殺之，及欒弗忌。伯州犂奔楚。韓獻子曰：「郤氏其不免乎！善人，天地之紀也，而驟絕之。不亡何待！」（《成十五》）
>
> ◎晉侯使郤至獻楚捷于周，與單襄公語，驟稱其伐。單子語諸大夫曰：「溫季其亡乎！位於七人之下，而求掩其上。怨之所聚，亂之本也。多怨而階亂，何以在位？〈夏書〉曰：『怨豈在明？不見是圖。』將慎其細也。今而明之，其可乎！」（《成十六》）
>
> ◎晉厲公侈，多外嬖。反自鄢陵，欲盡去群大夫，而立其左右。胥童以胥克之廢也，怨郤氏；而嬖於厲公。郤錡奪夷陽五田；五亦嬖於厲公。郤犨與長魚矯爭田，執而梏之，與其父母妻子同一轅；既，矯亦嬖於厲公。欒書怨郤至，以其不從己而敗楚師也，欲廢之。使楚公子茷告公曰：「此戰也，郤至實召寡君，以東師之未至也，與軍帥之不具也，曰：『此必敗，吾因奉孫周以事君。』」公告欒書，書曰：「其有焉。不然，豈其死之不恤而受敵使乎？君盍嘗使諸周而察之？」郤至聘于周，欒書使孫周見之。公使覘之，信，遂怨郤至。厲公田，與婦人先殺而飲酒，後使大夫殺。郤至奉豕，寺人孟張奪之；郤至射而殺之。公曰：「季子欺余！」厲公將作難，胥童曰：「必先三郤。族大、多怨。去大族，不偪；敵多怨，有庸。」公曰：「然。」郤氏聞之，郤錡欲攻公，曰：「雖死，君必危。」郤至曰：「人所以立，信、知、勇也。

信不叛君，知不害民，勇不作亂。失茲三者，其誰與我！死而多怨，將安用之？君實有臣而殺之，其謂君何？我之有罪，吾死後矣。若殺不辜，將失其民，欲安，得乎？待命而已。受君之祿，是以聚黨。有黨而爭命，罪孰大焉！」壬午，胥童、夷羊五帥甲八百將攻郤氏；長魚矯請無用眾，公使清沸魋助之。抽戈結衽而僞訟者。三郤將謀於榭，矯以戈殺駒伯〔郤錡〕、苦成叔〔郤犨〕於其位。溫季〔郤至〕曰：「逃威也。」遂趨；矯及諸其車，以戈殺之。皆尸諸朝。（《成十七》）

事亦見〈晉語六〉、《呂氏春秋‧驕恣》、《史記》〈晉世家〉、〈趙世家〉。〈晉世家〉誤書在屬公八年；《左傳》、《國語》、《呂覽》、《史記》四書所載雖詳略稍有不同，史實亦略有差異，唯其殺三郤則並無齟齬。茲不詳考。三郤以族大、多怨，遂亡其宗；且引發欒書、中行偃弒屬公事。然，晉卻因之而得以復霸。此或爲祈死之士變所難以想像者乎！然亦因之而導致大夫專權之局。史遷於〈趙世家〉云：

晉屬公殺其大夫三郤，欒書畏及，乃遂弒其君屬公，更立襄公曾孫周，是爲悼公。晉由此大夫稍彊。

〈晉世家〉「太史公曰」又云：

悼公以後日衰，六卿專權。故君道之御其臣下，固不易哉！

史公所慨深矣。晉悼蓋亦有見於此，故其入國時，有言云：

孤始願不及此；雖及此，豈非天乎！抑人之求君，使出命也。立而不從，將安用君？二三子用我今日：否亦今日。共而從君，神之所福也。（成十八年《左傳》）

前人於此雖多盛讚悼公深得經權、駕馭之道〔註 27〕。宋儒黃震且不以史公之說爲然，而爲悼公叫屈。《黃氏日鈔》云：

悼公十四歲得國，一旦轉危爲安，功業赫然。漢昭帝流亞也。太史公例言「悼公以後日衰」，語焉不詳：悼公稱屈九原矣。（卷四十六，〈讀史一〉「晉世家」條，頁 9 下）

朱東潤《史記考索》亦云：

〈晉世家〉贊曰：「悼公以後日衰。」按悼公在位十五年，和戎伐秦，

〔註 27〕如魏禧、朱元英。魏說見《左傳經世鈔》卷十，頁 30；又頁 32 上、下。朱說見《左氏會箋》卷十三，頁 69 引。

> 晉人復霸。平公嗣立，元年伐齊，遂圍臨菑，燒屠其郭中，東至膠，
> 南至沂，齊皆城守；其後復因崔杼之亂，敗齊高唐。在位二十六年，
> 未嘗有大失，皆見本篇。贊稱悼公以後日衰，誣矣。（〈史贊質疑〉，
> 頁 27～28）

然悼公雖則能使晉國復霸，卻無法有效控制日益強大之六大豪家。悼公以後，
國事為強卿所宰制，晉之公族日益衰微，晉君之地位亦日漸低落，如日之將
夕矣。自此晉之舞臺由六卿輪番上陣，廝殺爭奪，最後權歸三家，而晉祚亦
隨之而終。　王師叔岷云：

> 史公所謂「悼公以後日衰」者，乃就「六卿專權」言之。悼、平之
> 世，權漸專於六卿，外雖強盛，內日衰落矣。若但就外強言之，則
> 雖至平公之孫頃公時，尚能平王室亂，然此實六卿之力也。（〈晉世
> 家斠證〉，《史記斠證》，頁 1497）

善哉　王師之言也。外日強而內日弱，晉正如翳翳之日矣。

　　悼公元年（魯成十八年，573 B. C.），韓厥升任中軍將，郤季佐下軍，呂
相將新軍，魏頡佐之；呂相卒後，趙武代將新軍。其餘將、佐無考。

　　前已言及晉厲公七年晉八卿去其四，唯悼公一即位，即立魏相（呂相）、
士魴、魏頡、趙武四人為卿。四軍八卿又任職無缺。唯趙武此時蓋未滿二十，
其立或在數年之後。今略加考述，並及四人之職位。

　　悼公時軍職，《國語》所載詳於《左傳》。〈晉語七〉云：

> 二月乙酉，公即位，使呂宣子將下軍，曰：「邲之役，呂錡佐智莊子
> 於上軍〔註28〕，獲楚公子穀臣與連尹襄老，以免子羽；鄢之役，親
> 射楚王，而敗楚師，以定晉國；而無後，其子孫不可不崇也。」使
> 郤恭子將新軍，曰：「武子之季，文子之母弟也。武子宣法以定晉
> 國，至於今是用；文子勤身以定諸侯，至於今是賴。夫二子之德，
> 其可忘乎！」故以郤季屏其宗。使令狐文子佐之，曰：「昔克潞之
> 役，秦來圖敗晉功，魏顆以其身卻退秦師于輔氏，親止杜回，其勳
> 銘於景鍾；至於今不育，其子不可不興也。」（《國語》卷十三，頁
> 1 下～2 上）

---

〔註28〕韋昭《解》云：「『上』當為『下』字之誤也。呂錡，廚武子也；智莊子，荀
　　　首也，時為下軍大夫。事在魯宣十二年。唐尚書云：『荀首將上軍』，誤也。」
　　　（《國語》卷十七，頁 2 上）韋《解》是也，《左傳》宣公十二年謂「荀首、
　　　趙同為下軍大夫」。

韋昭《解》云：

　　◎宣子，呂錡之子呂相。（仝上，頁２上）

　　◎文子，魏犨之孫，顆之子，魏頡也。令狐，邑名。（仝上）

依〈晉語〉所載，是悼公以呂相將下軍，以士魴將新軍，以魏頡佐新軍。故顧棟高〈春秋晉中軍表〉云：

　　按：〈晉語〉：「呂宣子佐下軍，麀恭子將新軍，令狐文子佐之」。呂
　　宣子，魏錡之子相也。麀恭子，士魴也。令狐文子，魏頡也。是年
　　冬，士魴來乞師，臧武仲曰：「今臧季亦佐下軍」，蓋相即于是年卒，
　　魴代相佐下軍也。又按：〈晉語〉：「呂宣子卒，使趙文子佐新軍」：
　　是魏相卒後，士魴升佐下軍，頡代魴將新軍，趙武佐之也。（《春秋
　　大事表》卷二十二，頁６下～７上）

說又見《大事表》卷十〈春秋列國官制表〉。唯此有異說。首先「使呂宣子將下軍」，《公序本》《國語》「將」作「佐」（卷十三，頁　２　上）：是板本上有異矣；其次，〈晉語〉所載前後有矛盾之處：〈晉語七〉又云：

　　始合諸侯于虛打以救宋，……呂宣子卒，公以趙文子爲文也，而能
　　恤大事，使佐新軍。……四年，諸侯會于雞丘，……令狐文子卒，
　　公以魏絳爲不犯，使佐新軍。（《國語》卷十三，頁３下）

此條所載呂宣子卒，趙武佐新軍與上條同爲悼公元年事。據此，則是呂相爲新軍佐〔註29〕，相卒後由趙武升任；然又難以解釋何以魏頡亦任職新軍之佐，

---

〔註29〕案：實則此處《國語》文字有譌誤。趙文子乃將新軍，非佐新軍。王引之云：
「『呂宣子卒，公以趙文子爲文也，而能恤大事，使佐新軍』，韋《注》曰：『說
云：新中軍也（原註：《宋本》如是）。昭謂：時但言新軍，無新中軍（原註：
《宋本》「無」下脫「新」字）。』引之謹案：下文始云：『使魏絳佐新軍』，
此不當與之複，故舊說以新軍爲新中軍，以別於下文之新軍；而韋氏駁之，
以時無新中軍，則新軍與下文無別。下文『令狐文子卒，公乃使魏絳佐新軍』，
則先魏絳而佐新軍者令狐文子，而非趙文子也。其不得以趙文子爲新軍佐明
矣。今案：『佐』字涉下文『使佐新軍』而譌，『佐』當爲『將』。呂宣子本將
新軍，宣子卒，故公使趙文子將新軍也。襄九年《左傳》：『魏絳多功，以趙
武爲賢而爲之佐』，杜《注》：『武，新軍將』；又『杞人、郳人從趙武、魏絳
斬行栗』，《注》曰：『二國從新軍』：是趙武子將新軍，魏絳佐之也。蓋其始
也，呂宣子將新軍，令狐文子佐之：及二子卒，則趙文子將新軍，而魏絳佐
之。故上文云：『使呂宣子將新軍，使令狐文子佐之』；此及下文云：『呂宣子
卒，公以趙文子爲文也，而能恤大事，使將新軍：令狐文子卒，公以魏絳爲
不犯，使佐新軍』也。合前後考之，而傳寫之譌誤可得正矣。」（《經義述聞》
卷二十一，頁16下，「使佐新軍」條）

且頡卒後由原職司馬之魏絳升任。一書之中而錯出如此，眞令人目爲之眩，舌爲之結。不過，清儒王引之卻有極佳之澄清。王氏《經義述聞》「『使呂宣子佐下軍』至『故以虞季屏其宗』」條云：

> 引之謹案：悼公即位之年，魯成公之十八年也。十八年《左傳》：「晉士魴來乞師，季文子問師數於臧武仲，對曰：『伐鄭之役，知伯實來，下軍之佐也。今虞季亦佐下軍，如伐鄭可也』」；襄九年《傳》：「韓起少於欒黶，而欒黶、士魴上之，使佐上軍」，杜《注》曰：「黶、魴讓起，起佐上軍；黶將下軍，魴佐之」；又「滕人、薛人從欒黶、士魴門于北門」，《注》曰：「二國從下軍」：是佐下軍者虞恭子，非呂宣子也。下文「呂宣子卒，公以趙文子爲文也，而能恤大事，使將新軍（原註：『將』今本譌作『佐』）：令狐文子卒，公乃以魏絳爲不犯，使佐新軍」；襄九年《左傳》：「魏絳多功，以趙武爲賢，而爲之佐」，杜《注》曰：「武，新軍將」；又「杞人、郯人從趙武、魏絳斬行栗」，《注》曰：「二國從新軍」：是趙文子爲新軍將。呂宣子卒，而趙文子始將新軍，則先趙文子而將新軍者呂宣子也。是將新軍者呂宣子，非虞恭子。傳寫者上下錯亂耳。上當云「使虞恭子佐下軍」，而以「曰武子之季」云云次於其下：下當云「使呂宣子將新軍」，而以「曰邲之役」云云次於其下。今更訂其文如左：使虞恭子佐下軍，曰：「武子之季，文子之母弟也。武子宣法以定晉國，至於今是用：文子勤身以定諸侯，至於今是賴。夫二子之德，其可忘乎！」故以虞季屏其宗。使呂宣子將新軍，曰：「邲之役（原註：此云「邲之役」、「鄢之役」，下文云「昔克潞之役」：此云「其子不可不崇也」，下文云「其子不可不興也」：兩事相連，故文意亦相似），呂錡佐智莊子於下軍，獲楚公子穀臣與連尹襄老，以免子羽：鄢之役，親射楚王，而敗楚師，以定晉國；而無後，其子孫不可不崇也。」（卷二十一，頁15）

王氏舉證詳悉，考辨精核，壇無可易，無須再贅一詞。可知悼公入國之初，乃先舉呂相、士魴、魏頡三人爲卿，以補三郤之缺；而以虞季佐下軍，以呂相將新軍，以魏頡佐新軍；趙武則至呂相卒後始代相佐新軍。

至於韓厥之將中軍，則見諸《左傳》。成十八年《傳》載楚伐宋，宋華元如晉告急，有云：

韓獻子爲政。

杜預《注》云：

於是欒書卒，韓厥代將中軍。

是悼公元年中軍將欒書或告老致仕，或竟已卒，而由韓厥升任中軍將。

襄元年（572 B. C.）《左傳》云：

夏五月，晉韓厥、荀偃帥諸侯之師伐鄭。

上年（晉悼公元年，573 B. C.）韓厥已由中軍佐升任中軍將；而由晉悼公八年之將、佐情況推之，荀偃代韓厥時原任上軍將，中軍將爲知罃，則此年之中軍佐當爲知罃，上軍將當爲荀偃。其餘各軍將、佐之變遷則難以確考矣。

厲公之時，以私任官，引發卿大夫之血腥殺戮，晉之人事制度遭到相當程度之破壞；晉漸中衰矣。

悼公四年（魯襄三年，570 B. C.），魏絳由中軍司馬代魏頡佐新軍。〈晉語七〉云：

【悼公】四年，諸侯會于雞澤……令狐文子卒，公以魏絳爲不犯，使佐新軍。（《國語》卷十三，頁3下）

〈晉語七〉又載魏絳升任新軍佐之由云：

【悼公】四年，會諸侯於雞丘，魏絳爲中軍司馬，公子揚干亂行於曲梁，魏絳斬其僕。公謂羊舌赤曰：「寡人屬諸侯，魏絳戮寡人之弟，爲我勿失！」赤對曰：「臣聞絳之志：有事不避難，有罪不避刑。其將來辭。」言終，魏絳至，授僕人書而伏劍。士魴、張老交止之。僕人授公，公讀書，曰：「臣誅於揚干，不忘其死。日君乏使，使臣狃中軍之司馬。臣聞：師衆以順爲武，軍事有死無犯爲敬。君合諸侯，臣敢不敬？君不說，請死之！」公跣而出，曰：「寡人之言，兄弟之禮也；子之誅，軍旅之事也。請勿重寡人之過！」反役，與之禮食，令之佐新軍。（《國語》卷十三，頁3下～4上）

事亦見襄三年《左傳》：

晉侯之弟揚干亂行於曲梁。魏絳戮其僕。晉侯怒，謂羊舌赤曰：「合諸侯以爲榮也；揚干爲戮，何辱如之！必殺魏絳無失也！」對曰：「絳無貳志，事君不辟難，有罪不逃刑。其將來辭，何辱命焉？」言終，魏絳至。授僕人書，將伏劍；士魴、張老止之。公讀其書，曰：「日君乏使，使臣斯司馬。臣聞：師衆以順爲武，軍事有死無犯爲敬。

君合諸侯，臣敢不敬！君師不武，執事不敬，罪莫大焉。臣懼其死，

以及揚干，無所逃罪。不能致訓，至於用鉞。臣之罪重，敢有不從

以怒君心？請歸死於司寇！」公跣而出，曰：「寡人之言，親愛也；

吾子之討，軍禮也。寡人有弟，弗能教訓，使干大命，寡人之過。

子無重寡人之過！敢以爲請。」晉侯以魏絳爲能以刑佐民矣；反役，

與之禮食，使佐新軍。

〈晉語七〉又載張老辭卿力諫魏絳事，說已見下編第一章第二節，茲不贅。

晉悼公八年（魯襄七年，566 B. C.），晉軍將、佐又有變化：知罃代韓厥爲中軍將，范匄爲佐；荀偃、韓起爲上軍將、佐；欒黶、士魴爲下軍將、佐；趙武、魏絳仍爲新軍將、佐。襄七年《左傳》云：

冬十月，晉韓獻子告老。公族穆子有廢疾，將立之：辭曰：「……無

忌不才，讓，其可乎？請立起也。……」庚戌，使宣子朝，遂老。

韓獻子告老事，亦見〈晉語七〉。《內傳》文字易令人有韓宣子（韓起）繼其父韓厥爲國政之聯想；實則不然。韓起不過代其兄韓無忌繼承卿位而已，並非代其父將中軍，此由襄九年《左傳》所載可知。《傳》載秦景公使士雃乞師於楚，將以伐晉，楚子許之；令尹子囊以爲晉不可與爭。子囊之言云：

韓厥老矣，知罃稟焉以爲政。范匄少於中行偃而上之，使佐中軍。

韓起少於欒黶，而欒黶、士魴〔註30〕上之，使佐上軍。魏絳多功，

以趙武爲賢，而爲之佐。

是韓厥告老後乃荀罃繼任爲國政，將中軍；范匄爲中軍佐。杜預《注》云：

---

〔註30〕王引之云：「『韓起少於欒黶而欒黶、士魴上之，使佐上軍』，杜《注》曰：『黶、
魴讓起，起佐上軍，黶將下軍、魴佐之。』引之謹案：『士魴』二字蓋因下文
『滕人、薛人從欒黶、士魴』而衍。杜所見本已然。蓋下軍將次於上軍佐。
韓起若不佐上軍，則欒黶當佐上軍矣，故欒黶與韓起相讓。若士魴爲下軍佐，
與上軍佐位不相近，無由讓上軍佐於韓起也；且上文『韓起少於欒黶』，不言
『少於士魴』，則不當有『士魴』二字。」（《經義述聞》卷十八，「欒黶士魴
上之」條，頁 14 下～15 上）唯王說未必是。竹添光鴻云：「蓋晉侯初擬欒黶
佐上軍，士魴將下軍，韓起佐之。二人皆賢起，讓而上之，故云『欒黶、士
魴上之』。上句不言『少於士魴』者，蓋起與魴年相若，故不言魴耳。上句既
不言魴，而黶、魴俱讓而上起，則不得不上之。上舉二人之名，而韓起初擬
下軍佐又明矣。」（《左氏會箋》卷十四，頁 60）楊伯峻則謂王引之之說「證
據不足」，其說云：「蓋知罃將中軍，范匄佐之，中行偃則將上軍。欒黶宜爲
上軍佐，欒黶讓，又使士魴；士魴亦讓，乃使韓起爲之。此文所以有『士魴』
二字，王說誤。」（《春秋左傳注》，頁 966～967）

◎使匄佐中軍，偃將上軍。

◎魘、魴讓起，起佐上軍，魘將下軍，魴佐之。

◎武，新軍將。（以上並見《左傳正義》卷三十，頁28上）

據杜《注》，是中行偃將上軍，韓起爲之佐；欒魘將下軍，士魴爲之佐；趙武將新軍，魏絳爲之佐。質諸《傳》文，杜說是也。襄九年《傳》又云：

> 冬十月，諸侯伐鄭。庚午，李武子、齊崔杼、宋皇鄖從荀罃、士匄
> 門于鄟門；衛北宮括、曹人、邾人從荀偃、韓起門于師之梁；滕人、
> 薛人從欒魘、士魴門于北門；杞人、郳人從趙武、魏絳斬行栗。

晉是役四軍並出，而諸侯各從晉之中、上、下、新軍也。

晉悼公十四年（魯襄十三年，560 B. C.）晉軍將、佐爲：原上軍將荀偃升任中軍將，士匄仍佐中軍；新軍將趙武升將上軍，韓起仍佐上軍；欒魘仍將下軍，新軍佐魏絳升佐下軍；新軍無將、佐，從於下軍，次年遂廢新軍。襄十三年《左傳》云：

> 荀罃、士魴卒。晉侯蒐于緜上以治兵，使士匄將中軍，辭曰：「伯游
> 長。昔臣習於知伯，是以佐之，非能賢也。請從伯游。」荀偃將中
> 軍，士匄佐之。使韓起將上軍，辭以趙武；又使欒魘，辭曰：「臣不
> 如韓起。韓起願上趙武，君其聽之！」使趙武將上軍，韓起佐之。
> 欒魘將下軍，魏絳佐之。新軍無帥，晉侯難其人，使其什吏率其卒
> 乘官屬以從于下軍。

悼公十五年（559 B. C.）晉率諸侯伐秦，諸侯不和，晉將不睦，遂無功而還。襄十四年《左傳》載晉卿之齟齬云：

> 至于棫林，不獲成焉。荀偃令曰：「雞鳴而駕，塞井夷竈，唯余馬首
> 是瞻！」欒魘曰：「晉國之命，未是有也。余馬首欲東！」乃歸。下
> 軍從之。左史謂魏莊子曰：「不待中行伯乎？」莊子曰：「夫子命從
> 帥。欒伯吾帥也；吾將從之。從帥，所以待夫子也。」伯游曰：「吾
> 令實過，悔之何及！多遺秦禽。」乃命大還。

是當時荀偃仍將中軍，欒魘、魏絳亦仍爲下軍將、佐：則斯時各軍將、佐未有變化也。

晉平公三年（魯襄十八年，555 B. C.），魏絳代欒魘將下軍，欒盈代魏絳佐下軍。案：是年齊伐魯之北鄙，晉會諸侯之師於魯以伐齊。齊師夜遁，諸侯之師逐之。襄十八年《左傳》述其事，曾言及晉軍將佐，文云：

> 荀偃、士匄以中軍克京茲；……魏絳、欒盈以下軍克邿；趙武、韓
> 起以上軍圍盧，弗克。

是此時中軍將、佐仍爲荀偃、士匄；上軍將、佐亦仍爲趙武、韓起；下軍將
則由原任下軍佐之魏絳升任，而下軍佐則由二年前（晉平元年，魯襄十六年，
557 B. C.）始任公族大夫之欒盈——原下軍將欒黶之子——升任。唯翌年中軍
將荀偃旋病卒，而由士匄升任元帥。

　　晉平公四年（魯襄十九年，554 B. C.），士匄代荀偃將中軍；其餘將、佐
位次不詳。襄十九年《左傳》載中軍將荀偃之卒與士匄之立云：

> 荀偃癉疽，生瘍於頭。濟河，及著雍，病，目出。大夫先歸者皆反。
> 士匄請見，弗內；請後，曰：「鄭甥可。」二月甲寅，卒而視，不可
> 含。宣子盥而撫之，曰：「事吳敢不如事主！」猶視。欒懷子曰：「其
> 爲未卒事於齊故也乎？」乃復撫之，曰：「主苟終，所不嗣事于齊者，
> 有如河！」乃瞑，受含。宣子出，曰：「吾淺之爲丈夫也！」……范
> 宣子爲政。

據此，是荀吳雖立爲偃後，接任卿位，然並未代其父爲國政，而由中軍佐士
匄升任國政，將中軍。依慣例，荀吳必爲六卿之一；史未明言其究居何職；
襄二十一年《左傳》云：

> 欒桓子娶於范宣子，生懷子。范鞅以其亡也，怨欒氏，故與欒盈爲
> 公族大夫而不相能。桓子卒，欒祁與其老州賓通，幾亡室矣。懷子
> 患之。祁懼其討也，愬諸宣子，曰：「盈將爲亂，以范氏爲死桓主
> 而專政矣，曰：『吾父逐鞅也，不怒而以寵報之，又與吾同官而專
> 之：吾父死而益富。死吾父而專於國，有死而已，吾蔑從之矣。』
> 其謀如是，懼害於主，吾不敢不言。」范鞅爲之徵。懷子好施，
> 士多歸之。宣子畏其多士也，信之。懷子爲下卿，宣子使城著而遂
> 逐之。

杜預注「下卿」云：

> 下軍佐。（《左傳正義》卷三十四，頁 16 上）

依杜《注》，則是年欒盈仍佐下軍。其說蓋是。下文另有說。

　　又，據上引《傳》文，知欒盈出奔楚，是則晉軍帥又有出缺。蓋即補以
平公之嬖人程鄭，說詳下。

　　晉平公九年（魯襄二十四年，549 B. C.），程鄭爲下軍佐，次年旋卒。《左

傳》述其事云：

> ◎晉侯嬖程鄭，使佐下軍。鄭行人公孫揮如晉聘，程鄭問焉，曰：「敢
> 問降階何由？」子羽不能對。歸，以語然明。然明曰：「是將死矣；
> 不然，將亡。貴而知懼，懼而思降，乃得其階；下人而已，又何
> 問焉！且夫既登而求降階者，知人也，不在程鄭。其有亡釁乎！
> 不然，其有慝疾，將死而憂也。」（《襄二十四》）

> ◎晉程鄭卒。（《襄二十五》）

案：程鄭之嬖於平公，已先見載於襄二十三年《左傳》。鄭蓋自知以嬖得位，
心生畏懼，故問降階之道也。杜預注使程鄭「佐下軍」云：「代欒盈也」。江
永《群經補義》云：

> 《左氏》敘事極有條理，詞不虛設：《昭二十三年》敘欒盈復入于
> 晉，唯魏獻子私之，其餘趙氏、韓氏、范氏、中行氏、知氏皆不助
> 欒盈，則六卿已畢矣：復云「程鄭嬖于公」，此語非無謂。《疏》不
> 得其說，云：「程鄭雖非卿，亦是強族，言嬖於公，見其不助欒氏」：
> 非也。二十年（獻案：「十」下蓋脫「四」字）《傳》云：「晉侯嬖程
> 鄭，使佐下軍」，《註》云：「代欒盈」，則自欒盈出奔時，程鄭已為
> 卿，故《傳》必須及之。《傳》雖追敘於二十四年，實非二十四年始
> 為卿也。然則晉是時有七卿乎？曰：非也。「知悼子少，而聽於中行
> 氏」，此因悼子──荀盈──為荀罃之子，亦是強家，故及之。是時
> 荀盈年十六（原註：《註》云「年十七」，誤多一年），實未為卿。二
> 十五年程鄭卒，盈年十八，始代鄭佐下軍也。（《清經解》卷二五
> 七，〈春秋卷〉，頁16）

據江說，則晉平公十年（548 B. C.）荀盈已任下軍佐。

　　晉平公十年（魯襄二十五年，548 B. C.），趙武代士匄將中軍。襄二十五
年《左傳》云：

> 秋……趙文子為政。

案：趙武本將上軍，中軍將荀偃卒後，士匄代之，武蓋升為中軍佐，至此代
士匄將中軍；則其餘將、佐或以次升，然未敢遽定。以自此以降，《左傳》所
載晉軍將、佐資料漸少。斯實晉之季世矣。

　　晉平公十八年（魯昭二年，540 B. C.），韓起代趙武將中軍；中軍佐以下
蓋依次為趙成、中行吳、魏舒、范鞅、知盈。昭二年《左傳》云：

春，晉侯使韓宣子來聘，且告爲政。

杜預《注》云：

代趙武爲政。（《左傳正義》卷四十二，頁 1 下）

孔穎達云：

五年《傳》曰：「韓起之下有趙成、中行吳、魏舒、范鞅、知盈」，
則六者，三軍之將、佐也。韓起代趙武將中軍，趙成繼父爲卿，代
韓起也。（《左傳正義》卷四十二，頁 1 下）

案：昭五年《左傳》載晉執政韓宣子與叔向如楚送女，楚子欲執而辱之，楚
蕋啓彊以爲不可，有云：

韓起之下，趙成、中行吳、魏舒、范鞅、知盈。

杜預《注》云：

五卿位在韓起之下，皆三軍之將、佐也。成，趙武之子；吳，荀偃
之子。（《左傳正義》卷四十三，頁 11 下）

又，昭七年《左傳》「子產適晉，趙景子問焉」，杜預《注》云：

景子，晉中軍佐趙成。（全上，卷四十四，頁 13 上）

晉平公二十五年（魯昭九年，533 B. C.）荀躒代荀盈佐下軍。昭九年《左傳》
云：

晉荀盈如齊逆女，還，六月，卒于戲陽。殯于絳，未葬。晉侯飲酒，
樂；膳宰屠蒯趨入，請佐公使尊，許之；而遂酌以飲工，曰：「女爲
君耳，將司聰也。……君之卿佐，是謂股肱。股肱或虧，何痛如之！
女弗聞而樂，是不聰也。」又飲外嬖嬖叔，曰：「女爲君目，將司明
也。……今君之容，非其物也。而女不見，是不明也。」亦自飲也，
曰：「味以行氣，氣以實志，志以定言，言以出令。臣實司味，二御
失官，而君弗命，臣之罪也！」公說，徹酒。初，公欲廢知氏而立
其外嬖，爲是悛而止。秋八月，使荀躒佐下軍以說焉。

若非膳宰之勸，則荀躒不得立矣。杜預《注》云：

躒，荀盈之子知文子也。佐下軍，代父也。（《左傳正義》卷四十五，
頁 9 下）

顧棟高〈春秋列國官制表〉云：

按：盈佐下軍，見【昭】五年《傳》。時將下軍者范鞅。（《春秋大事
表》卷十，頁 40 上）

晉昭公三年（魯昭十三年，529 B.C.），荀吳將上軍。昭十三年《左傳》云：

> 鮮虞人聞晉師之悉起也，而不警邊，且不脩備。晉荀吳自著雍以上
> 軍侵鮮虞，及中人，驅衝競，大獲而歸。

顧棟高〈春秋列國官制表〉「晉表」云：

> 按：吳將上軍，見【昭】五年《傳》，時佐上軍者魏舒。（《春秋大事
> 表》卷十，頁 40 上）

案：荀吳即中行吳，晉平公十八年已將上軍。荀吳在當時常將兵：如晉昭公
二年（魯昭十二年，530 B.C.）荀吳將兵滅肥；晉昭公五年（魯昭十五年，527
B.C.），又伐鮮虞，圍鼓；晉頃公元年（魯昭十七年，525 B.C.）滅陸渾；晉
頃公五年（魯昭二十一年，521 B.C.）將兵救宋；晉頃公六年（魯昭二十二年，
520 B.C.），又帥師滅鼓〔註31〕。尤其對晉之消滅戎狄有極大之貢獻，唯不知
其身分是否一直為上軍將，抑曾升任中軍佐。荀吳自晉頃公六年滅鼓之役後
不復見。

晉頃公六年（魯昭二十二年，520 B.C.），籍談、荀躒帥師。昭二十二年
《左傳》云：

> 晉籍談、荀躒帥九州之戎及焦、瑕、溫、原之師，以納王于王城。

荀躒於晉平公二十五年（魯昭公九年，533 B.C.）為下軍佐；籍談始見於晉平
公二十一年（魯昭五年，537 B.C.），位在祁午、張趯之下（文見上引），晉昭
公五年（魯昭十五年，527 B.C.）荀躒如周，籍談為介〔註32〕，則其位猶在荀
躒下。此《傳》敘在荀躒上，不知其位是否已陞；或二人並有擢升，而談在
躒上。

晉頃公十年（魯昭二十六年，516 B.C.）荀躒、趙鞅帥師。斯時王室亂，
單子如晉告急，晉出兵平亂。昭二十六年《左傳》云：

> 晉知躒、趙鞅帥師納王。

時韓起執政，將中軍，二年後魏舒將中軍，其後范鞅、趙鞅依次執政，此時
荀躒之位蓋已不止於下軍佐。

晉頃公十二年（魯昭二十八年，514 B.C.），魏舒代韓起將中軍。昭二十
八《左傳》云：

> 秋，晉韓宣子卒，魏獻子為政。

〔註31〕 並見各年《左傳》。
〔註32〕 事見昭十五年《左傳》。

晉頃公十三年（魯昭二十九年，513 B. C.），趙鞅、荀寅帥師。昭二十九年《左傳》云：

> 冬，晉趙鞅、荀寅帥師城汝濱，遂賦晉國一鼓鐵，以鑄刑鼎，著范宣子所爲刑書焉。……蔡史墨曰：「范氏、中行氏其亡乎！中行寅爲下卿，而干上令，擅作刑器，以爲國法，是法姦也。又加范氏焉。易之，亡也。其及趙氏，趙孟與焉。」

竹添光鴻《會箋》云：

> 時晉卿之序：魏舒、范鞅、趙鞅、荀躒，蓋皆在荀寅之上。韓不信見【昭】三十二年《經》，未知與寅孰上下：則寅之位序尚卑可知也。
> （卷二十六，頁34）

案：時魏舒執政，將中軍，其後范鞅、趙鞅依次代政，故竹添氏言之如此；唯晉中軍佐以下之軍帥皆爲下卿，依次推之，荀寅之位不得高於下軍將。或寅此年即任六卿中最卑之下軍佐。

晉定公二年（魯昭三十二年，510 B. C.），魏舒、韓不信帥師。韓不信始見。時成周毀於王子朝之亂，而子朝之餘黨猶存，周王請諸侯爲之築城。昭三十二年《左傳》載此事云：

> 秋八月，王使富辛與石張如晉，請城成周。……范獻子謂魏獻子曰：「與其戍周，不如城之。天子實云；雖有後事，晉勿與知可也。從王命以紓諸侯，晉國無憂；是之不務，而又焉從事？」魏獻子曰：「善。」使伯音對曰：「天子有命，敢不奉承以奔告於諸侯！遲速衰序，於是焉在。」冬，十一月，晉魏舒、韓不信如京師，合諸侯之大夫于狄泉，尋盟，且令城成周。魏子南面；衛彪傒曰：「魏子必有大咎。干位以令大事，非其任也。……」

伯音，即韓不信，韓起之孫，諡簡子〔註33〕。時蓋已有軍行，唯不知所居何職。

晉定公三年（魯定元年，509 B. C.），范鞅代魏舒將中軍。定元年《左傳》述其事云：

> 元年春王正月辛巳，晉魏舒合諸侯之大夫于狄泉，將以城成周。魏子涖政；衛彪傒曰：「將建天子，而易位以令，非義也。大事奸義，

---

〔註33〕 參昭三十二年杜《注》、定元年《左傳》及杜《注》、陳厚耀《春秋世族譜》「晉」卷。

> 必有大咎。晉不失諸侯，魏子其不免乎！」是行也，魏獻子屬役於
> 韓簡子及原壽過，而田於大陸，焚焉。還，卒於寗。范獻子去其柏
> 椁，以其未復命而田也。孟懿子會城成周，庚寅，栽，宋仲幾不受
> 功，……士彌牟曰：「晉之從政者新，子姑受功；歸，吾視諸故府。」
> 仲幾曰：「縱子忘之，山川鬼神其忘諸乎！」……乃執仲幾以歸。

杜預注「晉之從政者新」，曰：

> 言范獻子新爲政，未習故事。（《左傳正義》卷五十四，頁 4 上）

杜解「從政者」爲執政；竹添光鴻則以爲指韓不信之初爲卿。其言曰：

> 韓不信新爲卿，代魏舒掌城成周之事，故云「晉之從政者新」。政謂
> 城成周之事，非國政也。若指范獻子，獻子時在國，不得言「歸視
> 諸故府」矣。（《左氏會箋》卷二十七，頁 4）

楊伯峻說同竹添光鴻〔註34〕。上文云「魏獻子屬役於韓簡子」，依上下文，竹
添之說可從。若如竹添說，則此年韓不信始爲軍帥。至於范鞅之代政，孔穎
達說之曰：

> 魏舒以辛巳會諸國，至庚寅，相去唯十日耳。魏舒始辛巳得范鞅代
> 者，范鞅本是中軍之佐，於次當代魏舒。蓋晉人聞舒卒，而馳使代
> 之。（《左傳正義》卷五十四，頁 4 上）

根據定五年《左傳》記載，范鞅於晉定公七年（魯定五年，505 B. C.）曾將兵
圍鮮虞。

　　晉定公十年（魯定八年，502 B. C.），趙鞅任中軍佐，《左傳》云：

> ◎夏，齊國夏、高張伐我西鄙；晉士鞅、趙鞅、荀寅救我。公會晉
> 　師于瓦，范獻子執羔，趙簡子、中行文子皆執鴈。魯於是始尚羔。
> 　（《定八》）
> ◎秋，晉士鞅會成桓公侵鄭，圍蟲牢，報伊闕也。遂侵衛。（《定
> 　八》）
> ◎晉趙鞅圍衛，報夷儀也。（《定十》）

時士鞅爲中軍將，執政；其後趙鞅代士鞅，荀寅代趙鞅。故此時趙鞅之位蓋
次於士鞅，爲中軍佐；趙鞅之下猶有荀躒，故荀寅之位次，蓋在上軍佐，或
更下。

　　晉定公十五年（魯定十三年，497 B. C.），趙鞅代范鞅將中軍，其餘將、

---

〔註34〕說見《春秋左傳注》，頁 1524。

佐位次無考。定十三年《左傳》云：

> 晉趙鞅謂邯鄲午曰：「歸我衛貢五百家，吾舍諸晉陽。」午許諾。歸
> 告其父兄，父兄皆曰：「不可……」趙孟怒，召午，……遂殺午。趙
> 稷、涉賓以邯鄲叛。夏六月，上軍司馬籍秦圍邯鄲。邯鄲午，荀寅
> 之甥也；荀寅，范吉射之姻也。而相與睦，故不與圍邯鄲，將作
> 亂。……秋七月，范氏、中行氏伐趙氏之宮，趙鞅奔晉陽，晉人圍
> 之。范皋夷無寵於范吉射，而欲爲亂於范氏；梁嬰父嬖於知文子，
> 文子欲以爲卿；韓簡子與中行文子相惡，魏襄子亦與范昭子相惡：
> 故五子謀，將逐荀寅，而以梁嬰父代之；逐范吉射，而以范皋夷代
> 之。荀躒言於晉侯曰：「君命大臣，始禍者死，載書在河。今三臣始
> 禍，而獨逐鞅，刑已不鈞矣。請皆逐之。」冬十一月，荀躒、韓不
> 信、魏曼多奉公以伐范氏、中行氏；弗克。二子將伐公，齊高彊曰：
> 「……」弗聽，遂伐公。國人助公，二子敗，從而伐之。丁未，荀
> 寅、士吉射奔朝歌。

士吉射，原執政范鞅之子。顧棟高〈春秋晉中軍表〉推論趙鞅之得爲中軍將
云：

> 據昭五年《傳》，三軍將、佐班次，范鞅之後，當及知盈。盈于昭九
> 年卒；周而復始，次當及韓，而韓起之子須亦前死，故當及趙成之
> 子鞅爲政也。成，趙武之子。(《春秋大事表》卷二十二，頁 13 下～
> 4 上)

其〈春秋列國官制表〉又云：

> 是年《傳》有荀躒、韓不信、魏曼多，并趙鞅、荀寅、士吉射六人
> 爲三軍將、佐。其位次不可考。(仝上，卷十，頁 40 下)

尋《傳》文謂知文子欲以梁嬰父爲卿，又云「將逐荀寅，而以梁嬰父代之；
逐范吉射，而以范皋夷代之」，顧說是也。蓋逐荀寅、范吉射後即以梁嬰父、
范皋夷代其位。唯晉定公二十二年（魯哀五年，490 B. C.），士皋夷即爲趙鞅
所殺。〔註 35〕

又，顧氏云各軍將、佐位次不可考。若以次推之，趙鞅將中軍，其下蓋
爲荀躒佐中軍，韓不信、魏曼多分別爲上軍將、佐。合梁嬰父、范皋夷正合
六人之數。

───────────

〔註 35〕見哀四年《左傳》。

是時韓簡子不信、魏襄子曼多與荀寅、范吉射不睦，知文子躒又欲用其孌，於是韓、魏、知三氏聯合，助趙氏，逐范、荀二氏，荀寅、范吉射奔朝歌以叛，其後鄭、楚、鮮虞並助之，引發既長且大之戰事。顧棟高〈春秋列國官制表〉「晉表」論之云：

> 晉伯之盛，六卿和而公室彊；然政在家門，權日下移。至是韓、魏與趙比，而范、中行見逐；知氏亦尋滅：三家分晉之勢成矣。（《春秋大事表》卷十，頁40下）

晉定公三十七年（魯哀二十年，475 B. C.）知瑤代趙鞅將中軍。哀二十年《左傳》云：

> 十一月，越圍吳，趙孟降於喪食。

杜預《注》云：

> 趙孟，襄子無恤。時有父簡子之喪。（《左傳正義》卷六十，頁 15上）

案：趙鞅蓋即卒於是年，而由荀瑤代將中軍。荀瑤之得爲執政，說詳下編第三章第三節之肆。

晉末各軍將、佐更替資料多闕疑，蓋各卿明爭暗鬥，將、佐或殺或奔，制度已紊，不復齊整。且自知瑤將中軍後，概以中軍將兼國政身分帥兵出征，如：

> ◎夏六月，晉荀瑤伐齊，高無丕帥師御之。知伯視齊師，馬駭，遂驅之。……壬辰，戰于犁丘，齊師敗績；知伯親禽顏庚。（哀二十三年《左傳》）
> ◎晉知瑤帥師伐鄭，次于桐丘。（哀二十七年《左傳》）
> ◎悼之四年，晉荀瑤帥師圍鄭。（仝上）

案：魯悼公，魯哀公之子。魯悼公四年，即晉出公十二年（463 B. C.）。時晉政歸於韓、趙、魏與知氏四家，而知氏尤強。《史記‧晉世家》云：

> 當是時，晉國政皆決知伯，晉哀公〔註36〕不得有所制。知伯遂有范、中行地，最彊。

斯時知伯蓋已集軍、政於一身，晉之人事制度實不足論也已。

---

〔註36〕案：晉國末年之世系，諸家所載或異。如《竹書紀年》與《史記》既有齟齬，《史記》之〈晉〉、〈趙〉兩世家又相枘鑿。說詳梁玉繩〈六國年表志疑〉「魏表：晉哀公忌元年」條（《史記志疑》卷九，頁6上～7上）；其他考訂者亦夥，茲不詳述。

晉文之時，各軍將、佐皆國士，其得任軍帥，或以能《詩》、《書》，或以貞慎，或以多聞，或以有謀，或以軍伐；而皆互推互重，一心為國，國因之而強。陽處父、先克、趙盾、賈季、箕鄭、先都等，排軋敵黨，爭奪權位，樹植羽翼，誅殺異己，朝政為之一變，國亦為之衰亂。景公之時，士會、欒書皆不可多得之才；士會之為國告老，令人欣羨。荀林父既乏主見，復未諳指揮之道，臨敵而亂，終敗於邲。先縠以師敗，負氣叛國，遂亡其族；郤克以遭辱，致罰於齊，幸未釀僨事之禍。景公為卿所制，乃作六軍，其軍帥平泛無奇，蓋以父蔭。趙氏以家室之亂而亡族，亦可哀哉；士燮心憂國亂，乃祈速死，良可感也；三郤以富侈而滅家，禍由自取。悼公掌政，群賢得位，彼此相讓，遂以復霸；而權集六卿，禍機亦伏。欒盈以好士而為眾所妒，族黨盡亡；程鄭以嬖得卿，而問降階。趙鞅貪貢，諸卿不睦，荀、范見逐；六卿相殘，知氏為戮，晉遭三分焉。

稽考晉軍將、佐更替變遷之迹，益可見晉國君權旁落之始末，又可見其國勢之強弱與其軍帥之是否賢能之關聯。為政者能不有所警覺乎！而禍福之來，多由自招，為人臣者，能不有所惕悟乎！

# 第三章　國政述論

## 弁　言

　　晉之有「國政」，猶楚之有「令尹」，魯之有「司徒」，齊之有高、國「二守」，宋之有「右師」、「左師」，鄭之有「當國」、「執政」、「爲政」；斯並爲該國之執政；唯或爲專稱，或爲通稱耳。

　　《禮記・喪大記》云：「君謀國政，士大夫謀家事。」「國政」與「家事」對舉，「國政」者，國家之政事也。《孟子・公孫丑上》：「管仲得君如彼其專也，行乎國政如彼其久也。」其義亦同。《楚辭・九歌・少司命》云：「蓀獨宜兮爲民正。」「民正」謂掌人民之事者也。是「國政」乃國家政事之稱，而掌理國家政事者遂亦得稱之爲「國政」焉。

　　晉之國政集軍、政之權於一身，故其選定之得當與否，關聯國勢極大。顧棟高〈春秋晉中軍表敍〉云：

> 中軍本司徒之職，晉以僖侯諱，廢司徒爲中軍。自翼侯以前未入春
> 秋，故其時中軍不著。文公圖霸以後，世有賢佐，國以日強，諸侯
> 咸服；雖經靈、厲無道，而小國不敢叛。自韓起雖賢而弱，末年漸
> 不能制其同列；范鞅更爲黷貨；趙氏繼之，與范、中行相仇怨，而
> 三分之勢遂成。嗚呼！考其次第，亦治亂得失之鑒也。(《春秋大事
> 表》卷二十二，頁1下～2上)

顧氏由晉之執政論晉之興衰，並謂因其彼此仇怨，遂成三家分晉之局，所言雖簡略，卻頗能掌握晉國國勢發展之脈絡。本章即擬探究與國政相關之諸問題：先述究國政之意涵與異稱；次考國政之身分與職掌；三論晉國國政之更

替及其執政期間之行事與晉國國勢之關係。

# 第一節　國政之意涵與異稱

　　桓六年《左傳》載魯桓公問名于申繻，申繻之對有「晉以僖侯廢司徒」之言，杜預《注》云：

> 僖侯名司徒，廢爲中軍。（《左傳正義》卷六，頁 25 上）

竹添光鴻不以杜說爲然，謂晉乃改「司徒」爲「申徒」，非廢爲中軍。其言曰：

> 僖公當屬王時，晉人所賦〈蟋蟀〉是也。〈留侯世家〉：「張良爲韓申徒」，《漢書》作「司徒」。韓爲晉後，晉改司徒爲申徒，而韓仍其舊；杜云「廢爲中軍」，失考。（《左氏會箋》卷二，頁 49）

案：《史記·留侯世家》載張良說項梁立韓後，梁從之，其文云：

> 項梁使良求韓成，立以爲韓王。以良爲韓申徒。

裴駰《集解》引徐廣說，以爲「申徒」即「司徒」，乃音轉耳。王先謙《漢書補注》引周壽昌之說云：

> 「司徒」《史記》作「申徒」。徐廣云：「即司徒，語音訛轉，故字亦隨改。」案：《楚漢春秋》作「信都」。信即申，都、徒音近而轉耳。
> （卷四十，頁 3 下）

司、申音近，其可通也固無疑。唯申徒是否即司徒，則難以確定；其次，即令韓有申徒（或司徒），晉亦未必即有申徒；何況古籍未見晉有「申徒」一官之記載，若晉有申徒之官，且以其爲執政，則古籍似不宜全未載及：竹添之說恐非。顧棟高〈春秋列國官制表〉云：

> 僖侯之卒在春秋前百年，是春秋時晉久無司徒之官。僖二十七年，晉文公始作三軍，使郤縠將中軍，則謂廢司徒爲中軍者，杜蓋據後事言也。（《春秋大事表》卷十，頁 3 下～4 上）

顧說是也。釐侯之時未必有中軍；中軍蓋自晉文公時始立，說已詳本稿下編第二章第一節。然晉之有執政則非始於文公。唯顧氏亦有誤解杜預處：如杜謂「廢以爲中軍」，並非謂稱執政爲中軍，乃謂以中軍之將爲執政之意。鄙意以爲：晉蓋本以司徒爲執政之官，以釐侯名司徒，遂廢而不用其名，止以通名之「國政」或「大政」稱之（說詳下）。

　　晉以其中軍將爲執政，由文六年《左傳》所載可知。《傳》云：

春，晉蒐于夷，舍二軍；使狐射姑將中軍，趙盾佐之。陽處父至自溫，改蒐于董，易中軍。……謂趙盾能，……是以上之。宣子於是乎始爲國政。

《傳》謂趙盾將中軍，於是乎「爲國政」。「爲國政」猶云「擔任國政」。國政之稱又見於閔二年《左傳》：

晉侯使大子申生伐東山皋落氏，里克諫曰：……夫帥師，專行謀，誓軍旅，君與國政之所圖也。非大子之事也。

事亦見載於〈晉世家〉，且除「謀」下多一「也」字外，文全同《左傳》。

所謂「國政」蓋即「制國之政」、「任國之政」、「執國之政」之省稱。〈晉語一〉云：

武公伐翼，殺哀侯；止欒恭子，曰：「苟無死，吾以子見天子，令子爲上卿，制國之政。」辭曰：……遂鬥而死。（《國語》卷七，頁1）

〈晉語六〉載鄢陵之役，中軍將欒書與中軍佐士燮意見不合，欒書欲戰，故其言曰：

昔韓之役，惠公不復舍；邲之役，三軍不振旅；箕之役，先軫不復命。晉國之政，固有大恥三。今我任晉國之政，不毀晉恥，又以違蠻夷重之，雖有後患，非吾所知也。（《國語》卷十二，頁4下）

曲沃武公所謂之「制國之政」、欒書所謂之「任國之政」，蓋即「國政」一詞之意涵。竹添光鴻有類似之說。閔二年《左傳》「君與國政之所圖也」，《會箋》云：

國政，謂執國政者。（《左氏會箋》卷四，頁21）

國政亦稱大政，〈晉語四〉云：

文公……使郤縠將中軍，以爲大政。（《國語》卷十，頁20上）

郤縠乃中軍將，而《國語》云「以爲大政」；成六年《左傳》亦云：

楚子重伐鄭，鄭從晉故也。……晉欒書救鄭，與楚師遇於繞角。楚師還，晉師遂侵蔡。楚公子申、公子成以申、息之師救蔡，禦諸桑隧。趙同、趙括欲戰，請於武子。武子將許之：知莊子、范文子、韓獻子諫曰：「不可。……」乃遂還。於是軍帥之欲戰者眾；或謂欒武子曰：「聖人與眾同欲，是以濟事。子盍從眾？子爲大政，將酌於民者也。子之佐十一人，其不欲戰者三人而已，欲戰者可謂眾矣。……」

時欒書爲中軍將，執晉政，而《傳》云「子爲大政」；又〈晉語八〉載鄭子產稱韓起爲「大政」，其文云：

> 鄭簡公使公孫成子來聘；平公有疾，韓宣子贊授客館。客問君疾，對曰：「寡君之疾久矣。上下神祇無不徧諭，而無除。今夢黃熊入於寢門，不知人殺乎，抑屬鬼邪？」子產曰：「以君之明，子爲大政，其何屬之有？……」（《國語》卷十四，頁11下）

時韓起執晉政，而子產稱之「爲大政」：並可見國政亦稱「大政」。又昭十五年《左傳》載晉荀躒如周葬穆后，事後周景王宴請荀躒，感於魯之獻壺，遂問晉何以未獻器於周。荀躒令籍談對周王問，籍談以晉長久居於深山之中，與戎狄爭地，無暇獻器作答；景土責其數典忘祖，有如是之言：

> 昔而高祖孫伯黶，司晉之典籍，以爲大政。

此所謂「爲大政」，蓋即謂爲晉之國政之意。韋昭釋「大政」之義云：

> ◎ 大政，大掌國政。（《國語》卷十，頁20上）

> ◎ 大政，美大之政。（《國語》卷十四，頁11下）

清儒王念孫不以韋說爲然。《經義述聞》「以爲大政、子爲大政」條云：

> 家大人曰：韋說非也。政讀爲正（原註：正、政古多通用，不煩枚舉），《爾雅》曰：「正，長也。」郤縠將中軍，爲卿之長，故曰大政。「以爲大政」，猶曰以爲正卿耳。昭十五年《左傳》：「孫伯黶司晉之典籍，以爲大政」，杜《注》曰：「孫伯黶，晉正卿。」《漢書·五行志》作「大正」，是其證也。又子產對韓宣子曰：「以君之明，子爲大政，其何屬之有？」（原註：昭七年《左傳》同）亦謂宣子爲正卿也。成六年《左傳》：「子爲大政」，杜《注》曰：「中軍元帥」，是也。韋《注》曰：「大政，美大之政」，亦非。（卷二十一，頁11下）

楊樹達之說與王氏類似。其〈弔中簠三跋〉云：

> 大正者，《爾雅·釋詁》云：「正，長也。」《左傳》成公六年云：「或謂欒武子曰，『子爲大政』」，按政與正同。尋或人稱欒書爲大政者，以當時欒書在晉當國，爲六卿之長故也。杜《注》以中軍元帥爲釋者，古人政與軍合一，六卿之長，入則長政，出則長軍，彼時晉師救鄭，正在戎行，故杜以軍帥爲釋，非大政之訓爲軍帥也。（《積微居金文說·積微居金文餘說》卷二，頁262）

大政非如韋昭所謂「美大之政」之義，固無可疑；王、楊二氏以國政爲六卿

之長。國政既以中軍將擔任，而晉之中軍將例以正卿擔任；則其爲六卿之長亦無疑也。

又，王念孫、楊樹達並以大政爲「正卿」，乃就其「身分」而言，其說是也。說詳下文第二節。

國政又稱「執政」：襄十四年《左傳》載晉范宣子數姜氏戎，戎子駒支之答有云：

> 昔文公與秦伐鄭，秦人竊與鄭盟，而舍戍焉，於是乎有殽之師。晉禦其上，戎亢其下。秦師不復，我諸戎實然。……自是以來，晉之百役，與我諸戎相繼于時，以從執政，猶殽志也，豈敢離逷？

《傳》文所謂「執政」，謂掌國事者也。又晉平公二十三年，鄭罕朔奔晉，韓宣子問罕朔之位於子產。昭七年《左傳》載其事云：

> 子皮之族飲酒無度，故馬師氏與子皮氏有惡。齊師還自燕之月，罕朔殺罕魋；罕朔奔晉。韓宣子問其位於子產。子產曰：「君之羈臣，苟得容以逃死，何位之敢擇？卿違，從大夫之位；罪人以其罪降：古之制也。朔於敝邑，亞大夫也；其官，馬師也。獲戾而逃，唯執政所寘之。得免其死，爲惠大矣，又敢求位？」宣子爲子產之敏也，使從嬖大夫。

由《傳》文可知子產所稱之執政指韓宣子。韓宣子即韓起，時爲晉之國政。是「國政」亦可稱「執政」。

「執政」之名亦見於《國語》，〈晉語五〉云：

> 靡筓之役也，郤獻子伐齊；齊侯來，獻之以得殞命之禮，曰：「寡君使克也，不腆弊邑之禮，爲君之辱敗，敢歸諸下執政，以整御人。」
>
> （《國語》卷十一，頁5上）

〈晉語八〉所稱執政之義，尤爲明白：

> 欒懷子之出，執政使欒氏之臣勿從，從欒氏者爲大戮施。欒氏之臣辛俞行，吏執之，獻諸公。公曰：「國有大令，何故犯之？」對曰：「臣順之也，豈敢犯之？執政曰『無從欒氏而從君』，是明令必從君也。臣聞之曰：『三世事家，君之；再世以下，主之。』事君以死，事主以勤，君之明令也。自臣之祖，以無大援於晉國，世隸於欒氏，於今三世矣；臣故不敢不君。今執政曰『不從君者爲大戮』；臣敢忘其死而叛其君，以煩司寇！」（《國語》卷十四，頁2下～3上）

欒懷子即欒盈，時欒盈因其母之譖，為當時執政士匄所逐，遂奔楚（事詳下文第三節），故韋昭解「執政」云：

> 執政，正卿范宣子也。（仝上，頁2下）

是國政亦稱「執政」。又〈魯語下〉載魯子服惠伯所稱之「執政」，蓋亦為國政之別稱。其文曰：

> 平丘之會，晉昭公使叔向辭昭公，弗與盟。子服惠伯曰：「晉信蠻夷而棄兄弟，其執政貳也。貳心必失諸侯，豈唯魯然？……」（《國語》卷五，頁6上）

尋其文意，其指執國政者之意無疑也。

「執政」一詞，當時使用最廣者，當推鄭國。如：

> ◎孟獻子曰：「鄭其有災乎！師競已甚。周猶不堪競，況鄭乎！有災，其執政之三士乎！」……於是子駟當國，子國為司馬，子耳為司空，子孔為司徒。冬十月戊辰，尉止、司臣、侯晉、堵女父、子師僕帥賊以入，晨攻執政于西宮之朝，殺子駟、子國、子耳，劫鄭伯以如北宮；子孔知之，故不死。（襄十年《左傳》）

> ◎子產之從政也，擇能而使之。……鄭人游于鄉校，以論執政。然明謂子產曰：「毀鄉校何如？」子產曰：「何為？夫人朝夕退而游焉，以議執政之善否。其所善者，吾則行之；其所惡者，吾則改之，是吾師也。若之何毀之？……」（襄三十一年《左傳》）

> ◎晉韓起聘于鄭，鄭伯享之。子產戒曰：「苟有位於朝，無有不共恪！」孔張後至，立於客間，執政禦之；適客後，又禦之；適縣間。客從而笑之。事畢，富子諫曰：「……孔張失位，吾子之恥也。」子產怒曰：「……孔張，君之昆孫子孔之後也，執政之嗣也。……辟邪之人而皆及執政，是先王無刑罰也。子寧以他規我！」（昭十六年《左傳》）

> ◎宣子有環，其一在鄭商。宣子謁諸鄭伯，子產弗與，曰：「非官府之守器也，寡君不知。」……韓子買諸賈人，既成賈矣；商人曰：「必告君大夫！」韓子請諸子產，曰：「日起請夫環，執政弗義；弗敢復也。今買諸商人，商人曰『必以聞』，敢以為請。」（昭十六年《左傳》）

諸「執政」中，或僅為執事之義，非掌國家政事之謂，如昭十六年「執政禦

之」之「執政」即是。清俞正燮〈左傳執政解〉云：

> 執政者，主司其事。昭十六年《左傳》：「鄭孔張立於客間，執政禦
> 之」，《注》云：「執政，掌位列者」：謂執此位列之政，非官名也。《春
> 秋大事表》列執政爲鄭獨有之官，失《注》意矣。《襄九年》：「宋災，
> 樂喜爲司城以爲政」，《注》云：「爲政卿」，此則《注》說非也。政
> 卿是右師；司城，主火政也。《昭二十一年》：「晉士鞅來聘，叔孫爲
> 政。季孫欲惡諸晉，使有司以齊鮑國歸費之禮爲之」，《注》云：「昭
> 子以三命爲國政」，此亦《注》說非也。魯禮：叔出，季處；賓客之
> 事，叔孫所主司。《昭十七年》郯子來朝，亦叔孫問之，知是爲賓客
> 之政，他客來，不言叔孫爲政。此爲季孫所陷，故特言之。若叔孫
> 爲國政，則有司不敢從季孫矣。叔孫本以再命爲卿，以十年伐莒之
> 役，例加三命，亦爲卿而已，不爲國政；如齊命卿，國、高爲政，
> 自管氏也。《宣二年》：「宋羊斟謂華元曰：『疇昔之羊，子爲政；今
> 日之事，我爲政。』」《宣十二年》，衛救陳，孔達主其議；《十三年》，
> 晉討焉，孔達曰：「我則爲政，而亢大國之討」。此五言「政」，皆同。
> 〈大射禮〉云：司射自阼階前，曰：「爲政，請射以射。」則司射爲
> 政也。（《清經解續編》，《癸巳類稿》卷五，頁 19）

俞氏解析所舉五處《傳》文，確如其言，非執國政之謂；而「執政」之名，
非僅如顧棟高所言爲鄭所專有，亦如俞氏所言。俞氏謂晉亦有「執政」之官，
其例已見上舉；楚亦有執政，見《國語》〈楚語上〉、〈魯語下〉。且由上引《傳》
文，可知襄三十一年及昭十六年次條之「執政」皆指子產；昭十六年首條之
「執政」則指孔張之祖子孔。子孔、子產皆鄭之執政。是「執政」一詞，有
用爲泛指一般主司其事之義者，亦有用爲專指執國政之義者。晉則用爲後者
之義。

《左》、《國》中又有「爲政」一詞，其見於《左傳》者如：

◎ 晉人伐鄭，以報北林之役。於是晉侯侈，趙宣子爲政，驟諫而不
　　入，故不競於楚。（《宣元年》）

◎ 晉胥克有蠱疾；郤缺爲政，秋，廢胥克，使趙朔佐下軍。（《宣八
　　年》）

◎ 范武子將老……乃請老。郤獻子爲政。（《宣十七年》）

◎ 韓厥老矣，知罃稟焉以爲政。（《襄九年》）

◎ 季武子如晉拜師，晉侯享之。范宣子爲政，賦〈黍苗〉。(《襄十九年》)

◎ 樂王鮒侍坐於范宣子。或告曰：「欒氏至矣！」宣子懼。桓子曰：「奉君以走固宮，必無害也。且欒氏多怨，子爲政，欒氏自外，子在位，其利多矣。」(《襄二十三年》)

◎ 范宣子爲政，諸侯之幣重，鄭人病之。(《襄二十四年》)

◎ 三十一年春王正月，穆叔至自會。見孟孝伯，語之曰：「趙孟將死矣。……若趙孟死，爲政者其韓子乎！」……韓宣子爲政。(《襄三十一年》)

◎ 二年春，晉侯使韓宣子來聘，且告爲政。(《昭二年》)

◎ 初，州縣，欒豹之邑也。及欒氏亡，范宣子、趙文子、韓宣子皆欲之。……及文子爲政，趙獲曰：「可以取州矣！」(《昭三年》)

◎ 晉韓宣子爲政，聘于諸侯之歲……。(《昭七年》)

其見於《國語》者，如：

◎ 昔先大夫荀伯自下軍之佐以政，趙宣子未有軍行而以政，今欒伯自下軍往。是三子也，吾又過於四〔註1〕之無不及。若佐新軍而升爲政，不亦可乎？將必求之！(〈周語中〉，晉郤至語。《國語》卷二，頁14上)

◎ 敬王十年，劉文公與萇弘欲城周，爲之告晉。魏獻子爲政，說萇弘而與之。(〈周語下〉，《國語》卷三，頁19上)

鄙意以爲：「爲政」一詞蓋非「名詞」：「爲」之義如「任」；「政」爲名詞，乃「國政」之省稱。「爲政」即「爲國政」之省稱。魯之有「爲政」之名，見於《國語·魯語上》及《左傳》；齊、鄭之有「爲政」之名亦見《左傳》，茲不詳引。當時蓋多有將「爲國政」或「爲執政」省稱爲「爲政」者。蓋「令尹」、「司徒」、「二守」、「右師」、「左師」，乃實稱之官名；「國政」、「執政」、「爲政」、「當國」等則泛稱掌一國之政事者，並非官名。

晉之國政例以中軍將擔任，中軍將之異稱附及於此：

中軍將亦稱元帥，意爲諸帥之首。若《國語·晉語七》載悼公命官，有「元司馬」、「元司空」、「元候」、「元尉」之比。諸「元」字亦皆首義。僖二十七《左傳》載晉「作三軍，謀元帥」，杜《注》云：

---

〔註1〕《公序本》「四」作「三」，較勝。

【元帥，】中軍帥。（《左傳正義》卷十六，頁 11 下）

徵諸《左傳》，杜說無誤。宣十二年《左傳》述晉、楚邲之戰事，謂荀林父將中軍救鄭，至鄭，鄭已臣服於楚，林父與上軍將隨會並主退兵，不與楚交戰；中軍佐先縠不聽，獨自出兵，時任司馬之韓厥謂林父曰：

> 彘子以偏師陷，子罪大矣。子爲元帥，師不用命，誰之罪也？

時荀林父爲中軍將，而韓厥稱之爲「元帥」。

中軍將又可稱爲「督將」。晉、楚邲之戰，晉戰敗而歸，荀林父請罪，有云：

> 臣爲督將，軍敗，當誅，請死。（〈晉世家〉）

是中軍元帥亦可稱督將也。督者，監督也。中軍將居諸將之首以監督之，故云。

# 第二節　國政之身分與職權

## 壹、國政之身分

晉自文公作三軍後，例以中軍元帥擔任國政，此由文六年《左傳》所載可知：

> 春，晉蒐于夷，舍二軍，使狐射姑將中軍，趙盾佐之。陽處父至自溫，改蒐于董，易中軍。……宣子於是乎始爲國政。

晉之中軍將，其身分皆爲「正卿」、「上卿」〔註2〕。故諸家之注皆以「正卿」解「國政」或「大政」。如昭十五年《左傳》「孫伯黶司晉之典籍，以爲大政」，杜預《注》云：

> 孫伯黶，晉正卿，籍談九世祖。（《左傳正義》卷四十七，頁 11 下）

〈周語中〉「荀伯自下軍佐以政；趙宣子未有軍行以政；今欒伯自下軍往」，韋昭《解》云：

> ◎荀伯，荀林父也，從下軍之佐第六卿升爲正卿也。（《國語》卷二，頁 14 上）
>
> ◎宣子，趙盾也，爲中軍佐，此第二卿，未有軍行，升爲正卿也。（仝上）
>
> ◎欒伯，欒書也，將下軍，第五卿而爲正卿也。（仝上）

---

〔註 2〕說已見本稿下編第二章第二節。

韋昭解趙盾之位有誤，說詳下文第三節。荀林父、趙盾、欒書皆爲晉之國政，韋昭即因三人並爲國政，故皆謂其「爲正卿」也。其意又見於〈周語下〉之《解》。〈周語下〉謂「魏獻子爲政」，韋《解》云：

> 獻子，晉正卿，魏絳之子舒也。（《國語》卷三，頁19上）

又如〈晉語一〉載曲沃武公伐翼，欲以欒恭子爲「上卿，制晉國之政」，韋昭《解》云：

> 上卿，執政命於天子者也。（《國語》卷七，頁1上）

「上卿」即「正卿」。又，〈晉語八〉「執政使欒氏之臣勿從」，韋《解》云：

> 執政，正卿范宣子也。（《國語》卷十四，頁2下）

非僅杜預、韋昭之說如此，孔穎達亦然。宣十六年《傳》《正義》云：

> 晉之中軍之將，執政之上卿也。（《左傳正義》卷二十四，頁14上）

案：三家之說並是也。茲再舉數例證之：

趙盾自晉襄公六年，陽處父易蒐於董後，即任中軍將，執國政。文七年《左傳》郤缺勸趙盾時即稱趙盾爲「正卿」：可見國政之身分爲正卿。宣二年《春秋經》書「趙盾弒其君夷皋」，《左傳》述趙穿弒靈公後之情況云：

> 宣子未出山而復，大史書曰：「趙盾弒其君」，以示于朝。宣子曰：
> 「不然！」對曰：「子爲正卿，亡不越竟，反不討賊，非子而誰？」

《穀梁傳》亦云：

> 趙穿弒公而後反趙盾。史狐書賊，曰「趙盾弒公」：盾曰：「天乎！
> 天乎！予無罪！孰爲盾而忍弒其君者乎！」史狐曰：「子爲正卿，入
> 諫不聽，出亡不遠。君弒，反不討賊，則志同：志同，則書重。非
> 子而誰！」（《穀梁注疏》卷十二，頁4）

〈晉世家〉亦云：

> 盾復位，晉太史董狐書曰「趙盾弒其君」，以視於朝。盾曰：「殺者
> 趙穿，我無罪！」太史曰：「子爲正卿，而亡不出境，反不誅國亂：
> 非子而誰！」

諸書並稱盾爲「正卿」。又〈晉語八〉載平公時執政范宣子與和大夫爭田，范宣子問諸群臣，至祁午，祁午之答，有「子爲正卿」之言。范宣子即士匄，時爲國政。又，晉平公十七年，周天子使劉定公勞趙孟於潁，劉定公歸而告周景王，謂趙孟將卒，昭元年《左傳》述其事，有云：

> 趙孟……爲晉正卿，以主諸侯。

趙孟即趙武，時爲國政。《史記‧趙世家》亦云：

平公十二年，而趙武爲正卿。

時武爲晉之國政。晉平公二十一年，韓起如楚送女，叔向爲介，楚靈王欲執之，昭五年《左傳》述楚王之言云：

晉，吾仇敵也。苟得志焉，無恤其他。今其來者，上卿、上大夫也。

若吾以韓起爲閽，以羊舌肸爲司宮，足以辱晉，吾亦得志矣。

楚王所謂之「上卿」指韓起，時韓起爲晉之國政，而楚王稱之爲「上卿」：凡此並可見晉之執政皆以正卿／上卿擔任。

非僅晉國如此，魯國蓋亦以正卿爲執政，故襄四年，匠慶謂季文子曰：「子爲正卿」。時季文子執魯政，而匠慶稱之曰「正卿」。又如襄二十一年《左傳》載魯多盜，季孫問詰盜之法於臧武仲，武仲答之曰：

子爲正卿，而來外盜：使紇去之，將何以能？

時季孫宿爲執政大臣，而武仲稱之曰「正卿」：是魯亦以「正卿」執政也。

鄭國蓋亦以「上卿」執政，襄二十九年《左傳》云：

鄭子展卒，子皮即位，於是鄭饑，而未及麥，民病。子皮以子展之命餼國人粟，戶一鍾，是以得鄭國之民。故罕氏常掌國政，以爲上卿。

案：鄭之罕氏，自子罕始執鄭政，歷子展、子皮，皆掌鄭政〔註3〕，故《傳》云「常掌國政，以爲上卿」。

據上討論，春秋時諸侯大國，蓋皆以「上卿」任執政。「上卿」亦稱「正卿」。

## 貳、國政之職權

國政入則主政，出則主軍。其職權幾乎無所不包：首先，國政可決定國事：如晉文公卒，秦不弔喪而出兵中原，國政先軫毅然決然興師，敗秦於殽〔註4〕，僖三十三年《左傳》載其事云：

晉原軫曰：「秦違蹇叔而以貪勤民，天奉我也。奉不可失，敵不可縱。縱敵，患生；違天，不祥。必伐秦師！」欒枝曰：「未報秦施而伐其

〔註3〕參考顧棟高《春秋大事表》卷三十五，〈春秋鄭執政表〉、《左傳》。

〔註4〕事詳僖三十三年《左氏》、《公羊》、《穀梁》三傳，《呂氏春秋‧悔過》，《史記》〈秦本紀〉、〈晉世家〉。並可參拙作《晉文公復國定霸考》第六章第三節之肆。

師，其爲死君乎？」先軫曰：「秦不哀吾喪而伐吾同姓；秦則無禮，何施之爲？吾聞之：『一日縱敵，數世之患也。』謀及子孫，可謂死君乎！」遂發命，遽興姜戎……敗秦師于殽。

據《傳》文，可知當時軍帥意見不一，而終依國政先軫之意，可見國政有決定國事之權。又，悼公問定衛君事於執政荀偃者亦其比。襄十四年《左傳》載其事云：

晉侯問衛故於中行獻子，對曰：「不如因而定之。衛有君矣：伐之，未可以得志，而勤諸侯。史佚有言曰：『因重而撫之』；仲虺有言曰：『亡者侮之，亂者取之。推亡、固存，國之道也』：君其定衛以待時乎！」冬，會于戚，謀定衛也。

悼公世稱賢主，而其對諸侯之事，既問之於國政，且即依其意行事：並可見國政可決定國事。蓋以其爲主管國家政事之人也。

其次，國政可帥師行征伐。晉獻公十七年，使太子申生伐東山皋落氏之狄，里克進諫，閔二年《左傳》述其事，有云：

夫帥師，專行謀，誓軍旅，君與國政之所圖也。（《史記·晉世家》同，唯「帥」作「率」。「謀」下有「也」字）

可見國政可與國君論軍旅之事，且帥師以行征伐。晉以中軍將爲國政；而中軍元帥幾乎無役不與，其可遂行征伐，握有軍權，其例無庸枚舉。

復次，國政可代表晉君參與諸侯國之會盟。如文十四年《春秋經》載趙盾與諸國國君會盟事，云：

六月，公會宋公、陳侯、衛侯、鄭伯、許男、曹伯、晉趙盾。癸酉，同盟于新城。

以陪臣而與諸侯國君等列，其位、其權自然可見矣。又如頃公時國政魏舒率諸侯城周時，魏舒執事。昭三十二年《左傳》述其事云：

晉魏舒、韓不信如京師，合諸侯之大夫于狄泉，尋盟，且令城成周。魏子南面。衛彪傒曰：「魏子必有大咎：干位以令大事，非其任也。」

雖則彪傒不以魏舒之舉爲然，然正顯示魏舒之肆無忌憚。杜預注「南面」云：「居君位」。可見魏舒乃自擬於君。竹添光鴻《會箋》云：

晉久不合諸侯，有會亦皆卿出，君不親行。其臣皆視其君爲虛位，而儳攝假之，故遂敢南面無忌。（《左氏會箋》卷二十六，頁49）

可見國政直欲取晉君而代之矣。

　　再次，國政可廢立將、佐。如宣八年《左傳》載郤缺代趙盾爲政後，撤換原本之下軍佐胥克，而代以趙朔。〔註5〕

　　國政甚至可決定國君之廢立：如荀息之輔奚齊、立卓子。僖九年《左傳》載其事云：

> 初，獻公使荀息傅奚齊。……冬，十月，里克殺奚齊于次……荀息將死之，曰：「不如立卓子而輔之。」荀息立公子卓以葬。

事亦見《國語・晉語二》、《史記・晉世家》。又如里克之立惠公。〈晉世家〉云：

> 里克等已殺奚齊、悼子〔註6〕，使人迎公子重耳於翟，欲立之。重耳謝……。里克使迎夷吾於梁……。

事亦見〈晉語二〉。又如趙盾之立靈公、成公。〈晉世家〉載趙盾之立靈公云：

> 【襄公】七年八月，襄公卒。太子夷皋少，晉人以難故，欲立長君。趙盾曰：「立襄公弟雍……。」賈季曰：「不如其弟……。」【趙盾】使士會如秦迎公子雍，賈季亦使人召公子樂於陳。……趙盾與諸大夫皆患繆嬴，且畏誅，乃背所迎而立太子夷皋，是爲靈公。

事亦見〈趙世家〉及文六、七年《左傳》。又宣二年《左傳》載趙盾之立成公事云：

> 趙穿攻靈公於桃園；宣子未出山而復。……宣子使趙穿逆公子黑臀于周而立之。

事亦見〈晉世家〉。又如欒書之立悼公，成十八年《左傳》載其事云：

> 晉欒書、中行偃使程滑弒厲公……使荀罃、士魴逆周子于京師而立之。

事亦見《國語・晉語七》、《史記・晉世家》。荀息、里克、趙盾、欒書並爲當時國政〔註7〕：可見國政有廢立國君之權。

　　據上所論，國政之權從可知矣。文六年《左傳》所載趙盾之職權，實晉國國政職權之最佳寫照。《傳》云：

> 宣子於是乎始爲國政。制事典，正法罪，辟獄刑，董逋逃，由質要，

〔註5〕其詳見本稿下編第二章第四節之貳。
〔註6〕悼子，《左傳》、《國語》並作卓子；敦煌唐寫本《左傳》作「公子卓」。《史記》本身並不統一：〈晉世家〉皆作「悼子」；〈秦本紀〉、〈十二諸侯年表〉、〈齊世家〉並作「卓子」。卓、悼古通，說參　王師叔岷《史記斠證・晉世家斠證》。
〔註7〕其詳另見本章第三節。

> 治舊洿，本秩禮，續常職，出滯淹。既成，以授大傅陽子與大師賈
> 佗，使行諸晉國，以為常法。

據《左傳》所述，可知舉凡與內政相關之事，如國家之典則、法罪、刑獄、官制、甚至用人、任官悉取決於國政〔註8〕。而國政又兼為中軍將。軍、政合一，權歸一人，國政之權直欲陵駕國君而上之矣。

國政之權既如此之大，故國政若所託得人，則政治清平，法行不滯，百官得宜，人盡其才，君垂拱而國自治；若託之非人，則攬權樹黨，傾軋營私，專務坐大，斯則政局杌隉不安，國君岌岌可危，甚且身遭禍弒，如晉靈公者矣。

## 第三節　國政與國勢

晉之國政，自文公作三軍，以趙衰之薦，任郤縠為中軍將，兼任國政，至知瑤滅於韓、趙、魏三家，凡一十九人。依次為：郤縠、先軫、先且居、趙盾、郤缺、荀林父、士會、郤克、欒書、韓厥、知罃、荀偃、士匄、趙武、韓起、魏舒、范鞅、趙鞅、知瑤。文公前之國政則難以確論。茲依序考其得以擔任國政之原因與背景，及其任政後內、外之作為及其與晉國國勢之關係。

### 壹、作三軍前之國政

晉之有執政之官，蓋起源甚早。其初蓋本以司徒執政，因釐侯名司徒，遂廢「司徒」之官，而改以通名，如國政、大政、執政等以稱之，未再以專名稱執政。說已見上文第一節。昭十五年《左傳》載周景王語，謂籍談之九世祖孫伯黶為晉「大政」（文見上引）。大政即國政。孔穎達《正義》引《世本》云：

> 黶生司空頡，頡生南里叔子，子生叔正官伯，伯生司徒公，公生曲
> 沃正少襄，襄生司功大伯，伯生侯季子，子生籍游，游生談，談生
> 秦是也。（《左傳正義》卷四十七，頁 12 上）

竹添光鴻《會箋》云：

> 晉僖侯名司徒，後遂諱之。然則籍氏之司徒公，必在僖侯之前。（《左

---

〔註8〕參考杜預、林堯叟說，見《春秋左傳杜林合注》。

氏會箋》卷二十三，頁 39）

若然，則孫伯黶斯時當仍爲司徒之官，後人所稱乃易以避諱後之名也。宋·鄭樵《通志·氏族略》云：

> 籍氏：出於伯氏。晉大夫荀林父爲中行伯，孫伯黶以王父字爲伯氏。司晉之典籍，故亦謂之籍氏，以官爲氏也：昭二（獻案：當作「公」）十五年《傳》口：「王曰：叔氏，而忘之乎？而高祖孫伯黶，司晉之典籍，以爲大政，故曰籍氏。」或言：晉文侯仇弟陽叔伯黶。（〈氏族略第四〉「以官爲氏」條，頁 70）

古史茫昧，尋鄭氏之意，亦存疑而未敢肯定也。

曲沃併晉後，文公作三軍以前之國政，大略推測如下：

獻公時之國政蓋爲荀息或里克，本稿下編第二章第四節曾考晉獻公時之將兵者，除獻公與太子申生外，另有荀息與里克，然由其後荀息無援而里克得以連殺二君推之，里克爲國政之可能性似較大。故驪姬欲滅申生，須先中立里克，待里克表示中立後，驪姬乃敢放手遂行毒計。〔註9〕

里克宣佈中立後，蓋即由荀息掌國政。申生被逼自殺，重耳、夷吾出奔後，獻公染病，託孤荀息。〈晉世家〉述其事云：

> 【獻公】病甚，乃謂荀息曰：「吾以奚齊爲後；年少，諸大臣不服；恐亂起。子能立之乎？」荀息曰：「能。」……於是遂屬奚齊於荀息。
>
> 荀息爲相，主國政。

世家明云荀息「主國政」，又云「爲相」。是「國政」即「相」。竊疑當時晉仍軍、政殊途，故荀息雖爲相主國政，似乎並未握有軍權。獻公一死，里克即發動政變，連殺奚齊、卓子二君及驪姬之黨，荀息亦自殺以殉。〔註10〕

荀息之後，蓋即由里克任國政，故由其決定國君之人選。〈晉世家〉載惠公之入國云：

> 里克等已殺奚齊、悼子，使人迎公子重耳於翟，欲立之。重耳謝……；里克使迎夷吾於梁。夷吾欲往，呂省、郤芮曰：「內猶有公子可立者，而外求，難信。計非之秦輔彊國之威以入，恐危。」乃使郤芮厚賂秦，約曰：「即得入，請以晉河西之地與秦。」及遺里克書，曰：「誠

―――――――――――――

〔註 9〕　事詳〈晉語二〉；並可參拙作《晉文公復國定霸考》第一章第三節、第四章第一節。

〔註10〕　事見《國語·晉語一》、僖九年《左傳》、《史記·晉世家》。其詳可參拙作《晉文公復國定霸考》第二章第三節及第三章第一節。

得立，請遂封子於汾陽之邑。」

里克非唯可決定國君人選，又受夷吾之賂而立之，益可見其時晉政在里克手中。

惠公初入時，蓋里克執國政，故〈晉語三〉載惠公殺里克後有「過殺社稷之鎮」之歎。且由夷吾從亡功臣郤芮、呂甥等之必欲除去里克而後快觀之，其時蓋爲里克掌國政無疑；唯不旋踵即被殺。〔註11〕

里克卒後，蓋呂甥執國政，故韓之敗時呂甥代惠公朝國人，而遂作爰田、州兵；又代表晉國如秦迎君，且與秦穆公盟於王城。〔註12〕

晉文公入國後至作三軍前究由何人掌國政，難以確言。唯或由趙衰掌政。之所以如此推想，原因有二：其一、趙衰與狐偃並爲重耳從亡功臣中最受文公重視者，而文公作三軍，謀元帥時亦問之於趙衰，其後並因衰之屢讓，爲之作五軍，以之將新軍〔註13〕；其二，〈晉世家〉屢謂晉文公以趙衰爲國政（說詳下），蓋亦非純爲空穴來風。唯並無確據，姑作推測耳。

晉自文公作三軍，立元帥後，恆以中軍元帥任國政。初無例外。其似與此說齟齬者爲《史記》之記載，《史記》云：

◎【襄公】六年，……趙盾代趙衰執政。（〈晉世家〉）

◎趙衰從重耳出亡，凡十九年，得反國，重耳爲晉文公。趙衰爲原大夫，居原，任國政。文公所以反國及霸，多趙衰計策。……晉襄公之六年而趙衰卒，諡爲成季，趙盾代成季任國政。（〈趙世家〉）

據《史記》〈晉〉、〈趙〉二世家所載，似晉文公以至襄公時之國政皆爲趙衰。然終襄公之世，衰止於中軍佐，其前之中軍將，先則有郤縠，繼則有先軫，次之又有先且居。豈文公時之國政猶非以中軍元帥任之耶？殆非也。趙衰從重耳出亡，同辛共苦，出計效策，文公入國，以原封趙衰，時在文公二年（魯僖二十五年，635 B. C.），其後屢欲任之爲卿，蓋即欲委以國政也。唯趙衰屢讓，直至文公八年（魯僖三十一年，629 B. C.）。遂特爲之蒐於清原，作五軍，命之以卿，將新上軍；上軍佐狐偃卒後，乃出任上軍佐；且終其身止於中軍

---

〔註11〕 呂、芮聯手對付里克及其黨徒事，可參拙作《晉文公復國定霸考》第一章第一節之貳及第二節之壹。

〔註12〕 事見《國語・晉語三》、《左傳》僖公十五年、《史記・晉世家》；並參本稿上編第二章第一節。

〔註13〕 其詳可參本稿下編第二章第四節。

佐（趙衰卒於晉襄六年，魯文五年，622 B. C.）。依晉之人事制度，趙衰不應
爲國政。此蓋史公強調趙衰於晉國復興、強盛之重要性，未必眞爲趙衰執晉
國之政也。《史記》於魏絳亦有類似之記載：

> ◎【悼公】三年，晉會諸侯。……方會諸侯，悼公弟楊干亂行，魏
> 絳戮其僕。悼公怒，或諫公；公卒賢絳，任之政。（〈晉世家〉）
>
> ◎魏絳事晉悼公。悼公三年，會諸侯。悼公弟楊干亂行，魏絳僇辱
> 楊干。悼公怒，曰：「合諸侯以爲榮，今辱吾弟！」將誅魏絳。或
> 說悼公，悼公止：卒任魏絳政。（〈魏世家〉）

瀧川資言〈魏世家〉《考證》引徐孚遠之言曰：

> 魏絳初爲列大夫，後乃爲下卿：此云「任之政」，非也。（《史記會注
> 考證》卷四十四，頁 4）

魏絳本爲中軍司馬，以守法任職，被擢陞爲下軍佐，已詳本稿下編第一章。
所謂「任之政」者，謂任之以「政事」也。晉各軍將、佐皆有相當之權力，
故擔任其中任一位置，皆得以參與政事，此所以稱之爲「任之政」也。史公
謂趙衰「任國政」蓋亦謂任之爲卿，得以參與國政之謂，非嚴格之「國政」
義也。上文第一節曾引俞正燮〈春秋執政解〉一文，謂古籍有稱「執政」，而
僅作任事之意，不作執國政解者。以彼例此，可以了然。〈晉語四〉記載晉文
公入國後之謀霸過程，先則爲納襄王以示義，次則爲伐原以示信，三即爲蒐
於被廬，作三軍，其文曰：

> 乃大蒐于被廬，作三軍，使郤縠將中軍，以爲大政。（《國語》卷十，
> 頁 20 上）

《國語》明云以郤縠爲「大政」。大政即國政，說已見上。可知晉自作三軍後，
國政即由中軍元帥兼任。此爲晉「國政」之確切涵義；史公蓋採廣泛之義，
未必有矛盾也。

## 貳、郤縠至趙盾

晉文公四年（魯僖二十七年，633 B.C.）郤縠任國政。案：此年冬，晉爲
救宋禦楚，遂作三軍，謀元帥，趙衰薦郤縠任中軍將。郤縠遂任國政。

郤縠之得以立爲國政，據趙衰推薦時所舉稱者爲：

> ◎說禮、樂而敦《詩》、《書》。（僖二十七年《左傳》）
>
> ◎行年五十矣，守學彌惇。（《國語‧晉語四》）

據《國語》，可知郤縠立時年尚未及五十；惜立未滿一年旋卒。僖二十八年《左

傳》云：

> 二月，晉郤縠卒。

郤縠乃十九位可考之國政中任職最短者。

晉文公五年（魯僖二十八年，632 B. C.），先軫任國政。僖二十八年《左傳》云：

> 郤縠卒，原軫將中軍。

原軫即先軫［註14］，原任下軍佐，超升中軍將。此乃晉國人事中少見之現象。先軫之所以能超升擔任國政，《左傳》謂「上德」。「上德」即「尚德」；據《國語》則為「有謀」，〈晉語四〉云：

> 取五鹿，先軫之謀也。郤縠卒，使先軫代之。（《國語》卷十，頁 17下）

前此晉文公欲立趙衰為卿，衰薦先軫，已有「先軫有謀」之語。先軫蓋以「有德」、「有謀」，遂得立為國政。此時強楚北上，欲問鼎中原；晉文公正因欲抑荊楚而作三軍，故郤縠卒後即以「有謀」之先軫代，以利對楚作戰也。

先軫果然不負使命，於城濮之戰時先用計使宋賂齊、秦，引齊、秦參戰，並將曹、衛侵自諸侯之田分畀宋人。一則增加與國，一則怒楚使戰，俾解宋圍。又於子玉以復衛侯、封曹要挾交換解宋圍時，表面快然答應；私下則以計待之，一面私許復曹、衛，以攜離荊楚與曹、衛之情，滅楚威勢；一面執楚使宛春以激擾子玉之氣，逼使子玉求戰，使原本晉屈之勢轉而為楚屈［註15］。終於一戰而挫楚，使晉文公成為中原霸主，且自此晉常執中原之牛耳。其於晉國，乃至於春秋時中原抑楚之功豈為小哉！

非僅此也，先軫又有挫秦東出之功：晉文公九年（魯僖三十二年，628 B. C.）卒，秦乘文公之喪，遂謀襲鄭以觀晉。當時楚患未已，秦輒興兵以加中國，既入滑，又欲伐鄭，中原之勢危矣，殆矣。襄公元年（魯僖三十三年，627 B. C.），秦人滅滑西還，先軫遂斷然挫之於殽。

---

［註14］先軫，程公說《春秋分記》以為先丹木之子。蓋以采邑於原，故亦曰原軫。說參宋・王當《春秋臣傳》卷七、梁玉繩《漢書人表考》卷三。

［註15］見僖二十八年《左傳》、《國語・晉語四》、《史記・晉世家》；並參拙作《晉文公復國定霸考》第六章第二節之貳。城濮之戰定計者，據《左傳》、《韓非子・難一》、《呂氏春秋・義賞》、《淮南子・人間》、《說苑・權謀》等書所載為狐偃；《史記・晉世家》則作先軫。未詳孰是。唯先軫時為中軍將，主國政，即令計出狐偃，亦須經先軫同意，始得執行。故姑繫於國政先軫身上。

　　秦穆本賢明之君，此次乃不聽蹇叔、百里奚之勸〔註16〕，大異於前。乍看似為昏耄之舉，實則乃為圖霸之志所蔽也。秦穆一生謀出函谷，亟思奮翼於中原，卻屢為晉文所阻，鬱鬱不展。今晉文既去，機豈可失？遂忘卻百險，孤注一擲，東出而圖鄭。其圖鄭實霸中原之首計：鄭乃中原之心臟，得鄭，西可控周制晉，東可制曹、衛、魯、宋，東南可扼荊楚。斯則縱橫中原，非秦而誰？

　　當時襄公初立，未能謀政，朝臣亦有異見，而先軫乃斷然為殽之師，使秦鎩羽折翼，秦穆志難得逞，再次飲恨。此事雖引發日後晉、秦交惡，秦因之伐晉者八，晉亦伐秦有七，交兵達七十年之久；然此役晉若不挫秦，則晉之霸主地位即頹於此時矣。且晉若此時不抑秦，亦必抑之於日後。故先軫之果決深謀，文公、趙衰蓋知之深矣。

　　唯先軫雖果決深謀，亦不免負氣之失。故於得知襄公因文嬴之請而釋秦三帥時，竟怒而至於面唾、斥言。僖三十三年《左傳》載其事云：

　　　　先軫朝，問秦囚。公曰：「夫人請之，吾舍之矣。」先軫怒，曰：「武夫力而拘諸原，婦人暫而免諸國：墮軍實而長寇讎！亡無日矣！」不顧而唾。

先軫此舉已大失君臣之禮，卿大夫專擅之形已露；然先軫究為忠臣，與專擅之卿大夫不同。故於四月後自討而亡。僖三十三年《左傳》載其事云：

　　　　狄伐晉，及箕。……先軫曰：「匹夫逞志於君而無討，敢不自討乎！」免冑入狄師，死焉。

先軫任國政，首尾計六年；時雖不長，但對晉之影響與貢獻皆極為重大。

　　晉襄公元年（魯僖三十三年，627 B. C.）先且居任國政。先且居乃先軫之子，原任上軍將。上文言及，先軫以面唾之失，自討而死。襄公於先軫死狄後，超陞其子，以三命之禮命之任國政，蓋為示撫卹；此與本稿下編第一章第二節謂祖先有功於國，而其子孫賢能者，優先擢用之意合。

　　先且居任國政期間，晉國國內外大事計有：

### 一、伐衛，討其不朝；並致晉襄公朝天子於溫

　　案：晉文末年，衛成公不朝晉，且命孔達伐鄭。晉襄公二年（魯文元年，626 B. C.），襄公告諸侯而伐衛，俘衛大夫孫昭子。次年與諸侯盟於垂隴。

---

〔註16〕事見僖三十三年《左傳》，《呂氏春秋·悔過》，《史記·秦本紀》。

《經》、《傳》述其事云：

◎晉襄公既祥，使告于諸侯而伐衛，及南陽。先且居曰：「效尤，禍也。請君朝王，臣從師。」晉侯朝王于溫。先且居、胥臣伐衛。五月辛酉朔，晉師圍戚；六月戊戌，取之，獲孫昭子。衛人使告于陳。陳共公曰：「更伐之，我辭之。」衛孔達帥師伐晉。……秋，晉侯疆戚田，故公孫敖會之。（文元年《左傳》）

◎夏六月，公孫敖會宋公、陳侯、鄭伯、晉士縠，盟于垂隴。（文二年《春秋經》）

◎六月，穆伯會諸侯及晉司空士縠盟于垂隴，晉討衛故也。（文二年《左傳》）

## 二、禦 秦

先軫敗秦於殽，秦興師以報，晉亦伐之，迭有勝負。史籍述其事云：

◎春，秦孟明視帥師伐晉，以報殽之役。二月，晉侯禦之，先且居將中軍，趙衰佐之。……甲子，及秦師戰于彭衙，秦師敗績。晉人謂秦「拜賜之師」。……冬，晉先且居、宋公子成、陳轅選、鄭公子歸生伐秦，取汪，及彭衙而還，以報彭衙之役。（文二年《左傳》）〔註17〕

◎【繆公】三十四年……繆公於是復使孟明視等將兵伐晉，戰于彭衙。秦不利，引兵歸。（〈秦本紀〉）

◎秦伯伐晉，濟河焚舟，取王官及郊；晉人不出。遂自茅津濟，封殽尸而還。（文三年《左傳》）

◎【繆公】三十六年，繆公復益厚孟明等，使將兵伐晉，渡河焚船，大敗晉人，取王官及鄗，以報殽之役。晉人皆城守不敢出。於是繆公乃自茅津渡河，封殽中尸。（〈秦本紀〉；〈十二諸侯年表〉文較略）

◎秋，晉侯伐秦，圍邧、新城，以報王官之役。（文四年《左傳》；

〔註17〕此《左傳》所載與〈晉世家〉異。〈晉世家〉云：「【殽役】之後三年，秦果使孟明伐晉，報殽之敗，取晉汪以歸。」與《左傳》全然相反。〈十二諸侯年表〉則謂秦伐晉，然晉勝而秦敗，又與〈晉世家〉違異。梁玉繩《史記志疑》卷八據《左傳》，以爲《史記》舛誤。或史公所據有《秦紀》、《晉紀》之別歟？

亦見《史記・十二諸侯年表》，文較略）

## 三、拒　楚

楚雖敗於城濮，然仍肆虐於南方；晉爲盟主，故拒楚救與國。《經》、《傳》
述其事云：

◎春王正月，叔孫得臣會晉人、宋人、陳人、衛人、鄭人伐沈；沈
潰。（文三年《春秋經》）

◎春，莊叔會諸侯之師伐沈，以其服於楚也。沈潰。（文三年《左
傳》）

◎秋，……楚師圍江，晉先僕伐楚以救江。冬，晉以江故告于周，
王叔桓公、晉陽處公伐楚以救江。門于方城，遇息公子朱而還。
（文三年《左傳》）

◎秋，楚人滅江。（文四年《春秋經》、《左傳》）

晉一年而再伐楚，以其爲盟主，故救諸侯之患也。唯江終於次年爲楚所滅，
晉終不克救，以其近楚也。

先且居卒於晉襄公六年（622 B. C.），計任國政五年。任政期間，雖救江
而不克救；但大體而言，仍使晉國維持霸主之局，如伐衛朝王，一拒秦師而
再伐秦者是。

晉襄公七年（魯文六年，621 B. C.），趙盾任國政。上年歲暮，先且居等
耆宿舊臣相繼死亡，晉遂爲之蒐於夷，廢五軍爲三軍。並選任中軍將〔註18〕。
晉襄公本欲擢士縠任中軍將，以先克之勸而用勳臣之後狐射姑。文八年《左
傳》述其事云：

夷之蒐，晉侯將登箕鄭父、先都，而使士縠、梁益耳將中軍。先克
曰：「狐、趙之勳，不可廢也。」從之。

晉襄公從先克之勸，以狐偃之子射姑將中軍，但趙衰之黨陽處父卻改蒐易班，
升趙盾於射姑之上。文六年《左傳》述之云：

晉蒐于夷，舍二軍，使狐射姑將中軍，趙盾佐之。陽處父至自溫，
改蒐于董，易中軍——陽子，成季之屬也，故黨於趙氏——且謂
趙盾能，曰：「使能，國之利也。是以上之。」宣子於是乎始爲國
政。

〔註18〕其詳已見本稿上編第一章第一節之貳及下編第二章第四節。

可見夷之蒐，本以狐射姑爲中軍將；陽處父爲置趙盾於狐射姑之上，遂又改蒐於董，升趙盾，立之爲中軍元帥，執國政。趙盾乃趙衰子，本無軍行，襄公用先克之言，立爲中軍佐，群臣未必心服；陽處父又以私心改立，終於引發一連串卿大夫間之爭鬥傾軋；而趙盾以意廢立國君，更引起秦、晉兩國長期之互伐。二事對晉國之國勢與政局均有極大之影響。茲分三方面述之：

## （一）遂行廢立

趙盾任國政之同年，晉襄公卒。諸臣議立新君：趙盾本欲立公子雍，中軍佐賈季則屬意公子樂；盾不從，使先蔑、士會如秦逆公子雍。賈季亦使人至陳迎公子樂，趙盾使人殺之於郫。先蔑與秦康公議立公子雍成，秦遂以兵送之返晉；趙盾因畏襄公夫人穆嬴之哭鬧威逼，幡然改命，潛師夜起，敗秦師於令狐，背先蔑而立靈公〔註 19〕。靈公立後，又未能善加輔佐，致使靈公驕侈不君，盾之族弟趙穿遂弒靈公，而由趙盾改立成公〔註20〕，恣其所欲。

## （二）誅殺異己，樹黨擴權

趙盾之立，因先克、陽處父之黨，非出襄公本心，本已難令群臣心服；且又一旦而改蒐，以私意變改舊章，更引起卿大夫之不平，終於點燃傾軋之火，爆發晉國史上最大最廣之政爭與殺戮：

首先，狐射姑以陽處父之易位，懷恨於心，又因爭立新君，趙盾非唯不聽其言，且使人殺其所屬意之公子樂，以絕射姑之望。於是該年九月，遂使續鞫居殺趙盾之黨陽處父，以挫盾之氣焰；趙盾廢射姑，十一月，殺續鞫居，狐射姑無援於國，遂奔狄〔註21〕。盾之敵去其一。其次，背先蔑、士會，改立靈公，潛師敗秦，先蔑、士會並奔秦〔註22〕。又驅離卿大夫二人，其勢益穩。晉屬公二年（619 B. C.），先後殺下軍佐先都、梁益耳，上軍將箕鄭、下軍將士穀、蒯得等反對勢力〔註23〕，於是眾敵盡去。

清除反對勢力之後，趙盾又進一步擴大趙氏家族權勢：殺靈公，立成公後，要求設立自獻公時廢置已久之「公族」。於是遂立公族、餘子、公行，以其異母弟趙括爲公族，以自身爲旄車之族，領餘子之位，以屏季爲公族大夫。

〔註19〕 事詳文七年《左傳》，《史記》〈秦本紀〉、〈晉世家〉、〈趙世家〉。
〔註20〕 事見宣二年《左傳》、《史記·晉世家》。
〔註21〕 見文六年《左傳》、〈晉世家〉。
〔註22〕 見文七年《左傳》、〈晉世家〉。
〔註23〕 見文八年《左傳》；並可參本稿下編第一章第四節、第二章第四節。

至此趙氏集團完全確立。

由上文之陳述，趙盾之專擅可見一斑。前賢於此責盾者多矣，姑舉數家為例：宋‧胡安國由盾之殺異己、專國權論之，云：

> 三大夫（獻案：指先都、士縠、箕鄭）皆強家也，求專晉不得，挾私怨以作亂，而使賊殺其中軍佐，則固有罪矣。曷為不去其官？當是時，晉靈公初立，主幼不君，政在趙盾；而中軍佐者，盾之黨也。若獄有所歸，則此三人者，獨無可議從末減乎？而皆殺之，是大夫專生殺，而政不自人主出也，故不稱國討，不去其官。（《春秋胡氏傳》卷十五，頁 1 下）

胡安國以為趙盾專權，以私意殺敵黨，罪在國政，故《春秋》誅之。《春秋》之義，是否如宋氏所言，難得而詳；然趙盾之專擅則無可疑。清‧何焯則由其樹黨方面論之：

> ◎ 無公族之實，而徒滋他族以逼君，六卿分晉始兆矣。抑趙盾之謀多樹黨以自衛也。正卿出走，側室在內，猶能為變；況公族成縣，餘子、公行皆強家乎！（《義門讀書記》卷九，頁 164）
>
> ◎ 盾以中軍帥兼領公行，則左右之士皆歸掌握，伏甲嗾獒無自發矣。人知其不敢以貴加宗子，而不知實據親近之地以逼君也。（仝上）

盾之請立公族等在弒靈公後，何義門說為弒君前，雖有誤解，然無妨於其所指出趙盾樹黨植權之說之正確性。齊召南亦有類似之說，其《注疏考證》云：

> 按：順文以觀，晉於是始收公族；實則多設數官。凡卿之嫡子、庶子無不用，為大夫世卿之強，遂至根深蒂固，而公族日替矣。（《清經解》卷三一二，〈左傳注疏考證〉卷一，「晉于是有公族、餘子、公行」條，頁 18 下～19 上）

諸家之說，意旨甚明，無須多作解釋。趙盾之專政擅權，誅絕異己，樹黨營私，宛然可見；其對晉國之傷害亦昭然可知。明人王介之論趙盾之行事云：

> 射姑以私怨，乘君薨國危之際，賊殺大臣，國賊也。國賊而縱之，晉無刑矣。趙盾當國，德處父而不能明敕國法，且聽史駢送其帑而逸之，非盾之德，怨不明也；新得政，而姑以市人心也。逮後，位已固、權已操，先克一獄，五大夫駢首就戮。盾之為福為威，惟己

意而蔑刑典，始末昭然矣。（《春秋四傳質》卷上，頁91下～92上）

文七年《左傳》載赤狄潞氏之執政大臣酆舒問趙衰、趙盾父子於賈季，《傳》
云：

酆舒問於賈季曰：「趙衰、趙盾孰賢？」對曰：「趙衰，冬日之日也；
趙盾，夏日之日也。」

冬日之日，和煦溫暖；夏日之日，酷烈灼人。趙盾之酷猛專權，千年之下，
似猶可感而知。

### （三）結仇西秦

先蔑、士會奉趙盾之命，如秦請公子雍；既成，秦康公遂以兵送雍返
晉，欲立之為晉君。趙盾既無改立之命以諭秦，又潛師夜起，掩其不備，敗
之令狐〔註24〕。殽役之恨始解，於今復添新仇，自此秦、晉二國又兵連禍結。
其見諸載籍者如：

☆晉靈公二年（619 B. C.）：

秦人伐晉，取武城，以報令狐之役。（文八年《左傳》，〈十二諸侯年
表〉、〈秦本紀〉）

☆晉靈公四年（617 B. C.）：

◎晉人伐秦，取少梁。（文十年《左傳》，〈秦本紀〉）

◎秦伐晉，取北徵。（文十年《春秋經》、《左傳》，〈秦本紀〉）

◎【晉】伐秦，取少梁；秦亦取晉之殽。（〈晉世家〉）

☆晉靈公六年（615 B. C.）：

◎冬十有二月戊午，晉人、秦人戰于河曲。（文十二年《春秋經》）

◎秦為令狐之役故，冬，秦伯伐晉，取羈馬。晉人禦之。趙盾將中
軍……以從秦師于河曲。……秦師夜遁。復侵晉，入瑕。（文十二
年《左傳》）〔註25〕

◎春，晉侯使詹嘉處瑕，以守桃林之塞。（文十三年《左傳》）

◎秦康公伐晉，取羈馬；晉侯怒，使趙盾、趙穿、郤缺擊秦，大戰
河曲，趙穿最有功。（〈晉世家〉；〈年表〉文略異）

河曲之戰，《左傳》、《史記》所載略有出入，梁玉繩《史記志疑》於〈秦本紀〉、

---

〔註24〕互詳本文下編第一章第四節壹之二。
〔註25〕此事本文下編第一章第四節有較詳細之論述。

〈晉世家〉二處並有說，此不詳考。無論其眞相如何，秦、晉因此而兵禍連連，則爲不爭之事實。明人朱朝瑛論之云：

> 趙盾既患穆嬴，又畏公論，于是立太子以拒雍，此其去不正以返於正也。以人心盡屬太子正告于秦，康公初立，猶有昔日渭陽之思，未必不翻然而旋軫也；乃詭以逆雍出軍，仍駕君車以往，而戎御、車右備其職，又虛下軍之將以待先蔑之至，使秦人聞之而不疑也。至中途而定計潛師以襲之：雖取勝於一時，而秦、晉之搆禍，復始于此矣。（《讀春秋略記》卷六，頁 14 下～15 上）

朱氏之說雖偶出推論，未必合乎情實，然謂晉詐而用師，遂搆兵禍，則塙然無可疑。顧棟高亦屢言晉之非，其〈春秋秦晉交兵表〉云：

> ◎案《左傳》，晉襄公卒，晉人以難故，欲立長君。趙盾主立公子雍，使先蔑、士會逆于秦，秦康公送之。……據此，則殽戰之怨已終，至此欲解仇結好；忽然中變，乘其不意，棄玉帛之歡，而搆兵戈之慘，宜日後之報復無已也。殽之戰，襄公以國，故不得不然：此則出于趙盾強臣之私意。置君如奕棋之不定。以大國之約，立儲之重，視同兒戲，出爾反爾，起于一朝。釁開自晉，于秦無罪。七十年之兵連禍結，皆趙盾一人尸之也。（《春秋大事表》卷三十一，頁 3 下～4 下）

> ◎案：晉敗秦于令狐，秦未能報，復伐秦取少梁，晉之罪益重矣。……夫晉改立嗣君，宜遣使如秦，深自引咎，厚賂秦以止其入，此自情理宜爾。遽起兵戎，長驅逐北，殺兩國之士，卒隳兩國之和好。此何義乎！秦送公子雍，謀出自晉，非自秦也：無端而喪師辱國，在秦自不能默默而已。（仝上）

其後趙穿又於晉靈公十三年（608 B. C.），侵崇以怒秦，致次年秦師又伐晉以報〔註26〕，引發秦、晉另一場長期兵禍。凡此皆趙氏所爲有以致之。

晉既有事於秦，楚遂乘機坐大。晉靈公三年（618 B. C.），楚伐鄭，趙盾率諸侯之師救鄭，不及楚師；秋，楚又伐陳。晉靈公四年（617 B. C.），楚與陳、鄭、蔡共謀伐宋，宋公請服。晉靈公五年（616 B. C.），楚伐麇，郤缺會魯叔仲惠伯于承匡，謀諸侯之從於楚者；然晉靈公六年（615 B. C.），楚仍圍

---

〔註26〕事見宣二年《左傳》；並參顧棟高《春秋大事表》卷三十一，〈春秋秦晉交兵表〉。

巢。雖晉靈公七年（614 B. C.），衛成公、鄭穆公託魯請平於晉〔註27〕，然晉霸之不如往昔，則顯然可見。

直至晉、秦停止互伐後，晉於中原霸壇之地位始有起色，如晉靈公八年（613 B. C.），晉與臣服於楚之鄭、陳、宋等國同盟於新城，使從楚者又附晉。然是年，趙盾以諸侯之師八百乘納奔晉之捷菑于邾，竟弗能納〔註28〕。晉靈公十年（611 B. C.），楚、秦、巴三國共滅庸。晉靈公十一年（610 B. C.），荀林父帥諸侯伐宋，會諸侯于扈以平宋，而《左傳》譏其「無功」〔註29〕。晉靈公十三年（608 B. C.）秋，楚侵陳，遂侵宋，趙盾帥師救之，會于北林以伐鄭，楚蒍賈救鄭，晉、楚遇於北林，晉敗，大夫解揚被俘〔註30〕。晉靈公十四年（607 B. C.），鄭受命於楚以伐宋，戰于大棘，宋敗；趙盾率諸侯之師侵鄭以報大棘之役，楚鬥椒救鄭，次於鄭以待晉師，趙盾不敢與楚交鋒，乃還師〔註31〕。晉成公元年（606 B. C.）春，晉伐鄭及郔〔註32〕；晉、鄭平。在此同時，楚莊王伐陸渾之戎，至於雒，觀兵周疆，問鼎之輕重於周，且伐鄭。同年楚又伐鄭，且連續三年皆一再伐鄭〔註33〕，而晉皆無如之何。

同時戎狄亦侵晉：晉成公四年（603 B. C.），赤狄伐晉，圍懷及邢丘，而晉未還擊；晉成公五年（602 B. C.），赤狄侵晉，取向陰之禾。〔註34〕

綜上所述，唯一可得之結論爲：晉之國勢實大不如前矣。宣元年《左傳》云：

於是晉侯侈，趙宣子爲政，驟諫而不入，故不競於楚。

靈公固非賢君，然立之初，其齡不大；盾爲國政，未能救之以禮，導之以義，使知爲君之道。故而靈公之驕奢恣狂，盾實難辭其咎；且盾率爾敗秦，曲在晉國，致秦懷恨於心，屢屢興師，晉既分兵抗秦，遂致不競於楚，斯皆盾之所爲有以致之者也。

---

〔註27〕 以上見文九年至十四年《左傳》、《春秋經》。
〔註28〕 事見文十四年《左傳》、《春秋經》；《史記》〈十二諸侯年表〉、〈晉世家〉所載略異；《公羊傳》帥師者爲郤缺；《穀梁傳》帥師者爲郤克。此從《左傳》。參楊伯峻《春秋左傳注》，頁 604。
〔註29〕 文十七年《左傳》。
〔註30〕 事見宣元年《春秋經》、《左傳》。
〔註31〕 宣二年《左傳》。
〔註32〕 參宣三年《左傳》、《史記・楚世家》。
〔註33〕 參文三年至六年《左傳》，《史記》〈十二諸侯年表〉、〈鄭世家〉。
〔註34〕 事見宣六、七年《左傳》。

趙盾於晉成公五年（魯宣七年，602 B. C.）卒，計任國政二十年。

## 參、郤缺至欒書

晉成公六年（魯宣八年，601 B. C.）郤缺任國政。郤缺任政期間主要仍爲與楚爭霸，如晉成公七年（600 B. C.），楚伐鄭，郤缺救鄭〔註35〕。晉景公元年（599 B. C.），鄭懼楚，請平；晉會宋、曹、衛之師伐鄭，取禾而還；同年冬，楚莊王又伐鄭，士會救鄭，逐楚師於穎北〔註36〕。晉景公四年（598 B. C.），楚伐鄭，鄭、陳並從楚；楚又侵宋。似此者，晉皆無如之何，以此時楚氛熾旺也。

郤缺之功在和戎狄：宣十一年《左傳》云：

> 晉郤成子求成于眾狄。眾狄疾赤狄之役，遂服于晉。秋，會于欑函，眾狄服也。是行也，諸大夫欲召狄，郤成子曰：「吾聞之：非德，莫如勤；非勤，何以求人？能勤，有繼。其從之也。〈詩〉曰：『文王既勤止』；文王猶勤，況寡德乎！」

此役郤缺放低身段，赴狄土與狄會盟，和眾狄而攜離赤狄，日後晉之得滅赤狄，郤缺之功也。

郤缺於晉景公三年（魯宣十二年，597 B. C.）卒，計任國政四年。

晉景公三年，荀林父任國政。荀林父始任政，即大敗於邲：是年春，楚圍鄭，鄭與楚盟。夏六月，晉師救鄭，三軍並出。至河，聞鄭已附楚。中軍將荀林父、上軍將士會皆主退兵；中軍佐先縠、下軍大夫趙括則並主戰，先縠且擅自以其部屬渡河，林父聽司馬韓厥分罪之勸，命全師南渡。晉師軍於郔、郖之間；晉、楚戰於邲。以趙旃爲使，以魏錡挑戰，遂爲楚師所掩攻；林父不知所措，竟鼓於軍中，令士卒濟河退兵。中軍與下軍爭舟搶渡，自相砍殺，至於「舟中之指可掬」；唯上軍將士會有先見之明，使上軍大夫鞏朔、韓穿於敖前設七處伏兵，故得以不敗。晉軍夜間渡河而遁，大敗而還〔註37〕。歸國後，林父請死，景公欲許之，因士貞子之勸而赦之，復其位

---

〔註35〕據宣十年《左傳》：郤缺將兵救鄭，鄭敗楚於柳棼；據〈晉世家〉則爲：荀林父救鄭，且與楚戰，晉敗楚師；據〈十二諸侯年表〉則率師者爲郤缺，而敗楚者爲晉師。三處所載，各有歧異。

〔註36〕宣十一年《春秋經》、《左傳》。

〔註37〕參宣十二年《左傳》，《公羊傳》，《國語・晉語七》，《史記》〈晉世家〉、〈楚世家〉；並參本稿下編第一章第四節貳之二。

〔註38〕。唯終林父之身，於楚無可如何。如：晉敗後，鄭襄公、許昭公並朝楚；同年冬，楚伐蕭，宋救蕭，蕭潰；次年（晉景四年，596 B. C.），楚伐宋；晉景公六年（594 B. C.）欲救宋而不能，該年宋終與楚平而附楚。

荀林父之功在滅赤狄潞氏。宣十五年《左傳》云：

> 潞子嬰兒之夫人，晉景公之姊也。酆舒爲政而殺之；又傷潞子之目。晉侯將伐之；諸大夫皆曰：「不可。……」伯宗曰：「必伐之。……」晉侯從之。六月癸卯，晉荀林父敗赤狄于曲梁，辛亥，滅潞。酆舒奔衛；衛人歸諸晉，晉人殺之。

晉文公時爲禦狄而作「三行」。赤狄潞氏終滅於當初三行將之首荀林父手中，斯豈偶然哉？

荀林父卒於滅狄之年（晉景六年，魯宣十五年，594 B. C.），計任國政四年。

晉景公七年（魯宣十六年，593 B. C.）士會任國政。士會甫任國政即滅赤狄，宣十六年《左傳》云：

> 春，晉士會帥師滅赤狄甲氏及留吁鐸辰。三月，獻狄俘，晉侯請於王。戊申，以黻冕命士會將中軍，且爲大傅。於是晉國之盜逃奔于秦。羊舌職曰：「吾聞之：『禹稱善人，不善人遠』，此之謂也夫！《詩》曰：『戰戰兢兢，如臨深淵，如履薄冰』，善人在上也。善人在上，則國無幸民。諺曰：『民之多幸，國之不幸也』，是無善人之謂也。」

《史記・晉世家》亦載士會滅赤狄事。由羊舌大夫之言，可知執晉政者，久無如士會者矣。而由晉景公請於王以命士會將中軍一事，亦可見晉景公對士會之重視。

士會又有平王室之功。同年《左傳》又云：

> 冬，晉侯使士會平王室，定王享之；原襄公相禮。殽烝。武季私問其故。王聞之，召武子，曰：「季氏！而弗聞乎？王享有體薦，宴有折俎。公當享；卿當宴；王室之禮也。」武子歸而講求典禮，以脩晉國之法。

《國語・周語中》亦載此事，而文較繁；文末云：

---

〔註38〕 事見宣十二年《左傳》，《史記・晉世家》；《說苑・尊賢》亦載此事，而誤晉景公爲昭公，宋・葉大慶《考古質疑》卷四曾辨其誤。

武子遂不敢對而退。歸乃講聚三代之典禮，於是乎修執秩以爲晉法。（《國語》卷二，頁8上）

韋昭《解》云：

晉文公蒐於被廬，作執秩之法。自靈公以來，闕而不用，故武子修之，以爲晉國之法也。（仝上）

「執秩之官」乃晉文公所作，見昭二十九年《左傳》所引「仲尼曰」，其詳不得而知；蓋任官賞罰之法。其後廢而不行，至此士會乃重修而復行之。

士會乃晉國少見之賢國政，襄二十七年《左傳》載楚大夫子木問士會之德於趙武，趙武之答曰：

夫子之家事治，言於晉國無隱情，其祝史陳信於鬼神無愧辭。

子木歸告楚康王，楚王曰：

宜其光輔五君以爲盟主也。

五君指文公、襄公、靈公、成公、景公。《國語‧晉語八》載晉平公時國政士匄與大夫爭田，問之於訾祏，祏之答提及士會。其言曰：

武子佐文、襄爲諸侯，諸侯無二心；及爲卿，以輔成、景，軍無敗政；及爲成師，居太傅，端刑法，緝訓典，國無姦民。後之人可則，是以受隨、范。（《國語》卷十四，頁5上）

前此晉大敗於邲，《國語》竟謂其「軍無敗政」。以邲之役晉軍雖敗，而士會所帥上軍獨不敗也。說已詳上。《大戴禮記‧衛將軍文子》載孔子稱引祁傒之言，論士會之行有云：

其事君也，不敢愛其死，然亦不忘其身；謀其身不遺其友。君陳則進，不陳則行而退；蓋隨武子之行也。（王聘珍《大戴禮記解詁》卷六，頁114）

《國語‧晉語八》亦載趙文子與叔譽論晉大夫，趙武表示願學士會，因士會：

納諫不忘其師，言身不失其友；事君不援而進，不阿而退。（《國語》卷十四，頁9下）

事亦見《禮記‧檀弓下》：

利其君，不忘其身；謀其身，不遺其友。（《禮記正義》卷十，頁28下）

蓋當時有此傳說也。並可見士會之賢。晉若能由士會長期執政，當可復振雄

風；惜士會任政未及兩年，旋即告老。

據史籍所載，晉十九位國政中唯士會與韓厥二人以「告老」終。士會之告老乃爲讓位於郤克，以使郤克逞受辱於齊之志。宣十七年《左傳》載其告老退位之事云：

> 范武子將老，召文子曰：「燮乎！吾聞之：喜怒以類者鮮，易者實多。《詩》曰：『君子如怒，亂庶遄沮；君子如祉，亂庶遄已。』君子之喜怒，以已亂也。弗已者，必益之。郤子其或者欲已亂於齊乎！不然，余懼其益之也。余將老，使郤子逞其志，庶有豸乎！爾從二三子唯敬。」乃請老；郤獻子爲政。

《國語》亦載此事，〈晉語五〉云：

> 郤獻子聘于齊，齊頃公使婦人觀而笑之。郤獻子怒：歸，請伐齊。范武子退自朝，曰：「燮乎！吾聞之：干人之怒，必獲毒焉。夫郤子之怒甚矣，不逞於齊，必發諸晉國。不得政，何以逞怒？余將致政焉，以成其怒：勿以內易外也。爾勉從二三子以承君命，唯敬。」乃老。(《國語》卷十一，頁3下～4上)

據《左》、《國》所載，可知士會乃懼郤克受辱於齊，若無法恣其欲以遂行報復，將爲害晉國；爲國設想，遂讓位請老也。其謀國以公之精神，可佩可感；以私行事，遂己欲者，聞士會之風，能不愧煞乎！

士會任國政不及二年，於晉景公八年（魯宣十七年，592 B.C.）告老。

晉景公八年，郤克任國政。郤克任國政之最大成就在勝齊於鞌。事在晉景公十一年（魯成二年，589 B.C.）。其始末爲：春，齊師伐魯；夏，衛使孫良夫等援魯，師敗於新築。魯、衛遂乞師於晉。郤克以往年使齊爲齊景公母蕭同叔子所笑，正欲懲齊，於是中軍將郤克、上軍佐士燮、下軍將欒書三帥帥師，以八百乘會魯、衛之師伐齊。齊侯馬不被甲而逐晉師。郤克流血及屨，欲還；其御解張勸其強忍，左并轡，右援枹而鼓，馬逸不能止，師從之，遂大敗齊師。齊請和，許復所奪魯、衛田。秋，郤克與齊國佐盟于爰婁；齊歸魯汶陽之田。郤克、士燮、欒書三軍帥並受魯成公三命之服而還。〔註39〕

郤克之另一功績爲：討赤狄。《經》、《傳》載其事云：

〔註39〕事見成二年《左傳》，《史記》〈齊世家〉、〈晉世家〉。蕭同叔子，〈晉世家〉「同」作「桐」。

◎秋……晉郤克、衛孫良夫伐廧咎如。（成三年《春秋經》）

◎秋……晉郤克、衛孫良夫伐廧咎如，討赤狄之餘焉。廧咎如潰，
　上失民也。（同年《左傳》）

郤克任上之另一要事爲晉之作六軍。說已詳本稿上編第一章第一節之陸。此不複述。

　　郤克蓋卒於晉景公十二年（魯成三年，588 B. C.），或次年；任政約五年。

　　晉景公十三年（魯成四年，587 B. C.）欒書任國政。欒書任政期間，晉之要事有：

### 一、徙都新田

　　晉原都絳，晉景公十五年（魯成六年，585 B. C.）謀遷都去絳，問諸大夫，成六年《左傳》載其事云：

> 晉人謀去故絳，諸大夫皆曰：「必居郇、瑕氏之地，沃饒而近鹽，國
> 利君樂，不可失也。」韓獻子將新中軍，且爲僕大夫。公揖而入，
> 獻子從。公立於寢庭，謂獻子曰：「何如？」對曰：「不可。郇、瑕
> 氏土薄水淺，其惡易覯。易覯則民愁，民愁則墊隘，於是乎有沈溺
> 重膇之疾。不如新田：土厚水深，居之不疾；有汾、澮以流其惡，
> 且民從教，十世之利也。……」公說，從之。夏四月丁丑，晉遷于
> 新田。

是晉之遷都於新田乃出韓厥之意。此後仍名新田爲絳，而稱絳爲「故絳」。新田即今山西省侯馬市，亦即《侯馬盟書》出土地〔註 40〕。自此晉都於此，直至滅亡。

### 二、與楚爭鄭，勝楚於鄢陵

　　晉景公十三年（魯成四年，587 B. C.），鄭取許田，許敗之於展陂；鄭襄公伐許，中軍將欒書、中軍佐荀首、上軍佐士燮帥師救許，取鄭之氾、祭。楚亦以子反帥師救鄭。景公十四年（586 B. C.）夏，許因鄭之取其田，訴之於楚，鄭悼公至楚爭訟，不勝；遂棄楚從晉，使公子偃赴晉請盟。秋，鄭悼公與趙同盟於垂棘；冬，晉爲鄭故，晉景公會齊、魯、宋、衛、曹、邾、杞之

---

〔註 40〕1965 年冬，山西省侯馬東部秦村西北發掘出東周晉國遺址，陸續出土相當數
　　　　量之「載書」，盟書出土地即晉國新都新田。

君，與鄭悼公同盟於蟲牢。稍後，晉欲再令諸侯，宋辭以國不寧。景公十五年（585 B. C.）春，晉大夫伯宗會衛、鄭、伊雒之戎、陸渾之戎、蠻氏共伐宋，以討其辭會。是年秋，楚以鄭從晉，命子重伐之；冬，欒書帥六軍救鄭，遇楚師於繞角。楚師退，晉師遂伐蔡；楚公子申、公子成帥申、息之師救蔡，禦諸桑隧。趙同、趙括欲戰，上軍將荀首、上軍佐士燮、新中軍將韓厥諫，欒書遂下令還師。晉景公十八年（582 B. C.）秋，鄭成公朝晉，晉以其從楚，執之，且由欒書帥師伐鄭，楚子重伐陳以救鄭。晉景公十九年（581 B. C.）欒書會齊、宋、魯、衛、曹諸國伐鄭，歸鄭成公。晉厲公六年（575 B. C.）春，楚共王使公子成赴鄭以田求和，鄭遂叛晉。夏，晉因鄭之叛晉、親楚、伐宋，遂會衛師伐之。厲公與欒書、士燮、郤錡帥師渡河，又使郤犨、欒黶興齊、魯之師。鄭之楚請救，楚共王與子重、子反、子辛帥三軍及蠻師援鄭。晉、楚戰於鄢陵，自晨至暮，楚師稍挫；楚王傷目，子反擬隔日再戰而醉酒，楚師夜遁，子反自殺。〔註41〕

### 三、帥諸侯之師伐秦

晉厲公元年（580 B. C.），與秦約盟於令狐。晉侯先至，秦桓公不肯渡河，止於王城，兩國夾河而盟。秦歸而背盟，與白狄謀伐晉。晉厲公三年（578 B. C.）晉侯與周大夫劉康公、成肅公帥諸侯之師伐秦，晉四軍並出，敗秦於麻隧，獲秦成差及不更女父。〔註42〕

### 四、誅趙同、趙括，殺三郤，弑厲公

二趙之被殺在晉景公十七年（583 B. C.），三郤之遭誅在晉厲公七年（574 B. C.），厲公之被弑在八年（573 B. C.）。二趙之殺已見上編第二章第四節之貳，三郤之誅亦已見下編第一章第四節之貳，此不重述。唯三郤之事，乍看似因厲公之用私所致，實則乃國政欒書所導演。成十七年《左傳》述三郤之誅云：

> 晉厲公侈，多外嬖。反自鄢陵，欲盡去群大夫，而立其左右。胥童
> 以胥克之廢也，怨郤氏；而嬖於厲公。郤錡奪夷陽五田；五亦嬖
> 於厲公。郤犨與長魚矯爭田，執而梏之，與其父母妻子同一轅；

---

〔註41〕事見成四、五、六、九、十、十六諸年《左傳》、《春秋》，《國語・晉語六》，
　　　　《史記》〈晉〉、〈齊〉、〈鄭〉諸世家。
〔註42〕事見成十一、十三年《左傳》、《史記・秦本紀》。

> 既，矯亦嬖於厲公。欒書怨郤至，以其不從己而敗楚師也，欲廢
> 之。使楚公子茷告公曰：「此戰也，郤至實召寡君，以東師之未至
> 也，與軍帥之不具也，曰：『此必敗，吾因奉孫周以事君。』」公告
> 欒書，書曰：「其有焉。不然，豈其死之不恤而受敵使乎？君盍嘗使
> 諸周而察之？」欲至聘于周，欒書使孫周見之。公使觇之，信，遂
> 怨郤至。

可見三郤乃爲欒書所陷害，而君臣同有除之之心，遂合力誅滅其族。〈晉世
家〉謂欒書「怨郤至不用其計而遂敗楚」，〈晉語六〉所言較詳，文云：

> 厲公六年，伐鄭，且使苦成叔及欒黶興齊、魯之師。楚恭王帥東
> 夷救鄭。楚半陣，公使擊之。欒書曰：「君使黶也興齊、魯之師，請
> 俟之。」郤至曰：「不可。楚師將退，我擊之，必以勝歸。夫陣不
> 違忌，一閒也；夫南夷與楚來而不與陣，二閒也；夫楚與鄭陣而不
> 與整，三閒也；且其士卒在陣而譁，四閒也；夫眾聞譁則必懼，五
> 閒也。鄭將顧楚，楚將顧夷。莫有鬥心，不可失也。」公說。於
> 是敗楚師於鄢陵。欒書是以怨郤至。（《國語》卷十二，頁 2 下～3
> 上）

是欒書之怨郤至乃出於爭功之私。三郤既除，欒書、中行偃乃執厲公而殺之，
如周迎周子，立之爲君〔註43〕。悼公入國後，雖致力於收回君權，且力圖振
作，國勢亦爲之中興，有「復霸」之美稱；然旁落之君權並未如願取回，悼
公卒後，晉權移於強宗，政由六家。其說已見上編第一章第一節及下編第二
章第四節。是則晉六卿之專擅，欒書豈能辭其咎哉！

　　欒書任國政自景公而厲公，弒厲公而立悼公，共歷三朝，凡十五年，卒
於晉悼公六年（魯成十八年，573 B. C.）。其執政之十餘年間，既勝楚，又敗
秦，國力似乎不差；實已漸失諸侯。如：晉景公十八年（582 B. C.），晉因屢
失信於諸侯，諸侯多有離心，晉患之，遂會齊、宋、魯、衛、鄭、曹、莒、
杞諸國之君，同盟於蒲；晉欲會吳王，而吳王不至〔註44〕。斯時晉霸漸衰
矣。至悼公復霸，晉重新站上春秋霸權，作精采之演出，惜夕陽雖美，好景
無多矣。

---

〔註43〕見魯成十七、十八年《左傳》，《史記・晉世家》，並參本稿下編第一章第四
　　　節。
〔註44〕成九年《春秋》、《左傳》。

## 肆、欒書以後之國政

晉悼公元年（魯成十八年，573 B. C.）韓厥任國政。韓厥任政期間爲晉國復霸期，故晉迭會諸侯。其要事有二：

### 一、救宋、服鄭、會吳、救陳

悼公元年夏六月，鄭侵宋；冬，楚伐宋，宋華元如晉告急，韓厥以爲成霸、安疆，當自救宋始，遂出兵救宋，遇楚師于靡角之谷，楚師還。晉悼公二年（572 B. C.）五月，韓厥、中行偃帥諸侯之師伐鄭，破鄭之郛，敗其徒兵於洧上；並南攻楚。楚大夫子辛救鄭。晉悼公三年（571 B. C.）晉率諸侯城虎牢，鄭懼，乃服晉。晉悼公四年（570 B. C.）會諸侯於雞澤，迎吳王壽夢於淮上，吳王不至。晉悼公六年（568 B. C.）夏，吳使大夫赴晉，告以不會雞澤之故，請修好於諸侯。秋，晉帥諸侯之君會吳王於戚，命諸侯戍陳以備楚。冬，楚令尹子貞伐陳，晉會諸侯救之。晉悼公八年（566 B. C.）楚令尹子囊帥師伐陳，晉會諸侯謀救之，陳哀公畏楚，逃會。〔註45〕

### 二、魏絳和戎

晉悼公五年（569 B. C.）冬，無終之君嘉父孟樂赴晉求好，悼公本欲拒之，魏絳請和戎，悼公遂與戎盟。〔註46〕

韓厥於晉悼公八年（魯襄七年，566 B. C.）告老〔註47〕，計任國政九年。韓厥任政期間，正逢悼公欲收攬君權，故政事多出悼公，爲文公後所僅見。

晉悼公八年，知罃任國政。終知罃之任政，爲與楚爭鄭、宋、陳諸與國：晉悼公八年，楚子囊爲令尹，攻陳，晉謀救，而陳附楚。晉悼公九年（565 B. C.），楚子囊伐鄭，鄭六卿不和，或主從晉，或主附楚；子駟當國，依違兩端，以爲楚至則從楚，晉來則依晉。楚師既至，遂從楚，而遣使告晉。晉悼公十年（564 B. C.）冬，知罃、士匄等帥四軍及諸侯之師伐鄭，攻鄭東、西、北三門，鄭懼而請和，晉率諸侯與鄭盟於戲。晉悼公十一年（563 B. C.）秋，晉率諸侯伐鄭，遂城虎牢，士魴、魏絳戍之，鄭平。楚子囊救鄭，荀罃知晉師難以禦楚，率諸侯之師退；鄭又與楚盟。晉悼公十二年（562 B. C.）夏，諸侯之

〔註45〕事見成十八、十九，襄二、三、五、七諸年《左傳》，《史記·晉世家》；並參〈宋〉、〈吳〉、〈陳杞〉諸世家。

〔註46〕事見襄四年《左傳》，《史記·魏世家》。

〔註47〕襄七年《左傳》：「冬十月，韓獻子告老。」

師復伐鄭，鄭懼，與諸侯盟於亳北。楚子囊乞師於秦以伐鄭，鄭簡公迎之，與楚、秦共伐宋。諸侯以師討鄭，鄭請盟。趙武入盟鄭君；晉、鄭盟於蕭魚，鄭終於服晉。〔註48〕

知罃任國政凡七年，晉悼公十四年（魯襄十三年，560 B. C.）卒。晉之國政自此由六卿所專。顧棟高〈春秋晉中軍表〉云：

> （上略）以後六人更迭爲政，荀偃、士匄、趙武、韓起以次將中軍；
> 欒黶、魏絳先死，盈爲范氏所逐，絳子魏舒代韓起。（《春秋大事表》
> 卷二十二，頁 8 上）

此後晉國政之任命，已不論其才能，而純由六大強宗輪番更代。

晉悼公十四年（魯襄十三年，560 B. C.）荀偃任國政。荀偃之爲國政見襄十三年《左傳》，云：

> 荀罃、士魴卒。晉侯蒐于緜上以治兵，使士匄將中軍，辭曰：「伯游
> 長。昔臣習於知伯，是以佐之，非能賢也。請從伯游。」荀偃將中
> 軍，士匄佐之。

是悼公本欲依次以士匄任國政，士匄讓於荀偃。偃遂居國政。

荀偃任政期間，對外之要事有三：拒楚、抗秦、伐齊。當是時，楚、吳相爭熾烈，楚日益衰；晉、楚爭鋒，已近尾聲。故要者在抗秦、伐齊。

晉悼公十五年（559 B. C.），爲報櫟之役，晉三軍並出，六卿帥諸侯之師伐秦，齊、宋之師皆不欲渡，經衛、鄭大夫之勸而後乃渡涇水。秦人於涇水上游施毒，師人多死。至棫林，中軍將荀偃令夷井塞灶而攻，下軍將欒黶抗命，以其部東歸，下軍佐魏絳從之；荀偃遂命全軍撤退，無功而返，史稱「遷延之役」。〔註49〕

晉平公三年（555 B. C.），齊侵魯，晉平公帥諸侯之師伐齊。齊靈公逃歸臨淄。荀偃、士匄取京茲，趙武、韓起圍盧，魏絳、欒盈取邿；遂圍臨淄，焚其四郭，攻揚門、東閭、齊師不敢出〔註50〕。晉平公四年（554 B. C.），荀偃卒於軍〔註51〕。計任國政十年。

晉平公四年（魯襄十九年）士匄任國政。士匄任政期間，楚漸衰，齊內

〔註48〕 參襄七、八、九、十、十一諸年《左傳》、《春秋》，《史記》〈晉〉、〈鄭〉、〈楚〉
　　　　三世家。

〔註49〕 參襄十四年《左傳》、《春秋》，《史記》〈秦本紀〉、〈晉世家〉。

〔註50〕 參襄十八年《左傳》、《春秋》，《史記》〈晉〉、〈齊〉世家。

〔註51〕 事見襄十九年《左傳》，並可參本稿下編第二章第四節之參。

亂，魯親晉，鄭以子產為卿，宋則喜樂當國，諸夏稍安，本宜有所作為；無奈以逐欒盈故，誅連殺戮，晉遂不寧。襄二十一年《左傳》載欒盈之逐云：

> 欒桓子娶於范宣子，生懷子。范鞅以其亡也，怨欒氏，故與欒盈為公族大夫而不相能。桓子卒，欒祁與其老州賓通，幾亡室矣。懷子患之。祁懼其討也，愬諸宣子，曰：「盈將為亂，以范氏為死桓主而專政矣，曰：『吾父逐鞅也，不怒而以寵報之，又與吾同官而專之：吾父死而益富。死吾父而專於國，有死而已，吾蔑從之矣。』其謀如是，懼害於主，吾不敢不言。」范鞅為之徵。懷子好施，士多歸之。宣子畏其多士也，信之。懷子為下卿，宣子使城著而遂逐之。

欒盈遂出奔楚。士匄又殺欒氏之黨箕遺、黃淵、嘉父、司空靖、邴豫、董叔、邴師、申書、羊舌虎、叔羆；且囚伯華、叔向、籍偃。據《傳》文可知欒盈不該逐而被逐。欒祁乃士匄之女，蓋匄私愛其女；唯《傳》云「懷子好施，士多歸之」，「宣子畏多士」，或始為欒盈受逐之本因。此由欒盈自齊返晉後國內之表現可見。襄二十三年《左傳》云：

> 晉將嫁女于吳，齊侯使析歸父媵之，以藩載欒盈及其士，納諸曲沃。欒盈夜見胥午而告之。對曰：「不可。天之所廢，誰能興之？子必不免。吾非愛死也，知不集也。」盈曰：「雖然，因子而死，吾無悔矣。我實不天，子無咎焉。」許諾。伏之而觴曲沃人：樂作，午言曰：「今也得欒孺子，何如？」對曰：「得主而為之死，猶不死也。」皆歎，有泣者。爵行，又言。皆曰：「得主，何貳之有！」盈出，徧拜之。四月，欒盈帥曲沃之甲，因魏獻子，以晝入絳。初，欒盈佐魏莊子於下軍，獻子私焉，故因之。趙氏以原、屏之難怨欒氏；韓、趙方睦。中行氏以伐秦之役怨欒氏，而固與范氏和親；知悼子少，而聽於中行氏。程鄭嬖於公。唯魏氏及七輿大夫與之。樂王鮒侍坐於范宣子。或告曰：「欒氏至矣。」宣子懼：桓子曰：「奉君以走固宮，必無害也。且欒氏多怨，子為政，欒氏自外，子在位，其利多矣。既有利權，又執民柄，將何懼焉？欒氏所得，其唯魏氏乎，而可強取也。夫克亂在權，子無懈矣！」公有姻喪，王鮒使宣子墨、縗、冒、絰，二婦人輦以如公，奉公以如固宮。范鞅逆魏舒，則成列既乘，將逆欒氏矣。趨進，曰：「欒氏帥賊以入，鞅之父與二三子皆在君所矣，使鞅逆吾子。鞅請驂乘。」持帶，遂超乘。右撫劍，左援

帶，命驅之出。僕請，鞅曰：「之公。」宣子逆諸階，執其手，賂之
以曲沃。

可見欒盈之見逐，實牽涉各強宗間之恩怨，非欒氏眞有罪也。魏舒爲范鞅所
挾持，欒盈勢孤力單，遂敗守曲沃。齊爲報臨淄之辱，帥師助欒盈，聞欒
氏敗而返。冬，晉敗欒盈於曲沃，盡殺其族黨〔註52〕，時在晉平公八年（550
B. C.）。

　　士匄爲政，晉平公六年（552 B. C.）會商任，七年（551 B. C.）會沙隨
〔註53〕，皆爲錮欒氏，終其身因欒盈之逐而疲於奔命；盈滅而匄亦旋終。

　　士匄卒於晉平公十年（魯襄二十五年，548 B. C.），計任國政七年。

　　晉平公十年，趙武任國政。趙武爲政，命薄諸侯之幣而重其禮，列國關
係，趨於和緩，開弭兵之先聲，故向戌一說而即合。諸侯弭兵凡八年。

　　《大戴禮記・衛將軍文子》載孔子引祁傒之言評趙武曰：

　　　畏天而敬人，服義而行信，孝乎父而恭於兄，好從善而戮往，蓋趙
　　　文子之行也。（清・王聘珍：《大戴禮記解詁》卷六，頁114）

《國語・晉語八》載趙武與叔向談論彼此心目中之晉臣時，趙武選擇士會，
因士會具有下列特質：

　　　納諫不忘其師，言身不失其友；事君不援而進，不阿而退。（《國語》
　　　卷十四，頁9下）

趙武爲政之作風，據昭元年《左傳》所載可略見端倪，《傳》云：

　　　會於虢，尋宋之盟也。祁午謂趙文子曰：「宋之盟，楚人得志於晉；
　　　今令尹之不信，諸侯之所聞也。子弗戒，懼又如宋。子木之信稱於
　　　諸侯，猶詐晉而駕焉；況不信之尤者乎！楚重得志於晉，晉之恥也。
　　　子相晉國，以爲盟主，於今七年矣。再合諸侯，三合大夫，服齊、
　　　狄，寧東夏，平秦亂，城淳于；師徒不頓，國家不罷，民無謗讟，
　　　諸侯無怨，天無大災：子之力也。有令名矣，而終之以恥，午也是
　　　懼。吾子其不可以不戒！」文子曰：「武受賜矣。然宋之盟，子木有
　　　禍人之心，武有仁人之心，是楚所以駕於晉也。今武猶是心也，楚
　　　又行僭，非所害也。武將信以爲本，循而行之。……」

---

〔註52〕參襄二十一、二十三年《左傳》、《春秋》，《國語・晉語八》，《史記》〈晉〉、〈齊〉
　　　二世家；欒盈，〈晉世家〉作「欒逞」。
〔註53〕商任之會見襄二十一年《春秋經》、《左傳》。沙隨之會見襄二十二年《春秋經》、
　　　《左傳》。

祁午之言，或因面對者為其國政，故略有誇飾；而由趙武之答，則可稍知武之治國與行事原則。〈晉語八〉載趙武與秦醫之對話，亦有助於了解趙武。《語》云：

> 平公有疾，秦景公使醫和視之，出曰：「不可為也。是謂遠男而近女，惑以生蠱；非鬼非食，惑以喪志。良臣不生，天命不祐。若君不死，必失諸侯。」趙文子聞之，曰：「武從二三子以佐君，為諸侯盟主，於今八年矣。內無苛慝，諸侯不二。子胡曰『良臣不生，天命不祐』？」對曰：「自今之謂。……」（《國語》卷十四，頁 10 上）

趙氏自言，當不致溢美。事亦見載於昭元年《左傳》，而文略異。《傳》載醫和曰：「良臣將死，天命不佑」，趙武遂問誰當「良臣」。醫和對曰：

> 主是謂矣。主相晉國，於今八年，晉國無亂，諸侯無闕，可謂良矣。

當時諸侯確實較能相安無事。趙武實晉國末期少見之賢國政。《禮記·檀弓下》評趙武曰：

> 文子其中退然如不勝衣，其言呐呐然如不出其口；所舉於晉國管庫之士七十有餘家，生不交利，死不屬其子焉。（《禮記正義》卷十，頁 28 下）

《新序·雜事》所記與此類似，文云：

> 晉平公過九原而歎曰：「嗟乎！此地之蘊吾良臣多矣。若使死者起也，吾將誰與歸乎？」叔向對曰：「其趙武乎！」平公曰：「子黨於子之師也。」對曰：「臣敢言趙武之為人也：立若不勝衣，言若不出於口；然其身舉士於白屋下者四十六人，皆得其意，而公家甚賴之。及文子之死也，四十六人皆就賓位，是以無私德也。臣故以為賢也。」平公曰：「善。」夫趙武，賢臣也。相晉，天下無兵革者九年 〔註54〕。《春秋》曰：「晉趙武之力，盡得人也。」（日·武井驥：《新序纂注》卷四，頁 20 下～21 上）

趙武體氣文弱，而能薦賢，雖未足以輔君爭霸天下，然可使諸侯少動干戈，國內以寧，蓋善於守成者也。

---

〔註54〕武井驥《新序纂注》曰：「驥按：此九年似當云八年。趙武以魯襄二十五年始為政，以昭元年卒，其間凡八年矣。」（卷四，頁 21 上）案：武井氏之說是也。趙武之為政止八年。

趙武卒於晉平公十七年（魯昭元年，541 B.C.），計任政八年。

晉平公十八年（魯昭二年，540 B.C.），韓起任國政。韓起執政期間，晉有叔向，鄭有子產，齊有晏嬰，宋有向戌。韓起周旋各國之間，政局爲之一變。然此時晉已漸衰，軍事廢弛，庶民疲敝。故叔向對子產論晉政云：

> 雖吾公室，今亦季世也。戎馬不駕，卿無軍行；公乘無人，卒列無長；庶民罷敝，而宮室滋侈；道殣相望，而女富溢尤。民聞公命，如逃寇讎；欒、郤、胥、原、狐、續、慶、伯，降在皂隸；政在家門，民無所依。君日不悛，以樂慆憂。公室之卑，其何日之有！（《左傳》昭公三年）

顧棟高〈春秋晉中軍表〉論韓起云：

> 案：韓宣子秉政二十二年[註55]，外不能抗禦強楚，內不能彈壓諸卿。荀吳、范鞅、知躒，公行賄賂；又擅用大師，舍楚不事，而連年滅肥、滅鼓、滅陸渾，以自封殖。宣子如木偶人，噤不發一語，僅與叔向、子產輩爲文雅之儒。則謂晉之伯業始于趙武，而成于韓起可也！魏舒以下，又何誅焉！（《春秋大事表》卷二十二，頁 11下）

顧氏責韓起重矣。然韓宣子執政期間晉確已積弱不振：楚靈王命諸侯於申，幾奪盟主之位，而晉不克與爭。平公卒，頃公立，君幼弱，六卿強而傲；楚滅陳、蔡，晉謀救而不成。諸侯皆有二心，晉乃欲示威，治兵於邾南，合諸侯於平丘；然已無補於頹局矣。周景王崩，王子朝作亂，晉平之未息，乃會於黃父，謀王室；又會於扈，令戍周，而諸侯未服。外既如此，內則又有大夫之傾軋誅滅：殺祁盈及楊食我，滅祁氏、羊舌氏。公族誅滅殆盡，政在家門[註56]，晉之滅亡，指日可待矣。

韓起任政時晉之唯一收穫，當推荀吳之滅鮮虞。《左傳》載其事云：

> ◎六月……晉荀吳僞會齊師者，假道於鮮虞，遂入昔陽。秋八月壬午，滅肥，以肥子緜皋歸。（《昭十二年》）
>
> ◎冬，……晉伐鮮虞，因肥之役也。（仝上）
>
> ◎鮮虞人聞晉師之悉起也（獻案：謂晉治兵於邾南，甲車四千乘），而不警邊，且不修備；晉荀吳自著雍以上軍侵鮮虞，及中人，驅

---

〔註55〕案：韓起凡執晉政二十六年，此云二十二年，蓋顧氏誤計。
〔註56〕參昭二十八年《左傳》，《史記》〈晉〉、〈魏〉世家。

衡競，大獲而歸。（《昭十三年》）

◎晉荀吳帥師伐鮮虞，圍鼓。鼓人或請以城叛，穆子弗許。左右曰：「師徒不勤而可以獲城，何故不為？」穆子曰：「吾聞諸叔向曰：『好惡不愆，民知所適，事無不濟。』或以吾城叛，吾所甚惡也；人以城來，吾獨何好焉？賞所甚惡，若所好何？若其弗賞，是失信也；何以庇民？力能則進，否則退，量力而行。吾不可以欲城而邇姦，所喪滋多。」使鼓人殺叛人而繕守備。圍鼓三月；鼓人或請降。……鼓人告食竭力盡，而後取之。克鼓而反，不戮一人。（《昭十五年》）

韓起任國政凡二十有六年，為晉十九位國政中，任職最久者，止於晉頃公十二年（魯昭二十八年，514 B. C.）。

晉頃公十二年魏舒任國政。魏舒甫任政，即分祁氏之田為七縣，分羊舌氏之田為三縣，而以司馬彌牟、賈辛、司馬烏、魏戊、知徐吾、韓固、孟丙、樂霄、趙朝、僚安為十縣大夫〔註57〕。十大夫中六卿之庶子四人，晉強卿之瓜分公族，益趨熾烈。且政多由士鞅、趙鞅、荀寅所干，所謂「政出多門」也。如昭二十九年《左傳》載趙鞅、荀寅帥師城汝濱，遂賦晉國一鼓鐵，鑄范宣子所為之刑書〔註58〕。魏舒執政，而政由范、趙。

魏舒任政期間，其唯一值得稱道者，蓋為平王室之亂與戍周：晉頃公六年（520 B. C.），周景王卒，周穆公等立景王長子猛，是為悼王。景王庶子王子朝爭位，敗王師。悼王出奔，告急於晉，晉籍談、荀躒帥九州之戎及焦、瑕、溫、原之師護衛周悼王歸王城。悼王卒，王子匄立為敬王。晉師、王師伐王子朝於京。朝敗，晉師還，王子朝復敗敬王師，入居王城，人稱西王。敬王居狄泉，人稱東王，周東西王並立〔註59〕。晉頃公十年（516 B. C.）荀躒、趙鞅帥師助敬王伐王子朝，王子朝奔楚。敬王還入成周；晉使成公般戍

---

〔註57〕 參同註56。

〔註58〕 「范宣子」蓋「趙宣子」之誤。范宣子乃士匄，魯成公十六年（晉厲公六年，575 B. C.）始見於城濮之戰，而主張「塞井夷灶」，其父士燮猶斥之曰：「童子何知焉！」距夷之蒐已四十六年。說參《顧頡剛讀書筆記·讀左傳隨筆》「晉蒐于夷，定國政者為趙宣子盾，非范宣子匄」條，頁8075～8077。又，由《左傳》所引「仲尼曰」謂：「宣子之刑，夷之蒐也，晉國之亂制也」之文觀之，亦以宣子為趙宣子，非范宣子。趙盾之制法度，見文六年《左傳》。

〔註59〕 參昭二十二、二十三年《左傳》、《春秋經》，《史記》〈周本紀〉、〈晉世家〉。

周〔註60〕。晉定公二年（魯昭三十二年，510 B. C.），時成周毀於王子朝之亂，而子朝之餘黨猶存，周王請諸侯爲之築城。昭三十二年《左傳》載此事云：

> 秋八月，王使富辛與石張如晉，請城成周。……范獻子謂魏獻子曰：「與其戍周，不如城之。天子實云：雖有後事，晉勿與知可也。從王命以紓諸侯，晉國無憂；是之不務，而又焉從事？」魏獻子曰：「善。」使伯音對曰：「天子有命，敢不奉承以奔告於諸侯！遲速衰序，於是焉在。」冬，十一月，晉魏舒、韓不信如京師，合諸侯之大夫于狄泉，尋盟，且令城成周。

城成周後，魏舒旋卒（晉定公三年，魯定元年，509 B. C.），計任國政六年。

晉定公三年，范鞅任國政。范鞅任政期間，乃晉國失伯之時：召陵之會，本爲蔡侯之被執而謀伐楚，竟以求貨而辭蔡侯，晉於是失諸侯。柏舉之役，伐楚者句吳而非霸主之晉。此時諸侯之事晉者唯一宋耳，而晉又執樂祁犂，遂連宋亦失矣。齊、鄭、衛結盟以叛；魯與鄭平，亦叛：諸侯皆叛，晉霸之位遂失。

范鞅任國政止於晉定公十四年（魯定十二年，498 B. C.），凡十二年。

晉定公十五年（魯定十三年，497 B. C.），趙鞅任國政。顧棟高〈春秋晉中軍表〉論趙鞅之得以任國政云：

> 據昭五年《傳》，三軍將、佐班次，范鞅之後當及知盈。盈于昭九年卒：周而復始，次當及韓；而韓起之子須亦前死，故當及趙成之子鞅爲政也。成，趙武之子。（《春秋大事表》卷二十二，頁13下～14上）

由顧氏之言可知晉末期執政更替之概略。

趙鞅任政而殺邯鄲午，遂釀范、中行之叛。定十三年《左傳》述其事云：

> 晉趙鞅謂邯鄲午曰：「歸我衛貢五百家，吾舍諸晉陽。」午許諾。歸告其父兄，父兄皆曰：「不可……」趙孟怒，召午，……遂殺午。趙稷、涉賓以邯鄲叛。夏六月，上軍司馬籍秦圍邯鄲。邯鄲午，荀寅之甥也；荀寅，范吉射之姻也。而相與睦，故不與圍邯鄲，將作亂。……秋七月，范氏、中行氏伐趙氏之宮，趙鞅奔晉陽，晉人圍之。范臯

---

〔註60〕參昭二十六年《左傳》、《春秋》，《史記·周本紀》。

夷無寵於范吉射，而欲爲亂於范氏；梁嬰父嬖於知文子，文子欲以
爲卿；韓簡子與中行文子相惡，魏襄子亦與范昭子相惡；故五子謀，
將逐荀寅，而以梁嬰父代之；逐范吉射，而以范皋夷代之。荀躒言
於晉侯曰：「君命大臣，始禍者死，載書在河。今三臣始禍，而獨逐
鞅，刑已不鈞矣。請皆逐之。」冬十一月，荀躒、韓不信、魏曼多
奉公以伐范氏、中行氏；弗克。二子將伐公，齊高彊曰：「……」弗
聽，遂伐公。國人助公，二子敗，從而伐之。丁未，荀寅、士吉射
奔朝歌。

其後齊、衛、鄭皆助范、中行，亂者八年，而范、中行二氏以亡〔註61〕。

其時楚謀北方，圍蠻氏，晉讓步於楚，執戎蠻子以畀楚；黃池之會，吳
終先歃〔註62〕，晉霸之衰亦可知矣。

趙鞅卒於晉定公三十七年（魯哀二十年，475 B.C.），計任政二十三年。

晉定公三十七年知瑤任國政。顧棟高〈春秋晉中軍表〉論知瑤之得以代
政云：

晉自趙武于襄二十七年宋之盟後，數十年不出師。晉虛有上、中、
下軍之名，而將、佐諸人俱不見于《傳》，無可考。但據昭五年《傳》
云：「韓起之下有趙成、中行吳、魏舒、范鞅、知盈」，《正義》云：
「六人是三軍之將、佐也。」晉中軍以次更代。韓起卒，而趙成、
中行吳二人先死，故即用魏舒代；魏舒卒，而范鞅代。范鞅之後當
次及知盈；而盈卒於昭九年；其子躒，輩行幼。周而復始，次當及
韓起，而韓起之子須亦前卒，其孫不信，輩行幼，故當及趙成之子
鞅，是爲趙簡子。簡子爲政二十二年而卒，次當及中行；而中行吳
之子荀寅，前已爲趙所逐。次當及魏；而魏舒之孫曼多，輩行幼。
次當及范，范鞅之子士吉射亦爲鞅所逐。次當及知，知瑤以知躒之
孫，盈之曾孫，故當代趙也。是時晉六卿爲四卿，知伯強，三家皆
畏之，故瑤以盈之曾孫而越次代。（《春秋大事表》卷二十二，頁15
上～16上）

〔註61〕 事見《左傳》、《史記·晉世家》；並參本稿下編第二章第四節之參。
〔註62〕 黃池主盟，歷來有二說，或先晉，或先吳。哀十三年《左傳》謂「乃先晉人」，
《史記·吳世家》云「長晉定公」；《國語·吳語》云「吳公先歃」，《公羊傳》
云「吳公主會」，《史記》〈秦本紀〉、〈晉世家〉、〈趙世家〉皆云「長吳」。茲
從「先吳」說，以此時吳盛而晉衰也。

案：知瑤任政之時，春秋已盡，將入戰國矣。其執政期間晉事主要爲六卿之相爭相滅。晉出公十一年（周定王五年，464 B. C.）知瑤辱趙無恤；出公十七年（周定王十一年，458 B. C.），知氏、趙氏、韓氏、魏氏，四氏共滅范、中行二氏，知瑤盡分二氏之地而據爲己有。晉哀五年（周定王十六年，453 B. C.）三家滅知瑤。三家分晉之勢遂成，而晉政不足論矣。

綜觀晉國政：文、襄之時，其立以能；士會之賢，令人嚮往；悼公以後，六卿代政，晉遂以亡。晉國國勢亦隨國政之更替而興衰起伏。簡論晉國政與其國勢之關係如上云。

# 結　論

孔子曰：

> 天下有道，則禮樂征伐自天子出；天下無道，則禮樂征伐自諸侯出。
> 自諸侯出，蓋十世希不失矣；自大夫出，五世希不失矣；陪臣執國
> 命，三世希不失矣。天下有道，則政不在大夫；天下有道，則庶人
> 不議。（《論語・季氏》，《論語注疏》卷十六，頁4）

春秋時代乃孔子所謂「禮樂征伐自諸侯出」，逐漸轉而爲「自大夫出」的時代。
唯無論爲諸侯抑陪臣執國柄，其亟亟於爭奪霸權、臣服敵國，則無二致。而
霸權即恃兵威以維持。故無論春秋抑戰國，各國皆致力於軍力之擴充、軍隊
之訓練，以求維持強盛之兵力，作爲爭霸之後盾。

　　古語有云：「國之大事，在祀與戎。」〔註1〕就人類歷史言，有生之初，
除與異類相爭外，即有因個人之生存與利害之衝突而起之小規模「爭戰」；逮
「社會制度」產生──無論其爲氏族、邑聚部落或邦國組織──有「組織」
之「戰爭」亦即隨之而起。此因：既有社會結構，則難免利益衝突；衍而必
至於爭奪，更進而發生戰爭。即令《老子》之「理想國」亦無法避免「軍事
裝備」之設置〔註2〕；而孔子答子貢之問政，亦有「足兵」之說〔註3〕。兵戎

---

〔註1〕　昭十三年《左傳》劉康公語。
〔註2〕　《老子》八十章云：「小國寡民：使有什佰之器而不用；使民重死而不遠徙。
　　　　雖有舟輿，無所乘之；雖有甲兵，無所陳之。」
〔註3〕　《論語・顏淵》：「子貢問政。子曰：『足食、足兵，民信之矣。』子貢曰：『必
　　　　不得已而去，於斯三者何先？』曰：『去兵。』子貢曰：『必不得已而去，於
　　　　斯二者何先？』曰：『去食：自古皆有死，民無信不立。』」（《論語注疏》卷
　　　　十二，頁3下）孔子雖則於「食」、「兵」、「信」三者之間，必不得已而去之
　　　　者，以「兵」爲先：然「民以食爲天」，去「食」又焉得有民，去「食」又焉
　　　　能「知禮節」、「知榮辱」？故「去兵」實乃兩難下不得已之選擇，非眞欲「去
　　　　兵」也。

之難以避免也亦可知矣。太史公曰:

> 兵者,聖人所以討彊暴、平亂世、夷險阻、救危殆。……昔黃帝有
> 涿鹿之戰,以定火災;顓頊有共工之陳,以平水害;成湯有南巢之
> 伐,以殄夏亂。遞興遞廢,勝者用事,所受於天也。自是之後,名
> 士迭興:晉用咎犯,而齊用王子,吳用孫吳。申明軍約,賞罰必信,
> 卒伯諸侯,兼列邦土。雖不及三代之誥誓;然身寵君尊,當世顯揚,
> 可不謂榮焉!豈與世儒暗于大較,不權輕重,猥云德化,不當用兵?
> 大至君辱失守,小乃侵犯削弱,遂執不移等哉!故教笞不可廢於家,
> 刑罰不可捐於國,誅伐不可偃於天下;用之有巧拙,行之有逆順耳。
>
> (《史記・律書》)

司馬遷謂兵當適時而用之,不宜爲「德化」美名所蔽,遂棄而不論;否則,
小則國削弱而侵陵至,大則國覆亡而君受辱。《左傳》襄公二十七年載宋大夫
向戌弭兵有成,請賞邑,宋平公賞以六十邑,書以示執政子罕,子罕怒責,
左師向戌遂不敢受邑。《傳》載子罕反對去兵之由云:

> 凡諸侯小國,晉、楚所以兵威之。畏而後上下慈和,慈和而後能安
> 靖其國家,以事大國,所以存也。無威則驕,驕則亂生,亂生必滅,
> 所以亡也。天生五材,民並用之;廢一不可,誰能去兵?兵之設久
> 矣,所以威不軌而昭文德也。聖人以興,亂人以廢。廢興、存亡、
> 昏明之術,皆兵之由也;而子求去之,不亦誣乎!

舉凡國家之興廢、存亡,國政之清明、昏暗,概與用兵有關,故而子罕以爲
兵不可廢。兵乃「中性」之物,善用之則成聖,不善用之則爲亂,端視用之
者而定。是則古人非僅以「兵」爲「必要之惡」而已;亦賦予「兵」以正面
意義。

　　唯「兵者,不祥之器」,譬之猶水,可以載舟,亦可覆舟。晉於春秋之世,
常逞其兵威以迫服他國;然於窮兵黷武之過程中,非唯使民力凋敝,國勢漸
衰,更促使卿大夫得以專擅政權,於是君權旁落,終焉覆亡。宋大夫向戌請
晉、楚弭兵,晉卿韓起曾論及兵之害,其言曰:

> 兵,民之殘也,財用之蠹,小國之大菑也。(襄二十七年《左傳》)

韓起時任中軍佐,六年後出任執政。晉國連年用兵,其所造成之影響,韓起
當知之甚稔。故雖知兵不可弭,而終究答應向戌弭兵之約。唯約則約矣,諸
侯間之勾心鬥角、爾虞我詐並未因弭兵之約而稍戢。

《史記・六國年表序》云：

> 陪臣執政，大夫世祿，六卿擅晉權，征伐會盟，威重於諸侯。及田
> 常殺簡公而相齊國，諸侯晏然弗討，海內爭於戰功矣。三國終之卒
> 分晉，田和亦滅齊而有之，六國之盛自此始。

三家分晉，春秋遂入於戰國。本論文即以春秋晉國爲研究主題，探討其由春
秋初期之蕞爾小國，而至成爲春秋霸主，再由春秋霸主而至於社稷殞越之內、
外在因素。唯以其兵制與人事制度爲探討之重點。

以下略述本稿研究所得。

欲行征伐，無強大之軍力，不足以濟其事。晉之霸權即倚仗其強盛之兵
威以建立、維持。而其兵威之強盛又依倚於其強大而嚴整之軍事組織與健全
而周備之人事制度。

春秋晉兵制，凡歷經八次變革，其概略情況爲：曲沃武公元年（715 B.
C.）一軍；曲沃併晉後，請之於王，王命之以一軍爲諸侯，時在晉武公三十八
年（678 B. C.）。十八年後，晉獻公十六年（661 B. C.）作二軍，爲晉兵制之
首次變革；歷經惠公、懷公兩朝，至晉文公四年，一直維持二軍之兵力。晉
文公四年（633 B. C.）作三軍，晉始有中軍，爲晉兵制之第二次變革。晉文
公五年（632 B. C.）作三行，爲晉兵制之第三次變革。晉文公八年（629 B. C.）
作五軍，於三軍之外，增上、下新軍，爲晉兵制之第四次變革。晉襄公七年
（621 B. C.）廢上、下新軍，恢復三軍之制，爲第五次變革。晉景公十二年（588
B. C.）作六軍，於三軍之外，增新三軍，爲晉兵制之第六次變革。晉厲公三
年（578 B. C.）罷六軍爲四軍，爲晉兵制之第七次變革。晉悼公十五年（559
B. C.）罷新軍，恢復三軍之制，爲晉兵制之末次變革。

晉之八次兵制變革，或出於爭霸國際之外在因素，或出於卿大夫爭權奪
位之內在因素，或二者並具。如獻公之作二軍，文公之作三軍、三行、五軍，
並緣於爭霸逐鹿之外在因素；景公之作六軍，雖與當時勝齊於鞌之外在因素
有關，卻又與內部卿大夫之爭權奪位相關聯；厲公之廢六軍爲四軍，則因其
將、佐於強宗之鬥爭傾軋中相繼死亡，於軍帥凋零與誅殺之後，不得已而廢
爲四軍；悼公之廢四軍爲三軍，更是基於強宗間之彼此牽制及強宗凋零後，
其繼承者幼弱而無以爲繼之內在因素。故總結而言，晉兵制之變革，早期以
外在因素爲重，中、晚期後則出於內在因素者居多。由之亦可窺見晉國國勢
之盛衰演變。

晉兵制階級分明，其各軍以及三行之地位高低如下：三軍以中軍爲尊，上軍次之，下軍最卑；二軍則上軍爲尊，下軍爲卑。新三軍之地位在下軍之下，而依中、上、下爲次。三行之地位又在新下軍之下，而又依中、上、下爲次。

各軍將、佐之身分與階級高低爲：各軍將、佐皆以「卿」擔任，故「卿」乃晉軍帥之必要條件。其中軍將又稱元帥、督將，以「上卿」擔任，位最尊；中軍佐以「中卿」擔任，位次於中軍將。上軍將以下皆以「下卿」擔任，其位次爲：上軍將高於上軍佐，上軍佐高於下軍將；新三軍將、佐之地位又在下軍佐之下，而依中、上、下及將、佐之序爲次。三行有將無佐，其將以「大夫」擔任，位又在新軍佐之下。

「州兵」之原始資料，僅各見於《左傳》、《國語》一次，其制爭議頗多。本文先由古籍所載，考察「州」、「兵」二字之義，釐清其意涵，所得結果爲：「州」乃小於「鄉」之地方組織，地在國都外之「郊」、「野」之間，範圍或大或小。「兵」字則自春秋初期以降即有用爲「人卒」之義者，非晚至戰國、秦、漢始然。結合「州」、「兵」二字意涵，於分析各家對「州兵」之解說後，推測「州兵」之制，以爲：「州兵」乃擴大徵兵範圍於「國」中之「士」之外，而及於「州」中之民之一種突破性兵制。春秋前服兵役者，皆爲居於「國」中，貴族階級最下層之「士」，至多亦僅及於國中之自由民。「州兵」制則打破以國中之人爲兵源唯一來源之舊法，擴大兵源，解決晉國因軍數增加，隨之而來之兵源問題。「三行」之兵源，蓋即因作州兵後，部分「士」階層以下之「州民」之投入戰場，而得以解決。此制使晉國之兵力來源大增，國爲之強。

「三行」僅各一見於《左傳》、《史記》，歷來異說不少，或以爲車兵編制，或以爲步兵編制。本文根據相關資料，推定「三行」可能是晉國長期與戎狄作戰後，爲因應實際需要而設立之步兵部隊，與三軍之爲車兵部隊，性質不同。三行之成立，與戰國後取代車兵而盛行之步兵當有某種程度之關聯。

昭二十九年《左傳》引仲尼之言，謂晉文公「作執秩之官，爲被廬之法，以爲盟主」，其詳雖不得而知，然所謂「被廬之法」蓋即軍法，所謂「執秩之官」蓋即專司人事之官。晉文公以其嚴整之人事制度與陞遷管道爲晉國奠定穩固之根基；惜此種制度與精神旋爲趙盾之專擅所破壞。唯其根基穩固，故一時仍能維持正常之運行，然卿大夫專政之局卻已成形。至厲公以私愛行廢

立賞罰，對人事之平衡更造成極大傷害；故悼公入國後雖致力於任用賢能，撫卹舊族，然強宗主政之勢已成，晉政自此由六卿輪流把持。及六卿相誅滅，晉亦亡於三家。此皆與其人事之任用、賞罰及各軍將、佐之陞遷、更替息息相關。

晉國國勢之強盛除其強大之軍力有以致之外，其人才任用之妥適與賞罰之公允，亦具極大之關係。晉以任官與賞罰原則相輔爲用，使能者居官，賢者在位，人盡其才，咸序其宜，故能上下一心，戮力爲國，國勢因之而強。如文公、悼公二朝即其顯例。

晉之任官原則大致爲：祖先有功於國而其本身賢能者優先任用，其次則任用有特殊才具者，再次爲任用賢而能讓者。賞之原則爲：有軍功、能善君、能任官、能薦賢、能讓賢者皆賞；罰之原則爲：奸命、失職、軍敗、叛國、始禍者皆須受罰。可謂井然有秩，不偏不倚。然晉亦不可避免任用失當、賞罰失宜之時。本稿將其不當之任用歸納爲「立私」與「失舉」，不當之賞罰歸納爲「失賞」與「失罰」，透過實例之分析，得知不當之任用與賞罰常導致國亂臣爭之後果，如惠公、靈公、厲公等朝即是。故任用與賞罰之得當與否與其國勢之強弱盛衰常緊密結合；而卿大夫之專權，六卿之輪流執政，終致國爲瓜分，亦皆與不當之任用與賞罰密不可分。

晉文公以其個人喜好，任賢、賞賢，其政策亦相當程度影響晉國政局之發展。其利已見上述；然尚賢之主張，乃以「才」爲任用標準，與傳統封建制度之以血統關係進用者有異，故尚賢必相對導致封建制度之瓦解〔註4〕。晉平公十九年時晉大夫叔向描述晉之政治情況爲：

> 欒、郤、胥、原、狐、續、慶、伯，降在皂隸；政在家門。（昭三年《左傳》）

晉公族之沒落雖與強宗之把持政柄關聯極大，但與晉文公以後實施之尚賢政策亦不無關聯，此則本文所未暇論及，而又不得不指出者。

又，晉國君權之旁落，與其以將統兵，施行軍政分離之制亦息息相關。晉立國之初，國君自將，自將則軍權不虞旁落；及有二軍，則必有一軍須由軍將統帥；及文公作三軍，以中軍元帥統兵，自此國君不再帥師，於是軍、政正式分途。文公爲之建立極爲健全之人事制度以爲陞遷、更替。就其利而言：此制使晉國之人才得以充分拔擢，依次陞遷，一時人才濟濟，國爲之盛；

〔註4〕參黃俊傑先生《春秋戰國時代尚賢政治的理論與實際》。

就其弊而言：軍權旁落後，任用與賞罰之柄控於強宗大族之手，於是大夫專權之局遂以形成。

晉之執政，亦稱「國政」、「大政」，以中軍將兼任，職權極大，除可決定國事，制定法度，代表國君主持會盟外，甚至可決定將、佐之人選，乃至國君之廢立，可謂集軍、政之權於一身。晉之衍爲強宗專權，實肇始於此。自陽處父以私心升趙盾任中軍將，爲國政，晉之人事制度爲之一變，實晉國盛衰轉變之大關鍵，自此卿大夫專擅之勢逐步形成，其詳則非此可盡述者矣。

晉國各軍將、佐之更替情況爲：

中軍將：晉文公四年（633 B. C.），作三軍，郤縠任將，爲晉中軍將之始；晉文公五年（632 B. C.）郤縠卒，先軫代將；晉襄公六年（627 B. C.），先且居代將；晉襄公七年（621 B. C.），趙盾代將；晉成公元年（601 B. C.），郤缺代將；晉景公三年（597 B. C.），荀林父代將；晉景公七年（593 B. C.），士會代將；晉景公八年（592 B. C.），士會告老，郤克代將；晉景公十三年（587 B. C.），欒書代將；晉悼公元年（573 B. C.），韓厥任中軍將；晉悼公八年（566 B. C.），知罃代將；晉悼公十四年（560 B. C.），荀偃代將；晉平公四年（554 B. C.），士匄代將；晉平公十年（548 B. C.），趙武代將；晉平公十八年（540 B. C.），韓起代將；晉頃公十二年（514 B. C.），魏舒代將；晉定公三年（509 B. C.），范鞅代將；晉定公十五年（497 B. C.），趙鞅代將；晉定公三十七年（475 B. C.），知罃代將。知罃爲晉末位中軍將，於晉哀公五年（453 B. C.）爲韓、趙、魏三家聯手誅滅。

中軍佐：晉文公四年（633 B. C.），郤溱任佐，爲晉中軍佐之始；晉襄公三年（625 B. C.），狐射姑代佐；射姑旋奔狄，先克代佐；晉靈公二年（619 B. C.），先克被殺，荀林父代佐；晉景公三年（597 B. C.），先縠代佐；晉景公四年（596 B. C.），先縠被殺，士會代佐；晉景公七年（593 B. C.），郤克代佐；晉景公八年（592 B. C.），荀首代佐；晉厲公三年（578 B. C.），荀庚代佐；晉厲公六年（575 B. C.），士燮代佐；晉厲公七年（574 B. C.），士燮卒。晉悼公元年（573 B. C.），荀罃代佐；晉悼公八年（566 B. C.），士匄代佐；晉平公十八年（540 B. C.），趙成代佐；晉定公十年（502 B. C.）趙鞅代佐。自此以下無考。

上軍將：晉獻公之世，獻公自將上軍；惠公亦自將上軍；晉文公四年（633 B. C.），狐毛將上軍；晉文公八年（629 B. C.）左右，先且居代將；晉

襄公七年（621 B. C.），箕鄭代將；晉靈公二年（619 B. C.），箕鄭被殺，郤缺代將；晉景公三年（597 B. C.）士會代將；晉景公四年（596 B. C.），郤克代將；晉景公七年（593 B. C.），荀首代將；晉景公八年（592 B. C.），荀庚代將；晉厲公三年（578 B. C.），士燮代將；晉厲公六年（575 B. C.），郤錡代將；晉厲公七年（574 B. C.），郤錡被殺。晉悼公元年（573 B. C.），荀偃代將；晉悼公十四年（560 B. C.），趙武代將；晉平公十八年（540 B. C.），荀吳代將。此後無考。

上軍佐：晉文公四年（633 B. C.），狐偃任上軍佐；晉文公八年（629 B. C.）左右，趙衰代佐；晉襄公七年（621 B. C.），荀林父代佐；晉靈公二年（619 B. C.），臾駢代佐；晉景公三年（597 B. C.），郤克代佐；晉景公四年（596 B. C.），荀首代佐；晉景公七年（593 B. C.），荀庚代佐；晉景公十一年（589 B. C.）士燮代佐；晉厲公三年（578 B. C.），郤錡代佐；晉厲公六年（575 B. C.），荀偃代佐；晉悼公八年（566 B. C.），韓起代佐；晉平公十八年（540 B. C.）魏舒代佐。以下無考。

下軍將：終晉獻公之世，下軍之將並未確立固定人選，故將兵者有荀息、里克、申生、罕夷四人；惠公時將下軍者為韓簡；晉文公四年（633 B. C.），欒枝任下軍將；晉文公五年（632 B. C.），胥臣代將；晉襄公七年（621 B. C.），先蔑代將；同年先蔑奔秦，士穀代將；晉靈公二年（619 B. C.）士穀被殺，欒盾代將；晉景公三年（597 B. C.），趙朔代將；晉景公十一年（589 B. C.），欒書代將；晉景公十三年（587 B. C.），郤錡代將；晉厲公三年（578 B. C.），韓厥代將；晉悼公八年（566 B. C.），欒黶代將；晉平公三年（555 B. C.），魏絳將下軍；晉平公十八年（540 B. C.），范鞅代將。以下無考。

下軍佐：晉文公四年（633 B. C.），先軫任下軍佐；晉襄公七年（621 B. C.），先都代佐；晉靈公二年（619 B. C.），先都被殺，胥甲代佐；晉靈公十三年（608 B. C.），胥甲遭流放，其子胥克代佐；晉成公六年（601 B. C.），廢胥克，以趙朔佐下軍；晉景公三年（597 B. C.），欒書代佐；晉景公十一年（589 B. C.），郤錡代佐；晉景公十五年（585 B. C.），趙同代佐；晉景公十七年（583 B. C.），趙同被殺。晉厲公三年（578 B. C.）荀罃佐下軍；晉悼公元年（573 B. C.），巂季代佐；晉悼公八年（566 B. C.），士魴代佐；晉悼公十四年（560 B. C.），魏絳代佐；晉平公三年（555 B. C.），欒盈代佐；晉平公六年（552 B. C.），欒盈奔楚，程鄭代佐，唯確實年數不詳，所可肯定者，晉平公九年（549 B. C.）

程鄭任下軍佐，次年卒。晉平公十年（548 B. C.），荀盈代佐；晉平公二十五年（533 B. C.），荀躒代佐。以下無考。

新中軍將：晉景公十二年（588 B. C.）作六軍，晉始有新中軍，韓厥爲將；晉厲公三年（578 B. C.），廢新三軍爲一軍，以趙旃將新軍；晉厲公六年（575 B. C.），郤犨代將；晉厲公七年（574 B. C.），郤犨被殺。晉悼公元年（573 B. C.），呂相將新軍；呂相卒後，趙武代將；晉悼公十四年（560 B. C.），趙武升任上軍將，新軍無將，次年（晉悼公十五年，559 B. C.）廢新軍。

新中軍佐：晉景公十二年（588 B. C.），趙括佐新中軍；晉景公十七年（583 B. C.），趙括被殺。晉厲公三年（578 B. C.）廢新三軍爲一軍，以郤至佐新軍；晉厲公七年（574 B. C.），郤至被殺。晉悼公元年（573 B. C.），魏頡佐新軍；晉悼公四年（570 B. C.）魏絳代佐；晉悼公十四年（560 B. C.），魏絳升任下軍佐，新軍無佐，次年（晉悼公十五年，559 B. C.），廢新軍。

新上軍將：晉文公八年（629 B. C.），作五軍，晉始有新上軍，趙衰爲將；晉襄公七年（621 B. C.）廢新軍。晉景公十二年（588 B. C.），作六軍，復置新軍，鞏朔將新上軍；晉厲公三年（578 B. C.），新三軍廢爲一軍，新上軍廢。

新上軍佐：晉文公八年（629 B. C.），箕鄭佐新上軍；晉襄公七年（621 B. C.），廢新軍。晉景公十二年（588 B. C.），韓穿佐新上軍；晉厲公三年（578 B. C.），新上軍廢。

新下軍將：晉文公八年（629 B. C.），晉始有新下軍，胥嬰爲將；晉襄公七年（621 B. C.）廢新軍。晉景公十二年（588 B. C.），復有新下軍，荀騅爲將；晉厲公三年（578 B. C.）新下軍廢。

新下軍佐：晉文公八年（629 B. C.），先都佐新下軍；晉襄公七年（621 B. C.）廢新軍。晉景公十二年（588 B. C.），復置新下軍，趙旃爲佐；晉厲公三年（578 B. C.）廢。

中行將：晉文公五年（632 B. C.）作三行，晉始有中行，以荀林父爲將，此後不復見於載籍。

右行將：晉獻公時爲賈華，後爲晉惠公所殺。晉文公五年（632 B. C.），作三行後，以屠擊將右行；此後不復見諸載籍，左行亦然。

左行將：晉獻公時爲共華，後爲晉惠公所殺。晉文公五年（632 B. C.），以先蔑將左行。

　　晉自立國之初，即極為重法。其後曲沃武公以支子奪大宗，封建宗法「親
親」之精神，喪失殆盡，斯更促進晉國重法精神之發展，故而早在獻公、惠
公、文公之世，重法思想即已萌芽。既重法，則主張因時制宜，強調時移事
易。三晉由來即重法，其施行變法亦屢居各國之先。如戰國之初，韓、趙、
魏三國並承晉制而行變法：魏文侯用李悝，韓昭侯用申不害，趙烈侯用公仲
連、牛畜、荀欣、徐越等，皆推行變法〔註5〕。《韓非子·定法》云：

　　　韓者，晉之別國也。晉之故法未息，新法又生；先君之令未改，而
　　　後君之令又下。（陳奇猷：《韓非子集釋》，頁 906）

可見晉、韓變法之盛行。助嬴秦成就一統戰國變局大業之商鞅，本為魏相公
叔痤之中庶子；法家重「勢」派之慎到，大儒而兼為法家大師韓非、李斯之
師之荀卿並為趙人；集法家思想大成之韓非為韓之公子：凡此，皆非出於偶
然，似尚有迹可尋。惠棟《左傳補註》於晉惠公作「爰田」、「州兵」下，有
云：

　　　「爰田」、「州兵」是當日田制、兵制改易之始，故特書之。其後文
　　　公作執秩，而官制又變。晉之所以彊者，未必不由乎此；然其後六
　　　卿分晉而晉先亡。君子是以知舊章之不可易也！（《春秋左傳補註》
　　　卷一，頁 23 下）

時移事易，制亦隨之。變易舊章，不足為病；要在如何防微杜漸，趨長避短
耳。此則與人事制度之是否健全，擢拔人才之是否公平，所用人才之是否賢
明有密不可分之關係。若執法者依制而行，循法而為，一秉公心，事為國舉，
則又何懼於變易舊章！晉國之初，變易舊章不為少，而國勢盛強，執中原之
牛耳；然肉腐蟲生，流弊漸現，遂衍而為尾大不掉，噬臍莫及之殘局。令人
掩卷浩歎！

　　區區不成熟之研究成果，若能稍稍有助於晉國及中國古代歷史、制度、
文化之了解，有助於釐清古籍中之若干問題；並稍稍有助於以古為鑑，作為
當前國是之取資，則正區區私衷至所企盼者也。

---

〔註 5〕參《史記》〈魏〉、〈韓〉、〈趙〉三世家。

# 附錄：晉史繫年

一、本表起自武王克殷，中於唐叔受封，止於晉國滅亡。

二、本表所收以晉史爲主；各國相關之重要史實亦附及之，以略見兩周局勢之發展與變遷。

三、本表先列西曆；晉紀未詳前先周紀，次晉紀；晉紀可知後則以晉紀爲先，周紀次之，諸侯紀再次之；入春秋後，先晉紀，次魯紀，三周紀及諸侯紀；周紀與諸侯紀，則唯該年收有與其相關之史事者始予列出。

四、本表之繫年，主要依據：《春秋》、《左傳》、《國語》、《史記》、《古本竹書紀年》；並參用司馬光《稽古錄》、劉恕《資治通鑑外紀》、金履祥《通鑑前編》、《今本竹書紀年》及先秦相關典籍與各家關於先秦史事之考訂。爲免繁瑣，不一一註明；若非必要，亦不加註。

五、本表以晉事爲主，所錄之晉事，大抵不加「晉」字，而以「◎」標明；他國史事則標「△」以別。

六、每年之始以「※」標識，以醒眉目。

※約 1066 B.C. 周武王四年

　△ 周武王克殷，都鎬〔註〕。

　　〔註〕 武王克殷究在西曆何年，異說頗多：董作賓以為在 1111 B.C.，范
　　　　文瀾以為在 1066 B.C.，又或以為在 1057 B.C.，或以為在 1055 B.
　　　　C.，或以為在 1045 B.C.，其說約達十餘種，皆為約數，未成定說。
　　　　茲姑從大陸通行之 1066 B.C.之說。

※約 1054 B.C. 周成王十年

　◎ 成王封其弟叔虞於唐，都翼，是為晉國之始〔註〕。

　　〔註〕 晉之始封，或以為在武王之世，如童書業《春秋史》、陳槃《春秋
　　　　大事表列國爵姓及存滅表譔異》、高去尋〈晉之始封〉；或以為在成
　　　　王之世，如僖二十四年、定四年《左傳》，《呂氏春秋·重言》，《史
　　　　記·晉世家》，《說苑·君道》，《漢書·地理志》，《今本竹書紀年》。
　　　　迄無定論，茲姑繫於此年。

※約 977 B.C. 周昭王二十四年

　△ 昭王南征不返。

※約 965 B.C. 周穆王十二年

　△ 穆王征犬戎。

※約 872 B.C. 周孝王十年

　△ 非子封於秦，號曰秦嬴，為秦之始祖。

※約 863 B.C. 周夷王七年

　△ 夷王時，楚君熊渠甚得江、漢流域民心，興兵伐庸，至於粵，遂雄居江、
　　漢之地〔註〕。

　　〔註〕 此從《今本竹書紀年》；〈楚世家〉未繫年。

※841 B.C. 周共和元年，晉靖侯十七年，秦秦仲四年，楚熊勇七年

　△ 周厲王虐，「國人」攻厲王；流之於彘。共和伯行政〔註〕，號曰「共和」，
　　自此中國史始有確切年代；西周之分崩離析亦於焉開始。

　△ 《史記·十二諸侯年表》始於是年。

　◎ 唐叔子燮徙居晉水旁，改國號為晉，是為晉侯。晉侯子寧族，是為武侯；
　　武侯子服人，是為成侯；成侯子福，是為厲侯；厲侯子宜臼，是為靖侯。
　　唐叔至靖侯五世，無其年數；靖侯以下，年紀可推。

　　〔註〕 〈周本紀〉謂召公、周公二相行政；唯《古本竹書紀年》與先秦古
　　　　籍多作「共和伯」，茲從之。

※842 B. C. 晉靖侯十八年，共和二年

◎靖侯宜臼卒，子司徒立，是爲釐侯〔註〕。

〔註〕此從〈晉世家〉：靖侯之卒，或繫於上年。

※827 B. C. 晉釐侯十四年，周宣王元年

△宣王即位，不籍千畝。

※823 B. C. 晉釐侯十八年，周宣王五年

◎釐侯司徒卒，子籍嗣立，是爲獻侯。

△宣王伐玁狁。

※822 B. C. 晉獻侯元年，周宣王六年，秦秦仲二十三年

△宣王命秦仲伐西戎：秦仲死於戎，宣王立其長子，是爲秦莊公。

※812 B. C. 晉獻侯十一年，周宣王十六年

◎獻侯卒，子費生〔註1〕立，是爲穆侯。

◎穆侯自曲沃徙都絳〔註2〕。

〔註1〕「費生」亦作「弗生」；〈晉世家〉作「費王」，「王」乃「生」之誤。此依《世本》、〈年表〉。

〔註2〕參考《詩經正義》引鄭玄《唐風‧譜》及〈晉世家〉《正義》引鄭玄《諸侯譜》、《資治通鑑外紀》、雷學淇《竹書紀年義證》。

※805 B. C. 晉穆侯七年，周宣王二十三年

◎穆侯伐條，生太子，名之曰「仇」。

※802 B. C. 晉穆侯十年

◎穆侯伐千畝，有功：生少子，名之曰「成師」。師服譏名，以爲晉必亂。

※797 B. C. 晉穆侯十五年，周宣王三十一年

△宣王伐太原之戎，不克。

※792 B. C. 晉穆侯二十年，周宣王三十六年

△宣王伐條戎、奔戎，王師敗績。

※790 B. C. 晉穆侯二十二年，周宣王三十八年

◎晉人敗北戎於汾隰。

※789 B. C. 晉穆侯二十三年，周宣王三十九年

△宣王伐姜氏之戎，戰於千畝，王師敗績；乃料民於太原。

※785 B.C. 晉穆侯二十七年

◎穆侯卒，弟觴叔自立；太子仇出奔。

※781 B.C. 晉觴叔四年，周幽王元年

◎太子仇歸晉，襲殺觴叔而立，是爲文侯。

△周幽王無道，造父之後叔帶，去周適晉，事文侯，始建趙氏於晉〔註〕。趙夙、趙衰即叔帶五世孫。

△幽王命伯士攻六濟之戎，伯士敗死。

〔註〕〈趙世家〉未繫年，此從《資治通鑑外紀》。

※774 B.C. 晉文侯七年，周幽王八年

△幽王廢太子宜臼及其母申后，以褒姒爲后，立其子伯服爲太子。宜臼出奔申。

※771 B.C. 晉文侯十年，周幽王十一年，鄭桓公三十六年

△申侯與鄫、西夷、犬戎共攻周，破鎬京，殺幽王、伯服及鄭桓公於驪山下，虜褒姒而去。西周滅亡。

△申侯、魯侯及許文公立太子宜臼於申，是爲平王；虢公立王子余臣於攜，稱攜王；周二王並立。

△鄭桓公死於周難，鄭人立其子滑突，是爲武公。

※770 B.C. 晉文侯十一年，周平王元年，魯孝公三十七年，秦襄公八年

◎晉文侯、鄭武公、衛武公、秦襄公共護周平王東徙雒邑，東周開始。平王因晉文侯有功於王室，遂賜以岐東之地，命之爲侯伯，作〈文侯之命〉以賜。

△秦襄公平戎有功，平王賜以岐西之地，秦始列爲諸侯。

△平王命鄭武公繼其父桓公爲司徒。

※767 B.C. 晉文侯十四年，周平王四年，鄭武公四年

△鄭滅東虢。

※765 B.C. 晉文侯十六年，周平王六年，魯惠公四年，鄭武公六年

△鄭滅虢、鄶，遂東徙溱、洧，號曰新鄭。

※760 B.C. 晉文侯二十一年，周平王十一年，魯惠公九年

◎文侯殺攜王，結束周二王並立之局〔註〕。

〔註〕此從《古本竹書紀年》，《今本竹書紀年》繫於晉文侯三十一年。

※757 B.C. 晉文侯二十四年，周平王十四年，魯惠公十二年

◎晉滅韓。

※753 B.C. 晉文侯二十八年，周平王十八年，魯惠公十六年，秦文公十三年

△秦初有史以紀事，秦之有信史始於是年。

※750 B.C. 晉文侯三十一年，周平王二十一年，魯惠公十九年，秦文公十六年

△秦文公大敗戎師於岐，得岐東之田〔註〕，獻之於周。

〔註〕此從〈秦本紀〉，《今本竹書紀年》繫於晉文侯二十八年。

※746 B.C. 晉文侯三十五年，周平王二十五年，魯惠公二十三年，秦文公二十年

◎文侯卒，子伯立，是爲昭侯。

△秦初有誅三族之刑。

※745 B.C. 晉昭侯元年，曲沃桓叔元年，周平王二十六年

◎昭侯封叔父成師於曲沃，欒賓相之；曲沃大於翼。桓叔好德，晉人多附之；晉內亂始於此。

◎晉徙都翼〔註〕。

〔註〕此從〈晉世家〉；《資治通鑑外紀》繫於上年。

※744 B.C. 晉昭侯二年，周平王二十七年，鄭武公二十七年

△鄭武公卒，太子寤生立，是爲莊公。鄭小霸之局始。

※741 B.C. 晉昭侯五年，周平王三十年，楚蚡冒十七年

△楚蚡冒熊昫卒，弟熊通殺太子自立，是爲武王。楚漸盛。

※739 B.C. 晉昭侯七年，曲沃桓叔七年，周平王三十二年

◎晉大夫潘父殺昭侯，迎曲沃桓叔；桓叔欲入晉，晉發兵攻之，桓叔敗歸。晉人立昭侯子平，是爲孝侯；誅潘父。

※731 B.C. 晉孝侯八年，曲沃桓叔十五年，周平王四十年

◎曲沃桓叔卒，子鱓立，是爲曲沃莊伯〔註〕。

〔註〕此從〈年表〉；〈晉世家〉繫於上年。

※729 B.C. 晉孝侯十年，曲沃莊伯二年，周平王四十二年

◎狄伐晉，至郊。

※724 B. C. 晉孝侯十五年，曲沃莊伯七年，周平王四十七年

　◎曲沃莊伯伐翼，殺孝侯；大夫攻莊伯，莊伯退返曲沃。晉人立孝侯弟郄〔註〕，是為鄂侯。曲沃強於晉。

　〔註〕此依《左傳》；〈晉世家〉以郄為孝侯子。

※723 B. C. 晉鄂侯元年，曲沃莊伯八年，周平王四十八年

　◎曲沃莊伯伐翼，公子萬救之，荀叔追莊伯，至於家谷。

※722 B. C. 晉鄂侯二年，曲沃莊伯九年，魯隱公元年，周平王四十九年，鄭莊公二十二年

　△《春秋》記事開始。

　△五月，鄭莊公攻其弟段於鄢，段奔共，又奔衛。衛伐鄭，取廩延；十月，鄭莊公與周、虢之師共伐衛，敗衛師，取廩延。

※720 B. C. 晉鄂侯四年，曲沃莊伯十一年，魯隱公三年，周平王五十一年，鄭莊公二十四年

　△周平王卒，桓王立，欲授虢公政以分鄭伯之權；四月，鄭莊公命祭仲帥師取溫之麥，周、鄭交惡；秋，鄭又取周之禾。諸侯之挑戰天子始此。

※719 B. C. 晉鄂侯五年，曲沃莊伯十二年，魯隱公四年，鄭莊公二十五年，衛桓公十六年

　△衛、宋、陳、蔡、魯五國之師共伐鄭，敗鄭徒兵，取其禾而還。此為古籍中記載春秋時代單獨使用步兵作戰之始。

　△衛州吁殺桓公自立；國人不附，殺州吁。

　◎鄂侯焚曲沃之禾而還。

※718 B. C. 晉鄂侯六年，曲沃莊伯十三年，魯隱公五年，鄭莊公二十六年，衛宣公元年

　◎春，曲沃莊伯率鄭、邢之師伐翼；周桓王使大夫尹氏、武氏助莊伯；鄂侯奔隨。秋，曲沃莊伯叛周，桓王命虢公討之，莊伯自翼走保曲沃。時鄂侯在隨，晉立太子光於翼，是為哀侯。

　△夏，衛借兵於燕以伐鄭，鄭祭仲、原繁、洩駕列三軍於前；而以太子忽、公子突率制之師，潛至燕後，燕師畏鄭三軍而未虞制師，為制師所敗。

※717 B.C. 晉哀侯元年，曲沃莊伯十四年，魯隱公六年，周桓王三年，鄭莊公二十七年

◎春，晉大夫嘉父迎晉侯郤於隨，納諸鄂，晉人謂之鄂侯。

△冬，鄭莊公朝王，桓王不禮。

※716 B.C. 晉哀侯二年，曲沃莊伯十五年，魯隱公七年

◎曲沃莊伯卒，子稱立，是為曲沃武公。

※715 B.C. 晉哀侯三年，曲沃武公元年，魯隱公八年，周桓王五年，鄭莊公二十九年

△桓王以虢公忌父為右卿士，以分鄭莊公之政。

◎哀侯伐曲沃，武公請成。

◎曲沃有一軍。

※714 B.C. 晉哀侯四年，曲沃武公二年，魯隱公九年，周桓王五年，鄭莊公二十九年，秦寧公二年

△北戎伐鄭，鄭敗之。

△秦寧公自西犬丘徙都平陽，遣兵伐蕩社。

※710 B.C. 晉哀侯八年，曲沃武公六年，魯桓公二年，鄭莊公三十四年，蔡桓侯五年，楚武王三十一年

◎晉侵陘庭：陘庭與曲沃武公謀。

△楚勢日盛，鄭莊公、蔡桓侯會於鄧以備楚。

△魯、戎盟於唐。

※709 B.C. 晉哀侯九年，曲沃武公七年，魯桓公三年

◎正月，曲沃武公伐翼，逐哀侯於汾隰，獲哀侯及欒共叔。武公欲用欒共叔，共叔不肯，鬥而死。晉人立哀侯之子為君，是為小子侯。

※708 B.C. 晉小子侯元年，曲沃莊伯八年，魯桓公四年

◎曲沃武公使韓萬殺哀侯；曲沃益強。

※707 B.C. 晉小子侯二年，曲沃武公九年，魯桓公五年，周桓王十三年，鄭莊公三十七年

◎曲沃武公滅息，以之賜大夫原氏黯，是為荀叔；荀叔即荀息。

△秋，桓王率王師及蔡、衛、陳之師伐鄭，桓王自將中軍迎戰，周、鄭戰於繻葛：祝聃射中王肩，王師大敗。此役周王威信掃地，失天下共主之

威，大國爭霸之局，於焉開始。

※706 B.C. 晉小子侯三年，曲沃武公十年，魯桓公六年，周桓王十四年，鄭莊公三十八年，楚武王三十五年

　△春，楚熊通伐隨，始略漢東之地。隨君為之請號於周，桓王不許。隨與楚盟。

　△六月，北戎侵齊，諸侯救之。鄭太子忽救齊，敗戎於魯郊。

※705 B.C. 晉小子侯四年，曲沃武公十一年，魯桓公七年

　◎冬，曲沃武公誘殺小子侯〔註〕。

　〔註〕此從《左傳》；〈年表〉繫於上年。

※704 B.C. 晉侯緡元年，曲沃武公十二年，魯桓公八年，周桓王十六年，楚武王三十七年

　◎春，曲沃武公入翼；冬，周桓王命右卿士虢仲討曲沃武公殺君之罪，武公自翼退保曲沃；虢公立哀侯之弟於翼。

　△楚伐隨，隨敗，請和。

　△楚熊通自封王號，始開濮地。「楚王國」開始。

※703 B.C. 晉侯緡二年，曲沃武公十三年，魯桓公九年，周桓王十七年

　◎秋，桓王命虢公林父與芮、梁、賈、荀四國之君共伐曲沃武公。

※690 B.C. 晉侯緡十五年，曲沃武公二十六年，魯莊公四年，楚武王五十一年

　△三月，楚武王伐隨，卒於軍；其子熊貲立，是為文王。

※689 B.C. 晉侯緡十六年，曲沃武公二十七年，魯莊公五年，楚文王元年

　△春，楚自丹陽徙都郢。

※688 B.C. 晉侯緡十七年，曲沃武公二十八年，魯莊公六年，楚文王二年，秦武公十年

　△冬，楚、巴共伐申，又伐鄧。

　△秦武公伐邽、冀之戎，滅之，以之置邽、冀兩縣。

※687 B.C. 晉侯緡十八年，曲沃武公二十九年，魯莊公七年，秦武公十一年

　△秦武公滅小虢，以其地置杜、鄭兩縣。

※686 B.C. 晉侯緡十九年，曲沃武公三十年，魯莊公八年，齊襄公十二年

　△十二月，齊無知殺襄公；齊亂，管仲奉公子糾奔魯。

※685 B.C. 晉侯緡二十年，曲沃武公三十一年，魯莊公九年，齊桓公元年

△ 齊雍廩殺無知；高、國二氏召小白於莒。管仲伏之於途，射中小白帶鉤；
小白詐死欺管仲，遂先歸，立為君，是為齊桓公。鮑叔薦管仲，桓公以
為相。

※684 B.C. 晉侯緡二十一年，曲沃武公三十二年，魯莊公十年，齊桓公二
年，楚文王六年

△ 春，齊、魯戰於長勺，魯勝。

△ 九月，楚伐隨，陵江、漢間小國。

△ 冬，齊滅譚。

※681 B.C. 晉侯緡二十四年，曲沃武公三十五年，魯莊公十三年，齊桓公
五年

△ 春，齊桓公始會諸侯於北杏。

△ 夏，齊以遂未會北杏，滅之。

△ 冬，齊、魯盟於柯。

※679 B.C. 晉侯緡二十六年，曲沃武公三十七年，魯莊公十五年，齊桓公
七年

△ 春，齊桓公會諸侯於鄄，齊始稱霸；楚亦始大。

◎ 曲沃武公伐晉，入翼，殺晉侯緡，盡有晉地。

※678 B.C. 晉武公三十八年，魯莊公十六年，周僖王四年，楚文王十二年

◎ 武公滅翼，盡以其寶器賄僖王；冬，王使虢公命曲沃武公以一軍為晉侯。
曲沃以小宗奪大宗，歷六十七年而終於完成。

△ 楚滅鄧，擴地至漢中。

※677 B.C. 晉武公三十九年，魯莊公十七年，齊桓公九年，秦德公元年

◎ 晉武公卒，子詭諸立，是為獻公。

△ 齊滅遂；遂不服，殺齊守卒。

△ 秦德公徙都雍。

※676 B.C. 晉獻公元年，魯莊公十八年，周惠王元年

◎ 春，虢公、晉獻公朝王，王使虢公、晉侯、鄭伯迎后於陳。

※675 B.C. 晉獻公二年，魯莊公十九年，周惠王二年

△ 秋，王子穨伐惠王，王出奔溫；邊伯、石速、蔿國立王子穨為王。

※673 B.C. 晉獻公四年，魯莊公二十一年，鄭厲公二十八年
  △夏，鄭厲公、虢公奉周惠王伐王子頹，殺之。惠王以虎牢之東封鄭，以
    酒泉畀虢公。

※672 B.C. 晉獻公五年，魯莊公二十二年，秦宣公四年
  ◎獻公伐驪戎，滅之；以驪姬及其娣歸。
  ◎秦、晉戰於河陽，秦勝。

※671 B.C. 晉獻公六年，魯莊公二十三年，楚成王元年
  ◎桓叔、莊伯之支族盛，脅逼公室。獻公謀於士蒍，逐富子。
  ◎楚成王初即位，結好諸侯，天子賜胙；時楚地千里。

※670 B.C. 晉獻公七年，魯莊公二十四年
  ◎士蒍與群公子謀，殺游氏二子。

※669 B.C. 晉獻公八年，魯莊公二十五年
  ◎秋，士蒍使群公子殺游氏之族。獻公命士蒍城聚，以居群公子；冬，圍
    而殺之，桓、莊之族幾盡；殘餘者亡奔虢。

※668 B.C. 晉獻公九年，魯莊公二十六年
  ◎夏，司空士蒍城絳以深其宮。
  ◎秋，虢爲桓、莊之亡公子伐晉。冬，虢師再伐晉，弗克。

※667 B.C. 晉獻公十年，魯莊公二十七年，齊桓公十九年
  △周惠王命卿士召伯廖赴齊，賜齊桓公爲侯伯。

※666 B.C. 晉獻公十一年，魯莊公二十八年
  ◎伐翟柤，滅之。

※664 B.C. 晉獻公十三年，魯莊公三十年，齊桓公二十二年
  △山戎伐燕；冬，齊桓公與管仲、隰朋伐山戎救燕。

※661 B.C. 晉獻公十六年，魯閔公元年，齊桓公二十五年
  ◎獻公作二軍，自將上軍，太子申生將下軍，趙夙御戎，畢萬爲右，伐滅
    耿、霍、魏三國。還，爲太子城曲沃，申生始居曲沃。命趙夙、畢萬爲
    大夫，賜趙夙耿，畢萬魏。趙、魏自此漸盛，終爲晉強宗。
  ◎晉始有二軍，爲晉兵制之首次變革。
  △狄攻邢，齊桓公救邢。

※660 B.C. 晉獻公十七年，魯閔公二年，齊桓公二十六年，衛懿公九年

◎虢公敗犬戎於渭汭，舟之僑奔晉。

◎冬，獻公命申生伐東山皋落氏之狄，敗之於稷桑。

△衛懿公好鶴，赤狄伐之，戰於熒澤，士潰而去，衛大敗，爲狄所滅。宋桓公收衛餘民，益以共、滕之民，復之於曹，並以甲士戍衛。

△虢公敗犬戎。

△秦成公卒，其弟任好立，是爲穆公。

※659 B.C. 晉獻公十八年，魯僖公元年，齊桓公二十七年

△狄攻邢，齊桓公帥宋、曹之師救邢；遷邢於夷儀，並爲之築城。

※658 B.C. 晉獻公十九年，魯僖公二年，齊桓公二十八年

◎夏五月，晉以璧、馬賂虞公，假道以伐虢；里克、荀息帥師，滅下陽；虢遷上陽。

◎士蔿築蒲、屈；重耳、夷吾始居蒲、屈。

△齊桓公城楚丘，復衛國。

※656 B.C. 晉獻公二十一年，魯僖公四年，齊桓公三十年，楚成王十六年

△召陵之盟：春，齊桓公率諸侯之師侵蔡，遂伐楚，與楚盟於召陵。

◎冬，十二月，申生因驪姬之譖，自殺於新城；重耳奔蒲，夷吾奔屈。

※655 B.C. 晉獻公二十二年，魯僖公五年，齊桓公三十一年，鄭文公十八年

△秋，齊桓公盟諸侯於首止，鄭文公逃盟。

△秋，楚滅弦。

◎冬，晉復假道於虞以伐虢，滅之；還師，襲滅虞。自此崤、函之險盡入於晉，秦東出門戶控於晉手，大有利於晉之爭霸。

◎秦穆夫人嫁秦。

△秦用百里奚。

※654 B.C. 晉獻公二十三年，魯僖公六年，齊桓公三十二年，楚成王十八年

◎獻公命賈華伐屈，夷吾奔梁。

△夏，齊桓公率諸侯伐鄭。

△秋，楚成王伐許以救鄭，諸侯救許；冬，許君服於楚。

※652 B. C. 晉獻公二十五年，魯僖公八年，齊桓公三十四年

◎重耳在狄；夏，晉以里克帥師伐狄，敗狄采桑；狄亦伐晉以報。

◎此時晉疆域為：西有河西，與秦接境；北邊狄，東至河內。

※651 B. C. 晉獻公二十六年，魯僖公九年，齊桓公三十五年，秦穆公九年

△九月，齊桓公會諸侯於葵丘。

◎獻公卒，里克殺奚齊，荀息立奚齊之弟卓子，里克又殺之；荀息自殺以
殉。里克使人至狄請重耳，重耳辭；復使人至梁請夷吾，呂甥、郤稱勸
夷吾倚秦之力以入。夷吾遂賂里克以田，賄秦以地以求入。秦穆公命百
里奚將兵入夷吾，齊桓公會諸侯之師入晉，使隰朋會秦師，立夷吾為君，
是為惠公。

※650 B. C. 晉惠公元年，魯僖公十年，秦穆公十年

△春，狄滅溫。

◎惠公背秦約，使丕鄭如秦謝不許割地。

◎惠公聽呂甥、郤稱之勸，逼里克自殺。

※649 B. C. 晉惠公二年，魯僖公十一年，周襄王四年，楚成王二十三年

◎春，呂甥等殺丕鄭及七輿大夫；丕鄭子丕豹奔秦。

◎春，襄王使邵武公、內史過賜惠公命，惠公無禮。

◎夏，周襄王弟王子帶召揚、拒、泉、皋、伊、雒之戎攻周，入王城。秦、
晉聯軍助襄王伐戎。戎退，晉惠公平戎於周。

△冬，楚伐黃。

※648 B. C. 晉惠公三年，魯僖公十二年，周襄王五年

△諸侯城楚丘以備狄。

△夏，楚滅黃。

◎齊桓公使管仲平戎於周，使隰朋平戎於晉。

※647 B. C. 晉惠公四年，魯僖公十三年，周襄王六年，齊桓公三十九年，
秦穆公十三年

△夏，伊、雒之戎偪周；淮夷病杞。齊會諸侯於戚，謀戍周、遷杞。秋，
諸侯之師戍周以備戎。

◎冬，晉饑，乞糴於秦。秦穆公聽百里奚之勸，輸粟於晉，自秦都雍及晉
都絳，史稱「泛舟之役」。

※646 B.C. 晉惠公五年，魯僖公十四年，齊桓公四十年，秦穆公十四年

△春，淮夷病杞，齊桓公遷之緣陵，並率諸侯爲之築城。

◎冬，秦饑，乞糴於晉，惠公用虢射之言，閉糴不與。

△楚滅英、六。

※645 B.C. 晉惠公六年，魯僖公十五年，齊桓公四十一年，秦穆公十五年，楚成王二十七年

△春，楚伐徐，齊率諸侯盟於牡丘以救徐。

◎冬，秦以晉背約、閉糴，出兵伐晉。惠公自將上軍，韓簡將下軍，以迎戰秦師。晉、秦戰於韓原，晉師敗，惠公被俘入秦。因晉大夫與秦穆夫人之請，秦許盟於王城，以太子圉質秦，並割河東之地予秦。

◎晉因韓原之敗，遂作「爰田」、「州兵」。

△冬，楚攻徐，敗之婁林，齊桓公救之不及。

△齊管仲、隰朋皆卒。

※644 B.C. 晉惠公七年，魯僖公十六年，齊桓公四十二年，周襄王九年，衛文公十六年

△夏，齊伐厲，不克；救徐而還。

◎秋，狄乘晉韓原之敗，侵晉，取狐廚、受鐸，涉汾水，及昆都。

△秋，戎伐周，王告難於齊，齊桓公征諸侯之師戍周。

△冬，淮夷逼鄫，齊桓公會於淮，爲鄫築城；未果築而還。

◎惠公使宦者勃鞮赴狄刺重耳；重耳離狄。過衛〔註〕，衛文公不禮；出於五鹿，乞食於野人。入齊，齊桓公妻之以女。

〔註〕重耳之流亡列國，《左傳》、《國語》、《史記》所載或異。茲依拙作《晉文公復國定霸考》所考繫年，不另註明。

※643 B.C. 晉惠公八年，魯僖公十七年，齊桓公四十三年，秦穆公十七年

△春，齊桓公因楚之攻徐，遂會徐共伐楚附庸國英氏。

◎夏，太子圉質於秦，秦穆公妻以懷嬴，並歸河東之地。

△冬，齊桓公卒，五公子爭立，相伐。易牙與寺人貂立無虧；太子昭奔宋。

※642 B.C. 晉惠公九年，魯僖公十八年，齊孝公元年，宋襄公九年，衛文公十八年

△春，宋襄公率曹、衛、邾之師平齊亂，納公子昭，是爲齊昭公；齊人殺

無虧。

△冬，邢、狄伐衛。

## ※641 B.C. 晉惠公十年，魯僖公十九年，宋襄公十年，曹共公十二年，秦穆公十九年

△宋襄公圖繼齊桓公稱霸，先則執滕公；繼而又會曹、邾、鄶等國於曹之南鄙，服曹。

△秦滅梁。

## ※640 B.C. 晉惠公十一年，魯僖公二十年，楚成王三十二年，秦穆公二十年，衛文公二十年

△夏，鄭入滑，討其叛鄭親衛。

△衛困邢；秋，齊、狄與邢盟，共謀伐衛。

△冬，隨率漢東諸小國叛楚，楚令尹子文伐隨，隨與楚和。

△秦滅芮。

## ※639 B.C. 晉惠公十二年，魯僖公二十一年，宋襄公十二年，楚成王三十三年，齊孝公四年，曹共公十四年

△春，狄爲邢伐衛。

△春，宋襄公、楚成王、齊孝公盟於鹿上，請許宋爲盟主；楚成王佯許之。秋，宋襄公會諸侯於盂，楚成王怒，執宋襄公以伐宋，敗宋師；因魯之請，冬，楚成王盟諸侯於薄，釋宋襄公。

◎重耳離齊適曹。

## ※638 B.C. 晉惠公十三年，魯僖公二十二年，宋襄公十三年，楚成王三十四年

△夏，宋襄公會衛、許、滕之君伐鄭，討其從楚。秋，楚師伐宋以救；十一月，宋、楚戰於泓水之上，宋師敗績，襄公傷股。

◎秋，秦、晉遷陸渾之戎於伊川。

◎秋，惠公病；太子圉聞之，自秦亡歸。

◎泓之戰前，重耳由曹至宋，宋襄公以馬二十乘相贈；同年，重耳離宋。

## ※637 B.C. 晉惠公十四年，魯僖公二十三年，宋襄公十四年，楚成王三十五年，鄭文公三十六年，秦穆公二十三年

◎重耳過鄭，鄭文公不禮；入楚，楚成王以諸侯之禮饗重耳。秦至楚求重

耳，楚送之入秦。秦穆公以五女妻之。

◎九月，惠公卒，太子圉立，是爲懷公。懷公殺狐偃之父狐突。

◎十一月，秦穆公發兵送重耳，晉國爲內應者甚眾，令狐、桑泉、白衰三邑皆降；十二月，重耳入曲沃，即位，是爲文公〔註〕。殺懷公於高梁。

〔註〕依周正，重耳之入國在魯僖公二十四年正月，此依夏正。

## ※636 B.C. 晉文公元年，魯僖公二十四年，秦穆公二十四年，周襄王十六年

◎呂甥、郤芮謀叛，寺人披知其謀，告文公；三月，文公會秦穆公於河上王城。秦穆公誘殺呂、郤，送衛三千人於晉。

◎周襄王使太宰文公及內史興賜文公命。

△夏，襄王降狄師以伐鄭，納狄女隗氏爲后；隗氏通王子帶，襄王廢之。秋，頹叔、桃子以狄師攻周，王出居鄭；王子帶居於溫。冬，王使告難於魯、晉、秦。

## ※635 B.C. 晉文公二年，魯僖公二十五年，秦穆公二十五年，衛文公二年

△衛滅邢。

◎秦以周王之告難，軍於河上，將納王；文公聽狐偃之勸，辭秦師；三月，軍次於陽樊，以左師圍王子帶於溫，以右師迎王於氾，納之王城〔註〕。四月，文公朝王，請隧；王弗許，賜以陽樊、溫、原、攢茅等地；晉拓疆至南陽。

◎秋，秦、晉共伐楚之附庸國鄀，鄀降；楚令尹子玉追秦師，不及。

◎冬，文公圍原，原降，溫亦降。以趙衰爲原大夫，以狐溱爲溫大夫。

〔註〕此從《國語·晉語四》；《左傳》左、右師與《國語》互易。

## ※634 B.C. 晉文公三年，魯僖公二十六年，齊孝公九年，宋成公三年，楚成王三十八年

◎齊孝公以霸主自居，侵魯西鄙、北鄙。魯使公子遂如晉，請伐齊、宋。

△秋，楚令尹子玉、司馬子西帥師滅夔。

◎秋，宋叛楚即晉。

△冬，魯以楚伐齊、宋，圍宋於緡，取魯之穀，楚申叔戍穀。

## ※633 B.C. 晉文公四年，魯僖公二十七年，齊孝公十年，楚成王三十九年

◎冬，楚成王使子文治兵於睽，使子玉治兵於蔿，會陳、蔡、許、鄭之師

共圍宋；宋公孫固如晉告急。先軫以爲取威、定霸在此一舉。文公爲救宋拒楚，遂蒐於被盧，作三軍，晉始有三軍，爲晉兵制之第二次變革。

◎三軍將、佐：中軍將、佐，郤縠、郤溱；上軍將、佐，狐毛、狐偃；下軍將、佐，欒枝、先軫。

## ※632 B. C. 晉文公五年，魯僖公二十八年，楚成王四十年，宋成公四年，齊昭公元年，秦穆公二十八年，曹共公二十一年，鄭文公四十一年，蔡莊侯十四年，陳穆公十四年，衛成公三年

◎二月，中軍將郤縠卒，先軫代將中軍；胥臣接任下軍佐；其餘軍帥不變。

◎文公用狐偃之謀〔註1〕，伐曹、衛以救宋。元月，取衛之五鹿，衛侯奔襄牛；三月入曹，執曹共公，分曹、衛之田以畀宋人。時齊、秦之師會晉師，魯亦叛楚從晉。楚成王見局勢不利，遂入居於申，命申叔釋縠戍，命子玉解宋圍。子玉不肯，使宛春告晉文公，請復衛侯而封曹，楚始願釋宋圍。狐偃佯許之，私下許復曹、衛，以攜離楚之與國，又執宛春以激擾子玉之氣。子玉怒，進師；晉退避三舍，至城濮。四月，晉與齊、宋、秦敗楚師於城濮；子玉自殺。

◎五月，晉文公、鄭文公盟於衡雍。文公使獻楚俘於王；率諸侯朝王於踐土，天子命尹氏及王子虎、內史叔興策命文公爲侯伯，晉霸主地位確立。

◎冬十月，文公會諸侯於溫，率諸侯朝天子於河陽。

◎十一月，晉率諸侯圍許，釋曹共公。

◎冬，爲禦狄而作三行，爲晉兵制之第三次變革。三行蓋步兵：獻公時，晉已先有左、右行，至此而增爲三行，並自車兵中獨立。以荀林父將中行，屠擊將右行〔註2〕，先蔑將左行。

〔註1〕此從《左傳》；《史記・晉世家》作先軫。
〔註2〕此從《左傳》，〈晉世家〉作「先縠」。

## ※631 B. C. 晉文公六年，魯僖公二十九年，鄭文公四十二年

◎狐偃盟周王子虎及諸侯於翟泉；以鄭之親楚，謀伐鄭。

## ※630 B. C. 晉文公七年，魯僖公三十年，秦穆公三十年，鄭文公四十三年

◎春，晉伐鄭邊鄙；秋，秦、晉共圍鄭，秦軍函陵，晉軍氾南。鄭以燭之武夜見秦穆公，說以利害，秦遂私與鄭盟，潛師退；秦、晉始交惡。

## ※629 B. C. 晉文公八年，魯僖公三十一年，曹共公二十四年

◎春，晉解曹地以分諸侯。

◎秋，蒐於清原，作五軍以禦狄，爲晉兵制之第四次變革。趙衰將新上軍，箕鄭爲佐；胥嬰將新下軍，先都爲佐。

△十二月，狄圍衛都楚丘，衛遷都帝丘。

## ※628 B. C. 晉文公九年，魯僖公三十二年，楚成王四十四年

◎春，楚鬥章赴晉請和，晉以陽處父報之，晉、楚和。

◎冬，文公卒，子驩立，是爲襄公。

△秦穆公聞晉文公卒，不聽蹇叔、百里奚之勸，潛師出，將襲鄭。

## ※627 B. C. 晉襄公元年，魯僖公三十三年，秦穆公三十三年，鄭穆公元年

△秦師至滑，遇鄭商人弦高，弦高以鄭命犒秦師；秦以鄭有備，滅滑而還。

◎先軫以秦「不哀吾喪，伐吾同姓」爲名，興姜戎，共擊秦師於殽，大敗之，虜秦三帥：孟明視、西乞術、白乙丙。襄公嫡母爲之請，襄公釋之；中軍將先軫問囚，怒而至於面唾，且斥言怒責襄公。

△赤狄因晉喪及殽之役，伐齊。

◎白狄伐晉，及箕；晉敗之，郤缺獲白狄子。是役，中軍將先軫自討斥君之罪，免冑入狄師，死之。襄公以其子先且居任中軍將。

◎晉以許附楚，使陽處父帥師，會鄭、陳之師伐之；楚伐陳、蔡、鄭等以救許。晉、楚之師遇於蔡，皆退兵。

## ※626 B. C. 晉襄公二年，魯文公元年，衛成公九年，楚成王四十九年

◎晉文公末年，衛不朝晉，且命孔達伐鄭；夏，襄公告諸侯而伐衛，先且居、胥臣帥師，取戚，俘衛大夫孫昭子；衛以孔達襲晉。

◎伐衛之役，先且居致襄公朝王於溫。

△楚成王欲廢太子商臣，商臣與其傅潘崇謀，攻成王，成王自殺；商臣繼位，是爲穆王。

## ※625 B. C. 晉襄公三年，魯文公二年，秦穆公三十五年，衛成公三十五年

◎春，二月，秦孟明視帥師伐晉，報殽之役。秦、晉戰於彭衙，秦師敗績，

晉人稱之曰「拜賜之師」。秦穆公猶用孟明。

◎夏，士縠會諸侯，謀伐衛，以其上年之襲晉。陳共公爲之請，歸罪於孔
達，執而歸之於晉。

◎先且居帥宋、陳、鄭之師伐秦，取汪及彭衙而還，以報彭衙之役。

◎趙衰任中軍佐。

△戎王遣由余入秦，穆公留之，由余遂居秦。

## ※624 B. C. 晉襄公四年，魯文公三年，秦穆公三十六年，楚穆王二年

◎正月，晉率諸侯伐沈，討其附楚，沈潰。

◎四月，秦孟明帥師伐晉，濟河焚舟，取王官，晉師城守不出。秦師渡茅
津，封殽師而還。

△楚圍江，晉伐楚以救江，兩軍遇於方城，皆退兵。

## ※623 B. C. 晉襄公五年，魯文公四年，秦穆公三十七年，楚穆王三年

△秋，楚滅江。

◎晉伐秦，圍邧、新城，以報王官之役。

△秦穆公用由余，益國十二，闢地千里，周襄王使召公過賀以金鼓。秦雖
未能得志於中原，終於稱霸西戎。

## ※622 B. C. 晉襄公六年，魯文公五年，楚穆王四年，秦穆公三十八年

△鄀叛楚親秦，又交於楚：夏，秦伐鄀，至其都商密。鄀南徙，自此爲楚
附庸。

△秋，楚成大心、仲歸帥師滅六；冬，楚公子燮帥師滅蓼。

◎中軍將先且居、中軍佐趙衰、下軍將欒枝、下軍佐胥臣皆卒：晉五軍將、
佐，十去其四。

## ※621 B. C. 晉襄公七年，魯文公六年，秦穆公三十九年，楚穆王五年

◎因耆宿舊臣多死，遂廢上、下新軍，復三軍之制，爲晉兵制之第五次變
革。

◎春，蒐於夷，使狐射姑將中軍，趙盾爲佐。陽處父黨於趙氏，易蒐於董，
以趙盾將中軍，趙盾遂主國政，朝局一更，國勢亦爲之一變。

△夏，秦穆公卒，以人殉，死者一百七十七人，良臣頓失，國勢陡衰。太
子罃立，是爲康公。

◎秋，襄公卒，諸臣欲立長君。趙盾使先蔑、士會如秦迎公子雍；狐射姑

亦使人至陳迎公子樂，趙盾使人殺之於途。狐射姑遂使續鞫居殺陽處父，趙盾廢射姑；冬，狐射姑奔狄。

◎軍師變化情況爲：趙盾將中軍，狐射姑爲佐，狐射姑奔狄後，先克代佐中軍；箕鄭將上軍，荀林父爲佐；先蔑將下軍，先都爲佐，先蔑是年奔秦，士縠代將下軍。

## ※620 B. C. 晉靈公元年，魯文公七年，秦康公元年

◎趙盾患穆嬴之哭鬧與威逼，背公子雍而立太子夷皋，是爲靈公。四月，秦康公送公子雍返晉；趙盾已立靈公，遂以三軍拒秦師。及堇陰，夜半潛師攻秦，敗之於令狐；先蔑、士會奔秦。

◎八月，趙盾會諸侯於扈，趙盾主盟。春秋以陪臣主盟自此始。

## ※619 B. C. 晉靈公二年，魯文公八年，秦康公二年

◎夏，秦伐晉，取武城，以報令狐之役。

◎軍師變化：中軍佐先克、上軍將箕鄭、下軍將士縠、下軍佐先都先後被殺。荀林父佐中軍，郤缺將上軍，臾駢佐上軍，欒盾將下軍，胥甲佐下軍。

## ※618 B. C. 晉靈公三年，魯文公九年，楚穆王八年

◎箕鄭、先都、士縠、梁益耳、蒯得以夷、董之蒐，未被重用，不平於心。正月，使人殺先克；晉殺先都、梁益耳。三月，又殺箕鄭、士縠、蒯得。爲晉國卿大夫大舉爭權誅戮之始。

◎楚因晉君新立，遂伐鄭，鄭與楚和；晉與諸侯之師救鄭，不及。

◎楚以陳附晉，夏，伐陳；秋，楚令息公子朱伐陳，爲陳所敗；陳懼而請與楚和。

## ※617 B. C. 晉靈公四年，魯文公十年，秦康公四年，楚穆王九年

◎春，晉伐秦，取少梁。

◎夏，秦伐晉，取北徵。

△楚穆王謀伐宋，會陳、鄭、蔡之君於厥貉，宋請服。麇子逃歸。

## ※616 B. C. 晉靈公五年，魯文公十一年，楚穆王十年

△楚成大心伐麇，敗之防渚；潘崇又伐之，至錫穴。

△秋，長狄鄋瞞襲齊，遂攻魯；十一月，魯叔孫得臣敗鄋瞞於鹹，殺其首僑如。

※615 B.C. 晉靈公六年，魯文公十二年，秦康公六年，楚穆王十一年

△夏，楚成大心卒，其弟子孔繼為令尹。舒、庸等叛楚，子孔伐之。

◎冬，秦康公伐晉，取羈馬；晉軍禦之，至河曲。趙盾用臾駢之謀，深壘
固軍以老秦師。趙穿私以其屬出戰，盾懼穿有失，遂令全軍出擊，甫交
兵，兩軍皆退。當夜，臾駢知秦軍將退，勸趙盾襲之，又為胥甲、趙穿
所阻，秦師遂遁；復侵晉，入瑕。

※614 B.C. 晉靈公七年，魯文公十三年，楚穆王十二年

◎冬，魯朝晉；鄭、衛畏，請和於晉。

△楚穆王卒，子旅立，是為莊王。

△狄攻衛，無功而返。

※613 B.C. 晉靈公八年，魯文公十四年，楚莊王元年

◎夏，趙盾盟諸侯於新城。

※612 B.C. 晉靈公九年，魯文公十五年，蔡莊侯三十四年，齊懿公元年

◎夏，郤缺率師伐蔡，討其不與新城之盟；蔡與晉為城下之盟，晉兵始退。

◎秋，齊伐魯，魯告難於晉；冬，晉會諸侯於扈，謀伐齊；齊賄晉，諸侯
之師遂還；齊又伐魯西鄙。

※611 B.C. 晉靈公十年，魯文公十六年，楚莊王三年，秦康公十年

△秋，楚大饑，戎伐之；庸、群蠻、麋、百濮皆叛。楚出師與戰，會秦、
巴之師滅庸；百濮罷兵，群蠻盟楚。

△楚莊王始聽政，國勢大盛。

※610 B.C. 晉靈公十一年，魯文公十七年，宋文公元年，鄭穆公十八年

◎晉以宋殺昭公，春，命荀林父率諸侯之師伐之；及宋，宋文公已定立，
宋又賂晉，與晉盟，師遂還。

◎夏，晉會諸侯於扈；晉靈公拒見鄭穆公。鄭子家謂趙盾：鄭居晉、楚之
間，從其強令，不得已也。晉始與鄭和。

※608 B.C. 晉靈公十三年，魯宣公元年，楚莊王六年，齊惠公元年

◎鄭以晉無信，伐齊、伐宋皆受賂而還；夏，叛晉盟楚。

◎楚莊王以陳、宋叛楚附晉，秋，伐陳、宋；趙盾會諸侯之師於棐林，謀
伐鄭以救陳、宋。晉、楚之師遇於北林，晉軍敗，大夫解揚被俘，晉師
還。冬，晉伐鄭，以報北林之役。

◎晉爲迫秦結盟，用趙穿之謀，攻秦之與國崇，期秦來盟；秦軍救崇而未肯盟晉；晉、秦復交惡。

◎胥克代其父胥甲佐下軍。

## ※607 B.C. 晉靈公十四年，魯宣公二年，鄭穆公二十一年，宋文公四年，秦共公二年

△春，鄭、宋戰於大棘，宋師敗績，華元被俘，後逃歸。

◎春，秦伐晉，圍焦，以報圍崇之役。夏，趙盾救焦，遂會諸侯之師伐鄭，以報大棘之役。楚鬥椒救鄭，諸侯之師退。

◎靈公欲殺趙盾，盾出亡；九月，趙穿殺靈公。盾歸，使穿迎襄公弟公子黑臀於周而立之，是爲成公。

## ※606 B.C. 晉成公元年，魯宣公三年，楚莊王八年，齊惠公三年，鄭穆公二十二年

◎春，晉伐鄭，至郔，鄭與晉和；夏，楚因鄭之盟晉而攻鄭。

△楚莊王伐陸渾之戎，北至洛，遂觀兵周疆；周使王孫滿勞之；莊王遂問鼎之輕重大小，有取周而代之意。

△秋，赤狄攻齊。

△酆瞞榮如、簡如攻齊，大敗；餘軍爲衛所俘，酆瞞遂亡。

## ※605 B.C. 晉成公二年，魯宣公四年，楚莊王九年

△楚令尹子越率若敖氏作亂，殺司馬蒍賈，攻莊王；王與若敖氏戰於皋滸，敗之，若敖氏幾滅族，唯存子文之後。

## ※604 B.C. 晉成公三年，魯宣公五年，楚莊王十年，陳靈公十年，鄭襄公元年

◎楚伐鄭；陳懼而附楚；荀林父伐陳以救鄭。

## ※603 B.C. 晉成公四年，魯宣公六年，楚莊王十一年，陳靈公十一年，鄭襄公二年

◎春，趙盾會衛伐陳，討其附楚。

◎秋，赤狄伐晉，圍懷及邢丘；晉因荀林父之勸，止而未與戰。

△楚伐鄭，鄭、楚和。

## ※602 B.C. 晉成公五年，魯宣公七年，鄭襄公三年

◎赤狄伐晉，取向陰之禾。

◎冬，鄭請和於晉，成公會諸侯於黑壤。

## ※601 B.C. 晉成公六年，魯宣公八年，楚莊王十三年，秦桓公四年，陳靈公十三年

◎晉師、白狄共伐秦，獲秦諜。

△群舒叛楚，楚攻之，滅舒、蓼；與吳、越盟而還。

◎晉、陳和；冬，楚伐陳，陳又附楚，與之盟。

◎郤缺任國政；廢下軍佐胥克，代以趙盾之子朔。

## ※600 B.C. 晉成公七年，魯宣公九年，楚莊王十四年，鄭襄公五年

◎秋，晉會諸侯於扈，荀林父帥師討陳之盟楚而未與會，因成公卒而還師。

◎成公卒，子獳立，是爲景公。

◎十月，楚莊王伐鄭，討其附晉；郤缺帥師救鄭，鄭敗楚柳棼〔註〕。

〔註〕此從《春秋》、《左傳》、〈年表〉；〈晉世家〉帥師者爲荀林父。又〈晉世家〉謂敗楚者爲晉，亦與《傳》異。

## ※599 B.C. 晉景公元年，魯宣公十年，鄭襄公六年

◎鄭懼楚報柳棼之役，請和，楚與盟；晉以鄭叛，會諸侯伐之，取其禾而還。冬，楚以鄭附晉，伐之；士會率諸侯之師救鄭，與楚軍戰於潁北，楚軍敗走。諸侯之師戍鄭。

## ※598 B.C. 晉景公二年，魯宣公十一年，楚莊王十六年，鄭襄公七年

△春，楚莊王伐鄭，至櫟；鄭從楚。夏，楚以陳、鄭服，盟諸辰陵。

◎秋，郤缺求成於眾狄，眾狄苦於赤狄之役，服於晉，與晉會於欑函。

△冬，陳有夏徵舒之亂，楚莊王遂入陳，殺徵舒而縣陳，滅之；因申叔時之勸而復陳，立陳靈公之子午，是爲成公。

## ※597 B.C. 晉景公三年，魯宣公十二年，楚莊王十七年，鄭襄公八年

△春，楚莊王伐鄭，歷三月而破鄭都新城，鄭襄公肉袒牽羊以謝，以其弟子良爲質；莊王釋之，許盟而退。

◎晉三軍將、佐爲：中軍將、佐，荀林父、先縠；上軍將、佐，士會、郤克；下軍將、佐，趙朔、欒書。

◎晉、楚邲之戰：晉聞楚圍鄭，荀林父率三軍救鄭，至河，聞鄭已服楚，中軍將荀林父、上軍將士會皆主退兵；中軍佐先縠、中軍大夫趙括等則主戰，先縠且擅自以其部渡河；荀林父聽司馬韓厥之勸，遂令全師渡河。

趙旃奉命講和，竟擅自向楚挑戰，楚莊王身自逐之，楚軍遂掩攻晉。荀林父不知所措，鼓於軍中，令濟河北返；中、下軍爭船，相砍伐，至舟中之指可掬；唯士會所將上軍有備，故得不敗。楚大勝於邲，晉連夜渡河遁歸。還，荀林父請死，景公欲許之，因士貞子之勸而止；復其位。

△冬，楚伐蕭，蕭潰。

## ※596 B.C. 晉景公四年，魯宣公十三年

◎邲之戰，先縠違命出兵，懼罪，秋，召赤狄伐晉，至清；冬，晉討其罪，盡滅先氏之族。

◎士會佐中軍，郤克將上軍，荀首佐上軍。

## ※594 B.C. 晉景公六年，魯宣公十五年，楚莊王二十年，宋文公十七年，秦桓公十一年

△楚圍宋九月，楚師糧盡；宋城則易子而食，析骸以炊。華元夜入楚師，登子反之床請和，楚許之，華元爲質。

◎赤狄之相酆舒殺景公之姊潞子夫人，荀林父帥師討之，敗之於曲梁，滅潞。景公以狄臣千室賞荀林父。

◎秋，秦乘晉有事於狄，伐晉；魏顆敗之於輔氏，獲杜回。

△秋，魯初稅畝。

## ※593 B.C. 晉景公七年，魯宣公十六年，周定王十三年

◎士會滅赤狄甲氏、留吁、鐸辰；獻俘於周，景公爲之請於天子，命士會將中軍，且爲太傅；晉盜奔秦。

## ※592 B.C. 晉景公八年，魯宣公十七年，齊頃公七年

◎春，郤克赴齊，爲齊頃公之母蕭同叔子所笑；怒而歸，請伐齊，景公不許。

◎夏，晉會諸侯於斷道，齊頃公懼受辱，不與會，而以大夫往，晉果辱之；齊叛晉。

◎士會請老，讓郤克，克執政。

## ※591 B.C. 晉景公九年，魯宣公十八年，楚莊王二十三年

△七月，楚莊王卒，子審立，是爲共王。

## ※590 B.C. 晉景公十年，魯成公元年

△魯作丘甲。

※589 B. C. 晉景公十一年，魯成公二年，齊頃公十年，楚共王二年，衛穆
公十一年

◎晉、齊鞌之戰：春，齊伐魯；夏，衛援魯，為楚所敗，遂乞師於晉。郤
克以車八百乘伐齊，戰於鞌。齊侯馬不被甲而攻晉師；郤克傷矢，欲歸，
其御解張勸其強忍，左並轡，右援枹而鼓，馬逸不能止，晉師隨之，大
敗齊師。齊請和；秋，郤克與齊國佐盟於爰婁，齊歸魯汶陽之田。魯為
答謝晉為之伐齊，以三命命晉軍帥。

◎三軍將、佐：中軍：郤克、荀首；上軍：荀庚、士燮；下軍：欒書、郤
錡。

△冬，楚令尹子重帥師攻魯、衛以救齊，魯軍敗，請盟，子重許之，與諸
侯盟於蜀。

※588 B. C. 晉景公十二年，魯成公三年，鄭襄公十七年，齊頃公十一年

◎春，諸侯之師伐鄭，以討邲之役，鄭設伏誘敵，敗諸丘輿。

◎秋，郤克會衛孫良夫伐赤狄廧咎如；廧咎如潰。

◎十二月，為賞鞌之功，作六軍，以韓厥將新中軍，趙括為佐；鞏朔將新
上軍，韓穿為佐；荀騅將新下軍，趙旃為佐，為晉兵制之第六次變革。
春秋軍數，以此時之晉為最多。

◎齊頃公朝晉。

※587 B. C. 晉景公十三年，魯成公四年，許靈公五年，鄭襄公十八年，楚
共王四年

◎冬，鄭公孫申帥師疆許田，許敗諸展陂；鄭襄公伐許，取鉏任、泠敦之
田。欒書、荀首、士燮帥師伐鄭救許，取氾、祭；楚子反救鄭。

◎欒書任國政；郤錡代欒書將下軍。

※586 B. C. 晉景公十四年，魯成公五年，許靈公六年，鄭悼公元年

◎趙嬰通趙朔之妻趙莊姬；春，趙同、趙括放諸齊。

◎夏，許因鄭取其田，訴諸楚；鄭悼公如楚爭訟，不勝，遂棄楚親晉，使
公子偃赴晉請盟；秋，鄭悼公與趙同盟於垂棘。冬，晉會諸侯於蟲牢；
其後，晉欲復會諸侯，宋辭以國不寧。

※585 B. C. 晉景公十五年，魯成公六年，鄭悼公二年，楚共王六年，吳壽
夢元年

◎春，伯宗會衛、鄭、伊洛之戎、陸渾之戎、蠻氏伐宋，討其上年之不與

會。

◎景公欲遷都，諸臣意見不一；卒從韓厥之議，徙都新田；仍名新田曰
絳，稱絳爲「故絳」。1965年山西侯馬出土之玉石載書，其地即在晉新都
新田。

◎楚以鄭從晉，秋，命子重伐之；冬，欒書率六軍救鄭。兩軍遇於繞角，
楚師退；晉師遂伐蔡。楚公子申、公子成率申、息之師救蔡，禦諸桑隧。
趙同、趙括欲戰，荀首、士燮、韓厥以爲不可，晉師遂還。

◎六軍將、佐：中軍：欒書、荀首；上軍：荀庚、士燮；下軍：郤錡、
趙同；新中軍：韓厥、趙括；新上軍：鞏朔、韓穿；新下軍：荀騅、趙
旃。

△吳壽夢稱王，建立「吳王國」。

## ※584 B.C. 晉景公十六年，魯成公七年，楚共王七年，吳壽夢二年

◎秋，楚公子嬰伐齊、鄭，晉會諸侯之師救之；鄭攻楚，俘楚鄖公鍾儀，
獻諸晉。諸侯盟於馬陵。

◎晉、楚爭霸，晉欲以吳弱楚。時楚申公巫臣在晉，怨子重、子反之滅其
族，請使吳，教吳戰，使吳叛楚。吳伐楚、伐巢、伐徐，入州來，子重、
子反一歲七奔命。蠻夷之屬楚者，盡歸吳。楚漸弱，吳漸強。

## ※583 B.C. 晉景公十七年，魯成公八年，楚共王八年，蔡景侯九年

◎春，欒書帥師侵蔡，又侵楚，獲楚大夫申驪。

◎趙莊姬以趙同、趙括之放趙嬰，譖之景公，誣同、括將爲亂。欒、郤不
滿趙氏，爲作僞證。景公遂誅趙同、趙括，滅趙氏之族。趙武從趙莊姬
於景公宮中，未罹難；後因韓厥之勸，復立趙武，以繼趙氏。

## ※582 B.C. 晉景公十八年，魯成公九年，鄭成公三年，楚共王九年，秦桓公二十三年

◎晉屢失信，諸侯多有二心，晉患之，遂會諸侯於蒲；欲會吳王，吳王不
至。

◎秋，鄭成公朝晉，晉以其從楚，執之；欒書伐鄭，楚子反攻陳以救鄭。
時晉欲與楚和，釋楚大夫鍾儀，使和晉、楚之好。冬，楚以公子辰赴晉
答聘，晉、楚修好媾和。

◎冬，楚自陳伐莒，圍渠丘，渠丘潰，楚軍入城；莒人殺楚公子平。楚軍
遂攻莒都，莒潰。

◎秦師、白狄伐晉，以諸侯之不附晉。

## ※581 B. C. 晉景公十九年，魯成公十年，秦桓公二十四年

◎景公病，求醫於秦，終不治。夏，景公卒，子州蒲立，是爲厲公。

## ※580 B. C. 晉厲公元年，魯成公十一年，楚共王十一年，秦桓公二十五年

◎宋華元與晉國政樂書及楚令尹子重相善，聞晉、楚以使交相聘問，遂赴晉、楚，請兩國結盟。

◎厲公初立，欲和諸侯。與秦約盟於令狐，秦桓公不肯渡河，止於王城；兩國夾河而盟。秦歸而背盟，與狄謀伐晉。

## ※579 B. C. 晉厲公二年，魯成公十二年，宋共公十年，楚共王十二年，秦桓公二十六年

◎以華元之媾和，夏，士燮與楚公子罷、許偃盟於宋西門之外；爲春秋首次弭兵之會。

◎秋，狄間晉有宋盟，遂侵晉，又不設備；秋，晉敗之於交剛。

## ※578 B. C. 晉厲公三年，魯成公十三年，秦桓公二十七年

◎春，厲公遣呂相絕秦，遂會諸侯，謀伐秦；夏，樂書率四軍，會諸侯之師伐秦，敗秦師於麻隧，獲秦成差及不更女父；渡涇，追北至侯麗而還。

◎廢六軍爲四軍，爲晉兵制之第七次變革。四軍之將、佐爲：中軍：樂書、荀庚；上軍：士燮、郤錡；下軍：韓厥、荀罃；新軍：趙旃、郤至。

## ※576 B. C. 晉厲公五年，魯成公十五年，吳壽夢十年，楚共王十五年，許靈公十六年

◎伯宗好直言，冬，郤錡、郤犨、郤至譖殺之；伯宗之子州犁奔楚。

◎晉會諸侯於鍾離，吳始與中國會盟。

△許畏鄭逼，求遷於楚；冬，楚公子申遷許於葉；許遂爲楚附庸，其地盡歸鄭。

## ※575 B. C. 晉厲公六年，魯成公十六年，鄭成公十年，楚共王十六年

◎晉、楚鄢陵之戰：鄭背晉親楚，代楚攻宋。夏，晉厲公率諸侯之師伐鄭。樂書帥四軍渡河，又興齊、魯之師。鄭乞師於楚，楚共王與子重、子反、子辛率三軍及蠻師援鄭。兩軍戰於鄢陵，自晨至暮，楚軍稍挫，共王傷目。子反欲於次日再戰，醉酒，共王召之不能見；楚軍夜遁。共王責子

反，子反自殺。冬，郤至獻俘於周。

◎鄢陵之戰，四軍將、佐為：中軍：欒書、士燮；上軍：郤錡、荀偃；下軍：韓厥、荀罃；新軍：郤犨、郤至。

◎七月，晉合魯、宋、齊、衛、邾等國之師伐鄭；荀罃帥師攻陳，至鳴鹿；又伐蔡。諸侯之師至潁上，為鄭子罕所襲，宋、齊、衛之師皆潰。

## ※574 B.C. 晉厲公七年，魯成公十七年

◎三郤之亡：欒氏、郤氏、中行氏權重，厲公欲去之。冬，使其嬖胥童、夷羊五、長魚矯殺郤錡、郤犨、郤至，滅郤氏之族；又劫欒書、中行偃於朝，長魚矯勸厲公并殺之；厲公不忍而釋之，復其位。欒書、中行偃執厲公於匠麗氏。

△楚滅舒庸。

## ※573 B.C. 晉悼公元年，魯成公十八年，宋平公三年，楚共王十八年

◎春，欒書、中行偃殺厲公，迎襄公玄孫周子，立之，是為悼公。韓厥繼任國政。整頓內政，用人以才，國勢復盛，史稱「復霸」。

◎悼公命呂相、士魴、魏頡、趙武為卿。士魴佐下軍，呂相將新軍，魏頡為佐；呂相卒後，趙武代將新軍。

◎冬，楚伐宋，宋華元告急於晉。韓厥以為成霸、安疆當自宋始，遂出師救宋，與楚軍遇於靡角之谷，楚師退。

## ※572 B.C. 晉悼公二年，魯襄公元年，宋平公四年，鄭成公十三年，楚共王十九年

◎欒黶率諸侯之師為宋伐彭城，歸彭城於宋。

◎五月，韓厥、荀偃率諸侯之師伐鄭，破其郭，敗鄭徒兵於洧上。

## ※571 B.C. 晉悼公三年，魯襄公二年，鄭成公十四年

◎晉會諸侯於戚，謀伐鄭，且築虎牢以戍之；鄭懼，背楚事晉。

## ※570 B.C. 晉悼公四年，魯襄公三年，吳壽夢十六年，楚共王二十一年

△春，楚令尹子重伐吳，取鳩茲；至衡山，為吳所敗，吳取駕。子重受責共王，恚憤而卒。

◎夏，悼公會諸侯於雞澤；使荀會迎吳王，吳王不至。

◎雞澤之會，悼公弟楊干亂行，中軍司馬魏絳戮其僕；悼公欲殺絳，羊舌赤勸。悼公讀魏絳書，跣而出，升絳為新軍佐。

※569 B. C. 晉悼公五年，魯襄公四年

　　◎冬，無終之君嘉父使孟樂赴晉求好；悼公欲拒不納。魏絳說悼公，悼公
　　　從之，遂使絳與戎盟。晉與戎和。

※568 B. C. 晉悼公六年，魯襄公五年，吳壽夢十八年

　　◎夏，吳使大夫壽越赴晉，解不會雞澤之故，請修好於諸侯。秋，晉會諸
　　　侯，盟吳王於戚；且命諸侯戍陳以備楚。冬，楚令尹子囊伐陳，晉會諸
　　　侯救之，楚師退。

※566 B. C. 晉悼公八年，魯襄公七年，楚共王二十五年，陳哀公三年

　　◎冬，韓厥告老，知罃任國政。
　　◎各軍將、佐：中軍：知罃、范匄；上軍：荀偃、韓起；下軍：欒黶、士
　　　魴；新軍：趙武、魏絳。
　　◎冬，楚令尹子囊圍陳，悼公會諸侯於鄬，謀救陳；陳哀公畏楚，逃會。

※564 B. C. 晉悼公十年，魯襄公九年，秦景公十三年

　　◎秋，秦景公使士雃赴楚乞師，將以伐晉。楚共王不聽子囊之勸，許秦；
　　　師次於武城，以為秦援。秦伐晉，晉饑，未能反擊。
　　◎冬，晉四軍八卿並出，荀罃帥師，會諸侯之師伐鄭，攻其東、西、北三
　　　門，鄭懼而請盟。晉率諸侯盟鄭於戲。

※563 B. C. 晉悼公十一年，魯襄公十年，秦景公十四年，鄭簡公三年，楚
　　共王二十八年

　　◎夏，晉率諸侯之師滅偪陽，欲以其地畀向戌，向戌不敢受，乃予宋公。
　　◎夏，晉伐秦，報上年之役。
　　◎秋，楚子囊、鄭子耳伐魯；悼公會諸侯伐鄭，軍於牛首。冬，諸侯之師
　　　築虎牢而戍之，士魴、魏絳留戍，鄭懼而請和；楚令尹子囊救鄭，荀罃
　　　自知不敵，師退，鄭又附楚。

※562 B. C. 晉悼公十二年，魯襄公十一年

　　△春，魯作三軍，孟孫、季孫、叔孫各領一軍。
　　◎夏，鄭子展侵宋，悼公會諸侯之師圍鄭，鄭懼，請服；秋，盟於亳北。
　　　楚令尹請師於秦，鄭簡公迎二國之師共伐宋。諸侯討之，鄭請盟，趙武
　　　入盟。十二月，會於蕭魚。秦為救鄭，使庶長鮑、武率軍攻晉，士魴禦
　　　之。晉軍輕敵，大敗於櫟。

◎魏絳和戎有功，悼公賜之以樂。

## ※561 B.C. 晉悼公十三年，魯襄公十二年，吳壽夢二十五年

△九月，吳王卒，壽夢有子四人，欲立四子季札，札不肯；長子諸樊繼立，徙都於吳。

## ※560 B.C. 晉悼公十四年，魯襄公十三年

◎中軍將荀罃卒，蒐於緜上，謀軍帥，以荀偃爲中軍將，繼任國政。其餘將、佐爲：中軍佐士匄；上軍將、佐，趙武、韓起；下軍將、佐，欒黶、魏絳；新軍無帥，從於下軍。

## ※559 B.C. 晉悼公十五年，魯襄公十四年

◎爲報櫟之役，四月，悼公使三軍六卿會諸侯之師以伐秦。至涇水，齊、宋之師皆不欲渡，經衛、鄭大夫之勸乃濟涇，至棫林。秦軍於涇水上游施毒，士卒多死；中軍將荀偃欲塞井夷灶以戰，下軍將欒黶抗命，以其軍先歸，下軍佐魏絳從之；荀偃遂命全軍皆歸。晉人謂之「遷延之役」。

◎師還自秦，遂廢四軍爲三軍，爲晉兵制之第八次變革：終春秋之世，晉之兵制不再變更。

## ※558 B.C. 晉悼公十六年，魯襄公十五年

◎十一月，悼公卒，子彪立，是爲平公。

## ※557 B.C. 晉平公元年，魯襄公十六年

◎平公新立，會諸侯於湨梁。

◎夏，荀偃、欒黶帥師伐楚，以報宋楊梁之役。二師戰於湛阪，楚師敗績；晉遂侵至方城之外。

## ※555 B.C. 晉平公三年，魯襄公十八年，齊靈公二十七年

◎冬，齊伐魯，晉會諸侯伐齊，齊靈公禦諸平陰，齊師多死；靈公逃歸臨淄。中軍將、佐荀偃、士匄克京茲，下軍將、佐魏絳、欒盈克邿，上軍將、佐趙武、韓起圍盧；遂攻臨淄；齊師不敢出。

## ※554 B.C. 晉平公四年，魯襄公十九年，鄭簡公十二年，齊靈公二十八年

◎春，荀偃卒於軍；士匄代爲國政。

## ※552 B.C. 晉平公六年，魯襄公二十一年

◎欒黶卒，其妻欒祁與其老州賓相通，懼其子欒盈。乃誣盈將爲亂，范鞅

爲作僞證。時欒祁之父士匃主政，使欒盈城著而遂逐之於楚，殺其黨箕
遺等十人；並囚伯華、叔向、籍偃。

## ※551 B.C. 晉平公七年，魯襄公二十二年，齊莊公三年

◎秋，欒盈自楚至齊；齊莊公不聽晏嬰之勸，納之。冬，晉會諸侯於沙隨，
令諸侯勿納欒氏以錮之。

## ※550 B.C. 晉平公八年，魯襄公二十三年，齊莊公四年

◎欒盈得齊之助，返曲沃，見胥午，得其士；又得魏舒之助，四月，晝入
絳。平公欲自殺，范鞅止之。范鞅劫持魏舒入宮，略以曲沃；其餘韓、
趙、魏、知、中行五大族皆怨欒氏。欒盈失魏舒，遂爲范鞅之徒所敗，
走守曲沃。秋，齊爲報臨淄之辱，率師伐晉以助欒盈，敗晉師；聞欒盈
敗，乃還。冬，晉師敗欒盈於曲沃，盡殺其族黨。

## ※549 B.C. 晉平公九年，魯襄公二十四年，鄭簡公十七年

◎士匃任國政，征諸侯之幣，重；鄭子產遺之以書，士匃從之，乃輕幣。

◎八月，平公會諸侯之師於夷儀，將伐齊；阻於大水，軍不能進；齊乞師
於楚。冬，楚康王會陳、蔡、許之師，伐鄭以救齊，攻鄭東門，軍於棘
澤；諸侯之師還救鄭，楚師乃退。

## ※548 B.C. 晉平公十年，魯襄公二十五年，齊莊公六年，陳哀公二十一年

△齊莊公通崔杼之妻棠姜，崔杼弒之，立莊公異母弟杵臼，是爲景公；自
爲右相，以慶封爲左相。

◎平公會諸侯於夷儀，伐齊以報朝歌之役；齊請和，歸罪於莊公，賂平公，
自六卿、五吏、三十帥、三軍之大夫、百官之正長、師旅及處守者皆有
略，平公許之，遂盟諸侯於重丘。

△鄭子展帥師伐陳，報陳上年之隨楚伐鄭，入陳，俘哀公，子產待以禮。

◎趙武任國政，命薄諸侯之幣而重其禮。

△楚蔿子馮卒，子木爲令尹。舒鳩叛楚，子木伐之；吳救之，大敗；楚滅
舒鳩。

△楚蔿掩爲司馬，冬，令尹子木治賦，數甲兵。

△吳王諸樊伐楚，攻巢，傷於暗箭，卒；其弟餘祭立。

## ※547 B.C. 晉平公十一年，魯襄公二十六年，秦景公三十年，楚康王十三年，鄭簡公十九年，衛殤公十二年，衛獻公三十年

◎二月，衛獻公使告寧喜，謂苟得返，則「政由寧氏，祭則寡人」，寧喜遂

弒殤公；獻公返衛。孫林父據戚以叛，且訴之晉。夏，趙武會諸侯伐衛，以衛六十邑與孫氏，執衛獻公、寧喜、北宮遺歸。秋，秦景公、鄭簡公赴魯，爲衛獻公請罪；晉遂歸衛獻公。

△夏，秦、楚共伐吳，至雩婁，聞吳有備而還；楚遂侵鄭，至於城麇，俘鄭大夫皇頡、印堇父，獻之秦。

△冬，楚、陳、蔡共伐鄭，鄭以晉、楚將和，閉門城守；三國之師墮南里，攻師之梁，涉汜而歸。

## ※546 B.C. 晉平公十二年，魯襄公二十七年，宋平公三十年，楚康王三十四年

◎宋向戌與晉國政趙武、楚令尹子木交好，遂赴兩國謀弭兵。趙武謀諸群臣，韓起以爲：「兵，民之殘也，財用之蠹，小國之大菑也」，雖未必能弭；然晉若弗許，楚將許之以召諸侯。趙武遂許之。楚、齊、秦諸大國皆許，其餘諸侯亦許，於是諸侯十三國遂盟於宋都蒙門之外。子木爭先，趙武讓，楚遂先。是爲春秋第二次弭兵之會。

## ※545 B.C. 晉平公十三年，魯襄公二十八年

◎諸侯依蒙門之約，分別朝晉、楚。

△楚康王卒，子麇立，是爲郟敖。

△楚令尹子木卒，以康王弟王子圍爲令尹。

## ※544 B.C. 晉平公十四年，魯襄公二十九年，吳餘祭四年

△吳王餘祭以越俘守門，爲其所殺；其弟夷末繼立〔註〕。

◎吳季札聘諸侯，歷訪魯、齊、鄭、衛、晉諸國。在齊，論齊將歸田氏；在鄭，以爲鄭政將歸子產；在晉，謂晉政將入於韓、趙、魏三家。

〔註〕此從《春秋》、三《傳》、〈年表〉；〈吳世家〉以餘祭在位十七年。梁玉繩《史記志疑》有説。又夷末或作夷昧、餘昧、餘末。

## ※543 B.C. 晉平公十五年，魯襄公三十年，鄭簡公二十三年

△鄭良霄侈而愎，鄭人殺之。子皮當國，授子產政，子產遂執鄭政。

## ※542 B.C. 晉平公十六年，魯襄公三十一年

◎晉銅鞮之宮數里，政刑不修，寇盜充斥。

△鄭鄉人遊於鄉校，論執政之得失；然明請子產毀鄉校，子產不許，以爲：其所毀者，善者則行之，惡者則改之，是吾師也。

### ※541 B.C. 晉平公十七年，魯昭公元年，楚郟敖四年

◎趙武與楚令尹公子圍及諸侯盟於虢，以申宋盟之好，是爲春秋第三次弭兵之會；會未散而魯攻莒，取鄆。

◎六月，荀吳帥師，與無終群狄戰於太原，魏舒以地形不利於車戰，建議改車戰爲步戰，大敗狄師。

△楚令尹公子圍殺郟敖及太宰伯州犁自立，是爲靈王，以子蕩爲令尹，蔿啓彊爲太宰。

◎國政趙武卒。

### ※540 B.C. 晉平公十八年，魯昭公二年

◎春，韓起任國政，聘於魯，觀書於太史氏，見《易象》及《魯春秋》，曰：「周禮盡在魯矣！」夏，魯叔弓赴晉答聘。

◎中軍佐以下軍帥蓋爲：趙成、荀吳、魏舒、范鞅、知盈。

### ※539 B.C. 晉平公十九年，魯昭公三年，齊景公九年，鄭簡公二十七年，楚靈王二年

◎齊晏嬰與晉叔向論鄭、晉之政：晏嬰以爲齊政將歸陳氏；叔向以爲晉當末世，「政在家門」，公室將卑。

△楚靈王新立，責鄭朝楚；鄭不敢得罪於晉、楚，請諸晉，晉許其朝楚。冬，鄭簡公朝楚，子產爲相。

### ※538 B.C. 晉平公二十年，魯昭公四年，楚靈王三年，吳夷末六年

△春，楚使椒舉如晉，求會諸侯；夏，諸侯會楚於申，而魯、衛、曹、邾等北方諸侯多不會。楚靈王以徐親吳，執徐君。

△秋，楚率諸侯伐吳，圍朱方，克之，殺慶封，滅其族；還師滅賴，遷賴於鄢。冬，吳報朱方之役，伐楚，入棘、櫟、麻；楚築城於鍾離、巢、州來以備吳。

△秋，鄭子產作丘賦，國人謗之。

### ※537 B.C. 晉平公二十一年，魯昭公五年，楚靈王四年，吳夷末七年

△魯舍三軍，三桓四分公室，季孫得其二，孟孫、叔孫各得其一。魯公室益弱，三桓益強。

△十一月，楚會諸侯與東夷之師伐吳，以報棘、櫟、麻之役。吳師敗楚蔿啓彊於鵲岸；楚靈王遂率大軍東渡以攻吳，吳有備，楚師無功而返。楚

懼吳，以沈尹蒦射待命於巢，以蒦啓彊待命於雩婁以備吳。

## ※536 B.C. 晉平公二十二年，魯昭公六年，鄭簡公三十年，齊景公十二年

△春，子產作刑書，鑄於鼎，以爲常法；叔向致書反對，子產不聽。

◎冬，齊景公如晉，請伐北燕，以納燕惠公；平公許之，齊、晉遂伐燕〔註〕。

〔註〕據《左傳》，伐燕者止齊，晉未參與；此據〈燕世家〉、〈晉世家〉、〈年表〉及馬王堆出土《春秋事語》。

## ※534 B.C. 晉平公二十四年，魯昭公八年，鄭簡公三十二年，陳哀公三十五年

◎四月，晉築虒祁之宮成，子太叔相鄭簡公、叔弓相魯昭公往賀；史趙見子太叔，譏晉可弔而魯、鄭竟相蒙以賀。

△秋，魯大蒐於紅，自根牟至於商、衛，革車千乘。

△冬，楚乘陳有公室之亂，使公子弃疾伐陳，滅之以爲縣。

## ※533 B.C. 晉平公二十五年，魯昭公九年

◎周甘大夫與晉閻大夫嘉爭閻田，梁丙、張趯率陰戎伐潁；周遣使讓晉，晉予周閻田及潁俘；周亦執甘大夫以悦晉。

## ※532 B.C. 晉平公二十六年，魯昭公十年，齊景公十六年

△齊公族欒施、高彊惡陳桓子、鮑國，欲去之；陳桓子遂會鮑國伐欒、高二氏，欒、高奔魯；陳氏日盛。

◎秋，平公卒，諸侯遣使赴晉，會葬平公；子夷立，是爲昭公。

## ※531 B.C. 晉昭公元年，魯昭公十一年，楚靈王十年，蔡靈侯十二年

◎夏，楚靈王以重禮誘蔡靈侯於申，醉而殺之；遣公子弃疾圍蔡。荀吳以晉既爲盟主，自當救蔡勸國政韓起。韓起遂會諸侯於厥憖，謀救蔡，遣狐父至楚請免蔡，楚王弗許。冬，楚師破蔡，以太子爲犧牲，蔡亡。建陳、蔡、不羹三城，使弃疾爲蔡公。時楚勢強於晉，晉無如楚何。

## ※530 B.C. 晉昭公二年，魯昭公十二年，齊景公十八年，鄭簡公三十六年

◎昭公新立，齊、鄭、衛之君赴晉朝侯伯；魯昭公亦往，晉以其伐莒，拒之，至河而返。

◎夏，荀吳僞會齊師者，假道於鮮虞，遂入昔陽，襲滅肥，俘肥子緜皋歸。冬，還師，遂伐鮮虞。

※529 B.C. 晉昭公三年，魯昭公十三年，楚靈王十二年，吳夷末十五年

　△楚靈王虐，左右多怨，國人離心，其弟子干、弃疾、子晳乘靈王遊於靈
　　谿，率陳、蔡、不羹、許、葉之師入郢，殺太子，以子干為王，靈王自
　　縊；弃疾又計逼子干、子晳自殺，遂即位，是為平王。平王之得位，多
　　得陳、蔡、許、葉之助，遂復陳、蔡。

　△吳滅州來，楚令尹子建請楚平王伐吳，平王未許。

　◎平公以降，內則公室卑，六卿強，政出多門；外則不競於楚，坐視陳、
　　蔡之滅，失霸主之威。時諸侯多有貳心，叔向乃謀會諸侯以示威。七月，
　　治兵於邾南，甲車四千乘；會諸侯於平丘。

　◎鮮虞聞晉師悉起以赴邾南，不修備；荀吳以上軍侵鮮虞，及中人，大獲
　　而歸。

※528 B.C. 晉昭公四年，魯昭公十四年，楚平王元年

　△楚平王初立，懼諸侯之叛，使然丹簡兵於宗丘，使屈罷簡兵於召陵，明
　　政修刑，撫民賑貧，息兵五年。

※527 B.C. 晉昭公五年，魯昭公十五年，吳夷末十七年

　△吳王夷末卒，季札當立，讓於夷末之子僚，是為吳王僚。

　◎荀吳帥師伐鮮虞，圍鼓，三月，鼓降，俘鼓子而歸。

※526 B.C. 晉昭公六年，魯昭公十六年

　◎秋，昭公卒，子去疾立，是為頃公；君幼弱，六卿強而驕，公室益卑。

※525 B.C. 晉頃公元年，魯昭公十七年，楚平王四年，吳王僚二年

　◎陸渾之戎睦楚，九月，荀吳帥師，自棘津涉，陸渾人不知，為晉所滅；
　　陸渾子奔楚，其眾奔甘鹿，為周所俘。

　△冬，公子光率舟師伐楚，戰於長岸，楚司馬子魚戰死；楚復大敗吳師，
　　獲吳王乘舟「余皇」；吳師夜襲，復敗楚師，奪「余皇」歸。

※524 B.C. 晉頃公二年，魯昭公十八年，鄭定公六年，楚平王五年

　△楚平王懼晉助鄭伐許，自葉遷許於析。

※523 B.C. 晉頃公三年，魯昭公十九年，楚平王六年

　△楚平王用費無極之言，自率舟師伐濮，以拓南疆；以其奪太子建婦，懼
　　其異己，為擴建城父以居之，使之經營北方。

　△秋，楚平王復築州來，沈尹戍諫，不聽。

※522 B.C. 晉頃公四年，魯昭公二十年，楚平王七年，宋元公十年

△費無極譖太子建於楚平王，三月，平王使殺太子建，建出奔宋，其傅伍
奢及其長子伍尚被殺，奢次子伍員奔吳，說吳以伐楚。

△宋華、向之族盛，世主國政，宋元公欲去之。華定、華亥與向寧謀，誘
殺元公之黨，元公請和，遂各質其子以和；冬，宋逐華氏、向氏，華定、
華亥、向寧奔陳，華登奔吳。

※521 B.C. 晉頃公五年，魯昭公二十一年，宋元公十一年

△夏，宋司馬華貙叛，召華定等，華、向返自陳，入宋都，據南里；宋公
修故城及桑林之門以守之。冬，十月，華登請吳師為援；齊、宋之師敗
吳師於鴻口；華登之師復擊敗宋師。晉、衛、曹之師救宋，敗吳師及華、
向，華、向困守南里，乞師於楚。

◎鼓叛晉，附鮮虞。

※520 B.C. 晉頃公六年，魯昭公二十二年，宋元公十二年，周景王二十五
年，楚平王九年

△楚平王應宋華氏之請，二月，以薳越帥師迎華氏。薳越告宋，宋許出華、
向，華、向二氏遂奔楚。

◎夏，周景王卒，周穆公、劉伯蚠立景王長子猛，是為悼王。景王庶子王
子朝依靈、景之族，與悼王爭位，敗悼王，悼王出奔，告急於晉。冬，
籍談、荀躒率九州之戎及焦、瑕、溫、原之師迎悼王，歸之王城。悼王
卒，立其弟王子匄，是為敬王。晉師、王師伐王子朝於京。

◎六月，荀吳為鼓之叛，略東陽，使師偽負羅者，負甲息於昔陽之門外，
襲鼓，滅之，使涉佗守之。

※519 B.C. 晉頃公七年，魯昭公二十三年，周敬王元年，楚平王十年，吳
王僚八年

◎京之役，王子朝敗於晉；夏，晉師還，王子朝復敗王師，入居王城。冬，
敬王居於狄泉，人稱東王；王子朝在王城，人稱西王；周二王並立。

△秋，吳王伐州來；楚令尹子瑕、司馬薳越率楚屬國救之，與吳戰於雞父。
吳公子光先伐楚之屬國，潰之；伐楚，楚軍亦潰。

※517 B.C. 晉頃公九年，魯昭公二十五年

◎夏，趙嬰會諸侯於黃父，謀納王。

△魯政在三桓，九月，昭公依郈、臧二氏之眾以伐三桓；三家共敗昭公及其師，昭公出奔齊。

## ※516 B. C. 晉頃公十年，魯昭公二十六年，周敬王四年

◎冬，荀躒、趙鞅率師助敬王伐王子朝，王子朝及其徒奔楚。敬王入居成周；晉使成公般戍周。

## ※515 B. C. 晉頃公十一年，魯昭公二十七年，楚昭王元年，吳王僚十二年

△春，吳王僚使其弟掩餘、燭庸伐楚之六、潛，使季札使晉，以觀諸侯之變。楚沈尹戍遏吳師於窮，左尹郤宛、工尹壽截吳師潛，吳師進退不得。

△四月，吳公子光使專諸刺王僚於宴，代立，是為吳王闔閭。

◎秋，士鞅會諸侯於扈，謀戍周及納魯昭公。季孫賂士鞅；晉處魯昭公於乾侯。

## ※514 B. C. 晉頃公十二年，魯昭公二十八年

◎六卿欲弱公室，以祁盈、楊食我之惡於頃公；夏，譖殺之，并其族。秋，魏舒執政，以祁氏之邑為七縣，楊氏之邑為三縣，封十大夫；十大夫中六卿之庶子居其四，六卿皆大，公室益弱。

## ※513 B. C. 晉頃公十三年，魯昭公二十九年

◎冬，趙鞅、荀寅城於汝濱，賦晉一鼓鐵，以鑄刑書。

## ※512 B. C. 晉頃公十四年，魯昭公三十年

◎六月，頃公卒，子午立，是為定公。晉益弱，六卿益強。

## ※511 B. C. 晉定公元年，魯昭公三十一年，吳闔閭四年，楚昭王五年

◎晉欲納魯昭公，四月，召季平子至晉，季平子與荀躒迎魯昭公於乾侯，昭公不歸。

△秋，吳用伍員之謀以疲楚師：以偏師伐夷，侵潛、六，楚沈尹戍救潛，吳師旋退；吳又另以師圍弦，楚左司馬戍、右司馬稽救之，及豫章，吳師又退；楚師疲於奔命。

## ※510 B. C. 晉定公二年，魯昭公三十二年，吳闔閭五年

△夏，吳王帥師伐越，吳、越始交兵。

◎成周毀於王子朝之亂，朝雖奔楚，其餘黨猶存，周請諸侯為之築城。魏舒遂徵諸侯會京師，為周築城，次年春，城成。

※509 B.C. 晉定公三年，魯定公元年

◎春，魏舒卒，士鞅任國政。

※508 B.C. 晉定公四年，魯定公二年，吳闔閭七年，楚昭王八年

△冬，楚師在豫章，欲伐桐、吳；吳潛師於巢，大敗楚師〔註〕。

〔註〕此從《左傳》：《史記》〈年表〉、〈吳〉、〈楚〉世家、〈吳子胥列傳〉俱繫於上年。

※507 B.C. 晉定公五年，魯定公三年，蔡昭侯十二年，楚昭王九年

◎九月，鮮虞敗晉師於中平，獲觀虎。

◎冬，蔡略楚令尹子常，子常釋蔡昭侯；昭侯返至漢水，投玉於水，誓不朝楚，遂赴晉，請質其子以伐楚。

※506 B.C. 晉定公六年，魯定公四年，蔡昭侯十三年，楚昭王十年，吳闔閭九年，秦哀公三十一年

◎晉應蔡昭侯之請，春，會諸侯於召陵，謀伐楚。荀寅求賄於蔡侯，未得；遂言於國政范鞅，謂國家方危，諸侯方貳，不宜伐楚，晉遂辭蔡。晉於是失諸侯。

△夏，沈君不會召陵，晉使蔡滅之；秋，楚以蔡滅沈，伐之；蔡昭侯以子質於吳，請共伐楚，吳許之。冬，吳王帥師會蔡、唐之師伐楚。吳師五戰五勝，楚昭王出奔，吳師入郢。昭王亡入雲夢，為盜所傷；又奔隨。楚大夫申包胥如秦乞師，哭於秦廷七日，秦師乃出。

※505 B.C. 晉定公七年，魯定公五年，吳闔閭十年，楚昭王十一年，秦哀公三十二年

△夏，越君允常乘吳師在郢，率師入吳。

△夏，秦出五百乘救楚，大敗吳王之弟夫概於沂；楚公子申亦敗吳師於軍祥。吳前有秦、楚之師，內有越師，腹背受敵。夫概潛師歸，自立為王；闔閭引兵攻之，夫概奔楚；闔閭再與秦、楚之師戰，敗歸。九月，楚昭王還歸郢。

△魯季氏之家臣陽虎，權重勢大，冬，強與季桓子盟而殺其族人。

◎范鞅圍鮮虞，以報觀虎之役。

※504 B.C. 晉定公八年，魯定公六年，鄭獻公十年，周敬王十六年，楚昭王十二年

◎王子朝之餘黨儋翩為亂於周，春，鄭助之伐周；魯奉晉命伐鄭以討。夏，

晉大夫閻沒率師戍周，因爲周築城於胥靡。冬，因儋翩之亂，敬王出奔，居於姑蕕。

△夏，吳伐楚，敗楚舟師，獲其帥潘臣等；又敗子期之陸師於繁陽。楚大恐，遷都於鄀。

## ※503 B.C. 晉定公九年，魯定公七年，周敬王十七年

◎冬，籍秦迎敬王，入居成周。

## ※502 B.C. 晉定公十年，魯定公八年，齊景公四十六年，衛靈公三十三年

◎春，齊叛晉，魯爲晉伐齊；夏，齊伐魯西鄙；范鞅、趙鞅、荀寅帥師救魯，未入魯而齊師還。秋，晉師軍於衛，盟衛而侮靈公，衛遂謀叛晉。晉請改盟，爲衛所拒。范鞅會周成桓公侵鄭，圍蟲牢；遂會魯伐衛。

◎趙鞅任中軍佐。

△陽虎之勢日盛，欲取三桓而代。三桓合攻陽虎，陽虎敗，據讙、陽關以叛。

## ※501 B.C. 晉定公十一年，魯定公九年，齊景公四十七年，衛靈公三十四年

◎夏，魯師伐陽關，陽虎奔齊，已而奔宋，又奔晉，事趙鞅，鞅以爲相。

◎秋，齊伐晉，破夷儀；晉以千乘伐齊。衛以五百乘援齊。齊因夷儀之勝而驕，晉大敗之，獲車五百乘。

△魯以孔子爲中都宰，一年，四方則之，升任司空，又升大司寇。

## ※500 B.C. 晉定公十二年，魯定公十年，齊景公四十八年

△春，齊、魯媾和，兩國之君會於祝其，孔子相魯定公赴會，齊以鄆、讙、龜陰之田歸魯。

◎春，趙鞅帥師圍衛，以報去年衛之助齊。問衛叛之故，遂殺涉佗。

△冬，齊、衛會於安甫，謀備晉。

△齊晏嬰卒。嬰計任齊政五十餘年。

## ※499 B.C. 晉定公十三年，魯定公十一年，鄭聲公二年

◎冬，魯叛晉，與鄭盟。

## ※498 B.C. 晉定公十四年，魯定公十二年

△魯司寇孔子請定公毀三都：郈、費、成。三桓以其家臣之坐大，亦許墮

都。叔孫氏之郈先墮；及季氏之費，季氏家臣公孫不狃、叔孫輒率費人襲魯都，孔子命師敗之，遂墮費；將毀成，孟孫不肯，冬，魯師圍成，不克，成終不毀。

◎冬，魯再叛晉，與齊盟於黃。

## ※497 B. C. 晉定公十五年，魯定公十三年

△孔子以毀三都，為三桓所不容；又見定公之不理朝政，與其弟子去魯適衛。

◎春，齊、衛遣師渡河，伐晉河內。

◎趙鞅將中軍，任國政；其餘將、佐分別為：中軍佐荀躒，上軍將、佐韓不信、魏曼多，下軍將、佐荀寅、范吉射；荀、范奔叛後，代以梁嬰父、范皋夷。

◎夏，趙鞅欲遷衛貢五百家於其封地晉陽，邯鄲午許之，其父兄不許；鞅怒，執殺午，午子趙稷以邯鄲叛。趙鞅以上軍司馬籍秦圍之。荀寅、范吉射為午之姻親，秋，荀、范攻鞅，鞅敗，走保晉陽。韓不信、魏曼多與荀寅、范吉射不睦；荀躒欲以其嬖梁嬰父為卿，於是韓、魏、知三氏以定公之命伐范、荀，國人助之。范、荀奔朝歌以叛；趙鞅返絳，盟於公宮，復位。

## ※496 B. C. 晉定公十六年，魯定公十四年，楚昭王二十年

△頓棄楚親晉，春，楚、陳共滅之。

△越君允常卒，吳王闔閭乘其喪伐越，戰於檇李，吳師敗績，闔閭傷趾，師還而卒；子夫差繼立。

◎秋，齊、宋、衛三國之君會於洮，謀救荀、范二氏。

◎冬，晉師敗范、荀之師於潞；鄭出兵助荀、范，亦敗。

## ※494 B. C. 晉定公十八年，魯哀公元年，吳夫差二年，越句踐三年，齊景公五十四年，楚昭王二十二年

△春，楚圍蔡，以報椒舉之役，蔡降。楚欲遷之江、汝間；楚師還，蔡請遷於吳。

△吳王夫差興兵伐越，敗之夫椒，吳師入越。句踐棲於會稽之山，以文種賄吳太宰嚭，卑辭請服；夫差急於北上爭霸，不聽伍員之勸，卒與越和。句踐與范蠡為質於吳，卑事夫差而授政於文種。

◎八月，齊景公、衛靈公會於乾侯，謀救范、荀。齊、魯、衛、鮮虞之師

共伐晉，取棘蒲。冬，越鞅伐朝歌，討范、中行氏。

## ※493 B. C. 晉定公十九年，魯哀公二年

◎夏，衛靈公卒，太子蒯聵在宋；衛立其子輒，是為出公。趙鞅納蒯聵，衛人拒之，蒯聵入宿。

◎八月，齊以粟助范氏，鄭為輸粟，范吉射逆之；趙鞅禦諸鐵，敗鄭師，獲齊粟千乘。

△蔡昭侯畏楚，冬，私召吳人，乞遷於州來，以州來近吳。

## ※492 B. C. 晉定公二十年，魯哀公三年，齊景公五十六年，衛出公元年

△春，齊國夏、衛石曼姑帥師圍戚，以攻蒯聵；並乞師於中山。

◎十月，趙鞅圍朝歌，荀寅、范吉射奔邯鄲。

## ※491 B. C. 晉定公二十一年，魯哀公四年，楚昭王二十五年，蔡昭侯二十八年

◎楚謀北方，夏，徵蔡與方城外之民為兵，以伐蠻氏，蠻氏潰，奔晉陰。楚又集豐、析、戎狄之民，迫上雒，要晉攻蠻氏，趙鞅懼楚，誘執蠻君及其五大夫與楚。

◎趙鞅圍邯鄲，三月而邯鄲降，荀寅奔鮮虞；齊為荀寅伐晉，會鮮虞，納荀寅及其黨於栢人。

## ※490 B. C. 晉定公二十二年，魯哀公五年，齊景公五十八年，衛出公三年

◎春，趙鞅伐荀、范於栢人，荀、范奔齊。

◎趙鞅以衛助荀、范，夏，討之，圍中牟。

## ※489 B. C. 晉定公二十三年，魯哀公六年

◎以鮮虞之助荀、范，春，趙鞅伐鮮虞。

## ※485 B. C. 晉定公二十七年，魯哀公十年，齊悼公四年，吳夫差十一年

△吳王夫差圖霸北方，帥師北上，會魯、邾、郯之君伐齊，為齊師所敗。

◎趙鞅怒齊之助荀、范，夏，以齊有吳患，伐齊，取犁及轅，毀高唐，及賴而還。

△吳王夫差賜伍員死，子胥自殺。

## ※484 B. C. 晉定公二十八年，魯哀公十一年，齊簡公元年，吳夫差十二年

△齊國書、高無丕帥師伐魯，討其上年之會吳伐齊。二國之師戰於魯郊，魯孟孺子洩率右師，不敢出；冉求帥左師，以戈入齊師，敗之，齊師夜

遁：冉求欲追齊師，季孫不肯。

△五月，夫差聞齊師伐魯，會魯師以討之。吳、齊各以三軍，大戰於艾陵。吳師大勝，俘齊國書等五大夫，獲革車八百乘，甲首三千。

△孔子歷遊衛、曹、鄭、陳、蔡、楚等國，而止於衛。冉求請季康子歸孔子，季康子許之，請孔子，孔子遂返魯；與季康子論政，季氏知孔子之不合己，遂不用。

## ※483 B.C. 晉定公二十九年，魯哀公十二年

△季康子不聽孔子之勸，卒用田賦。

## ※482 B.C. 晉定公三十年，魯哀公十三年，吳夫差十四年，越句踐十五年

△夏，夫差北上會諸侯，句踐遂發兵攻吳，大敗吳師，破吳都姑蘇。吳人告敗於夫差，時夫差正與晉爭盟，惡聞其敗。冬，夫差厚禮越，請和；句踐自度尚不足以滅吳，遂許和。

◎七月，晉定公與吳夫差盟於黃池，吳、晉爭盟，吳終先晉〔註〕。

〔註〕《左傳》及〈吳世家〉謂晉先；此從《國語》、《公羊傳》、〈秦本紀〉、〈晉世家〉、〈趙世家〉。

## ※481 B.C. 晉定公三十一年，魯哀公十四年，齊簡公四年

△齊陳桓弒簡公，立簡公弟，是爲平公；齊政由田氏所專。

## ※479 B.C. 晉定公三十三年，魯哀公十六年，吳夫差十七年，楚惠王十年

△四月，孔子卒。

△七月，白公勝帥師入郢，殺令尹子西、司馬子朝，劫惠王；葉公帥師平亂，敗白公，白公自殺。

△《春秋》記事結束。

## ※478 B.C. 晉定公三十四年，魯哀公十七年，衛莊公二年，吳夫差十八年，越句踐十九年

△三月，句踐伐吳，夫差禦諸笠澤，三軍皆敗，吳自此一蹶不振。

◎六月，晉召衛莊公，莊公辭以國未寧；趙鞅伐衛，齊救衛，晉師還。

△七月，楚滅陳以爲縣〔註〕。

〔註〕此從《左傳》；〈陳杞世家〉繫於上年，〈楚世家〉繫於下年。

## ※475 B.C. 晉定公三十七年，魯哀公二十年，越句踐二十二年，楚惠王十二年

◎趙鞅卒，知瑤任國政。

◎定公卒，子鑿立，是爲出公。

## ※473 B. C. 晉出公二年，魯哀公二十二年，吳夫差二十二年，齊平公八年，越句踐二十四年，周元王三年

△越句踐經十年生聚，十年教訓，國勢遂強，舉兵伐吳，敗吳於姑蘇。夫差請和，句踐不許，遂滅吳；夫差自殺。越遂會晉出公、齊平公於徐州，致貢於周，周元王封之爲侯伯，越遂霸諸侯。

## ※472 B. C. 晉出公三年，魯哀公二十三年，齊平公九年

◎六月，知瑤攻齊，齊高無㔻禦之，爲晉師所敗。

## ※468 B. C. 晉出公七年，魯哀公二十七年，鄭聲公三十三年

◎四月，知瑤帥師伐鄭，軍於桐丘；鄭乞齊援。齊使陳桓救鄭，晉師未戰而還。

△《左傳》記事結束。

## ※464 B. C. 晉出公十一年，周定王五年

◎知瑤帥師伐鄭，入南里，圍鄭都。

◎晉師攻鄭，知瑤命趙襄子無恤攻城，襄子辭，知瑤辱之，趙襄子於是怨知瑤。

## ※458 B. C. 晉出公十七年，周定王十一年

◎知、韓、趙、魏四氏共滅范、中行氏，知氏盡分二氏之地，以爲己有。出公怒，告齊、魯，欲以伐四卿，四卿恐，反攻出公；出公奔齊，道死。知伯立昭公曾孫驕，是爲哀公〔註〕。國政皆決於知瑤，哀公無如之何。

〔註〕此依〈晉世家〉；〈六國表〉及〈趙世家〉出公在位二十一年。又，晉季世年代，古書所載，多所齟齬，梁玉繩《史記志疑》、陳夢家《六國紀年表考證》、楊寬《戰國史》並有考訂。

## ※457 B. C. 晉哀公元年，周定王十二年

◎荀瑤攻中山，取窮魚之丘。

## ※455 B. C. 晉哀公三年，周定王十四年

◎知瑤索地於韓，韓與之；復索地於魏，魏亦與之；知瑤益驕，又索地於趙，趙襄子不與。知瑤怒，帥韓、魏之師伐趙，趙襄子奔晉陽。

## ※453 B. C. 晉哀公五年，周定王十六年

◎知瑤與韓、魏攻晉陽，三年不能下，引汾水灌晉陽；趙襄子夜會韓、魏，

喻以脣亡齒寒之理，三家遂共伐知氏，殺知瑤，滅知氏，三分其地。三家分晉之勢遂成。

## ※440 B.C. 晉幽公元年，周考王元年

◎ 幽公時，韓、趙、魏三家皆強，晉僅有絳與曲沃二邑，餘皆歸三家；晉君反朝三家之君。

## ※422 B.C. 晉幽公十八年，周威烈王四年

◎ 幽公夜出，為盜所殺〔註〕；魏文侯平亂，立幽公子止，是為烈公。

〔註〕此從〈晉世家〉；《竹書紀年》謂晉夫人秦嬴賊公於高寢之上。

## ※403 B.C. 晉烈公十九年，周威烈王二十三年，韓景侯六年，趙烈侯六年，魏文侯四十三年

◎ 周王命韓虔、魏斯、趙籍為諸侯，史稱「三家分晉」。《資治通鑑》始於此年，一般以此年為戰國之始。

## ※376 B.C. 晉靜公二年，周安王二十六年，魏武侯二十一年，韓哀侯元年，趙敬侯十一年

◎ 魏、趙、韓三家共廢晉靜公為家人，三分晉地；晉亡。

# 引用及主要參考書目

一、本書目計分三項：

甲項收清及清代以前著作，其下又別爲五類：（一）經部；（二）史部；（三）子部；（四）集部；（五）類書、經說、考訂、箚記、小學、地理等。

乙項收民國以來專著，包括學位論文。

丙項收民國以來單篇論文之見於叢書或期刊者。

二、甲項以類爲先後；乙、丙兩項依作者姓氏筆劃爲序，以便查索；其無作者姓名者，附於該項之末。

三、本書目中，凡一書而有二或二種以上版本者，其列於前者即本稿引文所採用之版本。

## 甲、清及清代以前著作

### （一）經　部

1. 晉·杜預：《春秋經傳集解》：上海古籍出版社，1978 年。
2. 晉·杜預：《春秋釋例》：中華書局景《古經解彙函》本。
3. 唐·孔穎達等：《十三經注疏》：藝文印書館景嘉慶二十年南昌府學刻本。
4. 宋·劉敞：《春秋意林》：商務印書館景《文淵閣四庫全書》本。
5. 宋·孫覺：《春秋經解》：商務景《文淵閣四庫全書》本。
6. 宋·蕭楚：《春秋辨疑》：商務景《文淵閣四庫全書》本。
7. 宋·葉夢得：《春秋考》：武英殿《聚珍版全書》本。
8. 宋·葉夢得：《春秋左傳讞》：商務景《文淵閣四庫全書》本。

9. 宋‧胡安國:《春秋胡氏傳》:商務印書館《四部叢刊續編》景常熟瞿氏鐵琴銅劍樓藏宋刊本。

10. 宋‧高閌:《春秋集註》:商務景《文淵閣四庫全書》本。

11. 宋‧程公說:《春秋分記》:商務景《文淵閣四庫全書》本。

12. 宋‧張洽:《春秋集傳》:《宛委別藏》本。

13. 宋‧趙鵬飛:《春秋經筌》:漢京文化事業有限公司景《通志堂經解》本。

14. 宋‧黃仲炎:《春秋通說》:漢京景《通志堂經解》本。

15. 宋‧家鉉翁:《春秋集傳詳說》:商務景《文淵閣四庫全書》本。

16. 宋‧王當:《春秋臣傳》:漢京景《通志堂經解》本。

17. 元‧王元杰:《春秋讞義》:商務景《文淵閣四庫全書》本。

18. 元‧程端學:《春秋或問》:漢京景《通志堂經解》本。

19. 元‧程端學:《春秋三傳辨疑》:商務景《文淵閣四庫全書》本。

20. 元‧趙汸:《春秋屬辭》:漢京景《通志堂經解》本。

21. 元‧趙汸:《春秋左傳補註》:漢京景《通志堂經解》本。

22. 明‧王樵:《春秋輯傳》:商務景《文淵閣四庫全書》本。

23. 明‧姜寶:《春秋事義全考》:商務景《文淵閣四庫全書》本。

24. 明‧高攀龍:《春秋孔義》:商務景《文淵閣四庫全書》本。

25. 明‧朱朝瑛:《讀春秋略記》:商務景《文淵閣四庫全書》本。

26. 明‧王介之:《春秋四傳質》:商務景《文淵閣四庫全書》本。

27. 明‧王道焜、趙如源編,杜預、林堯叟合注:《左傳杜林合注》:學海出版社景《學源堂》本。

28. 清‧乾隆二十三年敕撰:《御纂春秋直解》:商務景《文淵閣四庫全書》本。

29. 清‧俞汝言:《春秋平義》:商務景《文淵閣四庫全書》本。

30. 清‧張自超:《春秋宗朱辨義》:商務景《文淵閣四庫全書》本。

31. 清‧朱大韶:《春秋傳禮徵》:《適園叢書》本。

32. 清‧陳厚耀:《春秋世族譜》:《鶴壽堂叢書》本。

33. 清‧顧棟高:《春秋大事表》:廣學社印書館景同治十三年山東尚志堂刊本。

34. 清‧張應昌:《春秋屬辭辨例編》:同治癸卯二月江蘇書局刊本。

35. 清‧抉經心室主人編:《清儒春秋彙解》:鼎文書局景本。

36. 清‧惠棟:《春秋左傳補註》:復興書局景《清經解》本。

37. 清‧沈彤:《春秋左傳小疏》:復興書局景《清經解》本。

38. 清·沈欽韓：《春秋左氏傳補注》：復興書局景《清經解續編》本。

39. 清·洪亮吉撰，李解民點校：《春秋左傳詁》：中華書局，1987 年。

40. 清·馬宗璉：《春秋左傳補注》：復興書局景《清經解》本。

41. 清·高士奇：《左傳紀事本末》：里仁書局景排本。

42. 日·安井衡：《左傳輯釋》：廣文書局景本。

43. 日·竹添光鴻：《左氏會箋》：古亭書屋景本。

44. 清·陳立：《公羊義疏》：復興書局景《清經解》本。

45. 宋·易祓：《周官總義》：商務景《文淵閣四庫全書》本。

46. 清·江永：《周禮疑義舉要》，復興書局景《清經解》本。

47. 清·孫詒讓撰，王文錦、陳玉霞點校：《周禮正義》：北京中華書局，1987 年。

48. 清·孫希旦集解，沈嘯寰、王星賢點校：《禮記集解》：北京中華書局，1989 年。

49. 清·王聘珍解詁，王文錦點校：《大戴禮記解詁》：北京中華書局，1983 年。

50. 清·劉寶楠：《論語正義》：北京中華書局，1990 年。

51. 清·焦循：《孟子正義》：中華書局《四部備要》本。

52. 清·陳士珂：《韓詩外傳疏證》：《文淵樓叢書》本。

## （二）史　部

1. 漢·司馬遷撰，日·瀧川龜太郎考證：《史記會注考證》：東方文化學院原刊本。

2. 漢·司馬遷：《史記》（三家注本）：新安書局景點校本。

3. 漢·班固撰，唐·顏師古注：《漢書》：鼎文書局景排本。

4. 漢·班固撰，清·王先謙補注：《漢書補注》：新文豐出版公司景長沙虛受堂刊本。

5. 南朝·范曄撰，唐·李賢注：《後漢書》：鼎文書局景排本。

6. 【舊題】周·左丘明撰，吳·韋昭解：《國語》（明道本）：藝文印書館景嘉慶庚申讀未見書齋重雕本。

7. 【舊題】周·左丘明撰，吳·韋昭解：《國語》（公序本）：上海涵芬樓景明金李刊本。

8. 【舊題】周·左丘明撰，吳·韋昭解：《國語》（點校本）：上海古籍出版社，1981 年。

9. 清·董增齡：《國語正義》：巴蜀書社景光緒六年會稽章氏式訓堂刻本。

10. 清·汪遠孫：《國語發正》：復興書局景《清經解》本。

11. 清・林春溥等：《竹書紀年八種》：世界書局《史學名著》本。

12. 清・徐文靖：《竹書紀年統箋》：藝文印書館景光緒三年浙江書局刻本。

13. 清・雷學淇：《竹書紀年義證》：藝文印書館景排本。

14. 清・陳逢衡：《竹書紀年集證》：嘉慶十八年裛露軒刻本。

15. 漢・劉向編：《戰國策》：里仁書局景排本。

16. 東漢・宋衷注，清・秦嘉謨等輯：《世本八種》：西南書局景排本。

17. 東漢・荀悅：《漢紀》：華正書局景刻本。

18. 宋・司馬光：《資治通鑑》：華世出版社景排本。

19. 宋・司馬光：《稽古錄》：商務印書館《四部叢刊初編・史部》景明翻宋刊本。

20. 宋・劉恕：《資治通鑑外紀》：商務印書館《四部叢刊初編》景明刊本。

21. 元・金履祥：《通鑑前編》：乾隆三十年重鐫《金仁山遺書》本。

22. 元・吾丘衍：《晉文春秋》：藝文印書館景《稗乘》本。

23. 元・吾丘衍：《晉史乘》：商務印書館景《古今逸史》本。

24. 清・朱右曾：《逸周書集訓校釋》：藝文印書館景道光二十六年刻本。

25. 清・馬驌：《左傳事緯》：廣文書局景《筆記叢編》本。

26. 清・馬驌：《繹史》：廣文書局景《筆記叢編》本。

27. 清・高士奇：《左傳紀事本末》：里仁書局景排本。

28. 清・薛虞畿：《春秋別典》：老古出版社景《嶺南遺書》本。

29. 清・陳厚耀：《春秋戰國異辭》：鼎文書局景《文淵閣四庫全書》本。

30. 唐・劉知幾撰，清・浦起龍釋：《史通通釋》：里仁書局景排本。

31. 宋・陳傅良撰，清錢熙祚校：《歷代兵制》：廣文書局《筆記續編》本。

32. 宋・鄭樵撰，何天馬校：《通志略》：里仁書局景排本。

33. 元・馬端臨：《文獻通考》：商務印書館《十通》本。

## （三）子 部

1. 【舊題】周・墨翟撰，清・孫詒讓閒詁：《墨子閒詁》：河洛圖書出版社景日本《漢文大系》本。

2. 【舊題】周・莊周撰，清・郭慶藩集釋，王孝魚點校：《莊子集釋》：華正書局景北京中華書局本。

3. 周・荀卿撰，清・王先謙集解：《荀子集解》：蘭臺書局景日本《漢文大系》本。

4. 【舊題】黃石公：《三略兵法》：東門出版社《中國兵法》本，1987年。

5. 漢・董仲舒撰，清・蘇輿義證：《春秋繁露義證》：河洛圖書出版社景刻

本。

6. 清・陳立：《白虎通疏證》：復興書局景《清經解續編》本。

7. 漢・劉向編，日本・武井驥纂註：《新序纂註》：廣文書局景本。

8. 漢・劉向編：《說苑》：中華書局《四部備要》本。

9. 唐・趙蕤：《長短經》：世界書局景排本。

10. 清・郝懿行：《山海經箋疏》：藝文印書館景刻本。

## （四）集　部

1. 漢・劉向編，宋・洪興祖補註：《楚辭補註》：藝文印書館景《惜陰軒叢書》本。

2. 宋・蘇轍：《欒城集》：商務印書館《四部叢刊正編》景上海樓藏明活字本。

3. 宋・呂祖謙：《東萊左氏博議》：廣文書局景光緒十四年錢塘瞿氏校刊足本。

4. 宋・朱熹：《晦菴先生朱文公文集》：商務《四部叢刊正編》景上海涵芬樓藏明刊本。

5. 清・全祖望：《鮚埼亭全集》：華世出版社景排本。

6. 清・錢大昕：《潛研堂文集》：商務印書館《萬有文庫》本。

7. 清・崔述撰：顧頡剛等點校：《崔東壁遺書》：河洛圖書出版社景排本。

## （五）類書、經說、考訂、小學、劄記、地理

1. 唐・魏徵奉敕撰：《群書治要》：商務《四部叢刊》景上海涵芬樓藏日本天明七年刊本。

2. 宋・李昉等奉敕撰：《太平御覽》：商務印書館景宋刊本。

3. 宋・呂祖謙：《春秋左氏傳說》：商務景《文淵閣四庫全書》本。

4. 宋・呂祖謙：《春秋左氏傳續說》：商務景《文淵閣四庫全書》本。

5. 清・顧炎武：《左傳杜解補正》：復興書局景《清經解》本。

6. 清・顧炎武：《原鈔本日知錄》：明倫出版社排印本，1970 年。

7. 清・魏禧：《左傳經世鈔》：清乾隆十三年彭氏重編刊本。

8. 清・朱鶴齡：《讀左日鈔》：商務景《文淵閣四庫全書》本。

9. 清・惠氏奇：《惠氏春秋說》：復興書局景《清經解》本。

10. 清・惠氏奇：《禮說》：復興書局景《清經解》本。

11. 清・萬斯大：《學春秋隨筆》：復興書局景《清經解》本。

12. 清・顧奎光：《春秋隨筆》：商務景《文淵閣四庫全書》本。

13. 清・李貽德：《左傳賈服注輯述》：復興書局景《清經解》本。

14. 清・梁履繩：《左通補釋》：復興書局景《清經解續編》本。

15. 清・劉文淇：《春秋左氏傳舊注疏證》：明倫出版社景本。

16. 清・劉逢祿：《左氏春秋考證》：復興書局景《清經解》本。

17. 清・王鳴盛：《周禮軍賦說》：復興書局景《清經解》本。

18. 清・王鳴盛：《蛾術編》：道光二十一年世楷堂刻本。

19. 清・江永：《周禮疑義舉要》：復興書局景《清經解》本。

20. 清・江永：《群經補義》：復興書局景《清經解》本。

21. 清・孔廣森：《禮學卮言》：復興書局景《清經解》本。

22. 清・金鶚：《求古錄禮說》：復興書局景《清經解》本。

23. 清・閻若璩：《潛邱箚記》：復興書局景《清經解》本。

24. 清・閻若璩：《四書釋地三續》：復興書局景《清經解》本。

25. 清・全祖望：《經史問答》：復興書局景《清經解》本。

26. 清・齊召南：《注疏考證》：復興書局景《清經解》本。

27. 清・王念孫：《讀書雜志》：洪氏出版社景刻本。

28. 清・王念孫：《廣雅疏證》：鼎文書局景《畿輔叢書》本。

29. 清・王引之：《經義述聞》：中華書局《四部備要》本據自刻本校刊。

30. 清・盧文弨：《龍城札記》：復興書局景《清經解》本。

31. 清・俞樾：《群經平議》：河洛圖書出版社景刻本。

32. 清・俞樾：《茶香室經說》：中國文獻出版社景同治十年《春在堂全書》本。

33. 清・俞樾：《經課續編》：中國文獻出版社景同治十年《春在堂全書》本。

34. 清・皮錫瑞：《經學通論》：河洛圖書出版社景排本。

35. 宋・洪邁：《容齋隨筆》：大立出版社景排本。

36. 宋・黎德靖編，王星賢點校：《朱子語類》：華世出版社景排本。

37. 宋・黃震：《黃氏日鈔》：中文出版社景乾隆三十二年新安汪氏刊本。

38. 宋・葉大慶：《考古質疑》：廣文書局《筆記叢編》景《武英殿聚珍版》本。

39. 清・何焯撰，崔高維點校：《義門讀書記》：北京中華書局排印本，1987年。

40. 清・俞正燮：《癸巳類稿》：復興書局景《清經解》本。

41. 清・梁玉繩：《瞥記》：復興書局景《清經解》本。

42. 清・梁玉繩：《史記志疑》：學生書局景光緒十三年廣雅書局刊本。

43. 清・梁玉繩：《古今人表考》：藝文印書館景廣雅書局史學叢書本。

44. 清・段玉裁：《說文解字注》：藝文印書館景經韻樓原刊本。

45. 清・阮元：《積古齋鐘鼎彝器款識》：嘉慶九年阮元原刻本。

46. 後魏・酈道元注，楊守敬、熊會貞疏，段熙仲點校，陳橋驛復校：《水經注疏》：江蘇古籍出版社，1989 年。

47. 清・江永：《春秋地理考實》：復興書局景《清經解》本。

48. 清・沈欽韓：《春秋地名補注》：商務印書館《叢書集成初編》本。

49. 清・沈淑：《春秋左傳分國土地名》：商務《叢書集成初編》本。

50. 清・高士奇：《春秋地名考略》：商務景《文淵閣四庫全書》本。

## 乙、民國以來專著（依作者姓氏筆劃為序）

1. 丁福保編：《說文解字詁林》：鼎文書局正補合編本。

2. 王恢：《中國歷史地理》：學生書局，1978 年。

3. 王利器：《風俗通義校注》：明文書局景本。

4. 王利器、王貞珉：《漢書人表考疏證》：齊魯書社，1988 年。

5. 王利器主編：《史記注譯》：三秦出版社，1988 年。

6. 王叔岷：《史記斠證》：《中央研究院歷史語言研究所專刊》之七十八，1983 年。

7. 王叔岷：《莊子校詮》：《中央研究院歷史語言研究所專刊》之八十八，1988 年。

8. 王國維：《觀堂集林》：河洛圖書出版社景鈔本。

9. 王國維：《古本竹書紀年輯校》：藝文印書館景《王忠慤公遺書》本。

10. 王國維：《今本竹書紀年疏證》：藝文景《王忠慤公遺書》本。

11. 方詩銘、王修齡：《古本竹書紀年輯證》：華世出版社景本，1983 年。

12. 文崇一：《楚文化研究》：東大圖書公司，1990 年。

13. 朱東潤：《史記考索》：開明書店景本。

14. 朱師轍：《商君書解詁定本》：華正書局景本。

15. 李玉浩：《楚史稿》：河南大學出版社，1988 年。

16. 李甲孚：《中國法制史》：聯經出版事業公司，1988 年。

17. 李孝定：《甲骨文字集釋》：《中央研究院歷史語言研究所專刊》之五十。

18. 李亞農：《李亞農史論集》：上海人民出版社，1978 年。

19. 李孟存、常金倉：《晉國史綱要》：山西人民出版社，1988 年。

20. 李隆獻：《晉文公復國定霸考》：臺灣大學《文史叢刊》之七十八，1988 年。

21. 呂思勉：《讀史札記》：木鐸出版社景本。

22. 杜正勝：《編戶齊民——傳統政治社會結構之形成》：聯經出版事業公司，1990 年。

23. 杜正勝編：《中國上古史論文選集》：華世出版社，1979 年。

24. 宋公文：《楚史新探》：河南大學出版社，1988 年。

25. 何浩：《楚滅國研究》：武漢出版社，1989 年。

26. 何光岳：《楚源流史》：湖南人民出版社，1988 年。

27. 林泰輔：《龜甲獸骨文字》：北京：富晉書社翻印本，1921 年。

28. 林劍鳴：《秦史稿》：谷風出版社重排本，1986 年。

29. 周法高主編：《金文詁林》：中文出版社景本。

30. 周法高主編：《金文詁林補》：《中央研究院歷史語言研究所專刊》之七十七。

31. 周鳳五：《六韜研究》：國立臺灣大學博士論文，1976 年。

32. 洪安全：《春秋的晉國》：嘉新水泥公司文化基金會叢書第二四〇種，1972 年。

33. 侯外廬：《中國社會史論》：翻印本。

34. 柯劭忞：《穀梁傳注》：古亭書屋景民國十六年北京大學排印本。

35. 馬非百：《秦集史》：弘文館出版社景本。

36. 馬長壽：《北狄與匈奴》：北京三聯書店，1962 年。

37. 胡厚宣：《戰後京津新獲甲骨集》：上海：群聯出版社，1954 年。

38. 范文瀾：《中國通史簡編》：翻印本。

39. 范祥雍：《古本竹書紀年輯校訂補》：學海出版社景本。

40. 徐復觀：《周秦漢政治社會結構之研究》：學生書局，1975 年。

41. 徐復觀：《周官成立之時代及其思想性格》：學生書局，1980 年。

42. 容庚：《金文編》、《金文續編》：樂天出版社景本。

43. 容庚：《商周彝器通考》：大通書局景本。

44. 崔適：《史記探源》：廣城出版社景排本。

45. 康有爲：《新學僞經考》：世界書局景排本。

46. 梁啓超：《古書眞僞及其年代》：中華書局景本。

47. 梁啓超：《國史研究六編》：中華書局景本。

48. 陳槃：《春秋大事表列國爵姓及存滅表譔異》：《中央研究院歷史語言研究所專刊》之五十二，1969 年。

49. 陳奇猷：《韓非子集釋》：華正書局景本。

50. 陳奇猷：《呂氏春秋校釋》：華正書局景本。

51. 陳夢家：《殷虛卜辭綜述》：翻印本。

52. 陳夢家：《六國紀年表、六國紀年表考證》：學海出版社景本。

53. 陳瑞庚：《王制著成之時代及其制度與周禮之異同》：嘉新水泥文化基金會叢書第二〇三種，1972 年。

54. 陳鼓應：《老子今註今譯及評介》：商務印書館。

55. 郭沫若：《殷契粹編・附考釋》：大通書局景廬江劉氏藏本，1971 年。

56. 郭沫若：《卜辭通纂》：北京：科學出版社，1983 年。

57. 郭沫若：《兩周金文辭大系》：大通書局景本。

58. 郭沫若：《奴隸制時代》：翻印本。

59. 郭沫若、許維遹等：《管子集校》：日本東豐書店景本。

60. 許倬雲：《求古編》：聯經出版事業公司，1982 年。

61. 許倬雲：《西周史》：聯經出版事業公司，1984 年。

62. 張大可：《史記全本新注》：三秦出版社，1990 年。

63. 張心澂：《偽書通考》（修訂本）：翻印本。

64. 張以仁：《國語斠證》：商務印書館，1969 年。

65. 張以仁：《國語左傳論集》：東昇出版事業公司，1980 年。

66. 張以仁：《春秋史論集》：聯經出版事業公司，1990 年。

67. 張其淦：《左傳禮說》：力行書局景民國十五年排印本。

68. 張素卿：《左傳稱詩研究》：臺灣大學《文史叢刊》之八十九，1991 年。

69. 張震澤：《孫臏兵法校理》：明文書局景本。

70. 許進雄：《懷特氏等收藏甲骨文集》，加拿大皇家安大略博物館，1979 年。

71. 商承祚：《殷契佚存》：南京：金陵大學中國文化研究所影印本，1933 年。

72. 童書業：《春秋史》：開明書店景本。

73. 童書業：《春秋左傳研究》：上海人民出版社，1980 年。

74. 黃中業：《戰國變法運動》：吉林大學出版社，1990 年。

75. 黃俊傑：《春秋戰國時代尚賢政治的理論與實際》：問學出版社，1977 年。

76. 楊泓：《中國古兵器論叢》：明文書局重排本，1983 年。

77. 楊寬：《戰國史》（修訂本）：谷風出版社重排本，1986 年。

78. 楊寬：《古史新探》：翻印本。

79. 楊伯峻：《春秋左傳注》（修訂本）：北京中華書局，1990 年。

80. 楊伯峻：《春秋左傳詞典》：漢京文化事業有限公司景本。

81. 楊伯峻：《列子集釋》：華正書局景本。

82. 楊樹達：《積微居甲文說・金文說》：大通書局景本。

83. 雷海宗：《中國文化與中國的兵》：里仁書局重排本，1984 年。

84. 廖平：《今古學考》：長安出版社景民國十四年成都存古書局彙印《六譯館叢書》本。

85. 瞿同祖：《中國封建社會》：里仁書局重排本，1984 年。

86. 齊思和：《中國史探研──古代篇》：弘文館出版社，1985 年。

87. 藍永蔚：《春秋時期的步兵》：中華書局，1979 年。

88. 劉節：《古史考存》：北京人民出版社，1958 年。

89. 劉文典：《淮南鴻烈集解》：北京中華書局，1989 年。

90. 劉伯驥：《春秋會盟政治》：中華叢書編審委員會，1962 年。

91. 劉師培：《劉申叔先生遺書》：華世出版社景民國二十三年寧武南氏校印本。

92. 劉瑞箏：《春秋軍制研究》：國立臺灣師範大學碩士論文，1988 年。

93. 錢穆：《中國通史參考資料》：東昇出版事業公司。

94. 錢穆：《兩漢經學今古文平議》：東大圖書公司《滄海叢刊》。

95. 錢穆：《古史地理論叢》：東大圖書公司《滄海叢刊》。

96. 韓席籌：《左傳分國集注》：華世出版社景本。

97. 繆文遠：《七國考訂補》：上海古籍出版社，1987 年。

98. 繆文遠：《戰國策新校注》巴蜀書社，1989 年。

99. 羅振玉：《增訂殷虛書契考釋》：藝文印書館景本。

100. 羅振玉：《三代吉金文存》：中文出版社景本。

101. 顧頡剛：《古史辨》：明倫出版社翻印本。

102. 顧頡剛：《顧頡剛讀書筆記》：聯經出版事業公司，1990 年。

103. 北京大學歷史系《論衡註釋》小組：《論衡註釋》：北京中華書局，1979 年。

104. 《上村嶺虢國墓地》：翻印本。

105. 《竹簡兵法》：河洛圖書出版社，1975 年。

106. 《侯馬盟書》：里仁書局，1980 年。

107. 《馬王堆漢墓》：弘文館出版社，1975 年。

108. 《睡虎地秦墓竹簡》：文物出版社。

109. 瑞典・高本漢（Berhard Kargren）著，陸侃如口譯，衛聚賢筆記，《左傳真偽考及其他》：泰順書局景本。

110. 法・布洛克（Barc Bloch）著，周婉窈譯：《史家的技藝》：遠流出版事業公司《新橋譯叢》，1989 年。

## 丙、民國以來單篇論文（依作者姓氏筆劃爲序）

1. 石璋如：〈周代兵制探源〉，《大陸雜誌》九卷九期。

2. 史景成：〈周禮成書年代考〉（上）、（中）、（下），《大陸雜誌》三十二卷，五、六、七期。

3. 史建群：〈試論晉「作爰田」及其影響〉，《河南大學學報》，1984 年第四期。

4. 田宗堯：〈讀左傳會箋札記〉，《孔孟學報》第九期。

5. 李宗侗：〈春秋時代社會的變動〉，國立臺灣大學《文史哲學報》第二十二期。

6. 李隆獻：〈晉作「爰田」、「州兵」蠡論〉，《臺大中文學報》第三期，1989 年。

7. 金祥恆：〈從甲骨卜辭研究殷商軍旅中之王族三行三師〉，《中國文字》第五十二冊。

8. 胡厚宣：〈殷代呂方考〉，《甲骨文商史論叢初集》第二冊，臺北：大通書局，1972 年。

9. 胡厚宣：〈甲骨文麃字說〉，收入胡厚宣主編：《甲骨探史錄》，北京：三聯書店，1982 年。

10. 柳英杰：〈春秋晉國軍制探討〉，《晉陽學刊》，1983 年第六期。

11. 洪國樑：〈朱右曾汲冢紀年存眞與王國維古本竹書紀年輯校之比較〉，中山大學《第二屆清代學術研討會論文集》，1992 年。

12. 唐蘭：〈晉公午盨考釋〉，《北京大學國學季刊》四卷一號。

13. 高去尋：〈晉之始封〉，《大陸雜誌》一卷四期。

14. 徐景賢：〈春秋晉軍制考〉，《國學專刊》一卷五號。

15. 孫次舟：〈左傳國語原非一書證〉，收於《左傳論文集》，木鐸出版社。

16. 張以仁：〈讀史記會注考證晉世家札記〉，《大陸雜誌》二十六卷十二期。

17. 張以仁：〈從司馬遷的意見看左丘明與國語的關係〉，《中央研究院歷史語言研究所集刊》第五十二本第四分，收入《春秋史論集》。

18. 張正烺：〈春秋事語解題〉，《文史集林》第二輯，木鐸出版社，1980 年。

19. 陳槃：〈春秋列強兼并考略〉，《新亞學報》第十一期下。

20. 章景明：〈周禮軍制考實〉，《幼獅學誌》第二十卷第二期。

21. 黃沛榮：〈論周禮職方氏之著成時代〉，《孔孟月刊》第十六卷第三期。

22. 寒峰:〈甲骨文所見的商代軍制數則〉,收入胡厚宣主編:《甲骨探史錄》,北京:三聯書店,1982 年。

23. 楊寬:〈西周時代的楚國〉,《江漢論壇》,1981 年第五期。

24. 楊向奎:〈論左傳之性質及其與國語之關係〉,收於《左傳論文集》,木鐸出版社。

25. 楊向奎:〈周禮內容的分析及其製作時代〉,〈山東大學學報〉第四期。

26. 楊筠如:〈春秋初年齊國首稱大國的原因〉,《中大史語所集刊》八卷九十二、九十三合期。

27. 齊思和:〈周代錫命禮考〉,收於《中國史探研》,弘文館出版社。

28. 齊思和:〈商鞅變法考〉,收於《中國史探研》,弘文館出版社。

29. 蒙文通:〈犬戎東侵考〉,《禹貢半月列》六卷七期。

30. 蒙文通:〈赤狄白狄東侵考〉,《禹貢半月刊》七卷六、七合期。

31. 劉先枚:〈楚官源流考索〉,《江漢論壇》,1982 年第八期。

32. 錢穆:〈周官制作時代考〉,收於《兩漢經學今古文平議》。

33. 顧頡剛:〈周公制禮的傳說和周官一書的出現〉,《文史》第六輯。

34. 張頷:〈侯馬東周遺址發現晉國朱書文字〉,《文物》,1966 年第二期。

35. 郭沫若:〈侯馬盟書試探〉,《文物》,1966 年第二期。

36. 〈馬王堆漢墓出土帛書《春秋事語》釋文〉,《文史集林》第二輯,木鐸出版社,1980 年。